MG새마을금고 지역본부

최신기출유형 + 모의고사 5회 + 무료NCS특강

시대에듀

2025 최신판 시대에듀 All-New MG새마을금고 지역본부 필기전형 최신기출유형 + 모의고사 5회 + 무료NCS특강

Always **with you**

사람의 인연은 길에서 우연하게 만나거나 함께 살아가는 것만을 의미하지는 않습니다.
책을 펴내는 출판사와 그 책을 읽는 독자의 만남도 소중한 인연입니다.
시대에듀는 항상 독자의 마음을 헤아리기 위해 노력하고 있습니다. 늘 독자와 함께하겠습니다.

머리말 PREFACE

MG새마을금고는 한국 고유의 자율적 협동조직인 계, 향약, 두레 등의 상부상조 정신을 계승하고 협동조합의 원리에 의한 신용사업, 공제사업 등 경제적 기능과 회원 복지사업, 지역공헌사업 등 사회적 기능을 동시에 수행하고 있는 금융협동조합이다. 이를 통해 회원의 삶의 질을 향상시키고 나아가 지역공동체의 발전과 국민 경제의 균형발전에 기여하는 것을 목적으로 한다.

MG새마을금고 지역본부는 인재를 채용하기 위해 필기전형을 시행하여 지원자가 업무에 필요한 역량을 갖추고 있는지 평가한다. 신입직원 필기전형은 인성검사 및 NCS 직업기초능력평가로 구성되어 있다.

이에 시대에듀에서는 MG새마을금고 지역본부 필기전형을 준비하는 수험생들이 시험에 효과적으로 대비할 수 있도록 다음과 같은 특징의 본서를 출간하게 되었다.

도서의 특징

❶ 2024년 하반기 기출복원문제를 수록하여 최근 출제경향을 한눈에 파악할 수 있도록 하였다.

❷ NCS 직업기초능력평가 출제영역별 대표기출유형과 기출응용문제를 수록하여 체계적인 학습이 가능하도록 하였다.

❸ 40문항으로 구성된 최종점검 모의고사 2회분을 수록하여 자신의 실력을 스스로 평가할 수 있도록 하였다.

❹ MG새마을금고 인재상과의 적합 여부를 판별할 수 있는 인성검사와 지역별 실제 면접 기출 질문을 수록하여 한 권으로 MG새마을금고 지역본부 채용 전반에 대비할 수 있도록 하였다.

❺ MG새마을금고 지역본부 모의고사 2회와 NCS 통합 1회로 구성된 온라인 모의고사 3회 분을 제공하여 필기전형을 완벽히 준비하도록 하였다.

끝으로 본서가 MG새마을금고 지역본부 필기전형을 준비하는 여러분 모두에게 합격의 기쁨을 전달하기를 진심으로 기원한다.

SDC(Sidae Data Center) 씀

MG새마을금고 기업분석

◇ **존재이념**

참여와 협동으로 풍요로운 생활공동체 창조

지역공동체와 개인의 삶의 풍요를 이루어 이웃과 더불어 잘사는 생활공동체를 만들자는 의미

◇ **비전**

21C 선진종합금융 협동조합

새마을금고의 회원들에게 차원 높은 금융서비스를 제공하고
회원들이 새마을금고의 복지사업혜택을 누리면서
보다 안정되고 풍요로운 삶을 누릴 수 있도록 하고자 하는 의미

◇ **경영이념**

민주경영 / 혁신지향 / 인간존중

존재이념이나 비전을 달성하기 위한 새마을금고의 경영원칙으로,
조직운영 원리이자 경영의사 결정의 기준

◇ **새마을금고인의 정신**

자조 / 호혜 / 공동체

자조정신은 회원 스스로 절약하고 새롭게 만들고 창조하며 개선하여 스스로 앞날을 개척하는 정신, 호혜정신은 이기주의와 개인주의를 극복하고 공동체의 삶을 풍요롭게 해주는 정신과 사랑, 봉사정신을 그 근간으로 하고 있다. 공동체정신은 이웃과 하나가 되어 사회를 풍요롭게 하자는 정신으로 새마을금고는 공동의 이익이 극대화되는 공동체 사회를 추구하고 있다.

◇ **인재상**

자조정신을 갖춘 인재

창의와 도전
- 자신의 역량을 최대한 발휘할 수 있는 전문적이고 창의적인 인재
- 어려운 상황에 맞서 끝까지 포기하지 않는 도전적인 인재

호혜정신을 갖춘 인재

사랑과 봉사
- 이타심을 바탕으로 타인을 존중하고 배려하는 인재
- 새마을금고 정신을 실천하고 지역사회에 공헌할 수 있는 인재

공동체정신을 갖춘 인재

성실 · 책임
- 금고인으로서 긍지와 자부심을 가지고 정직하고 성실한 자세를 견지하는 인재
- 법과 규정을 준수하고 공정한 태도로 업무를 수행하는 인재

MG새마을금고 기업분석

◇ **윤리경영**

회원감동 추구

회원의 이익과 입장을 최우선적으로 고려한다.

회원이익 극대화

투명하고 건실한 정도경영으로 회원 가치와 이익을 보장한다.

사회적 책임

사회의 가치관을 존중하며 건전한 금융질서 확립에 솔선수범한다.

◇ **Symbol Mark**

MG새마을금고의 긍정적 자산인 느티나무의 이미지를 연계하여 계승 · 발전시킴으로써 금융 본연의 신뢰감 · 정직함을 전달하며, 현대적인 형태로 세련미와 진중함을 담은 상징체이다.

◇ **Brand Concept**

공공의 가치가 기본이 되는 따뜻한 금융

풍요로운 생활공동체	가족, 이웃 같은	신뢰할 수 있는
▼	▼	▼
나-이웃-지역-사회가 함께 성장 · 발전해 가는 따뜻한 철학, 사람 중심의 따뜻하고 풍요로운 이미지	내 가족의 일처럼 마음을 다하는 서비스	믿을 수 있는 금융서비스, 체계적이고 앞서가는 새마을금고

◇ **Name Concept**

MG

Maeul Geumgo 마을금고	**Make Good Life** 더 멋지고 풍요로운 삶	**Meet & Greet** 만나면 반가운 이웃

◇ **Slogan Concept**

Make Good

Money 모두가 부자되는 금융혜택	**Life** 모두가 더 나은 생활	**World** 모두가 행복한 세상

신입직원 채용 안내

◇ **지원자격**

① 연령, 성별, 학력 제한 없음
② 임용 즉시 근무가 가능한 자
③ 새마을금고 인사규정에 따른 임용 결격사유가 없는 자
④ 병역필 또는 면제자(남성에 한함)

◇ **채용지역**

서울지역/부산지역/대구지역/인천지역/광주 · 전남지역/대전 · 세종 · 충남지역/
울산 · 경남지역/경기지역/강원지역/충북지역/전북지역/경북지역/제주지역

◇ **채용절차**

지원서 접수   서류전형   필기전형   면접전형   최종합격자 발표

◇ **필기전형**

구분	출제영역		문항 수	시간
1	인성검사		200문항	30분
–	준비시간		–	20분
2	NCS 직업기초능력평가	의사소통능력 수리능력 문제해결능력 조직이해능력 대인관계능력	40문항	40분

❖ 자세한 채용절차는 직무별 채용방침에 따라 변경될 수 있으니 반드시 채용공고를 확인하기 바랍니다.

2024년 하반기 기출분석

총평

2024년 하반기 MG새마을금고 지역본부 필기전형은 지난 시험에 비해 꽤 어려운 수준으로 출제되었다. 출제영역은 이전과 동일하게 의사소통능력, 수리능력, 문제해결능력, 조직이해능력, 대인관계능력 다섯 개로 나뉘었다. 수리능력에서 응용수리의 단순 계산 문제가 출제되지 않았다는 후기와 조직이해·대인관계능력에서 길이가 긴 지문을 활용한 세트 형식의 문제가 출제되었다는 후기가 있었다. 전체적으로 난도가 높아진 만큼 평소 철저히 대비하는 습관이 중요했으리라 본다.

◇ **영역별 출제비중**

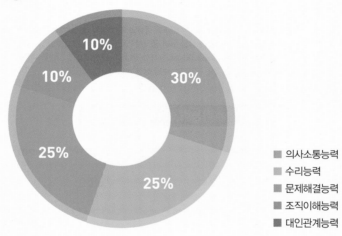

- ■ 의사소통능력
- ■ 수리능력
- ■ 문제해결능력
- ■ 조직이해능력
- ■ 대인관계능력

◇ **영역별 출제특징**

구분	출제특징
의사소통능력	• 수능 국어 비문학 느낌의 길이가 긴 지문이 출제됨 • 인공지능(AI) 기술과 관련된 지문이 출제됨 • 문단 나열하기, 일치하는 내용 찾기, 주제·제목찾기 등 다양한 유형의 문제가 출제되었으나 한자성어 및 맞춤법 관련 문제는 출제되지 않음
수리능력	• 예금, 복리, 이자율 등 금융 관련 계산 문제가 출제됨 • 응용수리 유형의 단순 계산 문제는 출제되지 않음 • 점수를 계산하여 업체를 선정하는 등 표, 그래프를 활용한 자료해석 및 계산 문제가 출제됨
문제해결능력	• 3C 분석을 통한 고정비의 감소 전략을 묻는 문제가 출제됨
조직이해능력	• 워크플로시트에 관한 문제, 새마을금고 이념에 관한 문제가 출제됨
대인관계능력	• NCS 모듈이론을 활용한 문제가 출제됨

주요 금융권 적중 문제

MG새마을금고 지역본부

의사소통능력 ▶ 나열하기

※ 다음 제시된 글을 읽고, 이어질 문단을 논리적 순서대로 바르게 나열하시오. [4~5]

04

자유 무역과 시장 개방이 크게 확대되고 있지만, 여전히 많은 국가들은 국내 산업 보호를 위해 노력을 기울이고 있다. 특히 세계적으로 경쟁이 치열해지고 거대 다국적 기업의 위협이 커지면서 최근 들어 세계 각국의 국내 산업 보호를 위한 움직임이 강화되고 있다. 일반적으로 정부가 국내 산업 보호를 위해 사용할 수 있는 조치들은 크게 관세 조치와 비관세 조치로 나누어 볼 수 있다.

(가) 관세 조치는 같은 수입품이라도 수입품의 종류와 가격, 수량 등에 따라 관세 부과 방법을 선택적으로 사용함으로써 관세 수입을 늘려 궁극적으로 국내 산업을 보호할 수 있다. 관세의 부과 방법에는 크게 종가세 방식과 종량세 방식이 있다. 먼저 종가세란 가격을 기준으로 세금을 부과하는 관세를 말한다. 즉, 종가세는 수입 상품 하나하나에 세금을 부과하는 것이 아니라 수입품 가격이 설정된 기준 가격을 넘을 때마다 정해진 세금을 부과하는 것이다. 따라서 종가세

수리능력 ▶ 금융상품 활용

※ 다음은 M금고의 적금 상품에 대한 자료이다. 이어지는 질문에 답하시오. [19~20]

- 상품명 : M적금
- 가입대상 : 실명의 개인(1인 1계좌)
- 가입기간 : 12개월
- 가입금액 : 500,000원 이하 지정하여 적립
- 적용금리 : 기본금리(연 1.7%)+우대금리(최대 연 3.5%p)
- 저축방법 : 정액적립식, 비과세
- 이자지급방법 : 만기일시지급식, 연복리식
- 우대금리 조건

구분	우대조건	우대금리
우대금리 1	M카드사 기준 기존고객이며, 6,000,000원 이상 M카드 사용	연 3.5%p
우대금리 2	M카드사 기준 신규고객이며, 가입 이후 1개월 이상 M카드로 자동이체 예정	연 0.5%p

조직이해능력 ▶ 업무이해

34 김팀장은 이대리에게 다음과 같은 업무지시를 내렸고, 이대리는 김팀장의 업무 지시에 따라 자신의 업무 일정을 정리하였다. 다음 중 이대리의 업무에 대한 설명으로 적절하지 않은 것은?

이대리, 오늘 월요일 정기회의 진행에 앞서 이번 주 업무에 대해서 미리 전달할게요. 먼저, 이번 주 금요일에 진행되는 회사 창립 기념일 행사 준비는 잘 되고 있나요? 행사 진행 전에 확인해야 할 사항들에 대해 체크리스트를 작성해서 수요일 오전까지 저에게 제출해 주세요. 그리고 행사가 끝난 후에는 총무팀 회식을 할 예정입니다. 이대리가 적당한 장소를 결정하고, 목요일 퇴근 전까지 예약이 완료될 수 있도록 해 주세요. 아! 그리고 내일 오후 3시에 진행되는 신입사원 면접과 관련해서 오늘 퇴근 전까지 면접 지원자에게 다시 한 번 유선으로 참여 여부를 확인하고, 정확한 시간과 준비 사항 등의 안내를 부탁할게요. 참! 지난주 영업팀이 신청한 비품도 주문해야 합니다. 오늘 오후 2시 이전에 발주하여야 영업팀이 요청한 수요일 전에 배송 받을 수 있다는 점 기억하세요. 자, 그럼 바로 회의 진행하도록 합시다. 그리고 오늘 회의 내용은 이대리가 작성해서 회의가 끝난 후 바로 사내 인트라넷 게시판에 공유해 주세요.

NH농협은행 6급

의사소통능력 ▶ 내용일치

06 농협은행 교육지원팀 과장인 귀하는 신입사원들을 대상으로 청렴교육을 실시하면서, 사내 내부제보준칙에 대하여 설명하려고 한다. 다음은 내부제보준칙 자료의 일부이다. 귀하가 신입사원들에게 설명할 내용으로 옳지 않은 것은?

> **제4조** 임직원 및 퇴직일로부터 1년이 경과하지 않은 퇴직 임직원이 제보하여야 할 대상 행위는 다음과 같다.
> ① 업무수행과 관련하여 위법·부당한 행위, 지시 또는 직권남용
> ② 횡령, 배임, 공갈, 절도, 금품수수, 사금융 알선, 향응, 겸업금지 위반, 성희롱, 저축관련 부당행위, 재산국외도피 등 범죄 혐의가 있는 행위
> ③ 「금융실명거래 및 비밀보장에 관한 법률」 또는 「특정금융거래정보의 보고 및 이용 등에 관한 법률」 위반 혐의가 있는 행위
> ④ 제도 등 시행에 따른 위험, 통제시스템의 허점
> ⑤ 사회적 물의를 야기하거나 조직의 명예를 훼손시킬 수 있는 대내외 문제
> ⑥ 그 밖에 사고방지, 내부통제를 위하여 필요한 사항 등

수리능력 ▶ 거리·속력·시간

01 K씨는 오전 9시까지 출근해야 한다. 집에서 오전 8시 30분에 출발하여 분속 60m로 걷다가 늦을 것 같아 도중에 분속 150m로 달렸더니 오전 9시에 회사에 도착하였다. K씨 집과 회사 사이의 거리가 2.1km일 때, K씨가 걸은 거리는?

① 1km ② 1.2km
③ 1.4km ④ 1.6km
⑤ 1.8km

문제해결능력 ▶ 문제처리

02 K은행은 A, B, C, D 각 부서에 1명씩 신입사원을 선발하였다. 지원자는 총 5명이었으며, 선발 결과에 대해 다음과 같이 진술하였다. 이 중 1명의 진술만 거짓으로 밝혀졌을 때, 다음 중 항상 옳은 것은?

> • 지원자 1 : 지원자 2가 A부서에 선발되었다.
> • 지원자 2 : 지원자 3은 A 또는 D부서에 선발되었다.
> • 지원자 3 : 지원자 4는 C부서가 아닌 다른 부서에 선발되었다.
> • 지원자 4 : 지원자 5는 D부서에 선발되었다.
> • 지원자 5 : 나는 D부서에 선발되었는데, 지원자 1은 선발되지 않았다.

① 지원자 1은 B부서에 선발되었다.
② 지원자 2는 A부서에 선발되었다.
③ 지원자 3은 D부서에 선발되었다.
④ 지원자 4는 B부서에 선발되었다.
⑤ 지원자 5는 C부서에 선발되었다.

주요 금융권 적중 문제

KB국민은행

의사소통능력 ▶ 주제·제목찾기

※ 다음 글의 주제로 가장 적절한 것을 고르시오. [1~2]

01

금융당국은 은행의 과점체제를 해소하고, 은행과 비은행의 경쟁을 촉진시키는 방안으로 은행의 고유 전유물이었던 통장을 보험 및 카드 업계로의 도입을 검토하겠다고 밝혔다.

이는 전자금융거래법을 개정해 대금결제업, 자금이체업, 결제대행업 등 모든 전자금융업 업무를 관리하는 종합지급결제사업자를 제도화하여 비은행에 도입한다는 것으로, 이를 통해 비은행권은 간편결제·송금 외에도 은행 수준의 보편적 지급결제 서비스가 가능해지는 것이다.

특히 금융당국이 은행업 경쟁촉진 방안으로 검토 중인 은행업 추가 인가나 소규모 특화은행 도입 등 여러 방안 중에서 종합지급결제사업자 제도를 중점으로 검토 중인 이유는 은행의 유효경쟁을 촉진시킴으로써 은행의 과점 이슈를 가장 빠르게 완화할 수 있을 것으로 판단되기 때문이다.

이는 소비자 측면에서도 기대효과가 있는데, 은행 계좌가 없는 금융소외계층은 종합지급결제사업자 제도를 통해 금융 서비스를 제공받을 수 있고, 기존 방식에서 각 은행에 지불하던 지급결제 수수료가 절약돼 그만큼 보험료가 인하될 가능성도 기대해 볼 수 있기 때문이다. 보험사 및 카드사 측면에서도 기존 방식에서는 은행을 통해 진행했던 방식이 해당 제도가 확립된다면 직접 처리할 수 있게 되어 방식이 간소화될 수 있다는 장점이 있다.

하지만 이 또한 현실적으로 많은 문제들이 제기되는데, 그중 하나가 소비자보호 사각지대의 발생이다. 비은행권은 은행권과 달리 예금보험제도가 적용되지 않을 뿐더러 은행권에 비해 규제 수준이

문제해결능력 ▶ 순서추론

01 카드게임을 하기 위해 A ~ F 6명이 원형 테이블에 앉고자 한다. 다음 〈조건〉에 따라 이들의 좌석을 배치하고자 할 때, F와 이웃하여 앉을 사람은?(단, 좌우 방향은 원탁을 바라보고 앉은 상태를 기준으로 한다)

조건
- B는 C와 이웃하여 앉는다.
- A는 E와 마주보고 앉는다.
- C의 오른쪽에는 E가 앉는다.
- F는 A와 이웃하여 앉지 않는다.

① B, D　　　　　　　　　② C, D
③ C, E　　　　　　　　　④ D, E

수리능력 ▶ 확률

03 S부서에는 부장 1명, 과장 1명, 대리 2명, 사원 2명 총 6명이 근무하고 있다. 새로운 프로젝트를 진행하기 위해 S부서를 2개의 팀으로 나누려고 한다. 팀을 나눈 후 인원수는 서로 같으며, 부장과 과장이 같은 팀이 될 확률은 30%라고 한다. 대리 2명의 성별이 서로 다를 때, 부장과 남자 대리가 같은 팀이 될 확률은?

① 41%　　　　　　　　　② 41.5%
③ 42%　　　　　　　　　④ 42.5%

IBK기업은행

의사소통능력 ▶ 내용일치

※ 다음 글의 내용으로 적절하지 않은 것을 고르시오. [1~3]

01

많은 사람들은 소비에 대한 경제적 결정을 내리기 전에 가격과 품질을 고려한다. 하지만 이러한 결정은 때로 소비자가 인식하지 못한 다른 요소에 의해 영향을 받는다. 바로 마케팅과 광고의 효과이다. 광고는 제품이나 서비스에 대한 정보를 전달하는 데 사용되는 매개체로 소비자의 구매 결정에 큰 영향을 끼친다.

마케팅 회사들은 광고를 통해 제품을 매력적으로 보이도록 디자인하고 여러 가지 특징들을 강조하여 소비자들이 해당 제품을 원하도록 만든다. 예를 들어 소비자가 직면한 문제에 대해 자사의 제품이 효과적인 해결책이라고 제시하거나 유니크한 디자인, 고급 소재 등을 사용한다고 강조하는 것이다. 이렇게 광고는 소비자들에게 제품에 대한 긍정적인 이미지를 형성하게 하여 구매 욕구를 자극해 제품의 판매량을 증가시킨다.

그러므로 현명한 소비를 하기 위해서는 광고에 의해 형성된 이미지에 속지 않고 실제 제품의 가치와

자원관리능력 ▶ 비용계산

※ 다음은 I은행의 지난해 직원별 업무 성과내용과 성과급 지급규정이다. 이어지는 질문에 답하시오. [16~17]

〈직원별 업무 성과내용〉

성명	직급	월 급여(만 원)	성과내용
임미리	과장	450	예·적금 상품 3개, 보험상품 1개, 대출상품 3개
이윤미	대리	380	예·적금 상품 5개, 보험상품 4개
조유라	주임	330	예·적금 상품 2개, 보험상품 1개, 대출상품 5개
구자랑	사원	240	보험상품 3개, 대출상품 3개
조다운	대리	350	보험상품 2개, 대출상품 4개
김은지	사원	220	예·적금 상품 6개, 대출상품 2개
권지희	주임	320	예·적금 상품 5개, 보험상품 1개, 대출상품 1개
윤수영	사원	280	예·적금 상품 2개, 보험상품 3개, 대출상품 1개

수리능력 ▶ 금융상품 활용

03 A대리는 새 자동차 구입을 위해 적금 상품에 가입하고자 하며, 후보 적금 상품에 대한 정보는 다음과 같다. 후보 적금 상품 중 만기환급금이 더 큰 적금 상품에 가입한다고 할 때, A대리가 가입할 적금 상품과 상품의 만기환급금이 바르게 연결된 것은?

〈후보 적금 상품 정보〉

구분	직장인사랑적금	미래든든적금
가입자	개인실명제	개인실명제
가입기간	36개월	24개월
가입금액	매월 1일 100,000원 납입	매월 1일 150,000원 납입
적용금리	연 2.0%	연 2.8%
저축방법	정기적립식, 비과세	정기적립식, 비과세
이자지급방식	만기일시지급식, 단리식	만기일시지급식, 단리식

적금 상품   만기환급금

도서 200% 활용하기

2024년 하반기 기출복원문제로 출제경향 파악

2024 | 하반기 기출복원문제

※ 정답 및 해설은 기출복원문제 바로 뒤 p.016에 있습니다.

※ 다음 글을 읽고 이어지는 질문에 답하시오. [1~2]

금융 산업이 디지털 혁명의 물결을 타고 빠르게 변화하고 있다. 특히 인공지능(AI) 기술의 발전은 은행 업무의 패러다임을 근본적으로 바꾸고 있다. 이러한 변화의 중심에서 은행은 새로운 도전과 기회를 마주하고 있다.

AI 기술은 은행의 다양한 영역에서 혁신을 이끌고 있다. 우선 리스크 관리 분야에서 AI는 데이터 분석과 예측 모델링을 통해 더욱 정교한 의사결정을 가능케 한다. 대출 심사나 신용평가에 AI를 적용하면 기존 방식보다 더 정확하고 신속한 판단이 가능해진다. 이는 은행의 건전성을 높이는 동시에 고객에게도 더 나은 금융 서비스를 제공할 수 있게 한다.

고객 서비스 영역에서도 AI의 활용이 두드러진다. AI ...
접근성과 편의성을 크게 향상시킨다. 또한 AI 기반의 ...
형 상품과 서비스를 제안함으로써 고객 만족도와 충성...
은행의 새로운 수익 창출로 이어질 수 있다.

보안 분야에서도 AI의 역할이 중요해지고 있다. AI 기...
템보다 더 효과적으로 이상 거래를 감지하고 예방할 ...
은행의 평판 리스크를 줄이는 데 기여한다.

업무 프로세스 자동화 역시 AI 기술 도입의 주요 영역...
인력 운영의 효율성이 크게 개선된다. 이는 비용 절감...
원들은 더 가치 있는 업무에 집중할 수 있게 되어 ...

그러나 본격적인 AI 기술 도입에 앞서 여러 문제점을 ...
의 성능을 좌우하기 때문에 양질의 데이터 확보가 중요...
도 중요한 과제다. 특히 금융 분야에서는 AI의 의사 ...

AI 활용에 따른 윤리적 이슈도 간과할 수 없다. 개인정...
에 대한 대응책을 마련해야 한다. 이를 위해 은행은 ...
기관과의 협력을 통해 AI 활용에 대한 법적, 제도적 ...

AI 시스템 구축과 운영에 필요한 전문 인력 확보도 중 ...
전문가의 수요가 급증하고 있어 이들을 확보하고 육...
것이다.

AI 기술은 은행 산업에 혁신적인 변화를 가져오고 있 ...
과적으로 활용하는 은행만이 미래 금융 시장에서 경쟁...
기술 도입을 넘어 은행의 비즈니스 모델과 조직 문화 ...
따라서 은행은 AI 기술에 대한 지속적인 투자와 혁신...
야 할 것이다. 이는 단순히 기술 혁신의 문제가 아니라 ...
할 수 있다.

2 • MG새마을금고 지역본부

2024 | 하반기 기출복원문제 정답 및 해설

01	02	03	04	05	06	07	08	09	10
④	④	③	④	①	④	③	④	③	①
11	12	13	14	15	16	17	18	19	20
④	②	①	④	④	④	①	④	①	②

01 정답 ④

제시문은 AI 기술이 리스크관리, 고객서비스, 보안, 업무 자동화 등 은행의 다양한 영역에서 혁신을 이끌고 있음을 설명하고, 데이터 품질 확보, 알고리즘의 투명성, 윤리적 문제 등 AI 도입에 따른 과제와 대응의 필요성을 강조하며 지속적인 투자와 혁신의 중요성을 강조하고 있다. 따라서 AI 기술의 고도화에 따라 은행이 전반적인 사업 역량을 강화해야 한다고 역설하므로 글의 주제로 가장 적절한 것은 AI 기술 고도화에 따른 금융 사업 역량 강화이다.

02 정답 ④

제시문에서는 AI를 활용한 리스크 관리에 대해 언급하고 있지만, 인간의 주관적 개입을 완전히 배제하고 AI만을 활용하여 평가를 실시한다는 내용은 없다. 오히려 AI가 의사결정을 지원하는 도구로 사용되며, 인간의 판단과 함께 활용될 것임을 시사하고 있다.

오답분석
① 제시문에서는 AI 기술이 리스크관리, 고객서비스, 보안 등 은행의 다양한 업무에서 활용될 것임을 설명하고 있다.
② 일곱 번째 문단에서 은행은 개인정보 보호, 차별 방지, 책임 소재 등 다양한 윤리적 문제에 대응하기 위해 AI 윤리 가이드라인을 수립하고 준수해야 한다고 설명하고 있다.
③ 마지막 문단에서 "AI 기술을 효과적으로 활용한 은행만이 미래 금융 시장에서 경쟁력을 유지하고 성장할 수 있을 것이다."라고 명시하고 있다.

03 정답 ③

①의 앞의 내용이 기금 사용내역을 적극적으로 공개한다고 하는 것이므로 일의 상황이나 성질 따위가 감추어지는 것이 없이 환하고 분명한 성질을 뜻하는 투명성이 가장 적절한 단어이다.

오답분석
① 생산성 : 단위 노동을 들여 만들어 낸 생산물의 양
② 적합성 : 일이나 조건 따위에 꼭 알맞은 성질
④ 주도성 : 주도적 입장에 서는 성질이나 특성

04 정답 ④

고향사랑기부제는 주소지 외 지자체에 기부할 수 있는 제도이므로 현재 통영시에 살고 있는 A씨는 통영시 지자체에 고향사랑기부제를 통해 기부할 수 없다.

오답분석
① 고향사랑기부제 신청은 고향사랑e음 홈페이지를 통한 온라인 방식과 농협 창구를 통한 오프라인 방식 2가지가 있다.
② 고향사랑기부제를 통해 기부 가능한 금액은 연간 500만 원이고, 답례품은 기부금액의 30%에 해당하므로 받을 수 있는 답례품의 가치는 500만×0.3=150만 원 상당이다.
③ 마지막 문단에서 통영시 관계자에 의하면 고향사랑기부제를 통해 지역경제 활성화와 소멸위기 극복에 크게 기여할 것으로 기대한다고 하였으므로 옳은 설명이다.

05 정답 ①

'개떡'은 '질이 떨어지는', '흉사하지만 다른'의 뜻을 더하는 접두사 '개-'가 붙어서 만들어진 단어이다.

16 • MG새마을금고 지역본부

▶ 2024년 9월 7일에 시행된 MG새마을금고 지역본부 필기전형의 기출복원문제를 수록하였다.
▶ NCS 직업기초능력평가의 최근 출제경향을 파악할 수 있도록 하였다.

대표기출유형&기출응용문제로 영역별 체계적 학습

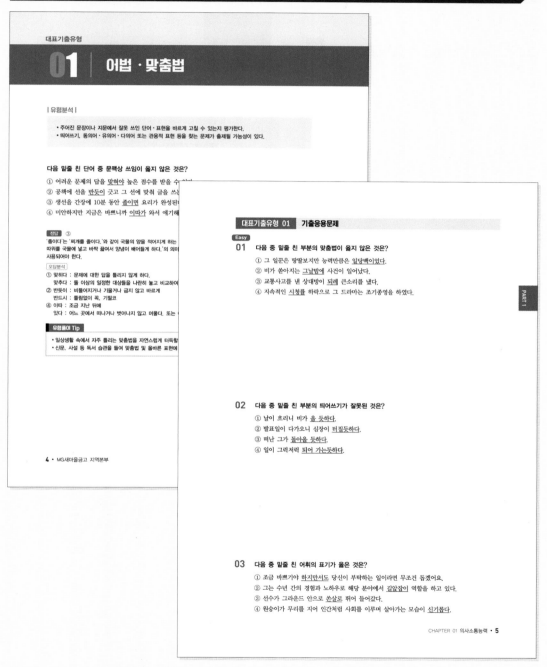

▶ '의사소통 · 수리 · 문제해결 · 조직이해 · 대인관계'의 대표기출유형과 기출응용문제를 수록하였다.

▶ 출제영역별 유형분석과 유형풀이 Tip을 통해 체계적인 학습이 가능하도록 하였다.

최종점검 모의고사로 실전 연습

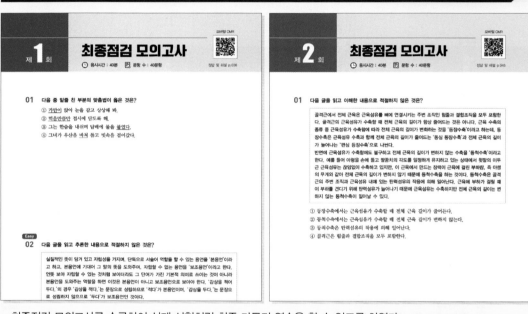

▶ 최종점검 모의고사를 수록하여 실제 시험처럼 최종 마무리 연습을 할 수 있도록 하였다.

인성검사 + 면접까지 한 권으로 준비

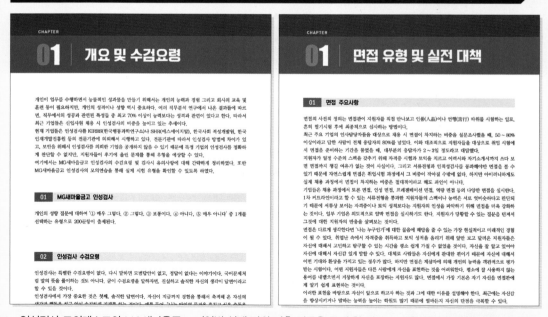

▶ 인성검사 모의테스트와 MG새마을금고 지역별 실제 면접 기출 질문을 통해 한 권으로 채용 전반에 대비하도록 하였다.

Easy&Hard로 난이도별 시간 분배 연습

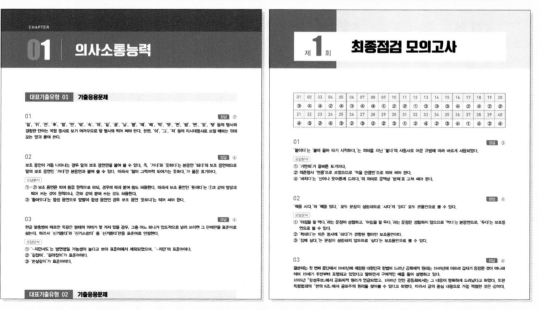

▶ Easy&Hard 표시로 문제별 난이도에 따라 시간을 적절하게 분배하여 풀이하는 연습이 가능하도록 하였다.

정답 및 해설로 혼자서도 완벽 학습

▶ 정답에 대한 상세한 해설과 오답분석으로 혼자서도 완벽하게 학습할 수 있도록 하였다.

학습플랜

1주 완성 학습플랜

본서에 수록된 전 영역을 단기간에 끝낼 수 있도록 구성한 학습플랜이다. 한 번에 전 영역을 공부하지 않고, 한 영역을 집중적으로 공부할 수 있도록 하였다. 필기시험에 대한 기초 학습은 되어 있으나, 학습 계획 세우기에 자신이 없는 분들이나 미리 시험에 대비하지 못해 단시간에 많은 분량을 봐야 하는 수험생에게 추천한다.

ONE WEEK STUDY PLAN

Start!	1일 차 ☐	2일 차 ☐	3일 차 ☐
	____월____일	____월____일	____월____일

4일 차 ☐	5일 차 ☐	6일 차 ☐	7일 차 ☐
____월____일	____월____일	____월____일	____월____일

STUDY CHECK BOX							
구분	1일 차	2일 차	3일 차	4일 차	5일 차	6일 차	7일 차
기출복원문제							
PART 1							
제1회 최종점검 모의고사							
제2회 최종점검 모의고사							
다회독							
오답분석							

스터디 체크박스 활용법

1주 완성 학습플랜에서 계획한 학습량을 어느 정도 실천하였는지 표시하여 자신의 학습량을 효율적으로 관리한다.

구분	1일 차	2일 차	3일 차	4일 차	5일 차	6일 차	7일 차
PART 1	의사소통 능력	×	×	완료			

CONTENTS
이 책의 차례

Add+

합격의 공식 시대에듀 www.sdedu.co.kr

2024년 하반기
기출복원문제

※ 정답 및 해설은 기출복원문제 바로 뒤 p.016에 있습니다.

※ 다음은 AI 기술에 대한 글이다. 이어지는 질문에 답하시오. [1~2]

금융 산업이 디지털 혁명의 물결을 타고 빠르게 변화하고 있다. 특히 인공지능(AI) 기술의 발전은 은행 업무의 패러다임을 근본적으로 바꾸고 있다. 이러한 변화의 중심에서 은행은 새로운 도전과 기회를 마주하고 있다.

AI 기술은 은행의 다양한 영역에서 혁신을 이끌고 있다. 우선 리스크 관리 분야에서는 데이터 분석과 예측 모델링을 통해 더욱 정교한 의사결정을 가능케 한다. 대출 심사나 신용평가에 AI를 적용하면 기존 방식보다 더 정확하고 신속한 판단이 가능해진다. 이는 은행의 건전성을 높이는 동시에 고객에게도 더 나은 금융 서비스를 제공할 수 있게 한다.

고객 서비스 영역에서도 AI의 활용이 두드러진다. AI 챗봇은 24시간 고객 응대를 가능하게 하여 서비스의 접근성과 편의성을 크게 향상시킨다. 또한 AI 기반의 개인화 서비스는 고객의 니즈를 정확히 파악하여 맞춤형 상품과 서비스를 제안함으로써 고객 만족도와 충성도를 높인다. 이는 단순히 고객 서비스의 개선을 넘어 은행의 새로운 수익 창출로 이어질 수 있다.

보안 분야에서도 AI의 역할이 중요해지고 있다. AI 기반의 금융사기 탐지 시스템은 기존의 규칙 기반 시스템보다 더 효과적으로 이상 거래를 감지하고 예방할 수 있다. 이는 고객의 자산을 안전하게 보호하고 은행의 평판 리스크를 줄이는 데 기여한다.

업무 프로세스 자동화 역시 AI 기술 도입의 주요 영역이다. 반복적이고 단순한 업무를 AI가 처리함으로써 인력 운영의 효율성이 크게 개선된다. 이는 비용 절감으로 이어져 은행의 수익성 향상에 기여한다. 또한 직원들은 보다 가치 있는 업무에 집중할 수 있게 되어 전반적인 생산성 향상으로 이어진다.

그러나 본격적인 AI 기술 도입에 앞서 여러 문제점을 개선해야 한다. 우선 데이터의 품질과 양이 AI 시스템의 성능을 좌우하기 때문에 양질의 데이터 확보가 중요하다. 또한 AI 알고리즘의 투명성과 설명 가능성 확보도 중요한 과제이다. 특히 금융 분야에서는 AI의 의사결정 과정을 명확히 설명할 수 있어야 한다.

AI 활용에 따른 윤리적 문제도 간과할 수 없다. 개인정보 보호, 차별 방지, 책임 소재 등 다양한 윤리적 문제에 대한 대응책을 마련해야 한다. 이를 위해 은행은 AI 윤리 가이드라인을 수립하고 준수해야 하며, 규제 기관과의 협력을 통해 AI 활용에 대한 법적, 제도적 기반을 마련해야 한다.

AI 시스템 구축과 운영에 필요한 전문 인력 확보도 중요한 과제이다. 데이터 과학자, AI 엔지니어 등 AI 관련 전문가의 수요가 급증하고 있어 이들을 확보하고 육성하는 것이 은행의 경쟁력 확보에 중요한 요소가 될 것이다.

AI 기술은 은행 산업에 혁신적인 변화를 가져오고 있다. 이러한 변화에 적극적으로 대응하고 AI 기술을 효과적으로 활용하는 은행만이 미래 금융 시장에서 경쟁력을 유지하고 성장할 수 있을 것이다. AI는 단순한 기술 도입을 넘어 은행의 비즈니스 모델과 조직 문화를 근본적으로 변화시키는 촉매제 역할을 할 것이다. 따라서 은행은 AI 기술에 대한 지속적인 투자와 혁신을 통해 디지털 시대의 선도적인 금융 기관으로 거듭나야 한다. 이는 단순히 기술 혁신의 문제가 아니라 은행의 미래 생존과 번영을 위한 필수적인 과제일 것이다.

01 다음 중 윗글의 주제로 가장 적절한 것은?

① AI 의사결정 과정의 중요성

② AI 기술을 활용한 고객관리 방법

③ 취약한 금융 보안을 강화하는 AI 기술

④ AI 기술 고도화에 따른 금융 사업 역량 강화

02 다음 중 윗글의 내용과 일치하지 않는 것은?

① AI의 발전은 은행의 여러 업무에서 광범위하게 사용될 것이다.

② AI 활용에 앞서 은행은 인공지능 윤리 가이드라인을 수립하고 준수해야 한다.

③ AI를 효과적으로 활용해야 미래 금융 시장에서 경쟁력을 확보할 수 있을 것이다.

④ 고객 리스크 관리 업무는 인간의 주관적 개입을 방지하고, AI를 활용하여 평가할 것이다.

통영시가 고향사랑기부제를 통해 지역 발전에 새로운 활력을 불어넣고 있다. 고향사랑기부제는 주소지 외 지자체에 기부할 수 있는 제도로, 지방 재정 보완과 지역 간 불균형 해소, 지역경제 활성화를 목적으로 한다. 통영시는 2023년 1월부터 2024년 8월 말까지 약 3,600여 명의 기부자로부터 4억 1천만 원의 기부금을 모금했다. 이는 지역 발전을 위한 시민들의 관심과 참여를 보여주는 결과이다. 기부는 고향사랑e음 홈페이지나 농협 창구를 통해 가능하며, 연간 500만 원까지 기부할 수 있다. 기부자에게는 10만 원까지 전액 세액공제, 초과금액에 대해 16.5%의 추가 공제 혜택이 주어지며, 기부금액의 30%에 해당하는 지역 특산품을 답례품으로 받을 수 있다.

통영시는 38개 품목, 83종류의 다양한 특산품을 답례품으로 제공하고 있어 기부자들의 선택의 폭을 넓혔다. 통영사랑상품권, 훈제굴 통조림, 건멸치, 육류(한돈/한우), 천연조미료, 수산물 밀키트 등이 인기 있는 답례품으로 꼽힌다. 최근에는 '통영밤바다 투어체험권'과 같은 특별 답례품도 추가되어 통영의 아름다운 야경을 즐길 수 있는 기회를 제공하고 있다. 이렇게 다양한 답례품은 통영의 특색을 살리면서도 기부자들의 만족도를 높이는 데 기여하고 있다. 통영시는 전국스포츠대회 방문 선수단을 대상으로 한 홍보, 통영한산대첩축제 및 주요 관광지에서의 홍보물 배부, 부산서부버스터미널 내 벽면 광고 제작 등 다각도로 홍보 활동을 펼치고 있다.

지역 단체의 적극적인 참여도 고향사랑기부제의 성과를 높이는 데 일조하고 있다. 통영시 8개 수협 직원 66명이 경주시 등 8개 지역에 660만 원을 상호 기부했으며, 경남도청 통영향우회도 400만 원의 기부금을 기탁했다. 이러한 노력은 단순한 기부를 넘어 지역 간 연대와 협력의 의미를 담고 있어 더욱 의미가 크다. 통영시는 기부자 관리에도 신경 쓰고 있다. 모든 기부자에게 소식지 '통영마당'을 발송하고 있으며, 100만 원 이상 고액기부자의 경우 통영시 홈페이지 명예의 전당에 등재하여 감사의 뜻을 전하고 있다.

통영시의 고향사랑기금 사용 계획에는 통영시 지역아동센터 간식비 지원과 통영시 유소년 축구단 운영 지원 등이 포함되어 있다. 이는 지역 아동과 청소년의 복지 향상과 건강한 성장을 지원하는 데 초점을 맞춘 것으로, 기부금이 실질적으로 지역 사회에 도움이 되는 방향으로 사용될 것임을 보여준다. 통영시는 앞으로도 지속적인 홍보 강화와 함께 다양한 문화·복지사업을 발굴하고 추진할 계획이며, 기금 사용내역을 적극적으로 공개하여 _____㉠_____ 을 확보할 예정이다.

통영시 관계자는 "고향사랑기부제를 통해 지역경제 활성화와 소멸위기 극복, 나아가 통영 발전에 크게 기여할 것으로 기대한다."라며 "앞으로도 시민들의 복지 향상과 지역 발전을 위해 최선을 다하겠다."라고 밝혔다. 이처럼 고향사랑기부제는 지역경제 활성화와 균형 발전을 위한 중요한 수단으로 자리 잡고 있다. 통영시의 사례처럼 지자체의 적극적인 노력과 시민들의 참여가 어우러질 때, 고향사랑기부제는 더욱 큰 효과를 발휘하며 지역 발전의 새로운 동력이 될 것이다.

03 다음 중 윗글의 빈칸 ㉠에 들어갈 단어로 가장 적절한 것은?

① 생산성   ② 적합성
③ 투명성   ④ 주도성

04 다음 중 윗글의 내용과 일치하지 않는 것은?

① 고향사랑기부제 신청은 온라인과 오프라인 모두 가능하다.
② 고향사랑기부제로 연간 최대 150만 원 상당의 답례품을 받을 수 있다.
③ 고향사랑기부제는 지역경제 활성화와 소멸위기 극복에 기여할 수 있다.
④ 통영에 살고 있는 A씨는 통영시 지자체에 고향사랑기부제를 통해 기부할 수 있다.

05 다음 중 '쓸데없는'의 뜻을 더하는 접두사 '개-'가 붙어서 형성된 단어가 아닌 것은?

① 개떡   ② 개수작
③ 개꿈   ④ 개나발

06 청년 K씨는 주택 마련 목돈을 만들기 위해 다양한 예금상품을 살펴보고 있다. 다음 예금상품별 세부사항에 따라 예금상품 중 세 번째로 높은 금액을 받을 수 있는 상품은 무엇이며, 그 금액의 현재가치는 얼마인가?(단, 세금은 고려하지 않으며, 인플레이션 비율은 매년 5%이다. 또한 최종 금액은 현재가치로, $1.03^3 = 1.1$, $0.95^2 = 0.9$, $0.95^3 = 0.85$로 계산한다)

〈예금상품별 세부사항〉

구분	예치금액	가입기간	기본금리
갑예금	2,000만 원	12개월	연 5%(단리)
을예금	3,000만 원	24개월	연 2%(단리)
병예금	2,000만 원	12개월	연 3%(단리)
정예금	3,000만 원	24개월	연 3%(연 복리)
무예금	2,000만 원	36개월	연 3%(연 복리)

	상품	현재가치 금액
①	갑예금	1,870만 원
②	갑예금	1,890만 원
③	병예금	1,890만 원
④	무예금	1,870만 원

※ A씨는 올해 퇴직금 4,000만 원을 정산을 받아 M금고에 예금으로 넣고자 한다. 이어지는 질문에 답하시오.
[7~8]

〈M금고 예금상품 정보〉

구분	기간	기본이율(연)	App 경유 가입 시 이율(연)
단리예금상품	3년	7%	9%
연복리예금상품	3년	10%	12%

07 예금을 복리로 넣을 때와 단리로 넣을 때의 만기 시 받는 금액의 차이는?(단, 세금은 고려하지 않으며, 기본이율만 적용한다. 또한 $1.1^3 = 1.331$로 계산한다)

① 489만 원　　　　　　　　　　② 464만 원

③ 468만 원　　　　　　　　　　④ 484만 원

08 A씨는 단리예금상품에 퇴직금을 예치하고자 한다. App을 경유해 가입할 경우, 기본이율과 비교하여 만기 시 얼마의 이득을 더 얻을 수 있는가?(단, 세금은 고려하지 않는다)

① 200만 원　　　　　　　　　　② 220만 원

③ 240만 원　　　　　　　　　　④ 260만 원

09 다음은 우리나라 일부 업종에서 일하는 근로자 수 및 고령근로자 비율과 국가별 65세 이상 경제활동 참가율 현황을 나타낸 자료이다. 이에 대한 설명으로 옳은 것은?

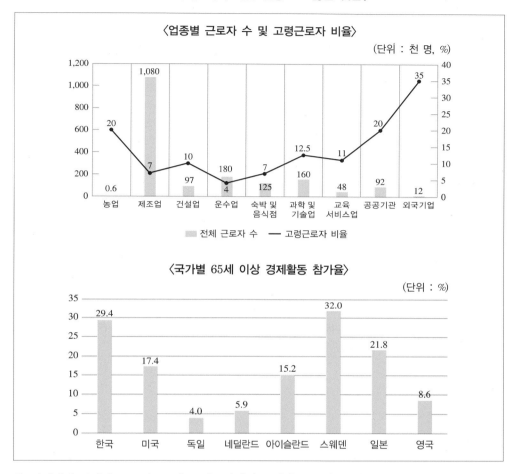

① 건설업에 종사하는 고령근로자는 외국기업에 종사하는 고령근로자 수의 3배 이상이다.

② 국가별 65세 이상 경제활동 조사 인구가 같을 경우 미국의 고령근로자 수는 영국 고령근로자 수의 3배 이상이다.

③ 모든 업종의 전체 근로자 수에서 제조업에 종사하는 전체 근로자 비율은 80% 이상이다.

④ 농업과 교육 서비스업, 공공기관에 종사하는 총고령근로자 수는 과학 및 기술업에 종사하는 고령 근로자 수보다 많다.

10 M금고는 전사 프로젝트 관리 시스템을 개발하기 위해 협력업체를 구하려고 한다. 업체 정보와 평가 방법을 바탕으로 할 때, M금고에서 선정할 업체는?

〈전사 프로젝트 관리 시스템 후보 업체 정보〉

구분	기술점수			역량점수		
	특허 보유 수	R&D 투자율	기술 혁신성	만족도	문제해결능력	업무 생산성
A사	5개	15%	50점	95점	65점	56점
B사	4개	20%	30점	65점	90점	88점
C사	6개	16%	80점	80점	57점	49점
D사	11개	14%	60점	49점	67점	58점
E사	7개	9%	80점	71점	80점	74점

〈평가 방법〉

• 특허 보유 수에 따라 다음의 점수를 부여한다.
  − 1 ~ 3개 : 30점   − 4 ~ 6개 : 50점
  − 7 ~ 9개 : 70점   − 10개 이상 : 100점
• R&D 투자율에 따라 다음의 점수를 부여한다.
  − 10% 미만 : 60점   − 20% 미만 : 80점
  − 20% 이상 : 100점
• 기술점수와 역량점수 각각의 평균점수를 구하고 (기술평균점수 40%)+(역량평균점수 60%)를 합산한 총점이 가장 높은 업체를 선정한다.

① E사   ② D사
③ B사   ④ A사

※ 다음은 M금고 고객 기록에 대한 자료이다. 이어지는 질문에 답하시오. [11~12]

〈기록 체계〉

고객구분	업무	업무내용	접수창구
ㄱ	X	a	01

고객구분		업무		업무내용		접수창구	
ㄱ	개인고객	X	수신계	a	예금	01	1번창구
				b	적금	02	2번창구
ㄴ	기업고객			A	대출상담	03	3번창구
		Y	대부계	B	대출신청	04	4번창구
ㄷ	VIP고객			C	대출완료	05	5번창구
						00	VIP실

※ 업무내용은 대문자·소문자끼리만 복수선택이 가능하다.
※ 개인·기업 고객은 일반창구에서, VIP고객은 VIP실에서 업무를 본다.
※ 수신계는 a, b의 업무만, 대부계는 A, B, C의 업무만 볼 수 있다.

〈기록 현황〉

ㄱXa10	ㄴYA05	ㄴYB03	ㄱXa01	ㄱYB03
ㄱXab02	ㄷYC00	ㄴYA01	ㄴYA05	ㄴYAB03
ㄱYAB00	ㄱYaA04	ㄱXb02	ㄷYB0	ㄱXa04

11 M금고를 방문한 기업 대표인 VIP고객이 대출신청을 했다. 기록 현황에 기재할 내용으로 옳은 것은?

① ㄴXB00　　　　　　② ㄴYB00
③ ㄷXB00　　　　　　④ ㄷYB00

12 기록 현황을 처리하는 도중 잘못 기록된 내용들이 발견되었다. 잘못된 기록 현황은 모두 몇 개인가?

① 3개　　　　　　② 4개
③ 5개　　　　　　④ 6개

※ 다음은 CSR에 대한 글이다. 이어지는 질문에 답하시오. [13~14]

자본주의 시장에서 기업의 1순위 목표는 이윤추구이다. 그러나 최근 지속가능성 등 기업의 사회적 책임에 대한 요구가 점점 높아지면서 기업이 단순히 이윤추구를 넘어 사회와 환경에 긍정적인 영향을 주어야 한다는 인식이 높아지고 있다. 특히 기업에 직접적인 이윤을 주는 소비자들이 사회적 책임을 다하는 기업의 제품과 서비스를 선호하는 경향이 있고, 이를 지키지 못했을 때 불매운동 등을 통해 적극적인 목소리를 내면서 기업의 사회적 책임(CSR; Corporate Social Responsibility)은 현대 기업 경영의 핵심적인 요소로 자리잡고 있다.

이러한 CSR을 구조화하여 접근한 것이 바로 미국의 경영학자 Archie B. Carroll 교수의 CSR 피라미드 모델이다. 1991년에 개발된 이 모델은 현재까지도 CSR의 기초 이론으로 자주 인용되며, CSR을 이해하는 필수적인 프레임워크로 자리 잡고 있다. CSR 피라미드 모델에서는 기업이 지켜야 할 사회적 책임을 경제적 책임, 법적 책임, 윤리적 책임, 자선적 책임 4가지로 나누었으며, 그 구조는 다음과 같다.

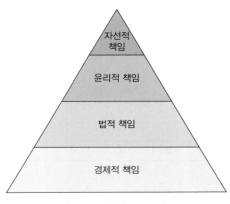

〈CSR 피라미드 모델〉

CSR의 기초가 되는 경제적 책임(Economic Responsibility)은 기업이 좋은 품질의 제품과 서비스를 효율적으로 생산하여 이윤 창출과 경쟁력 유지를 해야 함을 의미한다. 피라미드의 2번째 층은 법적 책임(Legal Responsibility)으로 기업이 생산, 유통, 판매 등 경제 활동을 수행할 때, 법적인 요구사항을 준수해야 함을 의미한다. 경제적 책임과 법적 책임은 기업의 당위적 책임으로서 반드시 지켜져야 하며, 책임을 다하지 못했을 때, 기업 유지에 치명적인 결과로 나타나게 된다.

피라미드의 세 번째 층인 윤리적 책임(Ethical Responsibility)은 법으로 성문화되지 않은 사항이라도 사회 구성원들이 요구하거나 금기시하는 활동에 대해 윤리적인 책임을 다하는 것이다. 법률로 지정되어 있지 않더라도 기업은 사회 구성원의 윤리적 공감대에 따라 도의적인 책임을 다해야 한다. 가장 높은 수준의 자선적 책임(Philanthropic Responsibility)은 기업이 지역사회의 삶의 질 향상을 위하여 사회적 가치 창출 활동을 할 책임이 있음을 의미한다. 기부나 자선 같은 사회공헌 활동이 여기에 해당한다. 윤리적 책임과 자선적 책임은 기업의 자발적 책임으로, 이러한 책임을 다한다면 기업의 브랜드 이미지 개선, 장기적 성장 등 기업에 경제적 이점을 제공해 줄 것이다.

CSR은 현대 경영에서 필수적인 요소로 자리 잡고 있으며, 이는 단순한 이윤 추구를 넘어서는 개념으로 발전하여 사회와 환경에 긍정적인 영향을 미쳐야 한다는 인식을 반영하고 있다. CSR은 기업의 지속가능한 성장과 브랜드 이미지 개선에 기여하며, 소비자와 이해관계자들의 신뢰를 구축하는 데 중요한 역할을 한다. 그러므로 기업은 사회적 책임을 다할 때 장기적으로 이윤 극대화와도 연결될 수 있음을 인식하고 CSR을 경영 전략의 핵심으로 삼아야 하며, 사회와 함께 성장하는 방향으로 나아가야 한다.

13 다음 중 M금고가 준수하지 못한 사회적 책임은?

> M금고는 새로 출시된 금융상품을 고객에게 적절하게 설명하였지만, 상품의 수익성을 지나치게 낙관하여 고객에게 판매하였다. 만기일이 되자 상품컨설턴트의 오판으로 인해 고객은 손해를 보게 되었고, 은행에 불만을 표출하였다.

① 윤리적 책임　　　　　　　　　② 법적 책임
③ 경제적 책임　　　　　　　　　④ 자선적 책임

14 다음 중 CSR 피라미드의 자선적 책임을 실천한 사례로 옳지 않은 것을 〈보기〉에서 모두 고르면?

> **보기**
> ㄱ. 제품 판매 금액의 0.1%를 지구사랑기금으로 출연하여 지속가능성 부문 사업을 지원하였다.
> ㄴ. 장학 사업을 통해 편부모 아동을 위한 장학금을 지원하였다.
> ㄷ. 새로운 성장 동력을 위해 스타트업 협력기업을 지원하였다.
> ㄹ. 사내 특별 기금 운영을 통해 임직원의 급여 중 일부를 사회 공헌기금으로 기부하였다.
> ㅁ. 탄소배출권을 구매하기 위해 환경사업에 투자하여 환경보호에 이바지하였다.

① ㄱ, ㄴ　　　　　　　　　② ㄱ, ㄷ
③ ㄷ, ㄹ　　　　　　　　　④ ㄷ, ㅁ

15 다음 중 워크플로시트(Workflow Sheet)에 대한 설명으로 옳지 않은 것은?

① 업무 효율성을 높이고 오류를 감소시키는 데 도움을 준다.

② 입력, 변환, 출력의 세 가지 핵심 구성 요소로 이루어진다.

③ 팀 간 커뮤니케이션을 개선하고 표준화된 프로세스 구축에 기여한다.

④ 워크플로시트는 항상 정적이어야 하며, 한 번 작성되면 수정이나 업데이트가 불가능하다.

16 M기업은 할인 프로모션과 고정비 감소 전략을 사용한 후 3C 분석을 수행하였다. 다음 중 3C 분석의 내용으로 옳은 것은?

① 고객의 가격 민감도가 증가하여 브랜드 충성도가 약화되었다.

② 경쟁사가 유사한 전략을 채택하여 시장 점유율에 변화가 없었다.

③ 자사의 수익성이 즉각적으로 개선되어 시장 지배력이 강화되었다.

④ 자사의 운영 효율성이 향상되어 경쟁력이 증가하고 고객 유치율이 개선되었다.

17 다음 중 감정은행계좌에 대한 설명으로 옳지 않은 것은?

> • A는 술만 먹으면 아무것도 아닌 일로 동료들과 언성을 높인다. 그런 일이 있고난 후에는 그 동료에게 사과하고 음료수나 점심을 사곤 했는데, 어제도 동료와 술자리에서 다퉜고, 오늘 아침에 다시 그 동료에게 음료수를 주며 사과하였다.
> • 해외 출장을 떠나는 상사가 팀원들에게 '내가 없더라도 맡은 일을 충실히 하라.'고 당부하자, B는 "여기 일은 아무 염려 마시고 출장 잘 다녀오십시오."라고 답변하였다. 그 후 상사가 해외 출장을 떠나자 B는 몸이 아파 병원에 다녀온다고 나가서는 퇴근 시간이 다 되어서야 들어왔다.
> • 원래 비가 내린다는 예보가 없었는데 퇴근 시간에 갑자기 비가 쏟아지기 시작하였다. 상사 C는 마침 우산이 2개 있어서 1개를 두 여직원 중에서 정장을 입고 온 여직원에게 빌려주었다. 다음 날 우산을 빌려 간 여직원은 밝게 웃으며 업무를 하고 있었지만, 다른 여직원은 아침부터 한마디도 하지 않고 업무만 하고 있었다.
> • D는 자신의 팀이 맡은 프로젝트가 끝나면 크게 회식을 하자고 약속을 해놓고는 프로젝트가 끝난 지 한 달이 넘도록 아무 말 없이 회식을 하지 않았다.

① A는 자신의 잘못이 반복될 때마다 매번 사과하였으므로 감정은행계좌 예입 행위에 해당한다.
② B의 행위는 타인의 기대를 저버린 행위이므로 감정은행계좌 인출 행위에 해당한다.
③ C의 행위는 사소한 일에 대한 관심을 소홀히 한 행위이므로 감정은행계좌 인출 행위에 해당한다.
④ D의 행위는 상대방과 한 약속을 지키지 않은 행위이므로 감정은행계좌 인출 행위에 해당한다.

※ 다음은 M금고에서 근무하는 직원들의 대화 내용과 M금고 신입행원 직무 교육 자료의 일부이다. 이어지는 질문에 답하시오. [18~19]

〈K사원과 P대리의 대화 내용〉

K사원 : P대리님, 요즘 영업 실적이 좋지 않아서 고민입니다.
P대리 : 그렇군요. 어떤 이유에서일까요?
K사원 : 아무래도 적립식 예금 상품의 신규 거래 가입 실적이 조금 부진한 듯합니다.
P대리 : 잘 파악하고 있네요. 그렇다면 고객에게 _____ ㉠ _____
K사원 : 역시 P대리님이십니다. 조언 감사합니다.
P대리 : 아니에요. 우수한 성적으로 직무 교육 과정을 통과한 K사원이니 잘할 수 있을 겁니다.

〈M금고 예금 신규 거래 절차 교육 자료〉

...

• 고객정보를 전산에 등록하거나 변경한다.
• 신규 거래 시 필요한 서류를 징구하여 확인한다.
• 고객 유형을 파악하여 유형별 실명 확인 방법에 따라 실명을 확인한다.
• 작성한 통장이나 증서에 고객의 인감 또는 서명날인을 받는다.
• 신규 거래되는 예금의 통장이나 증서를 작성한다.

...

---

18 다음 중 ㉠에 들어갈 말로 적절하지 않은 것은?

① 자유적립식 예금이 상대적으로 입출금이 자유로운 통장보다 이자가 높고, 수시로 입금하거나 중도인출이 가능하다는 점을 강조하여 권유해 보는 건 어떨까요?

② 기준금리가 떨어지고 있을 때, 서둘러 적립식 예금을 가입해야 조금이라도 높은 금리로 이자를 수령할 수 있음을 강조하여 가입을 권유해 보는 건 어떨까요?

③ 고객의 직업군에 특화된 금융 상품을 추천하는 등 상품별 특징을 잘 살펴 고객에게 적합한 생애주기별 특화 상품을 추천해 보는 건 어떨까요?

④ 적립식 예금의 경우 월 저축금을 약정한 납입일보다 지연하면 소정의 입금지연이자가 차감되므로 자동이체를 통해 정기 적립하도록 권유해 보는 건 어떨까요?

19 신입행원 직무 교육 당시 K사원은 교육을 담당하고 있던 P대리로부터 예금의 신규 거래 절차에 대해서 배우게 되었다. K사원은 부진했던 영업 실적을 고조하기 위해 교육 내용을 활용하여 예금 신규 거래를 진행하려고 한다. 다음은 K사원이 교육 자료를 도식화한 표이다. (C)에 들어갈 내용으로 옳은 것은?

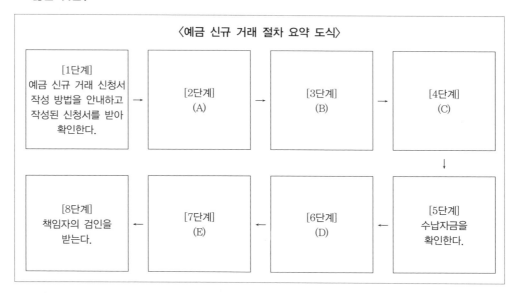

① 고객정보를 전산에 등록하거나 변경한다.
② 신규 거래되는 예금의 통장이나 증서를 작성한다.
③ 작성한 통장이나 증서에 고객의 인감 또는 서명날인을 받는다.
④ 신규 거래 시 필요한 서류를 징구하여 확인한다.

20 다음은 MG새마을금고의 존재이념이다. 이를 구체화한 내용으로 옳은 것은?

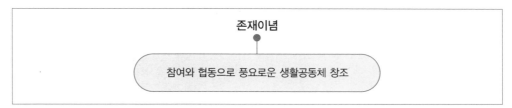

① 새마을금고의 회원들에게 차원 높은 금융서비스를 제공한다.
② 지역공동체와 더불어 개인의 삶의 풍요를 이루어 이웃과 더불어 잘사는 생활공동체를 만든다.
③ 새마을금고의 복지사업혜택을 누리면서 보다 안정되고 풍요로운 삶을 누릴 수 있다.
④ 회원 스스로 절약하고 새롭게 만들고 창조하며 개선하여 스스로 앞날을 개척한다.

2024 | 하반기 기출복원문제 정답 및 해설

01	02	03	04	05	06	07	08	09	10
④	④	③	④	①	④	④	③	④	①
11	12	13	14	15	16	17	18	19	20
④	②	①	④	④	④	①	④	①	②

01

정답 ④

제시문은 AI 기술이 리스크 관리, 고객 서비스, 보안, 업무 자동화 등 은행의 다양한 영역에서 혁신을 이끌고 있음을 설명하고 있다. 또한 데이터 품질 확보, 알고리즘의 투명성, 윤리적 문제 등 AI 도입에 따른 과제와 대응의 필요성을 이야기하며 지속적인 투자와 혁신의 중요성을 강조하고 있다.

따라서 AI 기술의 고도화에 따라 은행이 전반적인 사업 역량을 강화해야 한다고 역설하는 글이므로, 글의 주제로 가장 적절한 것은 'AI 기술 고도화에 따른 금융 사업 역량 강화'이다.

02

정답 ④

제시문에서는 AI를 활용한 리스크 관리에 대해 언급하고 있지만, 인간의 주관적 개입을 배제하고 AI를 활용하여 평가한다는 내용은 포함하고 있지 않다. 오히려 AI가 의사결정을 지원하는 도구로 사용되며, 인간의 판단과 함께 활용될 것임을 시사하고 있다.

[오답분석]
① 제시문에서는 AI 기술이 리스크 관리, 고객 서비스, 보안 등 은행의 다양한 업무에서 활용될 것임을 설명하고 있다.
② 일곱 번째 문단에서 은행은 개인정보 보호, 차별 방지, 책임 소재 등 다양한 윤리적 문제에 대응하기 위해 AI 윤리 가이드라인을 수립하고 준수해야 한다고 설명하고 있다.
③ 마지막 문단에서 'AI 기술을 효과적으로 활용하는 은행만이 미래 금융 시장에서 경쟁력을 유지하고 성장할 수 있을 것이다.'라고 명시하고 있다.

03

정답 ③

㉠ 앞의 내용은 기금 사용내역을 적극적으로 공개한다는 것이다. 따라서 일의 상황이나 성질 따위가 감추어지는 것이 없이 깔끔하고 분명한 성질을 뜻하는 '투명성'이 들어가는 것이 가장 적절하다.

[오답분석]
① 생산성 : 단위 노동을 들여 만들어 낸 생산물의 양
② 적합성 : 일이나 조건 따위에 꼭 알맞은 성질
④ 주도성 : 주도적 입장에 서는 성질이나 특성

04

정답 ④

고향사랑기부제는 주소지 외 지자체에 기부할 수 있는 제도이므로 현재 통영에 살고 있는 A씨는 통영시 지자체에 고향사랑기부제를 통해 기부할 수 없다.

[오답분석]
① 고향사랑기부제 신청은 고향사랑e음 홈페이지를 통한 온라인 방식과 농협 창구를 통한 오프라인 방식 2가지가 있다.
② 고향사랑기부제를 통해 기부 가능한 금액은 연간 500만 원이고, 답례품은 기부금액의 30%에 해당하므로 받을 수 있는 답례품의 가치는 500×0.3=150만 원 상당이다.
③ 마지막 문단에서 통영시 관계자에 의하면 고향사랑기부제를 통해 지역경제 활성화와 소멸위기 극복에 크게 기여할 것으로 기대한다고 하였으므로 옳은 설명이다.

05

정답 ①

'개떡'은 '질이 떨어지는', '흡사하지만 다른'의 뜻을 더하는 접두사 '개-'가 붙어서 형성된 단어이다.

접두사 '개-'
① (일부 명사 앞에 붙어) '야생 상태의' 또는 '질이 떨어지는', '흡사하지만 다른'의 뜻을 더함
  예 개금, 개꿀, 개떡, 개먹, 개살구, 개철쭉
② (일부 명사 앞에 붙어) '헛된', '쓸데없는'의 뜻을 더함
  예 개꿈, 개나발, 개수작, 개죽음
③ (부정적 뜻을 가지는 일부 명사 앞에 붙어) '정도가 심한'의 뜻을 더함
  예 개망나니, 개잡놈

06

정답 ④

예치금을 기준으로 보면 2,000만 원 또는 3,000만 원이다. 금리가 매우 높지 않은 이상 예금액의 차이인 1,000만 원을 넘어설 수 없으므로 을예금과 정예금이 각각 첫 번째, 두 번째로 최종 금액이 많을 것이다. 그리고 예치금이 2,000만 원인 예금들 중에서 이자가 가장 높은 예금을 구하면 된다.

같은 단리식인 갑예금과 병예금을 비교하면 이자율은 갑예금이 높을 것이므로 최종적으로 갑예금과 무예금을 비교하면 된다. 각각의 계산식을 적용하면 만기 시 금액은 다음과 같다.

- 갑 : $2,000 \times \left(1 + \dfrac{0.05}{12} \times 12\right) = 2,000 \times 1.05 = 2,100$만 원

- 무 : $2,000 \times (1 + 0.03)^{\frac{36}{12}} = 2,000 \times 1.1 = 2,200$만 원

따라서 무예금이 2,200만 원으로 만기 시 세 번째로 많이 받을 수 있는 예금상품이며, 현재가치는 3년 후에 찾는 것으로 $2,200 \times 0.95^3 = 2,200 \times 0.85 = 1,870$만 원이다.

07

정답 ④

단리식과 복리식 예금의 만기환급금을 계산하는 식은 다음과 같다(r은 연이율, n은 개월 수).

- 단리식 예금 만기환급금 : (원금)$\times \left(1 + \dfrac{r}{12} \times n\right)$

- 연복리식 예금 만기환급금 : (원금)$\times (1 + r)^{\frac{n}{12}}$

이에 따라 M금고 예금상품의 만기환급금을 계산하면 다음과 같다.

- 단리예금상품 : $4,000 + 4,000 \times 0.07 \times 3 = 4,840$만 원
- 복리예금상품 : $4,000 \times (1 + 0.1)^3 = 4,000 \times 1.331 = 5,324$만 원

따라서 두 예금상품의 만기 시 금액 차이는 $5,324 - 4,840 = 484$만 원임을 알 수 있다.

08

정답 ③

기본이율과 App 경유 이율일 때의 단기예금상품의 금액 차이는 두 경우 모두 원금이 동일하기 때문에 이자금액의 차이와 같다. 따라서 $4,000 \times (0.09 \times 3) - (0.07 \times 3) = 240$만 원임을 알 수 있다.

09

정답 ④

농업에 종사하는 고령근로자 수는 $600 \times 0.2 = 120$명이고, 교육서비스업은 $48,000 \times 0.11 = 5,280$명, 공공기관은 $92,000 \times 0.2 = 18,400$명이다. 따라서 총 $120 + 5,280 + 18,400 = 23,800$명으로 과학 및 기술업에 종사하는 고령근로자 수 $160,000 \times 0.125 = 20,000$명보다 많다.

오답분석

① 건설업에 종사하는 고령근로자 수는 $97,000 \times 0.1 = 9,700$명으로 외국기업에 종사하는 고령근로자 수의 3배인 $12,000 \times 0.35 \times 3 = 12,600$명 이하이다.

② 국가별 65세 이상 경제활동 조사 인구가 같을 경우 그래프에 나와 있는 비율로 비교하면 된다. 따라서 미국의 고령근로자 참여율 17.4%는 영국의 참가율의 3배인 $8.6 \times 3 = 25.8\%$ 이하이다.

③ 모든 업종의 전체 근로자 수에서 제조업에 종사하는 전체 근로자 비율은 다음과 같다.

$$\frac{1,080}{0.6 + 1,080 + 97 + 180 + 125 + 160 + 48 + 92 + 12} \times 100 = \frac{1,080}{1,794.6} \times 100 ≒ 60.2\%$$

따라서 80% 미만이다.

10

정답 ①

특허 보유 수와 R&D 투자율을 평가 방법에 따라 점수로 변환하면 다음과 같다.

(단위 : 점)

구분	기술점수			역량점수		
	특허 보유 수	R&D 투자율	기술 혁신성	만족도	문제 해결 능력	업무 생산성
A사	50	80	50	95	65	56
B사	50	100	30	65	90	88
C사	50	80	80	80	57	49
D사	100	80	60	49	67	58
E사	70	60	80	71	80	74

기술점수와 역량점수별로 평균을 구하여 가중치를 적용해 합산하면 다음과 같다.

- A사 : $[\{(50+80+50) \div 3\} \times 0.4] + [\{(95+65+56) \div 3\} \times 0.6] = (60 \times 0.4) + (72 \times 0.6) = 24 + 43.2 = 67.2$
- B사 : $[\{(50+100+30) \div 3\} \times 0.4] + [\{(65+90+88) \div 3\} \times 0.6] = (60 \times 0.4) + (81 \times 0.6) = 24 + 48.6 = 72.6$
- C사 : $[\{(50+80+80) \div 3\} \times 0.4] + [\{(80+57+49) \div 3\} \times 0.6] = (70 \times 0.4) + (62 \times 0.6) = 28 + 37.2 = 65.2$
- D사 : $[\{(100+80+60) \div 3\} \times 0.4] + [\{(49+67+58) \div 3\} \times 0.6] = (80 \times 0.4) + (58 \times 0.6) = 32 + 34.8 = 66.8$
- E사 : $[\{(70+60+80) \div 3\} \times 0.4] + [\{(71+80+74) \div 3\} \times 0.6] = (70 \times 0.4) + (75 \times 0.6) = 28 + 45 = 73$

따라서 M금고에서 선정할 업체는 E사이다.

11

정답 ④

기업 대표이지만 VIP이므로 고객 코드는 ㄷ, 대출신청을 하였으므로 업무는 Y, 업무내용은 B가 적절하며 접수창구는 VIP실인 00이 된다.

12

기록 현황을 정리하면 다음과 같다.

ㄱXa10	ㄴYA05	ㄴYB03	ㄱXa01	ㄱYB03
10번창구 없음 잘못된 기록	기업고객 대부계 대출상담 5번창구	기업고객 대부계 대출신청 3번창구	개인고객 수신계 예금 1번창구	개인고객 대부계 대출신청 3번창구
ㄱXab02	ㄷYC00	ㄴYA01	ㄴYA05	ㄴYAB03
개인고객 수신계 예금·적금 2번창구	VIP고객 대부계 대출완료 VIP실	기업고객 대부계 대출상담 1번창구	기업고객 대부계 대출상담 5번창구	기업고객 대부계 대출상담·신청 3번창구
ㄱYAB00	ㄱYaA04	ㄱXb02	ㄷYB0	ㄱXa04
개인고객 VIP실 불가 잘못된 기록	대부계 예금 불가 잘못된 기록	개인고객 수신계 적금 2번창구	0번창구 없음 잘못된 기록	개인고객 수신계 예금 4번창구

따라서 잘못된 기록은 4개이다.

13

M금고는 상품을 적절하게 설명하여 적법하게 판매하였으나, 소비자에게 과장된 정보나 비현실적인 기대를 주어 상품을 판매하였기 때문에 도의적인 책임을 다하지 않았다고 볼 수 있다. 이는 법적으로는 문제가 없더라도 윤리적 기준을 위반한 것이다. 따라서 M금고는 윤리적 책임을 준수하지 못했다.

14

자선적 책임은 기업이 지역사회의 삶의 질 향상을 위하여 사회적 가치 창출을 해야 하는 책임을 의미한다. ㄱ의 경우 환경 분야에서의 사회적 공헌을 하고 있으며, ㄴ은 자선 사업에 해당한다. ㄹ은 기부에 해당하므로 ㄱ, ㄴ, ㄹ 모두 자선적 책임을 다하고 있다.

그러나 ㄷ의 경우 스타트업 협력기업을 지원하는 것은 기업의 새로운 성장 동력을 위한 전략적인 투자이므로 경제적 책임을 준수한 것으로 볼 수 있으며, ㅁ의 탄소배출권은 기업이 환경보호를 위해 반드시 일정 수준 기여를 하도록 하는 법적인 제도로, 반드시 시행해야 하는 사항이므로 법적 책임을 다한 것으로 볼 수 있다.

따라서 자선적 책임을 실천한 사례로 옳지 않은 것은 ㄷ, ㅁ이다.

15

워크플로시트는 업무 프로세스를 시각적으로 표현하는 도구로, 업무의 흐름과 단계를 체계적으로 보여주는 시각화 관리 도구이다. 워크플로시트는 워크플로 단계를 시작하는 초기 자원인 입력, 처리되는 방식과 규칙인 변환, 최종 결과물을 보여주는 출력으로 구성된다. 워크플로시트는 업무 프로세스의 각 단계를 명확하고 체계적으로 시각화하고, 복잡한 업무 흐름을 쉽게 이해할 수 있도록 지원하며, 업무 단계를 세분화하여 최적화가 용이하도록 돕는다. 특히 업무 환경이나 프로세스가 변경될 경우 워크플로시트를 재구성하여 시각화하는 등 유연하게 수정하고, 프로세스를 개선할 수 있는 장점이 있다.

오답분석

① 업무 단계를 세분화하고 최적화할 수 있으므로 효율성을 높이고 오류를 감소시키는 데 도움을 준다.
② 워크플로시트는 입력, 변환, 출력으로 구성되며, 각 프로젝트를 화살표로 연결하여 전체적인 업무 흐름을 시각화한다.
③ 워크플로시트는 업무 프로세스를 시각화하여 팀 간의 소통을 원활히 할 수 있고, 업무 절차가 명확히 제시되므로 표준화된 프로세스 구축에 유리하다.

16

3C 분석은 기업의 전략 수립에 중요한 도구로, 고객(Customer), 경쟁사(Competitor), 자사(Company)를 분석하는 것이다. 기업이 할인 프로모션과 고정비 감소 전략을 선택하였을 때, 적절한 3C 분석은 다음과 같다.
• 고객(Customer) : 할인 프로모션으로 인해 고객 유치율이 개선될 수 있다.
• 경쟁사(Competitor) : 고정비 감소로 인해 운영 효율성이 증가하여 경쟁사 대비 경쟁력의 확보로 이어질 수 있다.
• 자사(Company) : 고정비 절감은 기업의 수익성과 재무 상태를 강화하므로 전반적인 경쟁력 향상으로 이어질 수 있다.
따라서 M기업의 전략은 기업의 운영 효율성을 향상시켜 경쟁력을 증가시키고, 새로운 고객을 유치할 수 있으므로 분석 내용으로 옳은 것은 ④이다.

오답분석

① 할인 프로모션이 단기적으로는 브랜드 충성도를 약화시킬 수 있지만, 오히려 장기적인 충성도를 높일 수 있다.
② 고정비 감소 전략은 기업의 경쟁력을 향상시킬 수 있으므로 시장 점유율에 긍정적인 변화를 가져올 수 있다.
③ 할인 프로모션은 단기적으로 수익성을 낮출 수 있으며, 시장 지배력 강화는 즉각적으로 일어나기 어렵다.

17

정답 ①

진지한 사과는 감정은행계좌에 신뢰를 예입하는 것이다. 그러나 반복되는 사과는 불성실한 사과와 마찬가지로 받아들여져 신용에 대한 인출이 된다.

오답분석

② B의 행위는 자신의 말과 상사의 기대를 저버린 행위이므로 감정은행계좌 인출 행위에 해당한다.

③ 상사 C의 행위는 우산을 빌리지 못한 다른 여직원이 서운함을 느낄 수 있는 행위이므로 감정은행계좌 인출 행위에 해당한다.

④ 책임을 지고 약속을 지키는 것은 감정은행계좌 예입 행위이며, 약속을 어기는 것은 감정은행계좌 인출 행위이다. D의 행위는 팀원과의 약속을 지키지 않은 것이므로 감정은행계좌 인출 행위에 해당한다.

18

정답 ④

①·②·③은 모두 고객에게 혜택 또는 이익이 돌아가거나 고객의 니즈에 맞춰 추천하는 방식의 영업 노하우이다.

오답분석

④ 적립식 예금 상품의 신규 거래 가입 영업보다는 기존 고객에게 제안하는 내용에 가깝다.

19

정답 ①

4단계인 (ⓒ)에는 '고객정보 등록(변경)'의 내용이 들어가야 한다.

예금 신규 거래 절차
- 1단계 : 신규 거래 신청서 받아 확인하기
- 2단계 : 실명 확인하기
- 3단계 : 신규 거래 필요 서류 징구하기
- 4단계 : 고객정보 등록(변경)하기
- 5단계 : 수납자금 확인하기
- 6단계 : 통장 또는 증서 작성하기
- 7단계 : 고객의 거래인감 또는 서명날인 받기
- 8단계 : 책임자 검인하기
- 9단계 : 서류 보관하기

20

정답 ②

MG새마을금고의 존재이념인 '참여와 협동으로 풍요로운 생활공동체 창조'는 지역공동체와 더불어 개인의 삶의 풍요를 이루어 이웃과 더불어 잘사는 생활공동체를 만들자는 의미를 담고 있다.

오답분석

①·③ MG새마을금고의 비전에 대한 설명이다.

④ 새마을금고인의 정신 중 자조정신에 대한 설명이다.

만약 우리가 할 수 있는 일을 모두 한다면, 우리들은 우리 자신에 깜짝 놀랄 것이다.

- 에디슨 -

PART 1

NCS 직업기초능력평가

의사소통능력

합격 Cheat Key

의사소통능력을 평가하지 않는 금융권이 없을 만큼 필기시험에서 중요도가 높은 영역이다. 또한, 의사소통능력의 문제 출제 비중은 가장 높은 편이다. 이러한 점을 볼 때, 의사소통능력은 NCS를 준비하는 수험생이라면 반드시 정복해야 하는 과목이다.

국가직무능력표준에 따르면 의사소통능력의 세부 유형은 문서이해, 문서작성, 의사표현, 경청, 기초외국어로 나눌 수 있다. 문서이해 · 문서작성과 같은 제시문에 대한 주제찾기, 내용일치 문제의 출제 비중이 높으며, 공문서 · 기획서 · 보고서 · 설명서 등 문서의 특성을 파악하는 문제도 출제되고 있다. 따라서 이러한 분석을 바탕으로 전략을 세우는 것이 매우 중요하다.

1 문제에서 요구하는 바를 먼저 파악하라!

의사소통능력에서 가장 중요한 것은 제한된 시간 안에 빠르고 정확하게 답을 찾아내는 것이다. 그러기 위해서는 우리가 의사소통능력을 공부하는 이유를 잊지 말아야 한다. 우리는 지식을 쌓기 위해 의사소통능력 지문을 보는 것이 아니다. 의사소통능력에서는 지문이 아니라 문제가 주인공이다. 지문을 보기 전에 문제를 먼저 파악해야 한다. 주제찾기 문제라면 첫 문장과 마지막 문장 또는 접속어를 주목하자. 내용일치 문제라면 지문과 문항의 일치 / 불일치 여부만 파악한 뒤 빠져 나오자. 지문에 빠져드는 순간 소중한 시험시간은 속절없이 흘러 버린다.

2 잠재되어 있는 언어능력을 발휘하라!

세상에 글은 많고 우리가 학습할 수 있는 시간은 한정적이다. 이를 극복할 수 있는 방법은 다양한 글을 접하는 것이다. 실제 시험장에서 어떤 내용의 지문이 나올지 아무도 예측할 수 없다. 따라서 평소에 신문, 소설, 보고서 등 여러 글을 접하는 것이 필요하다. 잠재되어 있는 글에 대한 안목이 시험장에서 빛을 발할 것이다.

3 상황을 가정하라!

업무 수행에 있어 상황에 따른 언어 표현은 중요하다. 같은 말이라도 상황에 따라 다르게 해석될 수 있기 때문이다. 그런 의미에서 자신의 의견을 효과적으로 전달할 수 있는 능력을 평가하는 것은 당연하다. 따라서 다양한 상황에서의 언어표현능력을 함양하기 위한 연습의 과정이 요구된다. 업무를 수행하면서 발생할 수 있는 여러 상황을 가정하고 그에 따른 올바른 언어표현을 정리하는 것이 필요하다. 의사표현 영역의 경우 출제 빈도가 높지는 않지만 상황에 따른 판단력을 평가하는 문항인 만큼 대비하는 것이 필요하다.

4 말하는 이의 입장에서 생각하라!

잘 듣는 것 또한 하나의 능력이다. 상대방의 이야기에 귀 기울이고 공감하는 태도는 업무를 수행하는 관계 속에서 필요한 요소이다. 그런 의미에서 다양한 상황에서의 듣는 능력을 평가하는 것이다. 말하는 이가 요구하는 듣는 이의 태도를 파악하고, 이에 따른 판단을 할 수 있도록 언제나 말하는 사람의 입장이 되는 연습이 필요하다.

5 반복만이 살길이다!

학창 시절 외국어를 공부하던 때를 떠올려 보자. 셀 수 없이 많은 표현들을 익히기 위해 얼마나 많은 반복의 과정을 거쳤는가? 의사소통능력 역시 그러하다. 하나의 문제 유형을 마스터하기 위해 가장 중요한 것은 바로 여러 번, 많이 풀어 보는 것이다.

01 | 어법 · 맞춤법

| 유형분석 |

- 주어진 문장이나 지문에서 잘못 쓰인 단어·표현을 바르게 고칠 수 있는지 평가한다.
- 띄어쓰기, 동의어·유의어·다의어 또는 관용적 표현 등을 찾는 문제가 출제될 가능성이 있다.

다음 밑줄 친 단어 중 문맥상 쓰임이 옳지 않은 것은?

① 어려운 문제의 답을 <u>맞혀야</u> 높은 점수를 받을 수 있다.

② 공책에 선을 <u>반듯이</u> 긋고 그 선에 맞춰 글을 쓰는 연습을 해.

③ 생선을 간장에 10분 동안 <u>졸이면</u> 요리가 완성된다.

④ 미안하지만 지금은 바쁘니까 <u>이따가</u> 와서 얘기해.

정답 ③

'졸이다'는 '찌개를 졸이다.'와 같이 국물의 양을 적어지게 하는 것을 의미한다. 반면에 '조리다'는 '양념을 한 고기나 생선, 채소 따위를 국물에 넣고 바짝 끓여서 양념이 배어들게 하다.'의 의미를 지닌다. 따라서 ③의 경우 문맥상 '졸이다'가 아닌 '조리다'가 사용되어야 한다.

오답분석

① 맞히다 : 문제에 대한 답을 틀리지 않게 하다.
  맞추다 : 둘 이상의 일정한 대상들을 나란히 놓고 비교하여 살피다.

② 반듯이 : 비뚤어지거나 기울거나 굽지 않고 바르게
  반드시 : 틀림없이 꼭, 기필코

④ 이따 : 조금 지난 뒤에
  있다 : 어느 곳에서 떠나거나 벗어나지 않고 머물다. 또는 어떤 상태를 계속 유지하다.

유형풀이 Tip

- 일상생활 속에서 자주 틀리는 맞춤법을 자연스럽게 터득할 수 있도록 노력해야 한다.
- 신문, 사설 등 독서 습관을 들여 맞춤법 및 올바른 표현에 대해 숙지해 두어야 한다.

Easy

01 다음 중 밑줄 친 부분의 맞춤법이 옳지 않은 것은?

① 그 일꾼은 땅딸보지만 능력만큼은 <u>일당백이었다.</u>

② 비가 쏟아지는 <u>그날밤</u>에 사건이 일어났다.

③ 교통사고를 낸 상대방이 <u>되레</u> 큰소리를 냈다.

④ 지속적인 <u>시청률</u> 하락으로 그 드라마는 조기종영을 하였다.

02 다음 중 밑줄 친 부분의 띄어쓰기가 잘못된 것은?

① 날이 흐리니 비가 <u>올 듯하다.</u>

② 발표일이 다가오니 심장이 <u>터질듯하다.</u>

③ 떠난 그가 <u>돌아올 듯하다.</u>

④ 일이 그럭저럭 <u>되어 가는듯하다.</u>

03 다음 중 밑줄 친 부분의 표기가 옳은 것은?

① 조금 바쁘기야 <u>하지만서도</u> 당신이 부탁하는 일이라면 무조건 돕겠어요.

② 그는 수년 간의 경험과 노하우로 해당 분야에서 <u>길앞잡이</u> 역할을 하고 있다.

③ 선수가 그라운드 안으로 <u>쏜살로</u> 뛰어 들어갔다.

④ 원숭이가 무리를 지어 인간처럼 사회를 이루며 살아가는 모습이 <u>신기롭다.</u>

02 | 문장삽입

| 유형분석 |

- 논리적인 흐름에 따라 글을 이해할 수 있는지 평가한다.
- 한 문장뿐 아니라 여러 개의 문장이나 문단을 삽입하는 문제가 출제될 가능성이 있다.

다음 글에서 〈보기〉의 문장이 들어갈 위치로 가장 적절한 곳은?

스마트시티란 ICT를 기반으로 주거·교통·편의 인프라를 완벽히 갖추고, 그 안에 사는 모두가 편리하고 쾌적한 삶을 누릴 수 있는 똑똑한 도시를 말한다. (가) 최근 세계 각국에서는 각종 도시 문제를 해결하고, 삶의 질을 개선할 수 있는 지속가능한 도시발전 모델로 스마트시티를 주목하고 있다. (나) 특히 IoT, 클라우드, 빅데이터, AI 등 4차 산업혁명 기술을 활용한 스마트시티 추진에 전방위적인 노력을 기울이고 있다. (다) K시는 행정중심복합도시 전체를 스마트시티로 조성하고자 다양한 시민 체감형 서비스를 도입하고 있으며, 특히 K시 H리 일원 $2.7km^2$ 면적을 스마트시티 국가 시범도시로 조성하고 있다. (라) 각종 첨단 기술을 집약한 미래형 스마트시티 선도 모델인 K시 국가 시범도시는 스마트 모빌리티 등 7대 혁신 요소를 도입하여 도시 공간을 조성하고 혁신적인 스마트인프라 및 서비스를 제공할 계획이다.

> **보기**
>
> 이에 발맞춰 K시 역시 해외사업 지속 확대, 남북협력사업 수행 등과 함께 스마트시티를 주요 미래사업 분야로 정했다.

① (가)
② (나)
③ (다)
④ (라)

정답 ③

보기에서 K시는 '이에 발맞춰' 스마트시티를 주요 미래사업 분야로 정했으므로 '이'가 가리키는 내용은 스마트시티를 주요 미래사업 분야로 정하게 된 원인이 되어야 한다. 따라서 보기는 세계 각국에서 스마트시티 추진에 전방위적인 노력을 기울이고 있다는 내용의 뒤인 (다)에 들어가는 것이 가장 적절하다.

유형풀이 Tip

- 보기를 먼저 읽고, 선택지로 주어진 빈칸의 앞·뒤 문장을 읽어 본다. 그리고 빈칸 부분에 보기를 넣었을 때 그 흐름이 어색하지 않은 위치를 찾는다.
- 보기 문장의 중심이 되는 단어가 빈칸의 앞뒤에 언급되어 있는지 확인하도록 한다.

※ 다음 글에서 〈보기〉의 내용이 들어갈 위치로 가장 적절한 곳을 고르시오. [1~5]

Easy

01

우리는 보통 공간을 배경으로 사물을 본다. 그리고 시간이나 사유를 비롯한 여러 개념을 공간적 용어로 표현한다. 이처럼 공간에 대한 용어가 중의적으로 쓰이는 과정에서 일상적으로 쓰는 용법과 달라 혼란을 겪기도 한다. (가) 공간에 대한 용어인 '차원' 역시 다양하게 쓰인다. 차원의 수는 공간 내에 정확하게 점을 찍기 위해 알아야 하는 수의 개수이다. (나) 특정 차원의 공간은 한 점을 표시하기 위해 특정한 수가 필요한 공간을 의미한다. (다) 따라서 다차원 공간은 집을 살 때 고려해야 하는 사항들의 공간처럼 추상적일 수도 있고, 실제의 물리 공간처럼 구체적일 수도 있다. 이러한 맥락에서 어떤 사람을 1차원적 인간이라고 표현했다면 그것은 그 사람의 관심사가 하나밖에 없다는 것을 의미한다. (라)

보기

집에 틀어박혀 스포츠만 관람하는 인간은 오로지 스포츠라는 하나의 정보로 기술될 수 있고, 그 정보를 직선 위에 점을 찍은 1차원 그래프로 표시할 수 있는 것이다.

① (가)   ② (나)
③ (다)   ④ (라)

자본주의 경제 체제는 이익을 추구하려는 인간의 욕구를 최대한 보장해 주고 있다. 기업 또한 이익 추구라는 목적에서 탄생하여, 생산의 주체로서 자본주의 체제의 핵심적 역할을 수행하고 있다. 곧 이익은 기업가로 하여금 사업을 시작하게 하는 동기가 된다. (가) 이익에는 단기적으로 실현되는 이익과 장기간에 걸쳐 지속적으로 실현되는 이익이 있다. 기업이 장기적으로 존속, 성장하기 위해서는 단기 이익보다 장기 이익을 추구하는 것이 더 중요하다. 실제로 기업은 단기 이익의 극대화가 장기 이익의 극대화와 상충할 때 단기 이익을 과감히 포기하기도 한다. (나) 자본주의 초기에는 기업이 단기 이익과 장기 이익을 구별하여 추구할 필요가 없었다. 소자본끼리의 자유 경쟁 상태에서는 단기든 장기든 이익을 포기하는 순간에 경쟁에서 탈락하기 때문이다. 그에 따라 기업은 치열한 경쟁에서 살아남기 위해 주어진 자원을 최대한 효율적으로 활용하여 가장 저렴한 가격으로 좋은 품질의 상품을 소비자에게 공급하게 되었다. (다) 이 단계에서 기업의 소유자가 곧 경영자였기 때문에 기업의 목적은 자본가의 이익을 추구하는 것에 집중되었다.

그러나 기업의 규모가 점차 커지고 경영 활동이 복잡해지면서 전문적인 경영 능력을 갖춘 경영자가 필요하게 되었다. (라) 이에 따라 소유와 경영이 분리되어 경영의 효율성이 높아졌지만, 동시에 기업이 단기 이익과 장기 이익 사이에서 갈등을 겪게 되는 일도 발생하였다. 주주의 대리인으로 경영을 위임 받은 전문 경영인은 기업의 장기적 전망보다 단기 이익에 치중하여 경영 능력을 과시하려는 경향이 있기 때문이다. 주주는 경영자의 이러한 비효율적 경영 활동을 감시함으로써 자신의 이익은 물론 기업의 장기 이익을 극대화하고자 하였다.

보기

이는 기업의 이익 추구가 결과적으로 사회 전체의 이익도 증진시켰다는 의미이다.

① (가)
③ (다)

② (나)
④ (라)

(가) 나는 하나의 생각하는 것이다. 즉 의심하고, 긍정하고, 부정하고, 약간의 것을 알고 많은 것을 모르며, 바라고 바라지 않으며, 또 상상하고, 감각하는 어떤 것이다. 왜냐하면 앞서 내가 깨달은 바와 같이 설사 내가 감각하고 상상하는 것들이 내 밖에서는 아마도 무(無)라고 할지라도, 내가 감각 및 상상이라고 부르는 이 사고방식만큼은 그것이 하나의 사고방식인 한, 확실히 내 속에 있음을 내가 확신하기 때문이다. 그리고 이 몇 마디 말로써 나는 내가 참으로 알고 있는 것을 혹은 지금까지 알고 있다고 생각한 모든 것을 요약했다고 믿는다.

(나) 하지만 전에 내가 매우 확실하고 명백하다고 인정한 것으로써 그 후 의심스러운 것이라고 알게 된 것이 많다. 무엇이 이런 것들이었는가? 그것은 땅, 하늘, 별들, 이밖에 내가 감각을 통하여 알게 된 모든 것이었다. (다) 그러면 나는 이것들에 대해서 무엇을 명석하게 지각하고 있었는가? 물론 이것들의 관념 자체, 즉 이것들에 대한 생각이 내 정신에 나타났다고 하는 것이다. 그리고 이러한 관념들이 내 속에 있다는 것에 대해서는 지금도 부정하지 않는다.

(라) 그러나 한편 나는, 내가 아주 명석하게 지각하는 것들을 바라볼 때마다 다음과 같이 외치지 않을 수 없다. 누구든지 나를 속일 수 있거든 속여 보라. 그러나 내가 나를 어떤 무엇이라고 생각하고 있는 동안은 절대 나를 무(無)이게끔 할 수는 없을 것이다. 혹은 내가 있다고 하는 것이 참이라고 할 때 내가 현존한 적이 없었다고 하는 것이 언젠가 참이 될 수는 없을 것이다. 또 혹은 2에 3을 더할 때 5보다 크게 되거나 작게 될 수 없으며, 이 밖에 이와 비슷한 일, 즉 거기서 내가 명백한 모순을 볼 수 있는 일이 생길 수는 없을 것이라고. 그리고 확실히 나에게는 어떤 하느님이 기만자라고 보아야 할 아무 이유도 없고, 또 도대체 한 하느님이 있는지 없는지도 아직 충분히 알려져 있지 않으므로 그저 저러한 선입견에 기초를 둔 의심의 이유는 매우 박약하다.

보기

그러나 산술이나 기하학에 관하여 아주 단순하고 쉬운 것, 가령 2에 3을 더하면 5가 된다고 하는 것 및 이와 비슷한 것을 내가 고찰하고 있었을 때, 나는 적어도 이것들을 참되다고 긍정할 만큼 명료하게 직관하고 있었던 것은 아닐까? 확실히 나는 나중에 이것들에 관해서도 의심할 수 있다고 판단하기는 했으나 이것은 하느님과 같은 어떤 전능자라면, 다시없이 명백하다고 여겨지는 것들에 관해서도 속을 수 있는 본성을 나에게 줄 수 있었다고 하는 생각이 내 마음에 떠올랐기 때문이었다.

① (가)   ② (나)

③ (다)   ④ (라)

04

카셰어링이란 차를 빌려 쓰는 방법의 하나로 기존의 방식과는 다르게 시간 또는 분 단위로 필요한 만큼만 자동차를 빌려 사용할 수 있다. (가) 이러한 카셰어링은 비용 절감 효과와 더불어 환경적·사회적 측면에서 현재 세계적으로 주목받고 있는 사업 모델이다.

호주 멜버른시의 조사 자료에 따르면, 카셰어링 차 한 대당 도로상의 개인 소유 차량 9대를 줄이는 효과가 있으며, 실제 카셰어링을 이용하는 사람은 해당 서비스 가입 이후 자동차 사용을 50%까지 줄였다고 한다. 또한 자동차 이용량이 줄어들면 주차 문제를 해결할 수 있으며, 카셰어링 업체에서 제공하는 친환경 차량을 통해 온실가스의 배출을 감소시키는 효과도 기대할 수 있다. (나) 호주 카셰어링 업체 차량의 60% 정도는 경차 또는 하이브리드 차량인 것으로 조사되었다.

호주의 카셰어링 시장규모는 8,360만 호주 달러로 지난 5년간 연평균 21.7%의 급격한 성장률을 보이고 있다. (다) 전문가들은 호주 카셰어링 시장이 앞으로도 가파르게 성장해 5년 후에는 현재보다 약 2.5배 증가한 2억 1,920만 호주 달러에 이를 것이며, 이용자 수도 10년 안에 150만 명까지 폭발적으로 늘어날 것이라고 예측한다. (라) 호주에서 차량을 소유할 경우 주유비, 서비스비, 보험료, 주차비 등의 부담이 크기 때문이다. 발표 자료에 의하면 차량 2대를 소유한 가족이 구매 금액을 비롯하여 차량 유지비에만 쓰는 비용은 연간 12,000 ~ 18,000 호주 달러에 이른다고 한다.

호주 자동차 산업에서 경제적·환경적·사회적인 변화에 따라 호주 카셰어링 시장이 폭발적인 성장세를 보이는 것에 주목할 필요가 있다. 전문가들은 카셰어링으로 인해 자동차 산업에 나타나는 변화의 정도를 '위험한 속도'로까지 비유하기도 한다. 카셰어링 차량의 주차공간을 마련하기 위해서 정부의 역할이 매우 중요한 만큼 호주는 정부 차원에서도 카셰어링 서비스를 지원하는 데 적극적으로 움직이고 있다. 호주는 카셰어링 서비스가 발달한 미국, 캐나다, 유럽 대도시에 비하면 아직 뒤쳐져 있지만, 성장 가능성이 높아 국내기업에서도 차별화된 서비스와 플랫폼을 개발한다면 진출을 시도해 볼 수 있다.

보기

이처럼 호주에서 카셰어링 서비스가 많은 회원을 확보하며 급격한 성장세를 나타내는 데는 비용 측면의 이유가 가장 크다고 볼 수 있다.

① (가)　　　　　　　　　　　② (나)
③ (다)　　　　　　　　　　　④ (라)

05

일반적으로 법률에서는 일정한 법률 효과와 함께 그것을 일으키는 요건을 규율한다. 이를테면, 민법 제750조에서는 불법 행위에 따른 손해 배상 책임을 규정하는데, 그 배상 책임의 성립 요건을 다음과 같이 정한다. '고의나 과실'로 말미암은 '위법 행위'가 있어야 하고, '손해가 발생'하여야 하며, 바로 그 위법 행위 때문에 손해가 생겼다는, 이른바 '인과 관계'가 있어야 한다. 이 요건들이 모두 충족되어야, 법률 효과로서 가해자는 피해자에게 손해를 배상할 책임이 생기는 것이다.

소송에서는 이런 요건들을 입증해야 한다. (가) 어떤 사실의 존재 여부에 대해 법관이 확신을 갖지 못하면, 다시 말해 입증되지 않으면 원고와 피고 가운데 누군가는 패소의 불이익을 당하게 된다. 이런 불이익을 받게 될 당사자는 입증의 부담을 안을 수밖에 없고, 이를 입증 책임이라 부른다. (나) 대체로 어떤 사실이 존재함을 증명하는 것이 존재하지 않음을 증명하는 것보다 쉽다. 이 둘 가운데 어느 한 쪽에 부담을 지워야 한다면, 쉬운 쪽에 지우는 것이 공평할 것이다. 이런 형평성을 고려하여 특정한 사실의 발생을 주장하는 이에게 그 사실의 존재에 대한 입증 책임을 지도록 하였다. (다) 그리하여 상대방에게 불법 행위의 책임이 있다고 주장하는 피해자는 소송에서 원고가 되어, 앞의 민법 조문에서 규정하는 요건들이 이루어졌다고 입증해야 한다. (라)

그런데 이들 요건 가운데 인과 관계는 그 입증의 어려움 때문에 공해 사건 등에서 문제가 된다. 공해에 관하여는 현재의 과학 수준으로도 해명되지 않는 일이 많다. 그런데도 피해자에게 공해와 손해 발생 사이의 인과 관계를 하나하나의 연결 고리까지 자연 과학적으로 증명하도록 요구한다면, 사실상 사법적 구제를 거부하는 일이 될 수 있다. 더구나 관련 기업은 월등한 지식과 기술을 가지고 훨씬 더 쉽게 원인 조사를 할 수 있는 상황이기에, 피해자인 상대방에게만 엄격한 부담을 지우는 데 대한 형평성 문제도 제기된다.

> **보기**
>
> 소송에서 입증은 주장하는 사실을 법관이 의심 없이 확신하도록 만드는 일이다.

① (가) ② (나)
③ (다) ④ (라)

03 | 빈칸추론

| 유형분석 |

- 글의 전반적인 흐름을 파악하고 있는지 평가한다.
- 첫 문장, 마지막 문장 또는 글의 중간 등 다양한 위치에 빈칸이 주어질 수 있다.

다음 글의 빈칸에 들어갈 내용으로 가장 적절한 것은?

경기적 실업이란 경기 침체의 영향으로 기업 활동이 위축되고 이로 인해 노동에 대한 수요가 감소하여 고용량이 줄어들어 발생하는 실업이다. 다시 말해 경기적 실업은 노동 시장에서 노동의 수요와 공급이 균형을 이루고 있는 상태라고 가정할 때, 경기가 침체되어 물가가 하락하게 되면 _____
경기적 실업은 다른 종류의 실업에 비해 생산량 측면에서 경제적으로 큰 손실을 발생시킬 수 있기에 경제학자들은 이를 해결하기 위한 정부의 역할을 촉구한다.

① 기업은 생산량을 줄이게 되고, 이로 인해 노동에 대한 공급이 감소하여 발생한다.
② 기업은 생산량을 늘리게 되고, 이로 인해 노동에 대한 수요가 증가하여 발생한다.
③ 기업은 생산량을 늘리게 되고, 이로 인해 노동에 대한 공급이 감소하여 발생한다.
④ 기업은 생산량을 줄이게 되고, 이로 인해 노동에 대한 수요가 감소하여 발생한다.

정답 ④
첫 번째 문장에서 경기적 실업이란 '노동에 대한 수요가 감소하여 고용량이 줄어들어 발생하는 실업'이라고 하였으므로, 빈칸에는 기업이 생산량을 줄임으로써 노동에 대한 수요가 감소한다는 내용이 들어가야 한다.

유형풀이 Tip

- 글을 모두 읽고 풀기에는 시간이 부족하다. 따라서 빈칸의 앞·뒤 문장만을 통해 내용을 파악할 수 있어야 한다.
- 주어진 문장을 각각 빈칸에 넣었을 때 그 흐름이 어색하지 않은지 확인하도록 한다.

※ 다음 글의 빈칸에 들어갈 내용으로 가장 적절한 것을 고르시오. [1~5]

01

> 오늘날 유전 과학자들은 유전자의 발현에 대해 관심을 두고 있다. 캐나다 맥길 대학교의 연구팀은 이 물음에 답하려고 연구를 수행하였다.
>
> 연구 대상인 어미 쥐가 새끼를 핥아주는 성향에는 편차가 있다. 어떤 어미는 다른 어미보다 더 많이 핥아주었다. 연구팀은 어미가 누구든 많이 핥인 새끼는 그렇지 않은 새끼보다 뇌의 특정 부분, 특히 해마에서 당질 코르티코이드 수용체들, 곧 GR이 더 많이 생겨났다는 것을 발견했다. 이렇게 생긴 GR의 수는 성체가 되어도 크게 바뀌지 않았다. GR의 수는 GR 유전자의 발현에 달려있다. 이 쥐들의 GR 유전자는 차이가 없지만 그 발현 정도에는 차이가 있을 수 있다. 이 발현을 촉진하는 인자 중 하나가 NGF 단백질인데, 많이 핥인 새끼는 그렇지 못한 새끼에 비해 NGF 수치가 더 높았다.
>
> 스트레스 반응 정도는 코르티솔 민감성에 따라 결정되는데 GR이 많으면 코르티솔 민감성이 낮아지는 되먹임회로가 강화된다. 이 때문에 _____

① 어미의 보살핌 정도에 따라 GR 유전자의 차이가 발생하는 것이다.

② GR과 관계없이 코르티솔 민감성에 따라 스트레스 반응 정도가 달리 나타난다.

③ GR 유전자가 스트레스 반응에 중요한 작용을 하는 것이다.

④ 똑같은 스트레스를 받아도 많이 핥인 새끼는 그렇지 않은 새끼보다 더 무디게 반응한다.

02

오존층 파괴의 주범인 프레온 가스로 대표되는 냉매는 그 피해를 감수하고도 사용할 수밖에 없는 필요악으로 인식되어 왔다. 지구 온난화 문제를 해결할 수 있는 대체 물질이 요구되는 이러한 상황에서 최근 이를 만족할 수 있는 4세대 신냉매가 새롭게 등장해 각광을 받고 있다. 그중 온실가스 배출량을 크게 줄인 대표적인 4세대 신냉매가 수소불화올레핀(HFO)계 냉매이다.

HFO는 기존 냉매에 비해 비싸고 불에 탈 수 있다는 단점이 있으나, 온실가스 배출이 거의 없고 에너지 효율성이 높은 장점이 있다. 이러한 장점으로 4세대 신냉매에 대한 관심이 최근 급격히 증가하고 있다. 지난 15년간 냉매 관련 특허 출원 건수는 총 686건이었고, 온실가스 배출량을 크게 줄인 4세대 신냉매 관련 특허 출원은 꾸준히 늘어나고 있다. 특히 2008년부터 HFO계 냉매를 포함한 출원 건수가 큰 폭으로 증가하면서 같은 기간의 HFO계 비중이 65%까지 증가했다.

이러한 출원 경향은 국제 규제로 온실가스를 많이 배출하는 기존 3세대 냉매의 생산과 사용을 줄이면서 4세대 신냉매가 필수적으로 요구됐기 때문으로 분석된다.

냉매는 자동차, 냉장고, 에어컨 등 우리 생활 곳곳에 사용되는 물질로써 시장 규모가 대단히 크지만, 최근 환경 피해와 관련된 엄격한 국제 표준이 요구되고 있다. 우수한 친환경 냉매가 조속히 개발될 수 있도록 관련 특허 동향을 제공해야 할 것이며, 4세대 신냉매 개발은 _____

① 인공지능 기술의 확장을 열게 될 것이다.
② 엄격한 환경 국제 표준을 약화시킬 것이다.
③ 또 다른 오존층 파괴의 원인으로 이어질 것이다.
④ 지구 온난화 문제 해결의 열쇠가 될 것이다.

03

글은 회사에서 쓰는 보고서, 제안서, 품의서, 기획안, 발표문, 홍보문과 학창시절 써야 하는 자기소개서, 과제 리포트, 서평, 기행문 등 종류가 많다.

글을 쓸 때 가장 중요한 것은 독자가 무엇을 기대하는지 파악하는 것이다. 글을 통해 무엇을 알고 싶어 하는지, 무엇을 줘야 독자가 만족할 것인지를 파악하는 것이 중요하다. 독자가 무엇을 원하는지 안다는 것은 글을 어떻게 써야 하는지 아는 것이기 때문이다.

그러나 대부분 이를 소홀히 한다. 글에 있어서 무게중심은 읽는 사람이 아니라 쓰는 사람에게 있다. '내가 많이 알고 있는 것처럼 보여야겠다. 내가 글을 잘 쓰는 것처럼 보여야겠다.'라는 생각이 앞설수록 중언부언하게 되고, 불필요한 수식어와 수사법을 남발한다. 이때 독자는 헷갈리고 화가 나게 된다.

독자에게 필요한 것은 글이 자신에게 전하고자 하는 내용이 무엇인가 하는 것이다. 그리고 그 전하고자 하는 내용이 자신에게 어떤 도움을 주는지이다. 모르던 것을 알게 해주는지, 새로운 관점과 해석을 제공해주는지, 통찰을 주는지, 감동을 주는지, 하다못해 웃음을 주는지 하는 것이다. 예를 들어 자기소개서를 읽었는데 그 사람이 어떤 사람인지 확연히 그려지면 합격이다. 제안서를 읽고 제안한 내용에 관해 확신이 들면 성공이다.

그렇다면 글은 어떻게 써야 할까? 방법은 간단하다. 먼저 구어체로 쓰는 것이다. 그래야 읽는 사람이 말을 듣듯이 편하게 읽는다. 눈으로 읽는 것 같지만 독자는 스스로 소리 내 귀로 듣는다. 구어체로 쓰기 위해서는 누군가를 만나 먼저 말해보는 것이 중요하다. "내가 무슨 글을 써야 하는데, 주로 이런 내용이야." 이렇게 말하면 내용이 정리될 뿐만 아니라 없던 생각도 새롭게 생겨난다. 그리고 말할 때 느낌이 글에서 살아난다.

글을 쓸 때도 독자를 앞에 앉혀 놓고 써야 한다. 독자는 구체적으로 한 사람을 정해 놓고 쓰는 게 좋다. 그러면 그 사람의 목소리를 들으며 쓸 수 있다. _____ 대상이 막연하지 않기 때문에 읽는 사람이 공감할 확률이 높아진다. 나를 위해 무언가를 전해 주려고 노력한다는 것을 느끼면서 고마워한다. 말을 심하게 더듬는 사람이 내게 무엇인가를 전해 주려고 노력하는 모습을 상상해보라. 그런 진심이 전해지면 된다. 글을 유려하게 잘 쓰고 박식한 것보다 독자의 심금을 더 크게 울린다. 글에도 표정과 느낌이 있다. 독자를 위하는 마음으로 쓰면 그 마음이 전해진다.

① 무엇이 틀렸는지 알고 잘 고쳐 쓰면 된다.

② 독자를 정해놓고 쓰면 진정성이 살아난다.

③ 독자에게 주는 것이 없으면 백전백패다.

④ 글을 일정한 시간, 장소에서 습관적으로 쓰라.

우리의 생각과 판단은 언어에 의해 결정되는가 아니면 경험에 의해 결정되는가? 언어결정론자들은 우리의 생각과 판단이 언어를 반영하고 있고 실제로 언어에 의해 결정된다고 주장한다. 언어결정론자들의 주장에 따르면 에스키모인들은 눈에 관한 다양한 언어 표현을 갖고 있어서 눈이 올 때 우리가 미처 파악하지 못한 미묘한 차이점들을 찾아낼 수 있다. 또 언어결정론자들은 '노랗다', '샛노랗다', '누르스름하다' 등 노랑에 대한 다양한 우리말 표현들이 있어서 노란색들의 미묘한 차이가 구분되고 그 덕분에 색에 관한 우리의 인지 능력이 다른 언어 사용자들보다 뛰어나다고 본다. 이렇듯 언어결정론자들은 사용하는 언어에 의해서 우리의 사고 능력이 결정된다고 본다.

정말 그럴까? 모든 색은 명도와 채도에 따라 구성된 스펙트럼 속에 놓이고, 각각의 색은 여러 언어로 표현될 수 있다. 이러한 사실에 비추어보면 우리말이 다른 언어에 비해 보다 풍부한 표현을 갖고 있다고 볼 수 없다. 나아가 _____ 따라서 우리의 생각과 판단은 언어가 아닌 경험에 의해 결정된다고 보는 쪽이 더 설득력이 있다.

① 어떤 것을 가리키는 단어가 있을 때에만 우리는 그 단어에 대하여 사고할 수 있다.

② 더 풍부한 표현을 가진 언어를 사용함에도 불구하고 인지능력이 뛰어나지 못한 경우들도 있다.

③ 경험이 언어에 미치는 영향을 계량화하여 비교하기는 곤란한 일이다.

④ 개개인의 언어습득능력과 속도는 모두 다르기 때문에 인지능력에 대한 언어의 영향도 제각기 다르다.

우리는 도시의 세계에 살고 있다. 인류 역사상 처음으로 세계 전체에서 도시 인구수가 농촌 인구수를 넘어섰다. 이제 우리는 도시가 없는 세계를 상상하기 힘들며, 세계 최초의 도시들을 탄생시킨 근본적인 변화가 무엇이었는지를 상상하는 것도 쉽지 않다.

인류는 약 1만 년 전부터 5천 년 전까지 도시가 아닌 작은 농촌 마을에서 살았다. 이 시기 농촌 마을의 인구는 대부분 2천 명 정도였다. 약 5천 년 전부터 이라크 남부, 이집트, 파키스탄, 인도 북서부에서 1만 명 정도의 사람이 모여 사는 도시가 출현하였다. 이런 세계 최초의 도시들을 탄생시킨 원인은 무엇인가? 이 질문에 대해서 몇몇 사람들은 약 1만 년 전부터 5천 년 전 사이에 일어난 농업의 발전에 의해서 농촌의 인구가 점차적으로 증가해 도시가 되었다고 말한다. 과연 농촌의 인구는 점차적으로 증가했는가? 고고학적 연구는 그렇지 않다고 말해주는 듯하다. 농업 기술의 발전에 의해서 마을이 점차적으로 거대해졌다면, 거주 인구가 2천 명과 1만 명 사이인 마을들이 빈번하게 발견되어야 한다. 그러나 2천 명이 넘는 인구를 수용한 마을은 거의 발견되지 않았다. 이 점은 약 5천 년 전 즈음 마을의 거주 인구가 비약적으로 증가했다는 것을 보여준다.

무엇 때문에 이런 거주 인구의 비약적인 변화가 가능했는가? 이 질문에 대한 답은 사회적 제도의 발명에서 찾을 수 있다. _____ 따라서 거주 인구가 비약적으로 증가하기 위해서는 사람들을 조직하고, 이웃들 간의 분쟁을 해소하는 것과 같은 문제들을 해결하는 사회적 제도의 발명이 필수적이다. 이런 이유에서 도시의 발생은 사회적 제도의 발명에 영향을 받았다고 생각할 수 있다. 그리고 이런 사회적 제도의 출현은 이후 인류 역사의 모습을 형성하는 데 결정적인 역할을 한 사건이었다.

① 거주 인구가 2천 명이 넘지 않는 마을은 도시라고 할 수 없다.

② 2천 명 정도의 인구를 가진 농촌 마을도 행정조직과 같은 사회적 제도를 가지고 있었다.

③ 사회적 제도 없이 사람들이 함께 모여 살 수 있는 인구 규모의 최대치는 2천 명 정도밖에 되지 않는다.

④ 농업 기술의 발전에 의해서 마을이 점차적으로 거대해졌다면, 약 1만 년 전 농촌 마을의 거주 인구는 2천 명 정도여야 한다.

04 | 내용일치

| 유형분석 |

- 짧은 시간 안에 글의 내용을 정확하게 이해할 수 있는지 평가한다.
- 은행 금융상품 관련 글을 읽고 이해하기, 고객 문의에 답변하기 등의 유형이 빈번하게 출제된다.

다음 글의 내용으로 적절하지 않은 것은?

물가 상승률은 일반적으로 가격 수준의 상승 속도를 나타내며 소비자 물가지수(CPI)와 같은 지표를 사용하여 측정된다. 물가 상승률이 높아지면 소비재와 서비스의 가격이 상승하고, 돈의 구매력이 감소한다. 이는 소비자들이 더 많은 돈을 지출하여 물가 상승에 따른 가격 상승을 감수해야 함을 의미한다.

물가 상승률은 경제에 다양한 영향을 미친다. 먼저 소비자들의 구매력이 저하되므로 가계소득의 실질 가치가 줄어든다. 이는 소비 지출의 감소와 경기 둔화를 초래할 수 있다. 또한 물가 상승률은 기업의 의사결정에도 영향을 준다. 높은 물가 상승률은 이자율의 상승과 함께 대출 조건을 악화시키므로 기업은 생산 비용 상승과 이로 인한 이윤 감소에 직면하게 되는 것이다.

정부와 중앙은행은 물가 상승률을 통제하기 위해 다양한 금융 정책을 사용하며 대표적으로 세금 조정, 통화량 조절, 금리 조정 등이 있다. 물가 상승률은 경제 활동에 큰 영향을 주는 중요한 요소이므로 정부, 기업, 투자자 및 개인은 이를 주의 깊게 모니터링하고 경제 전망을 평가하는 데 활용해야 한다. 또한 소비자의 구매력과 경기 상황에 직·간접적인 영향을 주므로 경제 주체들은 물가 상승률의 변동에 대응하기 위하여 적절한 전략을 수립해야 한다.

① 지나친 물가 상승은 소비 심리를 위축시킨다.
② 정부와 중앙은행이 실행하는 금융 정책의 목적은 물가 안정성을 유지하는 것이다.
③ 중앙은행의 금리 조정으로 지나친 물가 상승을 진정시킬 수 있다.
④ 소비재와 서비스의 가격이 상승하므로 기업의 입장에서는 물가 상승률이 커질수록 이득이다.

정답 ④

두 번째 문단에 따르면 높은 물가 상승률은 이자율의 상승과 함께 대출 조건을 악화시키므로 기업은 생산 비용 상승과 이로 인한 이윤 감소에 직면하게 된다.

오답분석

① 높은 물가는 가계의 실질 소비력을 약화시키므로 소비 심리를 위축시켜 경기 둔화를 초래할 수 있다.
②·③ 세금 조정, 통화량 조절, 금리 조정 등 여러 금융 정책의 목적은 물가 상승률을 통제하여 안정성을 확보하는 것이다.

유형풀이 Tip

- 글을 읽기 전에 문제와 선택지를 먼저 읽어보고 글의 주제를 대략적으로 파악해야 한다.
- 선택지를 통해 글에서 찾아야 할 정보가 무엇인지 먼저 인지한 후 글을 읽어야 문제 풀이 시간을 단축할 수 있다.

※ 다음 글을 읽고 이해한 내용으로 가장 적절한 것을 고르시오. [1~3]

Easy

01

> 녹내장은 안구 내 여러 가지 원인에 의하여 시신경이 손상되고, 이에 따른 시야 결손이 발생하는 진행성의 시신경 질환이다. 현재까지 녹내장 발병 원인에 대한 많은 연구가 진행되었으나, 지금까지 가장 확실한 원인은 안구 내 안압의 상승이다. 상승된 안압이 망막 시신경 섬유층과 시신경을 압박함으로써 시신경이 손상되거나 시신경으로 공급되는 혈류량이 감소됨으로써 시신경 손상이 발생할 수 있다.
>
> 녹내장은 일반적으로 주변 시야부터 좁아지는 것이 주된 증상이며, 그래서 초기에는 환자가 느낄 수 있는 자각 증상이 없는 경우가 대부분이다. 그래서 결국은 중심 시야까지 침범한 말기가 돼서야 병원을 찾는 경우가 많다. 녹내장은 제대로 관리되지 않으면 각막 혼탁, 안구로(眼球痨)*, 실명의 합병증이 동반될 수 있다.
>
> 녹내장을 예방할 수 있는 방법은 아직 알려지지 않았다. 단지 녹내장은 대부분 장기간에 걸쳐 천천히 진행되는 경우가 많으므로 조기에 발견하는 것이 가장 좋은 예방법이라고 할 수 있다. 정기적인 검진으로 자신의 시신경 상태를 파악하고 그에 맞는 생활 패턴의 변화를 주는 것이 도움이 된다. 녹내장으로 진단이 되면 금연을 해야 하며, 가능하면 안압이 올라가는 상황을 피하는 것이 좋다. 예를 들면 무거운 물건을 든다거나, 목이 졸리게 넥타이를 꽉 맨다거나, 트럼펫과 같은 악기를 부는 경우에는 병의 경과를 악화시킬 가능성이 있으므로 피해야 한다.
>
> *안구로(眼球痨) : 눈알이 쭈그러지고 작아져서 그 기능이 약해진 상태

① 녹내장은 일반적으로 중심 시야부터 시작하여 주변 시야로 시야 결손이 확대된다.
② 상승된 안압이 시신경으로 공급되는 혈류량을 증폭시켜 시신경 손상이 발생한다.
③ 녹내장 진단 후 안압이 하강할 수 있는 상황은 되도록 피해야 한다.
④ 녹내장의 발병을 예방할 수 있는 방법은 아직 없다.

02

일반적으로 동식물에서 종(種)이란 '같은 개체끼리 교배하여 자손을 남길 수 있는' 또는 '외양으로 구분이 가능한' 집단을 뜻한다. 그렇다면 세균처럼 한 개체가 둘로 분열하여 번식하며 외양의 특징도 많지 않은 미생물에서는 종을 어떤 기준으로 구분할까?

미생물의 종 구분에는 외양과 생리적 특성을 이용한 방법이 사용되기도 한다. 하지만 이러한 특성들은 미생물이 어떻게 배양되는지에 따라 변할 수 있으며, 모든 미생물에 적용될 만한 공통적 요소가 되기도 어렵다. 이런 문제를 극복하기 위해 오늘날 미생물 종의 구분에는 주로 유전적 특성을 이용하고 있다. 미생물의 유전체는 DNA로 이루어진 많은 유전자로 구성되는데, 특정 유전자를 비교함으로써 미생물들 간의 유전적 관계를 알 수 있다. 종의 구분에는 서로 간의 차이를 잘 나타내 주는 유전자를 이용한다. 유전자 비교를 통해 미생물들이 유전적으로 얼마나 가깝고 먼지를 확인할 수 있는데, 이를 '유전거리'라 한다. 유전거리가 가까울수록 같은 종으로 묶일 가능성이 커진다.

하지만 유전자 비교로 확인한 유전거리만으로는 두 미생물이 같은 종에 속하는지를 명확히 판별하기 어렵다. 특정 유전자가 해당 미생물의 전체적인 유전적 특성을 대변하지는 못하기 때문이다. 이러한 문제를 보완하기 위한 것이 미생물들 간의 유전체 유사도를 측정하는 방법이다. 유전체 유사도를 정확히 측정하기 위해서는 모든 유전자를 대상으로 유전적 관계를 살펴야 하지만, 수많은 유전자를 모두 비교하는 것은 현실적으로 어렵다. 따라서 유전체의 특성을 화학적으로 비교하는 방법이 주로 사용되고 있다. 이렇게 얻어진 유전체 유사도는 종의 경계를 확정하는 데 유용한 기준을 제공한다.

① 외양과 생리적 특성을 이용한 종 구분 방법은 미생물의 종 구분 시 일절 사용하지 않는다.
② 유전체 유사도를 이용한 방법은 비교 대상이 되는 유전자를 모두 비교해야만 가능하다.
③ 유전거리보다는 유전체의 비교가 종을 구분하는 데 더 명확한 기준을 제시한다.
④ 유전체의 특성을 물리적으로 비교하는 방법이 널리 사용되고 있다.

03

이슬람사회에서 결혼은 계약 관계로 간주된다. 따라서 부부관계는 계약 사항이 위반될 때 해제될 수 있다. 결혼식 전 신랑 측과 신부 측이 서로 합의하에 결혼계약서를 작성하며 결혼식에서 신랑과 신부 집안의 가장(家長), 양가의 중재자, 양쪽 집안에서 정한 증인이 결혼계약서에 각각 서명해야 하는 점은 이를 반영한다. 결혼계약서에 서명이 없거나, 이슬람의 관습에 따라 결혼식이 진행되지 않았거나, 서명이 끝난 결혼계약서가 정부에 등록되지 않으면 결혼은 무효로 간주되어 법적 효력이 없다.

결혼식은 아랍어로 '시가'라고 하는 결혼 서약으로 시작된다. 이는 결혼식 날 주례로서 결혼을 주관하는 '마우준'이 신랑 측과 신부 측에 결혼 의사를 묻고 동의 의사를 듣는 것으로 이루어진다. 이슬람사회의 관습에 따르면 결혼식에서 직접 동의 의사를 공표하는 신랑과 달리, 신부는 스스로 자신의 결혼 의사를 공표할 수 없다. 신부의 후견인인 '왈리'가 신부를 대신해 신부의 결혼 의사를 밝힌다. 보통 아버지가 그 역할을 담당하지만 아버지의 부재 시 삼촌이나 오빠가 대신한다. 당사자 혹은 대리인의 동의 없는 결혼 서약은 무효로 간주된다.

결혼에 대한 양가의 의사 이외에도 이슬람사회에서 결혼이 성립되기 위한 필수조건으로 '마흐르'라고 불리는 혼납금이 있어야 한다. 이슬람사회의 관습에 따르면 혼납금은 신부의 개인 재산으로 간주된다. 혼납금은 결혼계약서를 작성하면서 신랑이 신부에게 지급해야 한다.

증인 또한 중요하다. 결혼식의 증인으로는 믿을 만한 양가 친척이나 부모의 친구가 선택된다. 양가를 대표하는 두 명의 증인은 결혼계약서에 서명함으로써 결혼에 거짓이 없음을 증명한다. 결혼식에서 증인이 확인하는 내용은 신랑이나 신부가 친남매 간이나 수양남매 관계가 아니라는 것, 양가의 사회적 지위가 비슷하며 종교가 같다는 것, 이전에 다른 결혼 관계가 있었는지 여부, 신부가 '잇다' 기간에 있지 않다는 것 등이다. '잇다' 기간이란 여성이 이전 결혼 관계가 해제된 후 다음 결혼 전까지 두어야 하는 결혼 대기 기간으로, 이 기간 동안 전 결혼에서 발생했을지 모를 임신 여부를 확인한다.

① 이슬람사회에서 남성은 전처의 잇다 기간 동안에는 재혼할 수 없다.

② 이슬람사회에서 결혼은 계약 관계로 간주되기 때문에 결혼의 당사자가 직접 결혼계약서에 서명해야 법적 효력이 있다.

③ 이슬람 사회의 결혼계약서에는 신랑과 신부의 가족관계, 양가의 사회적 배경, 양가의 결합에 대한 정부의 승인 등의 내용이 들어 있다.

④ 이슬람사회에서 대리인을 통하지 않고 법적으로 유효하게 결혼 동의 의사를 밝힌 결혼 당사자는 상대방에게 혼납금을 지급하였을 것이다.

※ 다음 글의 내용으로 적절하지 않은 것을 고르시오. [4~5]

04

모든 수는 두 정수의 조화로운 비로 표현될 수 있다고 믿었던 피타고라스는 음악에도 이런 사고를 반영하여 '순정율(Pure Temperament)'이라는 음계를 만들어냈다. 진동수는 현의 길이에 반비례하므로 현의 길이가 짧아지면 진동수가 많아지고 높은 음을 얻게 된다. 피타고라스는 주어진 현의 길이를 1/2로 하면 8도 음정을 얻을 수 있고 현의 길이를 2/3와 3/4으로 할 때는 각각 5도 음정과 4도 음정을 얻을 수 있음을 알아냈다.

현악기에서 광범위하게 쓰이는 순정율에서는 2도 음정 사이의 진동수의 비가 일정하지 않은 단점이 있다. 예를 들어 똑같은 2도 음정이라도 진동수의 비가 9 : 8, 10 : 9, 16 : 15 등으로 달라진다. 이때 9 : 8이나 10 : 9를 온음이라 하고, 16 : 15를 반음이라 하는데, 두 개의 반음을 합친다고 온음이 되는 것이 아니다. 이 점은 보통 때는 별 상관이 없지만 조바꿈을 할 때는 큰 문제가 된다. 이를 보완하여 진동수의 비가 일정하도록 정한 것이 건반악기에서 이용되는 '평균율(Equal Temperament)'이다. 평균율도 순정율과 마찬가지로 진동수를 2배하면 한 옥타브의 높은 음이 된다. 기준이 되는 '도'에서부터 한 옥타브 위의 '도'까지는 12단계의 음이 있으므로 인접한 두 음 사이의 진동수의 비를 12번 곱하면 한 옥타브 높은 음의 진동수의 비인 2가 되어야 한다. 즉, 두 음 사이의 진동수의 비는 약 1.0595가 된다. 순정율과 평균율은 결과적으로는 비슷한 진동수들을 갖게 되며, 악기의 특성에 따라 다양하게 사용된다.

① 순정율이 평균율보다 오래되었다.
② 조바꿈할 때 일정한 진도수의 비를 갖도록 정한 것은 평균율이다.
③ 현악기에서는 순정율이, 건반악기에서는 평균율이 주로 사용된다.
④ 조바꿈을 여러 번 하는 음악을 연주할 때는 순정율을 사용하는 것이 좋다.

Hard

05

경제질서는 국가 간의 교역과 상호투자 등을 원활히 하기 위해 각 국가가 준수할 규범들을 제정하고 이를 이행시키면서 이루어진 질서이다. 경제질서는 교역 당사국 모두에 직접적인 이익을 가져다주기 때문에 비교적 잘 지켜지고 있다. 특히 1995년 WTO가 발족되어 안보질서보다도 더 정교한 질서로 자리를 잡고 있다. 경제질서를 준수하게 하는 힘은 준수하지 않았을 때 가해지는 불이익으로, 다른 나라들의 집단적 경제제재가 그에 해당된다. 자연보호질서는 경제 질서의 한 종류로, 자원보호질서와 환경보호질서로 나뉜다. 이 두 가지 질서는 다음과 같은 생각에서 제안된 범세계적 운동이다. 자원보호질서는 유한한 자원을 모두 소비하면 후세 사람들이 살아갈 수 없으므로 재생 가능한 자원을 많이 사용하고 가능한 한 자원을 재활용하자는 생각이다. 환경보호질서는 하나밖에 없는 지구의 원 모습을 지켜 후손에게 물려주어야 한다는 생각이다. 자원보호질서는 부존자원의 낭비를 막기 위해 사용 물질의 양에 대한 규제를 주도하는 질서이고, 환경보호질서는 글자 그대로 환경을 쾌적한 상태로 유지하려는 질서이다. 이 두 가지 질서는 서로 연관되어 있으나 지키려는 내용에서 다르다. 자원보호질서는 사람이 사용하는 물자의 양을 통제하기 위한 질서이고, 환경보호질서는 환경의 원형보존을 위한 질서이다.

경제질서와는 달리 공공질서는 일부가 아닌 모든 구성국들에 이익을 가져다주는 국제질서이다. 국가 간의 교류 및 협력을 위해서는 서로 간의 의사소통, 인적·물적 교류 등이 원활히 이루어져야 한다. 이러한 거래, 교류, 접촉 등을 원활하게 하는 공동규범들이 공공질서를 이룬다. 공공질서는 모든 구성국에 편익을 주는 공공재를 창출하고 유지하려는 구성국들의 공동노력으로 이루어진다. 가장 새롭게 등장한 국제질서가 인권보호질서이다. 웨스트팔리아체제라 부르는 주권국가 중심의 현 국제정치질서에서는 주권존중, 내정불간섭 원칙이 엄격히 지켜진다. 그래서 자국 정부에 의한 자국민 학살, 탄압, 인권유린 등이 국외에서는 외면되어 왔다. 그러나 정부에 의한 인민학살의 피해나, 다민족국가에서의 자국 내 소수민족 탄압이 용인될 수 없는 상태에까지 이르게 됨에 따라 점차로 인권보호를 위한 인도주의적 개입의 당위가 논의되기 시작하고 있다.

이러한 흐름 속에서 국제연합인권위원회 및 각종 NGO 등의 노력으로 국제사회에서 공동 개입하여 인권보호를 이루어내자는 운동이 일어나고 있다. 이러한 노력의 결과 하나의 새로운 국제질서인 인권보호질서가 자리를 잡아가고 있다. 인권보호질서는 아직 형성 과정에 있으며, 또한 주권국가 중심의 현 국제정치질서와 충돌하므로 앞으로도 쉽게 자리를 잡기는 어려우리라 예상된다. 그러나 21세기에 접어들면서 '세계시민의식'이 급속히 확산되고 있는 점을 감안한다면, 어떤 국가도 결코 무시할 수 없는 국제질서로 발전하리라 생각한다.

① 교역 당사국에 직접 이익을 주기 때문에 WTO에 의한 경제질서는 비교적 잘 유지되고 있다.

② 세계시민의식의 확산과 더불어 등장한 인권보호질서는 내정불간섭 원칙의 엄격한 준수를 요구한다.

③ 세계적 차원에서 유한한 자원의 낭비를 규제하고 자원을 재활용하기 위해 자원보호질서가 제안되었다.

④ 인적·물적 교류를 원활하게 하는 공동규범으로 이루어진 공공질서는 그 구성국들에 이익을 가져다준다.

05 | 나열하기

| 유형분석 |

- 글의 논리적인 전개 구조를 파악할 수 있는지 평가한다.
- 첫 문단(단락)이 제시되지 않은 문제가 출제될 가능성이 있다.

다음 문장을 논리적 순서대로 바르게 나열한 것은?

(가) 인간이 타고난 그대로의 자연스러운 본능이 성품이며, 인간이 후천적인 노력을 통하여 만들어 놓은 것이 인위이다.

(나) 따라서 인간의 성품은 악하나, 인위로 인해 선하게 된다.

(다) 즉, 배고프면 먹고 싶고 피곤하면 쉬고 싶은 것이 성품이라면, 배고파도 어른에게 양보하고 피곤해도 어른을 대신해 일하는 것은 인위이다.

(라) 그러므로 자연스러운 본능을 따르게 되면 반드시 다투고 빼앗는 결과를 초래하게 되지만, 스승의 교화를 받아 예의 법도를 따르게 되면 질서가 유지된다.

① (가) - (나) - (라) - (다)

② (가) - (다) - (나) - (라)

③ (가) - (다) - (라) - (나)

④ (가) - (라) - (다) - (나)

정답 ③

제시문은 성품과 인위를 정의하고 이것에 대한 구체적인 예를 통해 인간의 원래 성품과 선하게 되는 원리를 설명하는 글이다. 따라서 (가) 성품과 인위의 정의 - (다) 성품과 인위의 예 - (라) 성품과 인위의 결과 - (나) 이를 통해 알 수 있는 인간의 성질 순으로 나열되어야 한다.

유형풀이 Tip

- 각 문단에 위치한 지시어와 접속어를 살펴본다. 문두에 접속어가 오거나 문장 중간에 지시어가 나오는 경우 글의 첫 번째 문단이 될 수 없다.
- 각 문단의 첫 문장과 마지막 문장에 집중하면서 글의 순서를 하나씩 맞춰 나간다.
- 선택지를 참고하여 문단의 순서를 생각해 보는 것도 시간을 단축하는 좋은 방법이 될 수 있다.

※ 다음 문단을 논리적 순서대로 바르게 나열한 것을 고르시오. [1~3]

01

> (가) 이러한 관리 방식에 따른 차이에도 불구하고 공동주택에서 자치관리를 하느냐, 위탁관리를 하느냐는 이론적인 측면이 강한 것이 현실이다. 공동주택의 대형화 및 고급화와 더불어 단지 내 시설, 설비의 복잡화와 첨단화로 인해 공동주택 관리를 아웃소싱할 것인가에 대한 의사결정은 과거에 비해 그 중요성이 증가하고 있다.
>
> (나) 반면에 위탁관리 방식은 입주자대표회의가 공동주택 위탁관리를 업(業)으로 하는 주택관리업자에게 위탁관리 수수료를 지급하고 관리사무소의 운영권 전반을 맡기는 도급 방식이다. 주택관리업자는 관리사무소장과 관리 직원을 공동주택 관리사무소에 투입하여 운영한다.
>
> (다) 우리나라 주택 시장에서의 가장 대표적인 주택 유형은 공동주택이다. 1990년대 이전 양적 공급 확대 정책에 의해 공급된 공동주택의 경우 노후화와 더불어 단지 내 각종 시설 등의 기능적 부재 문제를 겪고 있다. 이에 따라 입주민들의 쾌적성 및 안전성 확보를 위한 공동주택 관리의 중요성이 높아지고 있다.
>
> (라) 공동주택 관리는 두 가지 방식으로 제도화되어 있으며, 어떤 관리 방식을 택하느냐에 따라 공동주택 관리의 효율성과 효과성에 영향을 미치게 된다. 결과적으로 공동주택 관리 서비스의 품질과 입주민들이 부담하는 관리비에 직접적인 영향을 미칠 가능성이 크다.
>
> (마) 이러한 관리 방식에는 입주자대표회의가 공동주택을 직접 운영하는 자치관리 방식이 있으며, 다른 하나로는 주택관리업자에게 관리 업무를 아웃소싱하는 형태인 위탁관리 방식이 있다. 자치관리 방식에서는 입주자대표회의가 관리사무소장을 자치관리기구의 대표자로 선임하고 관리 직원을 고용하여 관리 업무를 입주민이 스스로 결정하고 집행한다.

① (다) – (라) – (가) – (나) – (마)

② (다) – (라) – (나) – (마) – (가)

③ (다) – (라) – (마) – (나) – (가)

④ (라) – (다) – (나) – (가) – (마)

(가) 베커는 "주말이나 저녁에는 회사들이 문을 닫기 때문에 활용할 수 있는 시간의 길이가 길어지고 이에 따라 특정 행동의 시간 비용이 줄어든다."라고도 지적한다. 시간의 비용이 가변적이라는 개념은, 기대수명이 늘어나서 사람들에게 더 많은 시간이 주어지는 것이 시간의 비용에 영향을 미칠 수 있다는 점에서 의미가 있다.

(나) 베커와 린더는 사람들에게 주어진 시간을 고정된 양으로 전제했다. 1965년 당시의 기대수명은 약 70세였다. 하루 24시간 중 8시간을 수면에 쓰고 나머지 시간에 활동이 가능하다면, 평생 408,800시간의 활동가능 시간이 주어지는 셈이다. 하지만 이 방정식에서 변수 하나가 바뀌면 어떻게 될까? 기대수명이 크게 늘어난다면 시간의 가치 역시 달라져서, 늘 시간에 쫓기는 조급한 마음에도 영향을 주게 되지 않을까?

(다) 시간의 비용이 가변적이라고 생각한 이는 베커만이 아니었다. 스웨덴의 경제학자 스테판 린더는 서구인들이 엄청난 경제성장을 이루고도 여유를 누리지 못하는 이유를 논증한다. 경제가 성장하면 사람들의 시간을 쓰는 방식도 달라진다. 임금이 상승하면 직장 밖 활동에 들어가는 시간의 비용이 늘어난다. 일하는 데 쓸 수 있는 시간을 영화나 책을 보는 데 소비하면 그만큼의 임금을 포기하는 것이다. 따라서 임금이 늘어난 만큼 일 이외의 활동에 들어가는 시간의 비용도 함께 늘어난다는 것이다.

(라) 1965년 노벨상 수상자 게리 베커는 '시간의 비용'이 시간을 소비하는 방식에 따라 변화한다고 주장하였다. 예를 들어 수면이나 식사 활동은 영화 관람에 비해 단위 시간당 시간의 비용이 작다. 그 이유는 수면과 식사가 생산적인 활동에 기여하기 때문이다. 잠을 못 자거나 식사를 제대로 하지 못해 체력이 떨어진다면, 생산적인 활동에 제약을 받기 때문에 수면과 식사 활동에 들어가는 시간의 비용이 영화관람에 비해 작다고 할 수 있다.

① (가) – (다) – (나) – (라)
② (가) – (라) – (다) – (나)
③ (라) – (가) – (다) – (나)
④ (라) – (다) – (가) – (나)

(가) 물체의 회전 상태에 변화를 일으키는 힘의 효과를 돌림힘이라고 한다. 물체에 회전 운동을 일으키거나 물체의 회전 속도를 변화시키려면 물체에 힘을 가해야 한다. 같은 힘이라도 회전축으로부터 얼마나 멀리 떨어진 곳에 가해 주느냐에 따라 회전 상태의 변화 양상이 달라진다. 물체에 속한 점 X와 회전축을 최단 거리로 잇는 직선과 직각을 이루는 동시에 회전축과 직각을 이루도록 힘을 X에 가한다고 하자. 이때 물체에 작용하는 돌림힘의 크기는 회전축에서 X까지의 거리와 가해준 힘의 크기의 곱으로 표현되고 그 단위는 뉴턴미터(Nm)이다.

(나) 회전 속도의 변화는 물체에 알짜 돌림힘이 일을 해 주었을 때만 일어난다. 돌고 있는 팽이에 마찰력이 일으키는 돌림힘을 포함하여 어떤 돌림힘도 작용하지 않으면 팽이는 영원히 돈다. 일정한 형태의 물체에 일정한 크기와 방향의 알짜 돌림힘을 가하여 물체를 회전시키면 알짜 돌림힘이 한 일은 알짜 돌림힘의 크기와 회전 각도의 곱이고 그 단위는 줄(J)이다. 알짜 돌림힘이 물체를 돌리려는 방향과 물체의 회전 방향이 일치하면 알짜 돌림힘이 양(+)의 일을 하고 그 방향이 서로 반대이면 음(−)의 일을 한다.

(다) 동일한 물체에 작용하는 두 돌림힘의 합을 알짜 돌림힘이라 한다. 두 돌림힘의 방향이 같으면 알짜 돌림힘의 크기는 두 돌림힘의 크기의 합이 되고 그 방향은 두 돌림힘의 방향과 같다. 두 돌림힘의 방향이 서로 반대이면 알짜 돌림힘의 크기는 두 돌림힘의 크기의 차가 되고 그 방향은 더 큰 돌림힘의 방향과 같다. 지레의 힘을 주지만 물체가 지레의 회전을 방해하는 힘을 작용점에 주어 지레가 움직이지 않는 상황처럼, 두 돌림힘의 크기가 같고 방향이 반대이면 알짜 돌림힘은 0이 되고 이때를 돌림힘의 평형이라고 한다.

(라) 지레는 받침과 지렛대를 이용하여 물체를 쉽게 움직일 수 있는 도구이다. 지레에서 힘을 주는 곳을 힘점, 지렛대를 받치는 곳을 받침점, 물체에 힘이 작용하는 곳을 작용점 이라 한다. 받침점에서 힘점까지의 거리가 받침점에서 작용점까지의 거리에 비해 멀수록 힘점에서 작은 힘을 주어 작용점에서 물체에 큰 힘을 가할 수 있다. 이러한 지레의 원리에는 돌림힘의 개념이 숨어 있다.

① (가) − (나) − (다) − (라)

② (가) − (라) − (다) − (나)

③ (라) − (가) − (나) − (다)

④ (라) − (가) − (다) − (나)

04

오늘날과 달리 과거에는 마을에서 일어난 일들을 '원님'이 조사하고 그에 따라서 자의적으로 판단하여 형벌을 내렸다. 현대에서 법에 의하지 않고 재판 행위자의 입장에서 이루어진다고 생각되는 재판을 비판하는 '원님재판'이라는 용어의 원류이다.

(가) 죄형법정주의는 앞서 말한 '원님재판'을 법적으로 일컫는 죄형전단주의와 대립되는데, 범죄와 형벌을 미리 규정하여야 한다는 것으로서, 서구에서 권력자의 가혹하고 자의적인 법 해석에 따른 반발로 등장한 것이다.

(나) 앞서 살펴본 죄형법정주의가 정립되면서 파생 원칙 또한 등장하였는데 관습형법금지의 원칙, 명확성의 원칙, 유추해석금지의 원칙, 소급효금지의 원칙, 적정성의 원칙 등이 있다. 이러한 파생원칙들은 모두 죄와 형벌은 미리 설정된 법에 근거하여 정확하게 내려져야 한다는 죄형법정주의의 원칙과 연관하여 쉽게 이해될 수 있다.

(다) 그러나 현대에서 '원님재판'은 이루어질 수 없다. 형사법의 영역에 논의를 한정하여 보자면, 형사법을 전반적으로 지배하고 있는 대원칙은 형법 제1조에 규정되어있는 소위 '죄형법정주의'이다.

(라) 그 반발은 프랑스 혁명의 결과물인 '인간과 시민의 권리선언' 제8조에서 '누구든지 범죄 이전에 제정·공포되고 또한 적법하게 적용된 법률에 의하지 아니하고는 처벌되지 아니한다.'라고 하여 실질화되었다.

① (다) - (가) - (나) - (라) 　　② (다) - (가) - (라) - (나)
③ (다) - (라) - (가) - (나) 　　④ (다) - (라) - (나) - (가)

05

연금 제도의 금융 논리와 관련하여 결정적으로 중요한 원리는 중세에서 비롯된 신탁 원리다. 12세기 영국에서는 미성년 유족(遺族)에게 토지에 대한 권리를 합법적으로 이전할 수 없었다. 그럼에도 불구하고 영국인들은 유언을 통해 자식에게 토지 재산을 물려주고 싶어 했다.

(가) 이런 상황에서 귀족들이 자신의 재산을 미성년 유족이 아닌, 친구나 지인 등 제3자에게 맡기기 시작하면서 신탁 제도가 형성되기 시작했다. 여기서 재산을 맡긴 성인 귀족, 재산을 물려받은 미성년 유족, 그리고 미성년 유족을 대신해 그 재산을 관리·운용하는 제3자로 구성되는 관계, 즉 위탁자, 수익자 그리고 수탁자로 구성되는 관계가 등장했다.

(나) 연금 제도가 이 신탁 원리에 기초해 있는 이상, 연금 가입자는 연기금 재산의 운용에 대해 영향력을 행사하기 어렵게 된다. 왜냐하면 신탁의 본질상 공·사 연금을 막론하고 신탁 원리에 기반을 둔 연금 제도에서는 수익자인 연금 가입자의 적극적인 권리 행사가 허용되지 않기 때문이다.

(다) 이 관계에서 주목해야 할 것은 미성년 유족은 성인이 될 때까지 재산권을 온전히 인정받지 못했다는 점이다. 신탁 원리 하에서 수익자는 재산에 대한 운용 권리를 모두 수탁자인 제3자에게 맡기도록 되어 있었기 때문에 수익자의 지위는 불안정했다.

(라) 결국 신탁 원리는 수익자의 연금 운용 권리를 현저히 약화시키는 것을 기본으로 한다. 그 대신 연금 운용을 수탁자에게 맡기면서 '수탁자 책임'이라는, 논란이 분분하고 불분명한 책임이 부과된다. 수탁자 책임 이행의 적절성을 어떻게 판단할 수 있는가에 대해 많은 논의가 있었지만, 수탁자 책임의 내용에 대해서 실질적인 합의가 이루어지지는 못했다.

① (가) – (나) – (라) – (다)
② (가) – (다) – (나) – (라)
③ (나) – (라) – (가) – (다)
④ (다) – (가) – (나) – (라)

06 | 주제 · 제목찾기

| 유형분석 |

- 글의 목적이나 핵심 주장을 정확하게 구분할 수 있는지 평가한다.
- 문단별 주제·화제, 글쓴이의 주장·생각, 표제와 부제 등 다양한 유형으로 출제될 수 있다.

다음 글의 제목으로 가장 적절한 것은?

많은 경제학자는 제도의 발달이 경제 성장의 중요한 원인이라고 생각해 왔다. 예를 들어 재산권 제도가 발달하면 투자나 혁신에 대한 보상이 잘 이루어져 경제 성장에 도움이 된다는 것이다. 그러나 이를 입증하기는 쉽지 않다. 제도의 발달 수준과 소득 수준 사이에 상관관계가 있다 하더라도, 제도는 경제 성장에 영향을 줄 수 있지만 경제 성장으로부터 영향을 받을 수도 있으므로 그 인과관계를 판단하기 어렵기 때문이다.

① 경제 성장과 소득 수준
② 경제 성장과 제도 발달
③ 경제 성장과 투자 혁신
④ 소득 수준과 제도 발달

정답 ②

제시문은 재산권 제도의 발달에 따른 경제 성장을 예로 들어 제도의 발달과 경제 성장의 상관관계에 대해 설명하고 있다. 더불어 제도가 경제 성장에 영향을 줄 수는 있지만 동시에 경제 성장으로부터 영향을 받을 수도 있다는 점에서 그 인과관계를 판단하기 어렵다는 한계점을 제시하고 있다. 따라서 제목으로 적절한 것은 '경제 성장과 제도 발달'이다.

유형풀이 Tip

- 글의 중심이 되는 내용은 주로 글의 맨 앞이나 맨 뒤에 위치한다. 따라서 글의 첫 문단과 마지막 문단을 먼저 확인한다.
- 첫 문단과 마지막 문단에서 실마리가 잡히지 않은 경우 그 문단을 뒷받침해 주는 부분을 읽어가면서 제목이나 주제를 파악해 나간다.

01 다음 글의 중심 내용으로 가장 적절한 것은?

> 소액주주의 권익을 보호하고, 기업 경영의 투명성을 높여 궁극적으로 자본시장에서 기업의 자금 조달을 원활히 함으로써 기업의 중장기적인 가치를 제고해 나가기 위해 집단 소송제 도입이 필요하다. 즉, 집단 소송제의 도입은 국민 경제뿐만 아니라 기업 스스로의 가치 제고를 위해서도 바람직한 것이다. 현재 집단 소송제를 시행하고 있는 미국의 경우 전 세계적으로 자본시장이 가장 발달되었으며 시장의 투명성과 공정성이 높아 기업들이 높은 투자가치를 인정받고 있다.

① 집단 소송제는 시장에 의한 기업 지배 구조 개선을 가능하게 한다.
② 집단 소송제를 도입할 경우 경영의 투명성을 높여 결국 기업에 이득이 된다.
③ 기업의 투명성과 공정성은 집단 소송제의 시행 유무에 따라 판단된다.
④ 제도를 도입함으로써 제기되는 부작용은 미국의 경험과 사례로 방지할 수 있다.

`Easy`

02 다음 글의 주제로 가장 적절한 것은?

> 빅데이터는 스마트 팩토리 등 산업 현장 및 ICT 소프트웨어 설계 등에 주로 활용되어 왔다. 유통이나 물류 업계의 '콘텐츠가 대량으로 이동하는 현장'에서는 데이터가 발생하면, 이를 분석하고 활용하는 쪽으로 주로 사용됐다. 이제는 다양한 영역에서 빅데이터의 적용이 빨라지고 있다. 대표적인 사례가 금융권이다. 국내의 은행들은 현재 빅데이터 스타트업 회사를 상대로 대규모 투자에 나서고 있다. 뉴스와 포털 등 현존하는 데이터를 확보하여 금융 키워드 분석에 활용하기 위해서다. 의료업계도 마찬가지다. 정부는 바이오헬스 산업의 혁신전략을 통해 연구개발 투자를 2025년까지 4조 원 이상으로 확대하겠다고 밝혔으며, 빅데이터와 인공 지능 등을 연계한 다양한 로드맵을 준비하고 있다. 벌써 의료 현장에 빅데이터 전략을 구사하고 있는 병원도 다수이다. 국세청도 빅데이터에 관심이 많다. 빅데이터 플랫폼 인프라 구축을 끝내는 한편, 50명 규모의 빅데이터 센터를 가동하기 시작했다. 조세 행정에서 빅데이터를 통해 탈세를 예방·적발하는 등 다양한 쓰임새를 고민하고 있다.

① 빅데이터의 정의와 장·단점   ② 빅데이터의 종류
③ 빅데이터의 중요성   ④ 빅데이터의 다양한 활용 방안

03 다음 글의 주장으로 가장 적절한 것은?

> 헤르만 헤세는 어느 책이 유명하다거나 그것을 모르면 수치스럽다는 이유만으로 그 책을 무리하게 읽으려는 것은 참으로 그릇된 일이라 했다. 그는 이어서 "그렇게 하기보다는 모든 사람은 자기에게 자연스러운 면에서 읽고, 알고, 사랑해야 할 것이다. 어떤 사람은 학창 시절에 벌써 아름다운 시구의 사랑을 자기 안에서 발견할 수 있으며, 어떤 사람은 역사나 자기 고향의 전설에 마음이 끌리게 된다. 또는 민요에 대한 기쁨이나 우리의 감정이 정밀하게 연구되고 뛰어난 지성으로써 해석된 것에 독서의 매력을 느낄 수 있을 것이다."라고 말한 바 있다.

① 문학 작품을 많이 읽으면 정서 함양에 도움이 된다.
② 학창 시절에 고전과 명작을 많이 읽어 교양을 쌓아야 한다.
③ 남들이 읽어야 한다고 말하는 책보다 자신이 읽고 싶은 책을 읽는 것이 좋다.
④ 자신이 속한 사회의 역사나 전설에 대한 책을 읽으면 애향심을 기를 수 있다.

04 다음 글의 제목으로 가장 적절한 것은?

> 대부분의 사람이 주식 투자를 하는 목적은 자산을 증식하는 것이지만, 항상 이익을 낼 수는 없으며 이익에 대한 기대에는 언제나 손해에 따른 위험이 동반된다. 이러한 위험을 줄이기 위해서 일반적으로 투자자는 포트폴리오를 구성하는데, 이때 전반적인 시장상황에 상관없이 나타나는 위험인 '비체계적 위험'과 시장 상황에 연관되어 나타나는 위험인 '체계적 위험' 두 가지를 동시에 고려해야 한다.
>
> 비체계적 위험이란 종업원의 파업, 경영 실패, 판매의 부진 등 개별 기업의 특수한 상황과 관련이 있는 것으로 '기업 고유 위험'이라고도 한다. 기업의 특수 사정으로 인한 위험은 예측하기 어려운 상황에서 돌발적으로 일어날 수 있는 것들로, 여러 주식에 분산 투자함으로써 제거할 수 있다. 반면에 체계적 위험은 시장의 전반적인 상황과 관련한 것으로, 예를 들면 경기 변동, 인플레이션, 이자율의 변화, 정치 사회적 환경 등 여러 기업들에 공통으로 영향을 주는 요인들에 기인한다. 체계적 위험은 주식 시장 전반에 대한 위험이기 때문에 비체계적 위험에 대응하는 분산투자의 방법으로도 감소시킬 수 없으므로 '분산 불능 위험'이라고도 한다.
>
> 그렇다면 체계적 위험에 대응할 방법은 없을까? '베타 계수'를 활용한 포트폴리오 구성으로 투자자는 체계적 위험에 대응할 수 있다. 베타 계수란 주식 시장 전체의 수익률 변동이 발생했을 때 이에 대해 개별 기업의 주가 수익률이 얼마나 민감하게 반응하는가를 측정하는 계수로, 종합주가지수의 수익률이 1% 변할 때 개별 주식의 수익률이 얼마나 변하는가를 나타내며, 수익률의 민감도로 설명할 수 있다. 따라서 투자자는 주식시장이 호황에 진입할 경우 베타 계수가 큰 종목의 투자 비율을 높이지만 불황이 예상되는 경우에는 베타 계수가 작은 종목의 투자 비율을 높여 위험을 최소화할 수 있다.

① 비체계적 위험과 체계적 위험의 사례 분석
② 비체계적 위험을 활용한 경기 변동의 예측 방법
③ 비체계적 위험과 체계적 위험을 고려한 투자 전략
④ 종합주가지수 변동에 민감한 비체계적 위험의 중요성

05 다음 (가) ~ (라) 문단의 주제로 적절하지 않은 것은?

> (가) 우리는 최근 '사회가 많이 깨끗해졌다.'라는 말을 많이 듣는다. 실제 우리의 일상생활은 정말 많이 깨끗해졌다. 과거에 비하면 일상생활에서 뇌물이 오가는 경우가 거의 없어진 것이다. 그런데 왜 부패인식지수가 나아지기는커녕 도리어 나빠지고 있을까? 일상생활과 부패인식지수가 전혀 다른 모습을 보이는 이유는 어디에 있을까?
>
> (나) 부패인식지수가 산출되는 과정에서 그 물음의 답을 찾을 수 있다. 부패인식지수는 국제투명성기구에서 매년 조사하여 발표하고 있는 세계적으로 가장 권위 있는 부패 지표로, 지수는 국제적인 조사 및 평가를 실시하고 있는 여러 기관의 조사 결과를 바탕으로 산출된다. 각 기관의 조사 항목과 조사 대상은 서로 다르지만 주요 항목은 공무원의 직권 남용 억제 기능, 공무원의 공적 권력의 사적 이용, 공공서비스와 관련한 뇌물 등으로 공무원의 뇌물과 부패에 초점이 맞추어져 있다.
>
> (다) 부패인식지수를 이해하는 데에 주목하여야 할 또 하나의 중요한 점은 부패인식지수 계산에 사용된 각 지수의 조사 대상이다. 조사에 따라 약간의 차이가 있기는 하지만 조사는 주로 해당 국가나 해당 국가와 거래하고 있는 고위 기업인과 전문가들을 대상으로 이루어진다. 일반 시민이 아닌 기업 활동에서 공직자들과 깊숙한 관계를 맺고 있어 공직자들의 행태를 누구보다 잘 알고 있을 것으로 추정되는 사람들의 의견을 대상으로 하는 것이다. 결국 부패인식지수는 고위 기업경영인과 전문가들의 공직 사회의 뇌물과 부패에 대한 평가라 할 수 있다.
>
> (라) 그렇다면 부패인식지수를 개선하는 방법은 무엇일까? 그간 정부는 공무원행동강령, 청탁금지법, 부패방지기구 설치 등 많은 제도적인 노력을 기울여왔다. 이러한 정부의 노력에도 불구하고 정부 반부패정책은 대부분 효과가 없는 것으로 보인다. 정부 노력에 대한 일반 시민들의 시선도 차갑기만 하다. 결국 법과 제도적 장치는 우리 사회에 만연한 연줄 문화 앞에서 힘을 쓰지 못하고 있는 것으로 해석할 수 있다.

① (가) : 일상 부패에 대한 인식과 부패인식지수의 상반되는 경향에 대한 의문
② (나) : 공공분야에 맞추어진 부패인식지수의 산출 과정
③ (다) : 특정 계층으로 집중된 부패인식지수의 조사 대상
④ (라) : 부패인식지수의 효과적인 개선 방안

07 | 비판 · 반박하기

| 유형분석 |

- 글의 주장과 논점을 파악하고, 이에 대립하는 내용을 판단할 수 있는지 평가한다.
- 서로 상반되는 주장 두 개를 제시하고, 하나의 관점에서 다른 하나를 비판 · 반박하는 문제 유형이 출제될 수 있다.

다음 글에서 주장하는 정보화 사회의 문제점에 대한 반대 입장으로 적절하지 않은 것은?

> 정보화 사회에서 지식과 정보는 부가가치의 원천이다. 지식과 정보에 접근할 수 없는 사람들은 소득을 얻는
> 데 불리할 수밖에 없다. 고급 정보에 대한 접근이 용이한 사람들은 부를 쉽게 축적하고, 그 부를 바탕으로
> 고급 정보 획득에 많은 비용을 투입할 수 있다. 이렇게 벌어진 정보 격차는 시간이 갈수록 심화될 가능성이
> 높아지고 있다. 정보나 지식이 독점되거나 진입 장벽을 통해 이용이 배제되는 경우도 문제이다. 특히 정보가
> 상품화됨에 따라 정보를 둘러싼 불평등은 더욱 심화될 것이다.

① 인터넷이나 컴퓨터 유지비 측면에서의 격차 발생
② 정보의 확산으로 기존의 자본주의에 의한 격차 완화 가능성
③ 정보 기기의 보편화로 인한 정보 격차 완화
④ 인터넷의 발달에 따라 전 계층의 고급 정보 접근 용이

정답 ①

제시문에서 정보화 사회의 문제점으로 다루고 있는 것은 '정보 격차'로, 지식과 정보에 접근할 수 없는 사람들이 소득을 얻는 데
불리할 수밖에 없다고 주장한다. 또한 정보가 상품화됨에 따라 정보를 둘러싼 불평등은 더욱 심화될 것이라고 전망하고 있다.
따라서 인터넷이나 컴퓨터 유지비 측면에서의 격차 발생은 글의 주장을 강화하는 것으로, 글의 주장에 대한 반대 입장이 될 수
없다.

유형풀이 Tip

- 대립하는 두 의견의 쟁점을 찾은 후, 제시문 또는 보기에서 양측 주장의 근거를 찾아 각 주장에 연결하며 답을 찾는다.
- 문제의 난도를 높이기 위해 글의 후반부에 주장을 뒷받침할 수 있는 근거를 제시하고 선택지에 그 근거에 대한 반박을 실어
  놓는 경우도 있다. 하지만 주의할 점은 제시문의 '주장'에 대한 반박을 찾는 것이지, 이를 뒷받침하기 위해 제시된 '근거'에
  대한 반박을 찾는 것이 아니라는 것이다.

01 다음 글을 읽고 인조를 비판할 수 있는 내용으로 적절하지 않은 것은?

> 1636년(인조 14년) 4월 국세를 확장한 후금의 홍타이지(태종)는 스스로 황제라 칭하고, 국호를 청으로 수도는 심양으로 정하였다. 심양으로의 천도는 명나라를 완전히 압박하여 중원 장악의 기틀을 마련하기 위함이었다. 후금은 명 정벌에 앞서 그 배후가 될 수 있는 조선을 확실히 장악하기 위해 조선에 군신 관계를 맺을 것도 요구해 왔다. 이러한 청 태종의 요구는 인조와 조선 조정을 격분시켰다. 결국 강화 회담의 성립으로 전쟁은 종료되었지만, 정묘호란 이후에도 후금에 대한 강경책의 목소리가 높았다. 1627년 정묘호란을 겪으면서 맺은 형제 관계조차도 무효로 하고자 하는 상황에서, 청 태종을 황제로 섬길 것을 요구하는 무례에 분노했던 것이다. 이제껏 오랑캐라고 무시했던 후금을 명나라와 동등하게 대우하여야 한다는 조처는 인조와 서인 정권의 생리에 절대 맞지가 않았다. 특히 후금이 통상적인 조건의 10배가 넘는 무역을 요구해 오자 인조의 분노는 폭발하였다.
>
> 전쟁의 여운이 어느 정도 사라진 1634년 인조는 "이기고 짐은 병가의 상사이다. 금나라 사람이 강하긴 하지만 싸울 때마다 반드시 이기지는 못할 것이며, 아군이 약하지만 싸울 때마다 반드시 패하지도 않을 것이다. 옛말에 '의지가 있는 용사는 목이 떨어질 각오를 한다.'고 하였고, 또 '군사가 교만하면 패한다.'고 하였다. 오늘날 무사들이 만약 자신을 잊고 순국한다면 이 교만한 오랑캐를 무찌르기는 어려운 일이 아니다."는 하교를 내리면서 전쟁을 결코 피하지 않을 것임을 선언하였다. 조선은 또다시 전시 체제에 돌입했다.
>
> 신흥 강국 후금에 대한 현실적인 힘을 무시하고 의리와 명분을 고집한 집권층의 닫힌 의식은 스스로 병란을 자초한 꼴이 되었다. 정묘호란 때 그렇게 당했으면서도 내부의 국방력에 대한 철저한 점검이 없이 맞불 작전으로 후금에 맞서는 최악의 길을 택한 것이다.

① 오랑캐의 나라인 후금을 명나라와 동등하게 대우한다는 것은 있을 수 없습니다.

② 감정 따로 현실 따로인 법, 힘과 국력이 문제입니다. 현실을 직시해야 합니다.

③ 그들의 요구를 물리친다면 승산 없는 전쟁으로 결과는 불 보듯 뻔합니다.

④ 명분만 내세워 준비 없이 수행하는 전쟁은 더 큰 피해를 입게 될 것입니다.

02 다음 중 ⊙에 대해 제기할 수 있는 반론으로 가장 적절한 것은?

> 기업은 상품의 사회적 마모를 촉진시키는 주체이다. 생산과 소비가 지속되어야 이윤을 남길 수 있기 때문에, 하나의 상품을 생산해서 그 상품의 물리적 마모가 끝날 때까지를 기다렸다가는 그 기업은 망하기 십상이다. 이러한 상황에서 늘 수요에 비해서 과잉 생산을 하는 기업이 살아남을 수 있는 길은 상품의 사회적 마모를 짧게 해서 사람들로 하여금 계속 소비하게 만드는 것이다.
> 그래서 ⊙ 기업들은 더 많은 이익을 내기 위해서는 상품의 성능을 향상시키기보다는 디자인을 변화시키는 것이 더 바람직하다고 생각한다. 산업이 발달하여 상품의 성능이나 기능, 내구성이 이전보다 더욱 향상되었는데도 불구하고 상품의 생명이 이전보다 더 짧아지는 것은 어떻게 생각하면 자본주의 상품이 지닌 모순이라고 할 수 있다. 섬유의 질은 점점 좋아지지만 그 옷을 입는 기간은 이에 비해서 점점 짧아지게 되는 것이 바로 자본주의 상품이 지니고 있는 모순이다. 산업이 계속 발달하여 상품의 성능이 향상되는데도 상품의 사회적인 마모 기간이 누군가에 의해서 엄청나게 짧아지고 있다. 상품의 질은 향상되고 내가 버는 돈은 늘어가는 것 같은데 늘 무엇인가 부족한 듯한 느낌이 드는 것도 이것과 관련이 있다.

① 상품의 성능은 그대로 두어도 향상될 수 있는가?
② 디자인에 관한 소비자들의 취향이 바뀌는 것을 막을 방안은 있는가?
③ 상품의 성능 향상을 등한시하며 디자인만 바꾼다고 소비가 증가할 것인가?
④ 사회적 마모 기간이 점차 짧아지면 디자인을 개발하는 것이 기업에 도움이 되겠는가?

03 다음 글의 논증에 대한 반박으로 적절하지 않은 것은?

> 윤리와 관련하여 가장 광범위하게 받아들여진 사실 가운데 하나는 옳은 것과 그른 것에 대한 광범위한 불일치가 과거부터 현재까지 항상 있었고, 아마도 앞으로도 계속 있을 것이라는 점이다. 가령 육식이 올바른지를 두고 한 문화에 속해 있는 사람들의 판단은 다른 문화에 속해 있는 사람들의 판단과 굉장히 다르다. 그뿐만 아니라 한 문화에 속한 사람들의 판단은 시대마다 아주 다르기도 하다. 심지어 우리는 동일한 문화와 시대 안에서도 하나의 행위에 대해 서로 다른 윤리적 판단을 하는 경우를 볼 수 있다.
> 이러한 사실이 의미하는 바는 사람들의 윤리적 기준이 시간과 장소 그리고 그들이 사는 상황에 따라 달라진다는 것이다. 그러므로 올바른 윤리적 기준은 그것을 적용하는 사람에 따라 상대적이다. 이것이 바로 윤리적 상대주의의 핵심 논지이다. 따라서 우리는 윤리적 상대주의가 참이라는 결론을 내려야 한다.

① 사람들의 윤리적 판단은 그들이 사는 지역에 따라 크게 다르지 않다.
② 윤리적 상대주의가 옳다고 해서 사람들의 윤리적 판단이 항상 서로 다른 것은 아니다.
③ 윤리적 판단이 다르다고 해서 윤리적 기준도 반드시 달라지는 것은 아니다.
④ 인류학자들에 따르면 문화에 따른 판단의 차이에도 불구하고 일부 윤리적 기준은 보편적으로 신봉되고 있다.

04 다음 A의 주장에 효과적으로 반박할 수 있는 진술은?

> A : 우리나라는 경제 성장과 국민 소득의 향상으로 매년 전력소비가 증가하고 있습니다. 이런 와중에 환경문제를 이유로 발전소를 없앤다는 것은 말도 안 되는 소리입니다. 반드시 발전소를 증설하여 경제 성장을 촉진해야 합니다.
>
> B : 하지만 최근 경제 성장 속도에 비해 전력소비량의 증가가 둔화되고 있는 것도 사실입니다. 더구나 전력소비에 대한 시민의식도 점차 바뀌어가고 있으므로 전력소비량 관련 캠페인을 실시하여 소비량을 줄인다면 발전소를 증설하지 않아도 됩니다.
>
> A : 의식의 문제는 결국 개인에게 기대하는 것이고, 희망적인 결과만을 생각한 것입니다. 확실한 것은 앞으로 우리나라 경제 성장에 있어 더욱더 많은 전력이 필요할 것이라는 겁니다.

① 친환경 발전으로 환경과 경제 문제를 동시에 해결할 수 있다.
② 경제 성장을 하면서도 전력소비량이 감소한 선진국의 사례도 있다.
③ 최근 국제 유가의 하락으로 발전비용이 저렴해졌다.
④ 발전소의 증설이 건설경제의 선순환 구조를 이룩할 수 있는 것은 아니다.

Hard

05 글로벌 금융위기 등 전 세계적 저성장기가 고착화되는 상황에서 수출 주도형 성장전략에 대한 비판이 제기되었다. 다음 중 비판의 대상으로 적절하지 않은 것은?

> 우리나라를 비롯한 아시아의 대만, 홍콩, 싱가포르 등의 신흥 강대국들은 1960년대 이후 수출주도형 성장전략을 국가의 주요한 성장전략으로 활용하면서 눈부신 경제성장을 이루어 왔다. 이러한 수출주도형 성장전략은 신흥 강대국들의 부상을 이끌면서 전 세계적인 전략으로 자리매김을 하였으며, 이의 전략을 활용하고자 하는 국가가 나타나면서 그 효과에 대한 인정을 받아온 측면이 존재하였다.
>
> 기본적으로 수출주도형 성장전략은 수요가 외부에 존재한다는 측면에서 공급중시 경제학적 관점을 띠고 있다고 볼 수 있다. 이는 수출주도형 국가가 물품을 생산하여 수출하면, 타 국가에서 이를 소비한다는 측면에서 공급이 수요를 창출한다고 하는 '세이의 법칙(Say's Law)'과 같은 맥락으로 설명될 수 있다. 고전학파 – 신고전학파로 이어지는 주류경제학 중 공급중시 경제학에서는 기업 부문의 역할을 강조하면서 이를 위해 민간 부문의 지속적인 투자의식 고취를 위한 세율인하 등 규제완화에 주력해 왔던 측면이 있다.

① 외부의 수요에 의존하기 때문에 세계 경제 변동의 영향이 너무 커요.
② 외부 의존성을 낮추고 국내의 수요에 기반한 안정적 정책마련이 필요해요.
③ 내부의 수요를 증대시키는 것이 결국 기업의 투자활동을 촉진할 수 있어요.
④ 내부의 수요를 증대시키기 위해 물품을 생산하여 공급하는 것이 중요해요.

08 | 추론하기

| 유형분석 |

- 문맥을 통해 글에 명시적으로 드러나 있지 않은 내용을 유추할 수 있는지 평가한다.
- 글 뒤에 이어질 내용 찾기, 글을 뒷받침할 수 있는 근거 찾기 등 다양한 유형으로 출제될 수 있다.

다음 글의 밑줄 친 ㉠의 사례가 아닌 것은?

㉠ 닻내림 효과란 닻을 내린 배가 크게 움직이지 않듯 처음 접한 정보가 기준점이 돼 판단에 영향을 미치는 일종의 편향(왜곡) 현상을 말한다. 즉, 사람들이 어떤 판단을 하게 될 때 초기에 접한 정보에 집착해 합리적 판단을 내리지 못하는 현상을 일컫는 행동경제학 용어이다. 대부분의 사람은 제시된 기준을 그대로 받아들이지 않고, 기준점을 토대로 약간의 조정과정을 거치기는 하나, 그런 조정과정이 불완전하므로 최초 기준점에 영향을 받는 경우가 많다.

① 연봉 협상 시 본인의 적정 기준보다 더 높은 금액을 제시한다.
② 원래 1만 원이던 상품에 2만 원의 가격표를 붙이고 50% 할인한 가격에 판매한다.
③ 명품 매장에서 최고가 상품들의 가격표를 보이게 진열하여 다른 상품들이 그다지 비싸지 않은 것처럼 느끼게 만든다.
④ 홈쇼핑에서 '이번 시즌 마지막 세일', '오늘 방송만을 위한 한정 구성', '매진 임박' 등의 표현을 사용하여 판매한다.

정답 ④

④는 밴드왜건 효과(편승 효과)의 사례이다. 밴드왜건 효과란 유행에 따라 상품을 구입하는 소비현상을 뜻하는 경제용어로, 기업은 이러한 현상을 충동구매 유도 마케팅 전략으로 활용하고, 정치계에서는 특정 유력 후보를 위한 선전용으로 활용한다.

유형풀이 Tip

글에 명시적으로 드러나 있지 않은 부분을 추론하여 답을 도출해야 하는 유형이기 때문에 자신의 주관적인 판단보다는 제시된 글에 대한 이해를 기반으로 문제를 풀어야 한다.

추론하기 문제는 다음 두 가지 유형으로 구분할 수 있다.

1) 세부적인 내용을 추론하는 유형 : 주어진 선택지를 먼저 읽고 지문을 읽으면서 답이 아닌 선택지를 지워나가는 방법이 효율적이다.
2) 글쓴이의 주장 / 의도를 추론하는 유형 : 글에 나타난 주장·근거·논증 방식을 파악하는 유형으로, 주장의 타당성을 평가하여 글쓴이의 관점을 이해하며 읽는다.

※ 다음 글을 읽고 추론한 내용으로 가장 적절한 것을 고르시오. [1~3]

Easy

01

> 매이먼의 루비 레이저가 개발된 이후 기체, 액체, 고체, 반도체 등의 매질로 많은 종류의 레이저가 만들어졌으며 그들의 특성은 다양하다. 하지만 모든 레이저광선은 기본적으로 단일한 파장과 방향성을 가진 광자로 이루어져 있고, 거의 완벽하게 직진하므로 다른 방향으로 퍼지지 않는다. 또한 렌즈를 통해 극히 작은 점에 빛을 수렴시킬 수 있다. 이는 다양한 광자로 이루어져 있고, 다른 방향으로 쉽게 퍼지며, 렌즈를 통해서 쉽게 수렴이 되지 않는 보통의 빛과 크게 다른 점이다.
>
> 이러한 특성들을 바탕으로 레이저광선은 보통의 빛이 도저히 할 수 없는 일을 해내고 있다. 공중에 원하는 글자나 멋진 그림을 펼쳐 보이고, CD의 음악을 재생한다. 제조업에서는 레이저광선으로 다양한 물체를 정밀하게 자르거나 태우고, 의사는 환자의 수술에 레이저광선을 활용한다. 단위 시간에 엄청난 양의 통신 정보를 실어 나를 수 있는 통신 매체의 기능을 하기도 한다. 레이저는 현대의 거의 모든 제품과 서비스에 막대한 영향을 끼치는 최첨단 기술로 자리 잡았다.

① 레이저광선은 빛의 성질을 닮아 다른 방향으로 쉽게 퍼지지 않는다.

② 보통의 빛은 단일한 파장과 방향성을 갖는 광자로 이루어져 있다.

③ 빛의 특성을 잘 이용한다면, 보통의 빛을 통해서도 CD의 음악을 재생할 수 있다.

④ 레이저는 과거보다 현재 더 높은 경제적 가치를 지닌다.

02

미국 사회에서 동양계 미국인 학생들은 '모범적 소수 인종(Model Minority)'으로, 즉 미국의 교육 체계 속에서 뚜렷하게 성공한 소수 인종의 전형으로 간주되어 왔다. 그리고 그들은 성공적인 학교생활을 통해 주류 사회에 동화되고 이것에 의해 사회적 삶에서 인종주의의 영향을 약화시킨다는 주장으로 이어졌다. 하지만 동양계 미국인 학생들이 이렇게 정형화된 이미지처럼 인종주의의 장벽을 넘어 미국 사회의 구성원으로 참여하고 있는가는 의문이다. 미국 사회에서 동양계 미국인 학생들의 인종적 정체성은 다수자인 '백인'의 특성이 장점이라고 생각하는 것과 소수자인 동양인의 특성이 단점이라고 생각하는 것의 사이에서 구성된다. 그리고 이것은 그들에게 두 가지 보이지 않는 결과를 제공한다. 하나는 대부분의 동양계 미국인 학생들이 인종적인 차이에 대한 그들의 불만을 해소하고 인종 차이에서 발생하는 차별을 피하고자 백인이 되기를 원하는 것이다. 다른 하나는 다른 사람들이 자신을 동양인으로 연상하지 않도록 자신 스스로 동양인들의 전형적인 모습에서 벗어나려고 하는 것이다. 그러므로 모범적 소수 인종으로서의 동양계 미국인 학생은 백인에 가까운 또는 동양인에서 먼 '미국인'으로 성장할 위험 속에 있다.

① '모범적 소수 인종'은 특유의 인종적 정체성을 내면화하고 있다.
② '동양계 미국인 학생들'의 성공은 일시적이고 허구적인 것이다.
③ 여러 소수 인종 집단은 인종 차이가 초래할 부정적인 효과에 대해 의식하고 있다.
④ 여러 집단의 인종은 사회에서 한정된 자원의 배분을 놓고 갈등하고 있다.

03

조선이 임진왜란 중에도 필사적으로 보존하고자 한 서적이 바로 조선왕조실록이다. 실록은 원래 서울의 춘추관과 성주·충주·전주 4곳의 사고(史庫)에 보관되었으나, 임진왜란 이후 전주 사고의 실록만 온전한 상태였다. 전란이 끝난 후 단 1벌 남은 실록을 다시 여러 벌 등서하자는 주장이 제기되었다. 우여곡절 끝에 실록 인쇄가 끝난 시기는 1606년이었다. 재인쇄 작업의 결과 원본을 포함해 모두 5벌의 실록을 갖추게 되었다. 원본은 강화도 마니산에 봉안하고 나머지 4벌은 서울의 춘추관과 평안도 묘향산, 강원도의 태백산과 오대산에 봉안했다.

이 5벌 중에서 서울 춘추관의 것은 1624년 이괄의 난 때 불에 타 없어졌고, 묘향산의 것은 1633년 후금과의 관계가 악화되자 전라도 무주의 적상산에 사고를 새로 지어 옮겼다. 강화도 마니산의 것은 1636년 병자호란 때 청군에 의해 일부 훼손되었던 것을 현종 때 보수하여 숙종 때 강화도 정족산에 다시 봉안했다. 결국 내란과 외적 침입으로 인해 5곳 가운데 1곳의 실록은 소실되었고, 1곳의 실록은 장소를 옮겼으며, 1곳의 실록은 손상을 입었던 것이다.

정족산, 태백산, 적상산, 오대산 4곳의 실록은 그 후 안전하게 지켜졌다. 그러나 일본이 다시 여기에 손을 대었다. 1910년 조선 강점 이후 일제는 정족산과 태백산에 있던 실록을 조선총독부로 이관하고, 적상산의 실록은 구황궁 장서각으로 옮겼으며, 오대산의 실록은 일본 동경제국대학으로 반출했다. 일본으로 반출한 것은 1923년 관동 대지진 때 거의 소실되었다. 정족산과 태백산의 실록은 1930년에 경성제국대학으로 옮겨져 지금까지 서울대학교에 보존되어 있다. 한편 장서각의 실록은 6·25 전쟁 때 북한으로 옮겨져 현재 김일성종합대학에 소장되어 있다.

① 재인쇄하였던 실록은 모두 5벌이다.

② 태백산에 보관하였던 실록은 현재 일본에 있다.

③ 현재 한반도에 남아 있는 실록은 모두 4벌이다.

④ 현존하는 실록 중에서 가장 오래된 것은 서울대학교에 있다.

04 다음 글을 읽고 〈보기〉의 의뢰인이 사용하면 좋을 기술 유형과 그 기술에 대한 설명이 바르게 연결된 것을 고르면?

> 인터넷 뱅킹이나 전자 상거래를 할 때 온라인상에서 사용자 인증은 필수적이다. 정당한 사용자인지를 인증받는 흔한 방법은 아이디(ID)와 비밀번호를 입력하는 것으로, 사용자가 특정한 정보를 알고 있는지 확인하는 방식이다. 그러나 이러한 방식은 고정된 정보를 반복적으로 사용하기 때문에 정보가 노출될 우려가 있다. 이러한 문제점을 보완하기 위해 개발된 인증 기법이 OTP(One-Time Password; 일회용 비밀번호) 기술이다. OTP 기술은 사용자가 금융 거래 인증을 받고자 할 때마다 해당 기관에서 발급한 OTP발생기를 통해 새로운 비밀번호를 생성하여 인증받는 방식이다.
>
> OTP 기술은 크게 비동기화 방식과 동기화 방식으로 나눌 수 있다. 비동기화 방식은 OTP발생기와 인증 서버 사이에 동기화된 값이 없는 방식으로, 인증 서버의 질의에 사용자가 응답하는 방식이다. OTP 기술 도입 초기에 사용된 질의 응답방식은 인증 서버가 임의의 6자리 수, 즉 질의값을 제시하면 사용자는 그 수를 OTP 발생기에 입력하고, OTP 발생기는 질의값과 다른 응답값을 생성한다. 사용자는 그 값을 로그인 서버에 입력하고 인증 서버는 입력된 값을 확인한다. 이 방식은 사용자가 OTP 발생기에 질의값을 직접 입력해 응답값을 구해야 하는 번거로움이 있기 때문에 사용이 불편하다. 이와 달리 동기화 방식은 OTP 발생기와 인증 서버 사이에 동기화된 값을 설정하고 이에 따라 비밀번호를 생성하는 방식으로, 이벤트 동기화 방식이 있다. 이벤트 동기화 방식은 기촛값과 카운트값을 바탕으로 OTP 발생기는 비밀번호를, 인증 서버는 인증값을 생성하는 방식이다. 기촛값이란 사용자의 신상 정보와 해당 금융 기관의 정보 등이 반영된 고유한 값이며, 카운트값이란 비밀번호를 생성한 횟수이다. 사용자가 인증을 받아야 할 경우 이벤트 동기화 방식의 OTP 발생기는 기촛값과 카운트값을 바탕으로 비밀번호를 생성하게 되며, 생성된 비밀번호를 사용자가 로그인 서버에 입력하면 된다. 이때 OTP 발생기는 비밀번호를 생성할 때마다 카운트값을 증가시킨다. 인증 서버 역시 기촛값과 카운트값으로 인증값을 생성하여 로그인 서버로 입력된 OTP 발생기의 비밀번호와 비교하는 것이다. 이때 인증에 성공하면 인증 서버는 카운트값을 증가시켜서 저장해 두었다가 다음 번 인증에 반영한다. 그러나 이 방식은 OTP 발생기에서 비밀번호를 생성만 하고 인증하지 않으면 OTP 발생기와 인증 서버 간에 카운트값이 달라지는 문제점이 있다.

보기

> 안녕하세요. 저희 M은행에서는 OTP기기를 사용해서 고객님들의 본인 인증을 받고 있습니다. 그런데 기존에 사용하던 OTP 기술은 고객님들이 비밀번호를 발급받으시고 인증을 받지 않으시는 경우가 종종 있어 인증 서버에 문제가 자주 발생하여 저희 은행이 피해를 보고 있습니다. 그래서 이번에 다른 유형의 OTP를 사용해보면 어떨까 하는데, 사용하면 좋을 OTP 기술의 유형을 추천해주실 수 있을까요?

① 비동기화 방식 OTP – OTP 발생기는 비밀번호를, 서버는 인증값을 각각 생성한다.
② 비동기화 방식 OTP – OTP 발생기와 인증 서버 사이에 동기화된 값이 없다.
③ 이벤트 동기화 방식 – 인증 서버는 인증값, OTP 발생기는 비밀번호를 생성한다.
④ 이벤트 동기화 방식 – 사용자가 직접 응답값을 구해야 하는 번거로움이 있다.

05 다음 글을 바탕으로 할 때 〈보기〉에서 속도 변화의 원인이 같은 것끼리 짝지어진 것은?

체조 선수들의 연기를 지켜보고 있으면 유난히 회전 연기가 많은 것을 알 수 있다. 철봉에서 뛰어 올라 공중에서 두세 바퀴를 회전하고 멋지게 착지하는 연기는 그야말로 탄성을 자아내게 한다. 그러면서 한편으로는 여러 가지 궁금증이 생긴다.

체조 선수가 회전할 때 팔이나 다리를 굽힌 채 회전하는 이유는 무엇일까? 어떻게 순식간에 몇 바퀴를 돌 수 있을까? 결론부터 말하자면 체조 선수들의 회전 연기 속에는 예술적인 측면 외에도 물리 현상에 대한 이해를 바탕으로 한 다분히 과학적인 행동이 섞여 있다.

어떤 물체가 회전하기 위해서는 최초의 돌림힘*이 있어야 한다. 돌림힘이 없으면 물체는 회전할 수 없다. 돌림힘이 발생하여 물체가 회전하게 되었을 때, 회전하는 모든 물체가 갖는 물리량을 각운동량이라고 한다. 각운동량은 회전체의 질량과 속도, 그리고 회전 반경**을 곱한 값이다. 일단 생겨난 각운동량은 외부의 돌림힘이 더해지지 않는 한, 회전하는 동안에 질량과 속도, 회전 반경의 곱이 항상 같은 값을 유지하면서 그 운동량을 보존하려 하는데 이것을 '각운동량 보존의 법칙'이라 한다. 우리가 일상 생활 속에서 접하는 물리 현상 중에서도 각운동량 보존의 법칙이 적용되는 경우를 쉽게 찾아볼 수 있다. 예를 들어 회전 의자에 사람이 앉아 있는 경우, 의자를 적당히 회전시킨 후에 추가로 돌림힘을 주지 않은 상태에서 양팔을 벌리면 회전 속도가 느려진다. 다시 양팔을 가슴 쪽에 모으면 회전 속도는 빨라진다. 대략 머리와 엉덩이를 잇는 신체 중심축을 회전축이라고 할 때, 양팔을 벌리면 회전 반경은 커지나 전체적인 질량은 변하지 않으므로 각운동량 보존의 법칙에 의해 회전 속도가 느려지게 되는 것이다. 반대로 양팔을 가슴 쪽으로 모으면 다시 회전 반경이 작아졌으므로 속도는 빨라질 수밖에 없다.

체조 선수들의 회전 연기도 마찬가지다. 체조 선수가 천천히 회전하기를 원할 때는 몸을 펴서 속도와 회전수를 최대한 줄이지만, 빠른 회전을 원할 때는 몸을 굽혀 회전 반지름을 최소화하는 것이다. 그리고 체조 선수들은 공중 회전 후 착지하는 순간 팔을 힘껏 펼쳐 보이는데 이는 관중을 위한 쇼맨십일 수도 있지만 각운동량 보존의 법칙을 생각한다면 회전 속도를 줄여 안전하게 착지하기 위한 과학적 행동으로 볼 수 있다.

*돌림힘(토크, Torque) : 물체에 작용하여 물체를 회전시키는 원인이 되는 물리량
**회전 반경 : 회전의 중심축으로부터 물체까지의 거리, 즉 반지름

보기

ㄱ. 태양을 중심으로 회전하는 지구는 태양과의 거리가 가까워질수록 속도가 빨라진다.
ㄴ. 실에 돌을 묶어서 돌리면서 실의 길이를 늘리면 돌의 회전 속도가 느려진다.
ㄷ. 회전하는 의자에 앉아 있는 사람에게 아령을 주면 회전 속도가 느려진다.
ㄹ. 달리는 자동차는 가속 페달을 밟으면 바퀴의 회전 속도가 빨라진다.

① ㄱ, ㄴ   ② ㄱ, ㄷ
③ ㄴ, ㄷ   ④ ㄴ, ㄹ

CHAPTER **02**

수리능력

합격 Cheat Key

수리능력은 사칙연산·통계·확률의 의미를 정확하게 이해하고 이를 업무에 적용하는 능력으로, 기초연산과 기초통계, 도표분석 및 작성의 문제 유형으로 출제된다. 수리능력 역시 채택하지 않는 금융권이 거의 없을 만큼 필기시험에서 중요도가 높은 영역이다.

수리능력은 NCS 기반 채용을 진행한 거의 모든 기업에서 다루었으며, 문항 수는 전체의 평균 16% 정도로 많이 출제되었다. 특히, 난이도가 높은 금융권의 시험에서는 도표분석, 즉 자료해석 유형의 문제가 많이 출제되고 있고, 응용수리 역시 꾸준히 출제하는 기업이 많기 때문에 기초연산과 기초통계에 대한 공식의 암기와 자료해석능력을 기를 수 있는 꾸준한 연습이 필요하다.

1 응용수리능력의 공식은 반드시 암기하라!

응용수리능력은 지문이 짧지만, 풀이 과정은 긴 문제도 자주 볼 수 있다. 그렇기 때문에 응용수리능력의 공식을 반드시 암기하여 문제의 상황에 맞는 공식을 적절하게 적용하여 답을 도출해야 한다. 따라서 문제에서 묻는 것을 정확하게 파악하여 그에 맞는 공식을 적절하게 적용하는 꾸준한 노력과 공식을 암기하는 연습이 필요하다.

2 통계에서의 사건이 동시에 발생하는지 개별적으로 발생하는지 구분하라!

통계에서는 사건이 개별적으로 발생했을 때, 경우의 수는 합의 법칙, 확률은 덧셈정리를 활용하여 계산하며, 사건이 동시에 발생했을 때, 경우의 수는 곱의 법칙, 확률은 곱셈정리를 활용하여 계산한다. 특히, 기초통계능력에서 출제되는 문제 중 순열과 조합의 계산 방법이 필요한 문제도 다수이므로 순열(순서대로 나열)과 조합(순서에 상관없이 나열)의 차이점을 숙지하는 것 또한 중요하다. 통계 문제에서의 사건 발생 여부만 잘 판단하여도 계산과 공식을 적용하기가 수월하므로 문제의 의도를 잘 파악하는 것이 중요하다.

3   자료의 해석은 자료에서 즉시 확인할 수 있는 지문부터 확인하라!

대부분의 수험생들이 어려워 하는 영역이 수리영역 중 도표분석, 즉 자료해석능력이다. 자료는 표 또는 그래프로 제시되고, 쉬운 지문은 증가 혹은 감소 추이, 간단한 사칙연산으로 풀이가 가능한 문제 등이 있고, 자료의 조사기간 동안 전년 대비 증가율 혹은 감소율이 가장 높은 기간을 찾는 문제들도 있다. 따라서 일단 증가·감소 추이와 같이 눈으로 확인이 가능한 지문을 먼저 확인한 후 복잡한 계산이 필요한 지문을 확인하는 방법으로 문제를 풀이한다면 시간을 조금이라도 아낄 수 있다. 특히 그래프와 같은 경우에는 그래프에 대한 특징을 알고 있다면 그래프의 길이 혹은 높낮이 등으로 대강의 수치를 빠르게 확인이 가능하므로 이에 대한 숙지도 필요하다. 또한 여러 가지 보기가 주어진 문제 역시 지문을 잘 확인하고 문제를 풀이한다면 불필요한 계산을 생략할 수 있으므로 항상 지문부터 확인하는 습관을 들이기를 바란다.

4   도표작성능력에서 지문에 작성된 도표의 제목을 반드시 확인하라!

도표작성은 하나의 자료 혹은 보고서와 같은 수치가 표현된 자료를 도표로 작성하는 형식으로 출제되는데, 대체로 표보다는 그래프를 작성하는 형태로 많이 출제된다. 지문을 살펴보면 각 지문에서 주어진 도표에도 소제목이 있는 경우가 대부분이다. 이때, 자료의 수치와 도표의 제목이 일치하지 않는 경우 함정이 존재하는 문제일 가능성이 높으므로 도표의 제목을 반드시 확인하는 것이 중요하다. 도표작성의 경우 대부분 비율 계산이 많이 출제되는데, 도표의 제목과는 다른 수치로 작성된 도표가 존재하는 경우가 있다. 그렇기 때문에 지문에서 작성된 도표의 소제목을 먼저 확인하는 연습을 하여 간단하지 않은 비율 계산을 두 번 하는 일이 없도록 해야 한다.

01 | 거리 · 속력 · 시간

| 유형분석 |

- (거리)=(속력)×(시간), (속력)=$\dfrac{(거리)}{(시간)}$, (시간)=$\dfrac{(거리)}{(속력)}$
- 기차와 터널의 길이, 물과 같이 속력이 있는 장소 등 추가적인 거리·속력·시간에 관한 조건과 결합하여 난도 높은 문제로 출제될 수 있다.

A사원은 회사 근처 카페에서 거래처와 미팅을 갖기로 했다. 처음에는 4km/h로 걸어가다가 약속 시간에 늦을 것 같아서 10km/h로 뛰어서 24분 만에 미팅 장소에 도착했다. 회사에서 카페까지의 거리가 2.5km일 때, A사원이 뛴 거리는?

① 0.6km
② 0.9km
③ 1.2km
④ 1.5km

정답 ④

A사원이 회사에서 카페까지 걸어간 거리를 $x$km, 뛴 거리를 $y$km라고 하자.

회사에서 카페까지의 거리는 2.5km이므로 걸어간 거리 $x$km와 뛴 거리 $y$km를 합하면 2.5km이다.

$x+y=2.5$ … ㉠

A사원이 회사에서 카페까지 24분이 걸렸으므로 걸어간 시간$\left(\dfrac{x}{4} \text{시간}\right)$과 뛰어간 시간$\left(\dfrac{y}{10} \text{시간}\right)$을 합치면 24분이다.

이때 속력은 시간 단위이므로 '분'으로 바꾸어 계산한다.

$\dfrac{x}{4}\times60+\dfrac{y}{10}\times60=24 \rightarrow 5x+2y=8$ … ㉡

㉠과 ㉡을 연립하여 ㉡$-(2\times$㉠$)$을 하면 $x=1$이고, 구한 x의 값을 ㉠에 대입하면 $y=1.5$이다.

따라서 A사원이 뛴 거리는 $y$km이므로 1.5km이다.

유형풀이 Tip

- 미지수를 정할 때에는 문제에서 묻는 것을 정확하게 파악해야 한다.
- 속력과 시간의 단위를 처음부터 정리하여 계산하면 실수 없이 풀이할 수 있다.
  - [예] 1시간=60분=3,600초
  - [예] 1km=1,000m=100,000cm

01 열차가 50m의 터널을 통과하는 데 10초, 200m의 터널을 통과하는 데 25초가 걸린다. 열차의 길이는?

① 35m   ② 40m

③ 45m   ④ 50m

`Easy`

02 정환이와 민주가 둘레의 길이가 12km인 원 모양의 트랙 위에서 인라인 스케이트를 타고 있다. 같은 지점에서 출발하여 서로 같은 방향으로 돌면 3시간 후에 만나고, 서로 반대 방향으로 돌면 45분 후에 만난다고 할 때, 정환이의 속력은?(단, 정환이의 속력이 민주의 속력보다 빠르다)

① 4km/h   ② 6km/h

③ 8km/h   ④ 10km/h

03 미주는 집에서 백화점에 가기 위해 8km/h의 속력으로 집에서 출발했다. 미주가 집에서 출발한 지 12분 후에 지갑을 두고 간 것을 발견한 동생이 20km/h의 속력으로 미주를 만나러 출발했다. 미주와 동생은 몇 분 후에 만나게 되는가?(단, 미주와 동생은 쉬지 않고 일정한 속력으로 움직인다)

① 11분   ② 14분

③ 17분   ④ 20분

02 | 농도

| 유형분석 |

- (농도)=$\dfrac{\text{(용질의 양)}}{\text{(용액의 양)}}$×100, (소금물의 양)=(물의 양)+(소금의 양)
- 소금물 대신 설탕물로 출제될 수 있으며, 증발된 소금물·농도가 다른 소금물 간 계산 문제 등으로 응용될 수 있다.

소금물 500g이 있다. 이 소금물에 농도가 3%인 소금물 200g을 온전히 섞었더니 소금물의 농도는 7%가 되었다. 500g의 소금물에 녹아 있던 소금의 양은?

① 31g
② 37g
③ 43g
④ 49g

정답 ③

500g의 소금물에 녹아 있던 소금의 양을 xg이라고 하면, 농도가 3%인 소금물 200g에 녹아 있던 소금의 양은 $\dfrac{3}{100}$×200=6g이다.

소금물 500g에 농도가 3%인 소금물 200g을 섞었을 때 소금물의 농도가 주어졌으므로 농도를 기준으로 식을 세우면 다음과 같다.

$\dfrac{x+6}{500+200}$×100=7

→ $(x+6)$×100=7×$(500+200)$

→ $(x+6)$×100=4,900

→ $100x+600=4,900$

→ $100x=4,300$

∴ $x=43$

따라서 500g의 소금물에 녹아 있던 소금의 양은 xg이므로 43g이다.

유형풀이 Tip

- 숫자의 크기를 최대한 간소화해야 한다. 특히, 농도의 경우 분수와 정수가 같이 제시되고, 최근에는 비율을 활용한 문제가 많이 출제되고 있으므로 통분이나 약분을 통해 수를 간소화시켜 계산 실수를 줄일 수 있도록 한다.
- 항상 미지수를 구해서 그 값을 계산하여 풀이해야 하는 것은 아니다. 문제에서 원하는 값은 정확한 미지수를 구하지 않아도 풀이 과정에서 답이 제시되는 경우가 있으므로 문제에서 묻는 것을 명확히 해야 한다.

01 농도 10%의 소금물 100g에 소금을 더 넣었더니 농도가 25%인 소금물이 되었다. 더 넣은 소금의 양은?

① 10g

② 20g

③ 30g

④ 35g

Easy

02 농도 9%의 소금물 800g이 있다. 이 소금물을 증발시켜 농도 16%의 소금물을 만들려면 몇 g을 증발시켜야 하는가?

① 300g

② 325g

③ 350g

④ 375g

03 농도 5%의 설탕물 500g에서 일정량의 설탕물을 덜어내 버린 후, 농도가 12%인 설탕물 300g에 넣었더니 농도 8%의 설탕물이 되었다. 처음에 덜어내 버린 설탕물의 양은?

① 80g

② 100g

③ 120g

④ 140g

03 | 일의 양

| 유형분석 |

- (일률)=$\dfrac{(작업량)}{(작업기간)}$, (작업기간)=$\dfrac{(작업량)}{(일률)}$, (작업량)=(일률)×(작업기간)
- 전체 일의 양을 1로 두고 풀이하는 유형이다.
- 분이나 초 단위 계산이 가장 어려운 유형으로 출제되고 있다.

한 공장에서는 기계 2대를 운용하고 있다. 이 공장의 전체 작업을 수행할 때 A기계로는 12시간이 걸리며, B기계로는 18시간이 걸린다. 이미 절반의 작업이 수행된 상태에서 A기계로 4시간 동안 작업하다가 이후로는 A, B 두 기계를 모두 동원해 작업을 수행했다고 할 때 A, B 두 기계를 모두 동원해 작업을 수행하는 데 소요된 시간은?

① 1시간
② 1시간 12분
③ 1시간 20분
④ 1시간 30분

정답 ②

전체 일의 양을 1이라고 하면, A기계가 1시간 동안 작업할 수 있는 일의 양은 $\dfrac{1}{12}$이고, B기계가 1시간 동안 작업할 수 있는 일의 양은 $\dfrac{1}{18}$이다. 이미 절반의 작업이 수행되었으므로 남은 일의 양은 $1-\dfrac{1}{2}=\dfrac{1}{2}$이다.

이 중 A기계로 4시간 동안 작업을 수행했으므로 A기계와 B기계가 함께 작업해야 하는 일의 양은 $\dfrac{1}{2}-\left(\dfrac{1}{12}\times4\right)=\dfrac{1}{6}$이다.

따라서 A, B 두 기계를 모두 동원해 남은 $\dfrac{1}{6}$을 수행하는 데는 $\dfrac{\dfrac{1}{6}}{\left(\dfrac{1}{12}+\dfrac{1}{18}\right)}=\dfrac{\dfrac{1}{6}}{\dfrac{5}{36}}=\dfrac{6}{5}$시간, 즉 1시간 12분이 걸린다.

유형풀이 Tip

- 전체의 값을 모르는 상태에서 비율을 묻는 문제의 경우 전체를 1이라고 하면 쉽게 풀이할 수 있다.

  예 1개의 일을 끝내는 데 3시간이 걸린다. 1개의 일을 1이라고 하면, 1시간에 $\dfrac{1}{3}$만큼의 일을 끝내는 것이다.

- 난도가 높은 문제의 경우 전체 일의 양을 막대 그림으로 표현하면서 풀이하면 한눈에 파악할 수 있다.

  예

$\dfrac{1}{2}$ 수행됨	A기계로 4시간 동안 작업	A, B 두 기계를 모두 동원해 작업

01 부품공장에 분당 100개의 나사를 생산하는 A기계와 분당 150개의 나사를 생산하는 B기계가 있다. 총 15,000개의 나사를 두 기계가 동시에 생산하는 데 걸리는 시간은?

① 1시간   ② 2시간
③ 3시간   ④ 4시간

02 M사 마스크 필터를 생산하는 공장에서 A기계는 1분에 8개, B기계는 1분에 4개의 필터를 생산할 수 있다. 현재 A기계에서 90개, B기계에서 10개의 필터를 생산하였다면 A의 생산량이 B의 생산량의 3배가 될 때는 몇 분 후인가?

① 12분   ② 15분
③ 18분   ④ 21분

Hard

03 어느 큰 물통에 물을 채우고자 한다. A호스와 B호스로 5분 동안 물을 채운 후 A호스로만 3분 동안 채우면 물통을 가득 채울 수 있고, A호스와 B호스로 4분 동안 물을 채운 후 B호스로만 6분 동안 채우면 물통을 가득 채울 수 있다고 한다. 이때, A호스로만 물통을 가득 채우는 데 걸리는 시간은?

① 10분   ② 12분
③ 14분   ④ 16분

04 | 금액

| 유형분석 |

- (정가)＝(원가)＋(이익), (이익)＝(정가)－(원가)

  a원에서 $b\%$ 할인한 가격＝$a\times\left(1-\dfrac{b}{100}\right)$
- 원가, 정가, 할인가, 판매가 등의 개념을 명확히 한다.

원가의 20%를 추가한 금액을 정가로 하는 제품을 15% 할인해서 50개를 판매한 금액이 127,500원일 때, 이 제품의 원가는?

① 1,500원

② 2,000원

③ 2,500원

④ 3,000원

정답 ③

제품의 원가를 x원이라고 하면, 제품의 정가는 $(1+0.2)x=1.2x$원이고, 판매가는 $1.2x(1-0.15)=1.02x$원이다.
50개를 판매한 금액이 127,500원이므로, 다음 식이 성립한다.
$1.02x\times50=127,500$
→ $1.02x=2,550$
∴ $x=2,500$
따라서 제품의 원가는 2,500원이다.

유형풀이 Tip

- 전체 금액을 구하는 것이 아니라 할인된 금액을 구하면 수의 크기도 작아지고, 풀이 과정을 단축시킬 수 있다.
- 난이도가 어려운 편은 아니지만, 비율을 활용한 계산 문제이기 때문에 실수하지 않도록 유의한다.

Easy

01 사과 1개를 정가대로 판매하면 개당 600원의 이익을 얻는다. 정가의 20%를 할인하여 6개 판매한 매출액은 정가에서 400원씩 할인하여 8개를 판매한 것과 같다고 할 때, 이 상품의 정가는?

① 500원   ② 700원

③ 900원   ④ 1,000원

02 M서점에서는 책의 정가로 인쇄된 금액보다 10% 할인된 가격으로 판매하고 있다. 만약 책의 원가가 정가보다 20% 낮은 가격이라고 한다면, M서점이 얻는 이윤은 몇 %인가?

① 11%   ② 11.5%

③ 12%   ④ 12.5%

Hard

03 사회보장지원팀은 새 회계연도를 맞아 오래된 책상을 교체하였다. 주문개수에 따른 할인 혜택에 따라 정가에서 10% 할인을 받아 책상 1개에 243,000원에 구매하였다. 정가는 인건비에 20%, 유통비를 포함한 재료비에 10%를 가산하여 결정되며, 인건비와 재료비의 비율은 4 : 5이다. 이때 책상 1개당 인건비로 옳은 것은?(단, 소수점 첫째 자리에서 반올림한다)

① 97,214원   ② 99,540원

③ 103,226원   ④ 104,854원

05 | 날짜 · 요일

| 유형분석 |

- 1일=24시간=1,440(=24×60)분=86,400(=1,440×60)초
- 월별 일수 : 31일 - 1, 3, 5, 7, 8, 10, 12월
  30일 - 4, 6, 9, 11월
  28일 또는 29일(윤년, 4년에 1회) - 2월
- 날짜 · 요일 단위별 기준이 되는 숫자가 다르므로 실수하지 않도록 유의한다.

어느 해의 3월 2일은 금요일일 때, 한 달 후인 4월 2일은 무슨 요일인가?

① 월요일   ② 화요일
③ 수요일   ④ 목요일

정답 ①

3월은 31일까지 있고 일주일은 7일이므로, 31÷7=4 … 3
따라서 4월 2일은 금요일부터 3일이 지난 월요일이다.

유형풀이 Tip

- 일주일은 7일이므로, 전체 일수를 구한 뒤 7로 나누면 빠르게 해결할 수 있다.
- 날짜와 요일의 단위를 처음부터 정리하여 계산하면 실수 없이 풀이할 수 있다.

01 같은 공원에서 A씨는 강아지와 함께 2일에 1번 산책하고, B씨는 혼자 3일마다 산책한다. A는 월요일에 산책했고, B는 다음 날에 산책했다면 처음으로 A와 B가 만나는 요일은?

① 수요일   ② 목요일
③ 금요일   ④ 토요일

02 A고등학교 도서부는 매일 교내 도서관을 정리하고 있다. 부원은 모두 40명이며 각각 1 ~ 40번의 번호를 부여하여 월요일부터 금요일까지 돌아가면서 12명씩 도서관을 정리하기로 했다. 6월 7일에 1 ~ 12번 학생이 도서관을 정리했다면 이들이 처음으로 다시 함께 도서관을 정리하는 날은?(단, 주말에는 활동하지 않는다)

① 6월 20일   ② 6월 21일
③ 6월 22일   ④ 6월 23일

Hard

03 원 모양의 산책로를 걷는 데 세정이는 2분, 소희는 3분, 지은이는 7분이 걸린다. 세정이는 1바퀴를 걸은 후 2분 쉬고, 소희는 2바퀴를 걸은 후 4분 쉬고, 지은이는 1바퀴를 걸은 후 3분 쉰다면 1시간 30분 동안 3명이 동시에 쉬는 시간은 모두 몇 분인가?

① 13분   ② 14분
③ 15분   ④ 16분

06 | 경우의 수

- $_n\mathrm{P}_m = n \times (n-1) \times \cdots \times (n-m+1)$

  $_n\mathrm{C}_m = \dfrac{_n\mathrm{P}_m}{m!} = \dfrac{n \times (n-1) \times \cdots \times (n-m+1)}{m!}$

- 벤 다이어그램을 활용한 문제가 출제되기도 한다.

M금고는 토요일에 2명의 사원이 당직 근무를 서도록 사칙으로 규정하고 있다. M금고의 A팀에는 8명의 사원이 있다. A팀이 앞으로 3주 동안 토요일 당직 근무를 선다고 할 때, 가능한 모든 경우의 수는?(단, 모든 사원은 당직 근무를 2번 이상 서지 않는다)

① 1,520가지   ② 2,520가지

③ 5,040가지   ④ 10,080가지

정답 ②

8명을 2명씩 3개의 그룹으로 나누는 경우의 수는 $_8\mathrm{C}_2 \times {}_6\mathrm{C}_2 \times {}_4\mathrm{C}_2 \times \dfrac{1}{3!} = 28 \times 15 \times 6 \times \dfrac{1}{6} = 420$가지이다.

3개의 그룹을 각각 A, B, C라 하면, 3주 동안 토요일에 근무자를 배치하는 경우의 수는 A, B, C를 일렬로 나열하는 방법의 수와 같으므로 3개의 그룹을 일렬로 나열하는 경우의 수는 $3 \times 2 \times 1 = 6$가지이다.

따라서 가능한 모든 경우의 수는 $420 \times 6 = 2,520$가지이다.

유형풀이 Tip

경우의 수의 합의 법칙과 곱의 법칙 등에 관해 명확히 한다.

1) 합의 법칙
   ① 두 사건 A, B가 동시에 일어나지 않을 때, A가 일어나는 경우의 수를 m, B가 일어나는 경우의 수를 n이라고 하면, 사건 A 또는 B가 일어나는 경우의 수는 $m+n$이다.
   ② '또는', '~이거나'라는 말이 나오면 합의 법칙을 사용한다.

2) 곱의 법칙
   ① A가 일어나는 경우의 수를 m, B가 일어나는 경우의 수를 n이라고 하면, 사건 A와 B가 동시에 일어나는 경우의 수는 $m \times n$이다.
   ② '그리고', '동시에'라는 말이 나오면 곱의 법칙을 사용한다.

Easy

01   M금고의 구내식당에는 국류 5가지, 나물류 4가지, 볶음류 3가지의 메뉴가 있다. 국류, 나물류, 볶음류 중에서 서로 다른 메뉴를 2개 선택하여 각각 하나씩 고르는 경우의 수는?

① 41가지   ② 43가지

③ 45가지   ④ 47가지

02   예선 경기에서 우승한 8명의 선수들이 본선 경기를 진행하려고 한다. 경기 방식은 토너먼트이고 작년에 우승한 1 ∼ 4위까지의 선수들이 첫 경기에서 만나지 않도록 대진표를 정한다. 가능한 대진표의 경우의 수는?

① 60가지   ② 64가지

③ 68가지   ④ 72가지

Hard

03   A ∼ G 7명은 일렬로 배치된 의자에 다음 〈조건〉과 같이 앉는다. 이때 가능한 경우의 수는?

> **조건**
> - A는 양 끝에 앉지 않는다.
> - G는 가운데에 앉는다.
> - B는 G의 바로 옆에 앉는다.

① 60가지   ② 72가지

③ 144가지   ④ 288가지

07 | 확률

| 유형분석 |

- 확률의 덧셈 법칙을 활용해야 하는 문제인지 곱셈 법칙을 활용해야 하는 문제인지 정확히 구분한다.
- 여사건 또는 조건부 확률 문제가 출제되기도 한다.

주머니에 1부터 10까지의 숫자가 적힌 카드 10장이 들어있다. 주머니에서 카드를 세 번 뽑는다고 할 때, 1, 2, 3이 적힌 카드 중 하나 이상을 뽑을 확률은?(단, 꺼낸 카드는 다시 넣지 않는다)

① $\dfrac{7}{24}$

② $\dfrac{5}{8}$

③ $\dfrac{17}{24}$

④ $\dfrac{5}{6}$

정답 ③

(1, 2, 3이 적힌 카드 중 하나 이상을 뽑을 확률)=1−(세 번 모두 4 ~ 10이 적힌 카드를 뽑을 확률)

세 번 모두 4 ~ 10이 적힌 카드를 뽑을 확률은 $\dfrac{7}{10}\times\dfrac{6}{9}\times\dfrac{5}{8}=\dfrac{7}{24}$ 이다.

따라서 1, 2, 3이 적힌 카드 중 하나 이상을 뽑을 확률은 $1-\dfrac{7}{24}=\dfrac{17}{24}$ 이다.

유형풀이 Tip

1) 확률의 덧셈
   두 사건 A, B가 동시에 일어나지 않을 때, A가 일어날 확률을 p, B가 일어날 확률을 q라고 하면, 사건 A 또는 B가 일어날 확률은 $p+q$이다.
2) 확률의 곱셈
   A가 일어날 확률을 p, B가 일어날 확률을 q라고 하면, 사건 A와 B가 동시에 일어날 확률은 $p\times q$이다.
3) 여사건 확률
   ① 사건 A가 일어날 확률이 p일 때, 사건 A가 일어나지 않을 확률은 $(1-p)$이다.
   ② '적어도'라는 말이 나오면 주로 사용한다.
4) 조건부 확률
   ① 확률이 0이 아닌 두 사건 A, B에 대하여 사건 A가 일어났다는 조건하에 사건 B가 일어날 확률로, A 중에서 B인 확률을 의미한다.
   ② $P(B \mid A)=\dfrac{P(A\cap B)}{P(A)}$ 또는 $P_A(B)$로 나타낸다.

01 어느 한 사람이 5지선다형 문제 2개를 풀고자 한다. 첫 번째 문제의 정답은 선택지 중 1개이지만, 두 번째 문제의 정답은 선택지 중 2개이며, 모두 맞혀야 정답으로 인정된다. 2문제 중 하나만 맞힐 확률은?

① 18%

② 20%

③ 26%

④ 30%

02 다음 그림과 같은 정오각형 모양의 탁자에 남자 5명과 여자 5명이 탁자의 각 변에 2명씩 둘러앉으려고 한다. 이때 탁자의 각 변에 남자와 여자가 이웃하여 앉을 확률은?(단, 회전하여 일치하는 경우는 모두 같은 것으로 본다)

① $\dfrac{5}{63}$

② $\dfrac{8}{63}$

③ $\dfrac{10}{63}$

④ $\dfrac{13}{63}$

Easy

03 주머니 속에 빨간 구슬, 흰 구슬이 섞여 15개 들어 있다. 이 주머니에서 2개를 꺼내보고 다시 넣는 일을 여러 번 반복했더니, 5회에 1번꼴로 2개 모두 빨간 구슬이었다. 이 주머니에서 구슬을 하나 뽑을 때 빨간 구슬일 확률은?

① $\dfrac{1}{15}$

② $\dfrac{4}{15}$

③ $\dfrac{7}{15}$

④ $\dfrac{11}{15}$

08 | 환율

| 유형분석 |

- (환율)$=\dfrac{\text{(자국 화폐 가치)}}{\text{(외국 화폐 가치)}}$

- (자국 화폐 가치)=(환율)×(외국 화폐 가치)

- (외국 화폐 가치)$=\dfrac{\text{(자국 화폐 가치)}}{\text{(환율)}}$

수인이는 베트남 여행을 위해 환전하기로 하였다. 다음은 K환전소의 환전 당일 환율 및 수수료를 나타낸 자료이다. 수인이가 한국 돈으로 베트남 현금 1,670만 동을 환전한다고 할 때, 수수료까지 포함하여 필요한 돈은 얼마인가?(단, 모든 계산과정에서 구한 값은 일의 자리에서 버림한다)

〈K환전소 환율 및 수수료〉

- 베트남 환율 : 483원/만 동
- 수수료 : 0.5%
- 우대사항 : 50만 원 이상 환전 시 70만 원까지 수수료 0.4%로 인하 적용
  100만 원 이상 환전 시 총금액 수수료 0.4%로 인하 적용

---

① 808,840원   ② 808,940원

③ 809,840원   ④ 809,940원

정답 ④

베트남 현금 1,670만 동을 환전하기 위해 필요한 한국 돈은 수수료를 제외하고 1,670만 동×483원/만 동=806,610원이다.
우대사항에 따르면 50만 원 이상 환전 시 70만 원까지 수수료가 0.4%로 낮아지므로,
70만 원에는 수수료가 0.4% 적용되고 나머지는 0.5%가 적용되어 총수수료를 구하면 700,000×0.004+(806,610−700,000)×
0.005=2,800+533.05≒3,330원이다.
따라서 수수료와 수인이가 원하는 금액을 환전하는 데 필요한 총금액은 806,610+3,330=809,940원이다.

유형풀이 Tip

- 우대사항 등 문제에서 요구하는 조건을 놓치지 않도록 주의한다.

※ 다음은 각 국가의 환율에 대한 표이다. 이어지는 질문에 답하시오(단, 환전수수료는 고려하지 않는다). [1~3]

〈각 국가의 환율〉

국가	미국	프랑스	일본	호주
환율	1,313.13원/USD	1,444.44원/유로	9.13원/엔	881.53원/AUD

01 대한민국 원화 50만 원을 미국 달러(USD)로 환전하면 얼마인가?

① 약 250.93USD   ② 약 380.77USD
③ 약 511.26USD   ④ 약 623.84USD

02 호주 달러 1,250AUD를 프랑스 유로로 환전하면 얼마인가?

① 약 508.78유로   ② 약 594.14유로
③ 약 682.59유로   ④ 약 762.86유로

`Hard`

03 P씨는 일본으로 여행을 가기 전 은행에서 위의 환율에 따라 250만 원을 엔화로 환전하였다. 일본에서 150,000엔을 사용하고 귀국 후 엔화 환율이 10.4원/엔으로 변동되었다면, 남은 엔화를 원화로 환전할 때의 값은?(단, 소수점 둘째 자리에서 반올림한다)

① 1,287,755원   ② 1,396,187원
③ 1,517,684원   ④ 1,737,486원

09 | 금융상품 활용

| 유형분석 |

- 금융상품을 정확하게 이해하고 문제에서 요구하는 답을 도출해낼 수 있는지 평가한다.
- 단리식, 복리식, 이율, 우대금리, 중도해지, 만기해지 등 조건에 유의해야 한다.

M금고는 '더 커지는 적금'을 새롭게 출시하였다. A씨는 이 적금의 모든 우대금리조건을 만족하여 이번 달부터 이 상품에 가입하려고 한다. 만기 시 A씨가 얻을 수 있는 이자는?(단, $1.024^{\frac{1}{12}}=1.0019$로 계산하고, 금액은 백의 자리에서 반올림한다)

<더 커지는 적금>

- 가입기간 : 12개월
- 가입금액 : 매월 초 200,000원 납입
- 적용금리 : 기본금리(연 2.1%)+우대금리(최대 연 0.3%p)
- 저축방법 : 정기적립식, 비과세
- 이자지급방식 : 만기일시지급식, 연복리식
- 우대금리조건
  - M금고 입출금통장 보유 시 : +0.1%p
  - 연 500만 원 이상의 K은행 예금상품 보유 시 : +0.1%p
  - 급여통장 지정 시 : +0.1%p
  - 이체실적이 20만 원 이상 시 : +0.1%p

① 131,000원 ② 132,000원
③ 138,000원 ④ 141,000원

정답 ①

모든 우대금리조건을 만족하므로 최대 연 0.3%p가 기본금리에 적용되어 2.1+0.3=2.4%가 된다.

n개월 후 연복리 이자는 (월납입금)$\times\dfrac{(1+r)^{\frac{n+1}{12}}-(1+r)^{\frac{1}{12}}}{(1+r)^{\frac{1}{12}}-1}-$(적립원금)이므로, 이에 따른 식은 다음과 같다.

$200,000\times\dfrac{(1.024)^{\frac{13}{12}}-(1.024)^{\frac{1}{12}}}{(1.024)^{\frac{1}{12}}-1}-200,000\times12$

$=200,000\times1.0019\times\dfrac{1.024-1}{0.0019}-2,400,000$

$≒2,531,000-2,400,000=131,000$원

1) 단리
   ① 개념 : 원금에만 이자가 발생
   ② 계산 : 이율이 r%인 상품에 원금 a를 총 n번 이자가 붙는 동안 예치한 경우 $a(1+nr)$
2) 복리
   ① 개념 : 원금과 이자에 모두 이자가 발생
   ② 계산 : 이율이 r%인 상품에 원금 a를 총 n번 이자가 붙는 동안 예치한 경우 $a(1+r)^n$
3) 이율과 기간
   ① $(월이율) = \dfrac{(연이율)}{12}$

   ② n개월$= \dfrac{n}{12}$ 년
4) 예치금의 원리합계
   원금 a원, 연이율 r%, 예치기간 n개월일 때,

   • 단리 예금의 원리합계 : $a\left(1 + \dfrac{r}{12}n\right)$

   • 월복리 예금의 원리합계 : $a\left(1 + \dfrac{r}{12}\right)^n$

   • 연복리 예금의 원리합계 : $a(1+r)^{\frac{n}{12}}$

5) 적금의 원리합계
   월초 a원씩, 연이율 r%일 때, n개월 동안 납입한다면

   • 단리 적금의 n개월 후 원리합계 : $an + a \times \dfrac{n(n+1)}{2} \times \dfrac{r}{12}$

   • 월복리 적금의 n개월 후 원리합계 : $\dfrac{a\left(1 + \dfrac{r}{12}\right)\left\{\left(1 + \dfrac{r}{12}\right)^n - 1\right\}}{\dfrac{r}{12}}$

   • 연복리 적금의 n개월 후 원리합계 : $\dfrac{a(1+r)^{\frac{1}{12}}\left\{(1+r)^{\frac{n}{12}} - 1\right\}}{(1+r)^{\frac{1}{12}} - 1}$

01 연이율 1.8%를 제공하는 2년 만기 정기예금에 500만 원을 예치하고 180일 후에 해지하였다면 수령할 총금액은?(단, 이자는 단리를 적용하고 한 달은 30일로 계산한다. 또한 중도해지금리는 적용하지 않는다)

① 504만 원
② 504만 5천 원
③ 505만 원
④ 505만 5천 원

Easy

02 사회초년생인 A씨는 집을 구매하기 위해 매년 말에 1,000만 원씩 저축하였다. 그런데 가입 후 6년 초에 사정이 생겨 저축한 돈을 찾으려고 한다. 이 상품이 연이율 8%, 단리로 계산된다면 A씨가 일시에 받을 수 있는 금액은?

① 5,200만 원
② 5,400만 원
③ 5,800만 원
④ 6,400만 원

03 M금고에서 근무하는 C사원에게 A고객이 찾아와 매년 말에 일정한 금액을 적립하여 19년 후에 1억 원이 되는 목돈을 만들려고 한다고 했다. 이에 따라 C사원은 연이율 10%인 연 복리 상품을 추천했다. A고객이 매년 말에 얼마를 적립해야 되는지를 묻는다면, C사원이 안내할 금액은?(단, $1.1^{20} = 6.7$로 계산하고, 만의 자리 미만은 버린다)

① 160만 원
② 175만 원
③ 180만 원
④ 190만 원

04 A고객은 M금고 정기예금을 만기 납입했다. 다음과 같은 조건일 때, A고객이 받을 금액의 이자는 얼마인가?

〈M금고 정기예금〉

• 가입자 : 본인
• 계약기간 : 6개월
• 저축방법 : 거치식
• 저축금액 : 천만 원
• 이자지급방식 : 만기일시지급식 – 단리식
• 기본이자율

6개월	12개월	24개월	36개월
연 0.1%	연 0.15%	연 0.2%	연 0.25%

• 우대금리 : 최대 0.3%p
• 기타사항 : 우대금리를 최대로 받는다.

---

① 10,000원 ② 15,000원
③ 18,000원 ④ 20,000원

05 다음 인허가보증상품에 대한 설명을 바탕으로 할 때, 보증료를 가장 많이 내는 회사는?

〈인허가보증상품〉

• 개요
주택 사업과 관련하여 국가, 지방자치단체 등으로부터 인·허가를 받을 경우에 부담하여야 할 시설물 설치 등 인·허가 조건의 이행을 책임지는 보증상품이다.
• 보증료
(보증료)=(보증금액)×(보증료율)×(보증기간에 해당하는 일수)÷365
  – 신용평가등급별 보증료율 : 최저 연 0.122% ~ 최고 연 0.908%
  – 신용평가등급은 1등급부터 4등급까지 있으며 등급당 보증료율은 1등급은 0.122%, 2등급은 0.244%, 3등급은 0.488%, 4등급은 0.908%이다.

	회사명	보증금액	신용등급	보증기간
①	A	1.5억 원	1	1년
②	B	3억 원	2	2년
③	C	3억 원	4	3년
④	D	5억 원	3	4년

10 | 자료계산

| 유형분석 |

- 문제에 주어진 조건과 정보를 활용하여 빈칸에 알맞은 수를 계산해낼 수 있는지 평가한다.
- 빈칸이 여러 개인 경우 계산이 간단한 한두 개의 빈칸의 값을 먼저 찾고, 역으로 대입하여 풀이 시간을 단축한다.
- 금융권 NCS 수리능력의 경우 마지막 자리까지 정확하게 계산하는 것을 요구한다. 어림값을 구하여 섣불리 오답을 선택하는 오류를 범하지 않도록 주의한다.

다음은 시·군지역의 성별 비경제활동 인구에 관해 조사한 자료이다. 빈칸 (가), (다)에 들어갈 수가 바르게 연결된 것은?(단, 인구수는 백의 자리에서 반올림하고, 비중은 소수점 첫째 자리에서 반올림한다)

<성별 비경제활동 인구>

(단위 : 천 명, %)

구분	총계	남자	비중	여자	비중
시지역	7,800	2,574	(가)	5,226	(나)
군지역	1,149	(다)	33.5	(라)	66.5

	(가)	(다)		(가)	(다)
①	30	385	②	30	392
③	33	378	④	33	385

정답 ④

- (가) : $\dfrac{2,574}{7,800} \times 100 = 33\%$
- (다) : $1,149 \times 0.335 \fallingdotseq 385$천 명

유형풀이 Tip

주요 통계 용어
1) 평균 : 자료 전체의 합을 자료의 개수로 나눈 값
2) 분산 : 변량이 평균으로부터 떨어져 있는 정도를 나타낸 값
3) 표준편차 : 통계집단의 분배정도를 나타내는 수치, 자료의 값이 얼마나 흩어져 분포되어 있는지 나타내는 산포도 값의 한 종류
4) 상대도수 : 도수분포표에서 도수의 총합에 대한 각 계급의 도수의 비율
5) 최빈값 : 자료의 분포 중에서 가장 많은 빈도로 나타나는 변량
6) 중앙값 : 자료를 크기 순서대로 배열했을 때 중앙에 위치하게 되는 값

대표기출유형 10 기출응용문제

Easy

01 다음은 M기업의 신용등급이 변화될 가능성을 정리한 표이다. 2023년에 C등급을 받은 M기업이 2025년에도 C등급을 유지할 가능성은?

〈M기업 신용등급 변화 비율〉

구분		n+1년		
		A등급	B등급	C등급
n년	A등급	0.6	0.3	0.1
	B등급	0.2	0.47	0.33
	C등급	0.1	0.22	0.68

※ 신용등급은 매년 1월 1일 0시에 산정되며, 'A등급, B등급, C등급' 순으로 높은 등급
※ 신용등급 변화 비율은 매년 동일함

① 0.532
② 0.545
③ 0.584
④ 0.622

02 다음은 M금고에서 환율우대 50%를 기준으로 제시한 환율이다. K씨가 2주 전 엔화와 달러로 환전한 금액은 800,000엔과 7,000달러였고, 그때보다 환율이 올라 다시 원화로 환전했다. 2주 전 엔화 환율은 998원/100엔이었고, K씨가 오늘 엔화와 달러를 각각 원화로 환전한 후 얻은 수익이 같다고 할 때, 2주 전 미국 USD 환율은?

〈통화별 환율 현황〉

(단위 : 원)

통화명	매매기준율	현찰	
		팔 때	살 때
미국 USD	1,120.70	1,110.90	1,130.50
일본 JPY 100	1,012.88	1,004.02	1,021.74
유럽연합 EUR	1,271.66	1,259.01	1,284.31
중국 CNY	167.41	163.22	171.60

① 1,102.12원/달러
② 1,104.02원/달러
③ 1,106.12원/달러
④ 1,108.72원/달러

03 백화점에서 60만 원짜리 코트를 구매한 갑순이는 결제 시 7개월 할부를 이용하였다. 할부요율 및 조건이 다음과 같을 때, 갑순이의 할부수수료 총액은 얼마인가?(단, 매월에 내는 할부 금액은 동일한 것으로 가정한다)

〈신용카드 할부수수료〉

(단위 : %)

할부기간	3개월 미만	3 ~ 5개월	6 ~ 9개월	10 ~ 12개월
수수료율(연)	11	13	15	16

※ (할부수수료)=(할부잔액)×(할부수수료율)÷12
※ (할부잔액)=(이용원금)−(기결제원금)
※ (총할부수수료 산출식)=(할부원금)×(수수료율)×$\left[\dfrac{(\text{할부 개월 수})+1}{2} \right]$÷12

① 20,000원   ② 25,000원
③ 30,000원   ④ 35,000원

Hard

04 L씨는 M금융회사의 투자자문을 받고 투자자산 포트폴리오에 1백만 원을 투자하려고 한다. 우선 채권에 투자금의 40%를 투자하고, 주식은 위험이 낮은 순서대로 투자금의 30%, 20%, 10%씩 투자하려고 한다. 투자자산의 기대수익률과 베타계수가 다음과 같다면, 1년 후 L씨가 얻을 수 있는 기대수익은?

〈투자자산 포트폴리오〉

구분	기대수익률(연)	베타계수
A주식	12%	1.4
B주식	6%	0.8
C주식	10%	1.2
채권	4%	0

※ 베타계수 : 증권시장 전체의 수익률의 변동이 발생했을 때, 이에 대해 개별기업 주식수익률이 얼마나 민감하게 반응하는가를 측정하는 계수

① 66,000원   ② 68,000원
③ 70,000원   ④ 74,000원

05 다음은 외국인 직접투자의 투자건수 비율과 투자금액 비율을 투자규모별로 나타낸 자료이다. 투자규모 100만 달러 이상인 투자금액 비율과 투자규모 50만 달러 미만인 투자건수 비율을 순서대로 나열한 것은?

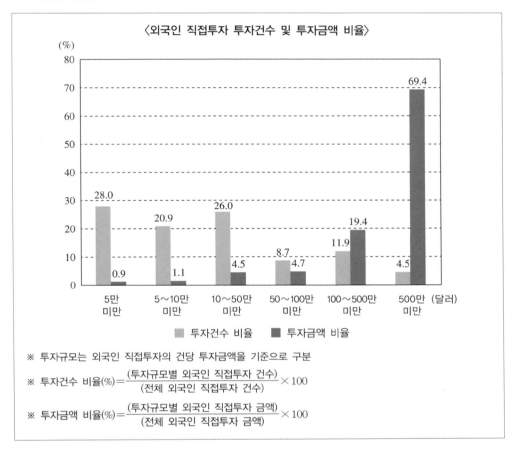

〈외국인 직접투자 투자건수 및 투자금액 비율〉

※ 투자규모는 외국인 직접투자의 건당 투자금액을 기준으로 구분

※ 투자건수 비율(%)=$\dfrac{(투자규모별\ 외국인\ 직접투자\ 건수)}{(전체\ 외국인\ 직접투자\ 건수)}\times100$

※ 투자금액 비율(%)=$\dfrac{(투자규모별\ 외국인\ 직접투자\ 금액)}{(전체\ 외국인\ 직접투자\ 금액)}\times100$

① 66.6%, 62.8%

② 77.7%, 68.6%

③ 88.8%, 74.9%

④ 88.8%, 76.2%

11 | 자료추론

| 유형분석 |

- 문제에 주어진 상황과 정보를 적절하게 활용하여 잘못된 내용을 찾아낼 수 있는지 평가한다.
- 비율·증감폭·증감률·수익(손해)율 등의 계산을 요구하는 문제가 출제된다.

다음은 M은행 행원 250명을 대상으로 조사한 독감 예방접종 여부에 대한 자료이다. 이에 대한 설명으로 옳은 것은?(단, 소수점 첫째 자리에서 버림한다)

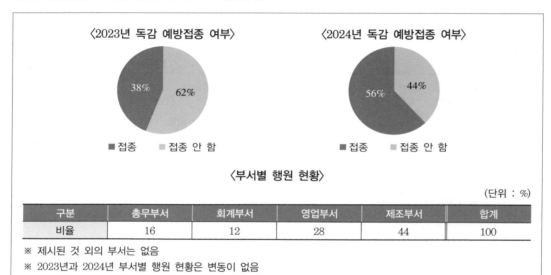

〈부서별 행원 현황〉

(단위 : %)

구분	총무부서	회계부서	영업부서	제조부서	합계
비율	16	12	28	44	100

※ 제시된 것 외의 부서는 없음
※ 2023년과 2024년 부서별 행원 현황은 변동이 없음

① 2023년 대비 2024년에 예방접종을 한 행원의 수는 49% 이상 증가했다.
② 2023년의 독감 예방접종자가 모두 2024년에도 예방접종을 했다면, 2023년에는 예방접종을 하지 않았지만 2024년에 예방접종을 한 행원은 총 54명이다.
③ 위의 2023년과 2024년 독감 예방접종 여부 그래프가 총무부서에 대한 자료라고 한다면, 총무부서 행원 중 예방접종을 한 행원은 2023년 대비 2024년에 7명 증가했다.
④ 위의 2024년 독감 예방접종 여부 그래프가 2023년의 예방접종을 하지 않은 행원들을 대상으로 2024년의 독감 예방접종 여부를 조사한 자료라고 한다면, 2023년과 2024년 모두 예방접종을 하지 않은 행원은 총 65명이다.

총무부서 행원은 총 $250 \times 0.16 = 40$명이다. 2023년과 2024년의 독감 예방접종 여부 그래프가 총무부서에 대한 자료라고 한다면, 총무부서 행원 중 2023년과 2024년의 예방접종자 수의 비율 차는 $56 - 38 = 18$%p이다. 따라서 2023년 대비 2024년에 $40 \times 0.18 ≒ 7$명 증가했다.

오답분석

① 2023년의 예방접종자 수는 95명이고, 2024년의 예방접종자 수는 140명이다. 따라서 $\frac{140 - 95}{95} \times 100 ≒ 47$% 증가했다.

② 2023년 독감 예방접종자 수는 $250 \times 0.38 = 95$명, 2024년 독감 예방접종자 수는 $250 \times 0.56 = 140$명이므로, 2023년에는 예방 접종을 하지 않았지만, 2024년에는 예방접종을 한 행원은 총 $140 - 95 = 45$명이다.

④ 2024년의 독감 예방접종 여부 그래프가 2023년의 예방접종을 하지 않은 행원들을 대상으로 2024년의 독감 예방접종 여부를 조사한 자료라고 한다면, 2023년과 2024년 모두 예방접종을 하지 않은 행원은 총 $250 \times 0.62 \times 0.44 ≒ 68$명이다.

유형풀이 Tip

[증감률(%)] : $\frac{(비교값) - (기준값)}{(기준값)} \times 100$

예 M은행의 작년 신입행원 수는 500명이고, 올해는 700명이다. M은행의 전년 대비 올해 신입행원 수의 증가율은?

$\frac{700 - 500}{500} \times 100 = \frac{200}{500} \times 100 = 40$% → 전년 대비 40% 증가하였다.

예 M은행의 올해 신입행원 수는 700명이고, 내년에는 350명을 채용할 예정이다. M은행의 올해 대비 내년 신입행원 수의 감소율은?

$\frac{350 - 700}{700} \times 100 = -\frac{350}{700} \times 100 = -50$% → 올해 대비 50% 감소할 것이다.

Easy

01 다음은 2024년 달러와 엔화의 환율 변동을 나타낸 자료이다. 이에 대한 설명으로 옳은 것은?(단, 비율은 소수점 둘째 자리에서, 환율 계산값은 소수점 셋째 자리에서 반올림한다)

〈2024년 달러 및 엔화 환율 변동 현황〉

구분	1월	2월	3월	4월	5월	6월	7월	8월	9월	10월
달러 환율 (원/달러)	1,065	1,090	1,082	1,070	1,072	1,071	1,119	1,117	1,119	1,133
엔화 환율 (원/100엔)	946	990	1,020	992	984	980	1,011	1,003	1,004	1,003

① 4월에 일본으로 여행 갈 때, 2월보다 1월에 미리 환전하는 것이 5% 이상 이득이다.
② 5월부터 10월까지 달러 환율은 계속 증가하는 추이를 보이고 있다.
③ 전월 대비 달러 환율 증가율은 7월 증가율이 10월 증가율보다 4배 이상 높다.
④ 달러 환율이 가장 낮을 때의 엔화 환율은 달러 환률이 가장 높을 때의 엔화 환율에 비해 7% 미만으로 낮다.

02 다음은 국민연금 수급자 급여실적에 관한 자료이다. 이에 대한 설명으로 옳은 것은?

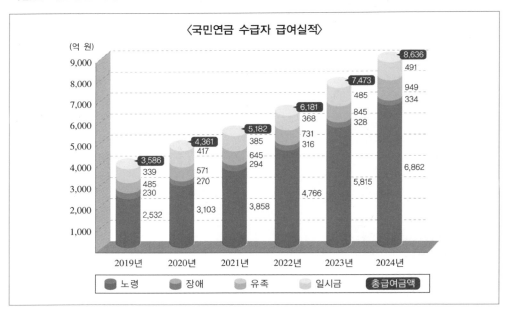

① 유족연금 지급액은 매년 가장 낮다.
② 2019 ~ 2024년까지 모든 항목의 연금 지급액은 매년 증가하고 있다.
③ 2019년 대비 지급총액이 처음으로 2배를 넘어선 해는 2021년이다.
④ 노령연금 대비 유족연금의 비율은 2019년이 2020년보다 높다.

03 Z소비자단체는 현재 판매 중인 가습기의 표시지 정보와 실제 성능을 비교하기 위해 8개의 제품을 시험하였고, 시험 결과를 다음과 같이 발표하였다. 이에 대한 설명으로 옳은 것은?

〈가습기 성능 시험 결과〉

모델	제조사	구분	가습기 성능					
			미생물 오염도	가습능력	적용 바닥면적 (아파트)	적용 바닥면적 (주택)	소비전력	소음
			CFU/m²	mL/h	m²	m²	W	dB(A)
A가습기	W사	표시지	14	262	15.5	14.3	5.2	26.0
		시험 결과	16	252	17.6	13.4	6.9	29.9
B가습기	L사	표시지	11	223	12.3	11.1	31.5	35.2
		시험 결과	12	212	14.7	11.2	33.2	36.6
C가습기	C사	표시지	19	546	34.9	26.3	10.5	31.5
		시험 결과	22	501	35.5	26.5	11.2	32.4
D가습기	W사	표시지	9	219	17.2	12.3	42.3	30.7
		시험 결과	8	236	16.5	12.5	44.5	31.0
E가습기	C사	표시지	9	276	15.8	11.6	38.5	31.8
		시험 결과	11	255	17.8	13.5	40.9	32.0
F가습기	C사	표시지	3	165	8.6	6.8	7.2	40.2
		시험 결과	5	129	8.8	6.9	7.4	40.8
G가습기	W사	표시지	4	223	14.9	11.4	41.3	31.5
		시험 결과	6	245	17.1	13.0	42.5	33.5
H가습기	L사	표시지	6	649	41.6	34.6	31.5	39.8
		시험 결과	4	637	45.2	33.7	30.6	41.6

① 표시지 정보에 따른 모든 가습기의 가습능력은 실제보다 과대 표시되었다.

② 시험 결과에 따르면 C사의 모든 가습기 소음은 W사의 모든 가습기의 소음보다 더 크다.

③ 시험 결과에 따르면 W사의 모든 가습기는 표시지 정보보다 미생물 오염도가 더 심하다.

④ L사의 모든 가습기는 표시지 정보와 시험 결과 모두 아파트 적용 바닥면적이 주택 적용 바닥면적보다 넓다.

12 | 자료변환

| 유형분석 |

- 그래프의 형태별 특징을 파악하고, 다양한 종류로 변환하여 표현할 수 있는지 평가한다.
- 수치를 일일이 확인하기보다 증감 추이를 먼저 판단한 후 그래프 모양이 크게 차이 나는 곳의 수치를 확인하는 것이 효율적이다.

다음은 2020 ~ 2024년 M기업의 매출표에 대한 자료이다. 이를 참고하여 작성한 그래프로 옳은 것은?(단, 비율은 소수점 둘째 자리에서 반올림한다)

〈M기업 매출표〉

(단위 : 억 원)

구분	2020년	2021년	2022년	2023년	2024년
매출액	1,485	1,630	1,410	1,860	2,055
매출원가	1,360	1,515	1,280	1,675	1,810
판관비	30	34	41	62	38

※ (영업이익)=(매출액)−[(매출원가)+(판관비)]
※ (영업이익률)=(영업이익)÷(매출액)×100

① 2020 ~ 2024년 영업이익

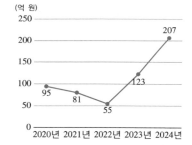

② 2020 ~ 2024년 영업이익

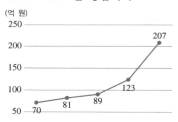

③ 2020 ~ 2024년 영업이익률

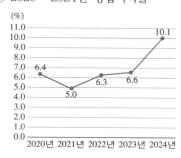

④ 2020 ~ 2024년 영업이익률

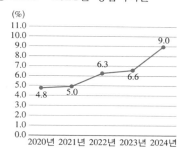

정답 ③

연도별 영업이익과 영업이익률은 각각 다음과 같다.

(단위 : 억 원)

구분	2020년	2021년	2022년	2023년	2024년
매출액	1,485	1,630	1,410	1,860	2,055
매출원가	1,360	1,515	1,280	1,675	1,810
판관비	30	34	41	62	38
영업이익	95	81	89	123	207
영업이익률	6.4%	5.0%	6.3%	6.6%	10.1%

유형풀이 Tip

도표의 종류

구분	내용
선 그래프	시간적 추이(시계열 변화)를 표시하고자 할 때 적합 예 연도별 매출액 추이 변화
막대 그래프	수량 간의 대소관계를 비교하고자 할 때 적합 예 영업소별 매출액
원 그래프	내용의 구성비를 분할하여 나타내고자 할 때 적합 예 제품별 매출액 구성비
층별 그래프	합계와 각 부분의 크기를 백분율로 나타내고 시간적 변화를 보고자 할 때 적합 예 상품별 매출액 추이
점 그래프	지역분포를 비롯한 기업 등의 평가나 위치, 성격을 표시하고자 할 때 적합 예 광고비율과 이익률의 관계
방사형 그래프	다양한 요소를 비교하고자 할 때 적합 예 매출액의 계절변동

01 다음은 강원도에서 실시하는 시·군별 출산 축하 지원금을 자녀 수에 따라 나타낸 표이다. 이 자료를 나타낸 그래프로 옳은 것은?

〈시·군별 출산 축하 지원금〉

(단위 : 만 원)

구분	첫째	둘째	셋째	넷째	다섯째
춘천	50	70	100	100	100
원주	30	50	100	100	100
강릉	10	30	50	100	100
동해	0	60	120	120	120
태백	50	100	360	360	360
속초	50	70	100	200	200
삼척	100	150	200	200	200
홍천	0	50	150	150	150
횡성	20	100	1,080	1,080	1,080
영월	30	50	100	300	300
평창	100	200	300	400	500
정선	100	100	1,200	1,200	1,200
철원	70	180	250	250	250
화천	0	0	150	150	150
양구	0	50	100	150	200
인제	50	70	100	130	160
고성	140	290	460	450	460
양양	220	340	820	1,900	1,900

① 일부 시·군별 첫째부터 셋째까지 출산 축하 지원금

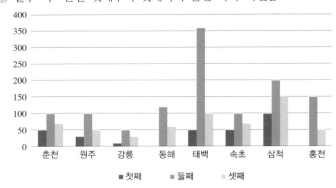

② 일부 시·군별 첫째, 셋째, 다섯째 출산 축하 지원금

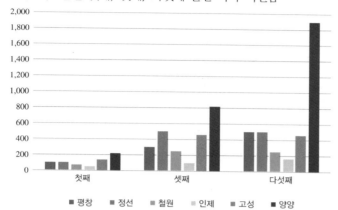

③ 일부 시·군별 첫째 출산 축하 지원금

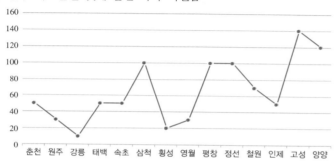

④ 일부 시·군별 첫째부터 다섯째까지 총 출산 축하 지원금

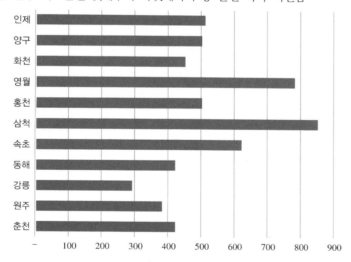

02 다음은 중국의 의료 빅데이터 시장 예상 규모에 대한 자료이다. 이를 참고하여 작성한 전년 대비 성장률 그래프로 옳은 것은?

〈2016 ~ 2025년 중국 의료 빅데이터 시장 예상 규모〉

(단위 : 억 위안)

구분	2016년	2017년	2018년	2019년	2020년	2021년	2022년	2023년	2024년	2025년
규모	9.6	15.0	28.5	45.8	88.5	145.9	211.6	285.6	371.4	482.8

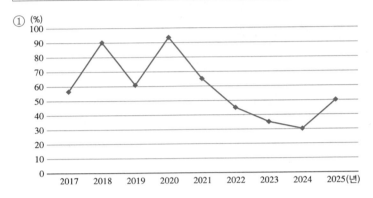

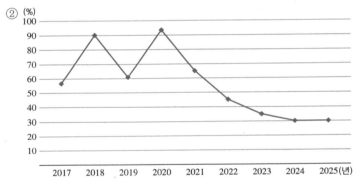

③ (%)

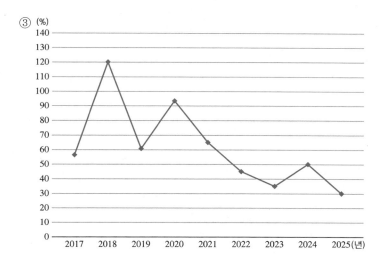

④ (%)

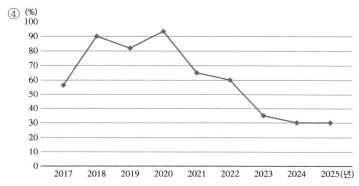

CHAPTER 03

문제해결능력

합격 Cheat Key

문제해결능력은 업무를 수행하면서 여러 가지 문제 상황이 발생하였을 때, 창의적이고 논리적인 사고를 통하여 이를 올바르게 인식하고 적절히 해결하는 능력을 말한다. 하위능력으로는 사고력과 문제처리능력이 있다.

문제해결능력은 NCS 기반 채용을 진행하는 대다수의 금융권에서 채택하고 있으며, 문항 수는 평균 24% 정도로 상당히 많이 출제되고 있다. 하지만 많은 수험생들은 더 많이 출제되는 다른 영역에 몰입하고 문제해결능력은 집중하지 않는 실수를 하고 있다. 다른 영역보다 더 많은 노력이 필요할 수는 있지만 그렇기에 차별화를 할 수 있는 득점 영역이므로 포기하지 말고 꾸준하게 노력해야 한다.

1 질문의 의도를 정확하게 파악하라!

문제해결능력은 문제에서 무엇을 묻고 있는지 정확하게 파악하여 먼저 풀이 방향을 설정하는 것이 가장 효율적인 방법이다. 특히, 조건이 주어지고 답을 찾는 창의적·분석적인 문제가 주로 출제되고 있기 때문에 처음에 정확한 풀이 방향이 설정되지 않는다면 시간만 허비하고 결국 문제도 풀지 못하게 되므로 첫 번째로 출제의도 파악에 집중해야 한다.

2 중요한 정보는 반드시 표시하라!

위에서 말한 출제의도를 정확히 파악하기 위해서는 문제의 중요한 정보는 반드시 표시나 메모를 하여 하나의 조건, 단서도 잊고 넘어가는 일이 없도록 해야 한다. 실제 시험에서는 시간의 압박과 긴장감으로 정보를 잘못 적용하거나 잊어버리는 실수가 많이 발생하므로 사전에 충분한 연습이 필요하다.
가령 명제 문제의 경우 주어진 명제와 그 명제의 대우를 본인이 한눈에 파악할 수 있도록 기호화, 도식화하여 메모하면 흐름을 이해하기가 더 수월하다. 이를 통해 자신만의 풀이 순서와 방향, 기준 또한 생길 것이다.

3 반복 풀이를 통해 취약 유형을 파악하라!

길지 않은 한정된 시간 동안 모든 문제를 다 푸는 것은 조금은 어려울 수도 있다. 따라서 고득점을 할 수 있는 효율적인 문제 풀이 방법을 찾아야 한다. 이때, 반복적인 문제 풀이를 통해 자신이 취약한 유형을 파악하는 것이 중요하다. 취약 유형 파악은 종료 시간이 임박했을 때 빛을 발할 것이다. 풀 수 있는 문제부터 빠르게 풀고 취약한 유형은 나중에 푸는 효율적인 문제 풀이를 통해 최대한의 고득점을 하는 것이 중요하다. 그러므로 본인의 취약 유형을 파악하기 위해서는 많은 문제를 풀어 봐야 한다.

4 타고나는 것이 아니므로 열심히 노력하라!

대부분의 수험생들이 문제해결능력은 공부해도 실력이 늘지 않는 영역이라고 생각한다. 하지만 그렇지 않다. 문제해결능력이야말로 노력을 통해 충분히 고득점이 가능한 영역이다. 정확한 질문 의도 파악, 취약한 유형의 반복적인 풀이, 빈출유형 파악 등의 방법으로 충분히 실력을 향상시킬 수 있다. 자신감을 갖고 공부하기 바란다.

01 │ 명제

| 유형분석 |

• 연역추론을 활용해 주어진 문장을 치환하여 성립하지 않는 내용을 찾는 문제이다.

다음 명제가 모두 참일 때, 반드시 참인 명제는?

• 재현이가 춤을 추면 서현이나 지훈이가 춤을 춘다.
• 재현이가 춤을 추지 않으면 종열이가 춤을 춘다.
• 종열이가 춤을 추지 않으면 지훈이도 춤을 추지 않는다.
• 종열이는 춤을 추지 않았다.

① 재현이만 춤을 추었다.   ② 서현이만 춤을 추었다.
③ 지훈이만 춤을 추었다.   ④ 재현이와 서현이 모두 춤을 추었다.

정답 ④

먼저 이름의 첫 글자만 이용하여 명제를 도식화한다(재 ○ → 서 or 지 ○, 재 × → 종 ○, 종 × → 지 ×, 종 ×).
세 번째, 네 번째 명제에 의해 종열이와 지훈이는 춤을 추지 않았고(종 × → 지 ×), 두 번째 명제의 대우(종 × → 재 ○)에
의해 재현이가 춤을 추었다. 마지막으로 첫 번째 명제에 따라 서현이가 춤을 추었다.
따라서 재현이와 서현이 모두 춤을 추었다.

유형풀이 Tip

• 명제 유형의 문제에서는 항상 '명제의 역은 성립하지 않지만, 대우는 항상 성립한다.'를 유념한다.
• 단어의 첫 글자나 알파벳을 이용하여 명제를 도식화한 후 명제의 대우를 활용하여 각 명제를 연결하여 답을 찾는다.
　예 채식주의자라면 고기를 먹지 않을 것이다.
　　→ (역) 고기를 먹지 않으면 채식주의자이다.
　　→ (이) 채식주의자가 아니라면 고기를 먹을 것이다.
　　→ (대우) 고기를 먹는다면 채식주의자가 아닐 것이다.

명제의 역, 이, 대우

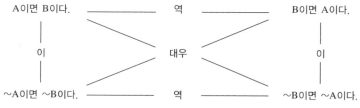

※ 다음 명제가 모두 참일 때, 빈칸에 들어갈 명제로 옳은 것을 고르시오. [1~2]

01

> 전제1. 저녁에 일찍 자면 상쾌하게 일어날 수 있다.
> 전제2. _____
> 결론. 자기 전 휴대폰을 보면 저녁에 일찍 잘 수 없다.

① 저녁에 일찍 자면 자기 전 휴대폰을 본 것이다.
② 저녁에 일찍 잘 수 없으면 상쾌하게 일어나지 않은 것이다.
③ 자기 전 휴대폰을 보면 상쾌하게 일어날 수 없다.
④ 저녁에 일찍 자면 자기 전 휴대폰을 보지 않은 것이다.

Easy

02

> 전제1. 자기관리를 잘하는 모든 사람은 업무를 잘한다.
> 전제2. 산만한 어떤 사람은 업무를 잘하지 못한다.
> 결론. _____

① 업무를 잘하는 사람은 산만하다.
② 업무를 잘하지 못하는 어떤 사람은 산만하다.
③ 산만한 어떤 사람은 자기관리를 잘하지 못한다.
④ 업무를 잘하지 못하는 모든 사람은 자기관리를 잘한다.

PART 1

※ 다음 명제가 모두 참일 때, 반드시 참인 명제를 고르시오. [3~4]

03

> - 한나는 장미를 좋아한다.
> - 노란색을 좋아하는 사람은 사과를 좋아하지 않는다.
> - 장미를 좋아하는 사람은 사과를 좋아한다.

① 사과를 좋아하지 않는 사람은 장미를 좋아한다.
② 노란색을 좋아하지 않는 사람은 사과를 좋아한다.
③ 장미를 좋아하는 사람은 노란색을 좋아한다.
④ 한나는 노란색을 좋아하지 않는다.

04

> - 인디 음악을 좋아하는 사람은 독립영화를 좋아한다.
> - 클래식을 좋아하는 사람은 재즈 밴드를 좋아한다.
> - 독립영화를 좋아하지 않는 사람은 재즈 밴드를 좋아하지 않는다.

① 인디 음악을 좋아하지 않는 사람은 재즈 밴드를 좋아한다.
② 독립영화를 좋아하는 사람은 재즈 밴드를 좋아하지 않는다.
③ 재즈 밴드를 좋아하는 사람은 인디 음악을 좋아하지 않는다.
④ 클래식을 좋아하는 사람은 독립영화를 좋아한다.

05 M금고는 2025년을 맞이하여 이웃과 함께하는 봉사 프로젝트 준비를 위해 회의를 진행하려고 한다. 다음 〈조건〉에 따라 준비했을 때 항상 옳은 진술은?

조건

- 회의장을 세팅하는 사람은 회의록을 작성하지 않는다.
- 회의에 쓰일 자료를 복사하는 사람은 자료 준비에 참여한 것이다.
- 자료 준비에 참여하는 사람은 회의장 세팅에 참여하지 않는다.
- 자료 준비를 하는 사람은 회의 중 회의록을 작성한다.

① A사원이 회의록을 작성하면 회의 자료를 준비한다.
② B사원이 회의록을 작성하지 않으면 회의 자료를 복사하지 않는다.
③ C사원이 회의에 쓰일 자료를 복사하면 회의록을 작성하지 않는다.
④ D사원이 회의장을 세팅하면 회의 자료를 복사한다.

Hard

06 다음 명제가 모두 참일 때, 반드시 참인 명제는?

- 서로 다른 음식을 판매하는 총 6대의 푸드트럭이 이 사업에 신청하였고, 이들 중 3대의 푸드트럭이 최종 선정될 예정이다.
- 치킨을 판매하는 푸드트럭이 선정되면, 핫도그를 판매하는 푸드트럭은 선정되지 않는다.
- 커피를 판매하는 푸드트럭이 선정되지 않으면, 피자를 판매하는 푸드트럭이 선정된다.
- 솜사탕을 판매하는 푸드트럭이 선정되면, 치킨을 판매하는 푸드트럭도 선정된다.
- 핫도그를 판매하는 푸드트럭이 최종 선정되었다.
- 피자를 판매하는 푸드트럭과 떡볶이를 판매하는 푸드트럭 중 하나만 선정된다.
- 솜사탕을 판매하는 푸드트럭이 선정되지 않으면, 떡볶이를 판매하는 푸드트럭이 선정된다.

① 치킨, 커피, 핫도그를 판매하는 푸드트럭이 선정될 것이다.
② 피자, 솜사탕, 핫도그를 판매하는 푸드트럭이 선정될 것이다.
③ 피자, 커피, 핫도그를 판매하는 푸드트럭이 선정될 것이다.
④ 커피, 핫도그, 떡볶이를 판매하는 푸드트럭이 선정될 것이다.

02 | 참·거짓

| 유형분석 |

- 주어진 문장을 토대로 논리적으로 추론하여 참 또는 거짓을 구분하는 문제이다.

어느 호텔 라운지에 둔 화분이 투숙자 중의 1명에 의하여 깨진 사건이 발생했다. 이 호텔에는 A ~ D 4명의 투숙자가 있었으며, 각 투숙자는 다음과 같이 세 가지 사실을 진술하였다. 4명의 투숙자 중 3명은 진실을 말하고, 1명이 거짓을 말하고 있다면 화분을 깬 사람은?

- A : 나는 깨지 않았다. B도 깨지 않았다. C가 깨뜨렸다.
- B : 나는 깨지 않았다. C도 깨지 않았다. D도 깨지 않았다.
- C : 나는 깨지 않았다. D도 깨지 않았다. A가 깨뜨렸다.
- D : 나는 깨지 않았다. B도 깨지 않았다. C도 깨지 않았다.

① A   ② B
③ C   ④ D

정답 ①

제시된 문제에서 1명이 거짓말을 한다고 하였으므로, 각각 거짓말을 할 경우를 가정해 본다.
- A가 거짓말을 한다면 A가 깨뜨린 것이 된다.
- B가 거짓말을 한다면 1명은 C가 깼다고 말하고, 2명은 깨지 않았다고 말한 것이 된다.
- C가 거짓말을 한다면 1명은 C가 깼다고 말하고, 2명은 깨지 않았다고 말한 것이 된다.
- D가 거짓말을 한다면 1명은 C가 깼다고 말하고, 1명은 깨지 않았다고 말한 것이 된다.

따라서 거짓말을 한 사람은 A이고, A가 화분을 깨뜨렸다.

유형풀이 Tip

참·거짓 유형의 90% 이상은 다음 두 가지 방법으로 풀 수 있다.
주어진 진술을 빠르게 훑으며 다음 두 가지 중 어떤 경우에 해당하는지 확인한 후 문제를 풀어나간다.
1) 2명 이상의 발언 중 한쪽이 진실이면 다른 한쪽이 거짓인 경우
  ① A가 진실이고 B가 거짓인 경우, B가 진실이고 A가 거짓인 경우 두 가지로 나눌 수 있다.
  ② 두 가지 경우에서 각 발언의 진위 여부를 판단한다.
  ③ 주어진 조건과 비교한다(범인의 숫자가 맞는지, 진실 또는 거짓을 말한 인원수가 조건과 맞는지 등).
2) 2명 이상의 발언 중 한쪽이 진실이면 다른 한쪽도 진실인 경우와 한쪽이 거짓이면 다른 한쪽도 거짓인 경우
  ① A와 B가 모두 진실인 경우, A와 B가 모두 거짓인 경우 두 가지로 나눌 수 있다.
  ② 두 가지 경우에서 각 발언의 진위 여부를 판단한다.
  ③ 주어진 조건과 비교한다(범인의 숫자가 맞는지, 진실 또는 거짓을 말한 인원수가 조건과 맞는지 등).

01 갑 ~ 병 3명이 피아노 연주, 조각, 테니스를 함께 하는데, 각기 서로 다른 하나씩을 잘한다. 그런데 조각을 잘하는 사람은 언제나 진실을 말하고, 테니스를 잘하는 사람은 항상 거짓을 말한다. 이들이 서로에 대해 다음과 같이 진술했을 때, 누가 무엇을 잘하는지 바르게 짝지은 것은?

> • 갑 : 병이 조각을 잘한다.
> • 을 : 아니다. 병은 피아노 연주를 잘한다.
> • 병 : 둘 다 틀렸다. 나는 조각도 피아노 연주도 잘하지 못한다.

① 갑 – 피아노 연주   ② 갑 – 테니스

③ 을 – 피아노 연주   ④ 을 – 테니스

02 M기업 본사의 A ~ D사원 4명은 각각 홍보팀, 총무팀, 영업팀, 기획팀 소속으로 3 ~ 6층의 서로 다른 층에서 근무하고 있다. 이들 중 1명이 거짓말을 하고 있을 때, 다음 중 바르게 추론한 것은? (단, 각 팀은 서로 다른 층에 위치한다)

> • A사원 : 저는 홍보팀과 총무팀 소속이 아니며, 3층에서 근무하고 있지 않습니다.
> • B사원 : 저는 영업팀 소속이며, 4층에서 근무하고 있습니다.
> • C사원 : 저는 홍보팀 소속이며, 5층에서 근무하고 있습니다.
> • D사원 : 저는 기획팀 소속이며, 3층에서 근무하고 있습니다.

① A사원은 홍보팀 소속이다.
② B사원은 6층에서 근무하고 있다.
③ 홍보팀은 3층에 위치한다.
④ 기획팀은 4층에 위치한다.

03 어젯밤에 탕비실 냉장고에 보관되어 있던 행사용 케이크가 없어졌다. 어제 야근을 한 갑, 을, 병, 정, 무를 조사했더니 다음과 같이 진술했다. 케이크를 먹은 범인은 2명이고, 다음 중 단 2명만이 진실을 말한다고 할 때, 범인이 될 수 있는 사람을 모두 고르면?(단, 모든 사람은 진실만 말하거나 거짓만 말한다)

- 갑 : 을이나 병 중에 1명만 케이크를 먹었어요.
- 을 : 무는 확실히 케이크를 먹었어요.
- 병 : 정과 무가 모의해서 함께 케이크를 훔쳐먹는 걸 봤어요.
- 정 : 저는 절대 범인이 아니에요.
- 무 : 사실대로 말하자면 제가 범인이에요.

① 갑, 을   ② 을, 정
③ 을, 무   ④ 갑, 정

04 다음 중 1명만 거짓말을 할 때 항상 옳은 것은?(단, 한 층에 1명만 내린다)

- A : B는 1층에서 내렸다.
- B : C는 1층에서 내렸다.
- C : D는 적어도 3층에서 내리지 않았다.
- D : A는 4층에서 내렸다.
- E : A는 4층에서 내리고 나는 5층에 내렸다.

① C는 1층에서 내렸다.
② A는 4층에서 내리지 않았다.
③ D는 3층에서 내렸다.
④ A는 D보다 높은 층에서 내렸다.

05 어느 편의점에서 도난 사건이 발생했다. CCTV 확인을 통해 그 시각 편의점에 들렀던 용의자 A ~ F 6명이 검거됐다. 이들 중 범인인 2명이 거짓말을 하고 있을 때, 거짓말을 한 사람을 모두 고르면?

> • A : F가 성급한 모습으로 편의점을 나가는 것을 봤어요.
> • B : C가 가방 속에 무언가 넣는 모습을 봤어요.
> • C : 나는 범인이 아닙니다.
> • D : B 혹은 A가 훔치는 것을 봤어요.
> • E : F가 범인인 게 확실해요. CCTV를 자꾸 신경 쓰고 있었거든요.
> • F : 얼핏 봤는데, 제가 본 도둑은 C 아니면 E예요.

① A, C
② B, C
③ B, F
④ D, E

Hard

06 일남, 이남, 삼남, 사남, 오남 5형제가 둘러앉아 마피아 게임을 하고 있다. 이 중 1명은 경찰, 1명은 마피아이고 나머지는 시민이다. 다음 5명의 진술 중 2명의 진술이 거짓일 때 옳은 것을 고르면? (단, 모든 사람은 진실 또는 거짓만 말한다)

> • 일남 : 저는 시민입니다.
> • 이남 : 저는 경찰이고, 오남이는 마피아예요.
> • 삼남 : 일남이는 마피아예요.
> • 사남 : 확실한 건 저는 경찰은 아니에요.
> • 오남 : 사남이는 시민이 아니고, 저는 경찰이 아니에요.

① 일남이가 마피아, 삼남이가 경찰이다.
② 오남이가 마피아, 이남이가 경찰이다.
③ 이남이가 마피아, 사남이가 경찰이다.
④ 사남이가 마피아, 삼남이가 경찰이다.

03 | 순서추론

| 유형분석 |

- 조건을 토대로 순서·위치 등을 추론하여 배열·배치하는 문제이다.
- 방·숙소 배정하기, 부서 찾기, 날짜 찾기, 테이블 위치 찾기 등 다양한 유형의 문제가 출제된다.

A ~ E 5명이 다음 〈조건〉과 같이 일렬로 나란히 자리에 앉는다고 할 때 바르게 추론한 것은?(단, 자리의 순서는 왼쪽을 기준으로 첫 번째 자리로 한다)

조건
- D는 A의 바로 왼쪽에 있다.
- B와 D 사이에 C가 있다.
- A는 마지막 자리가 아니다.
- A와 B 사이에 C가 있다.
- B는 E의 바로 오른쪽에 앉는다.

① D는 두 번째 자리에 앉을 수 있다.
② E는 네 번째 자리에 앉을 수 있다.
③ C는 두 번째 자리에 앉을 수 있다.
④ C는 E의 오른쪽에 앉을 수 있다.

정답 ②

첫 번째 조건에서 D는 A의 바로 왼쪽에 앉으며, 마지막 조건에서 B는 E의 바로 오른쪽에 앉으므로 'D - A', 'E - B'를 각각 한 묶음으로 생각할 수 있다. 두 번째 조건에서 C는 세 번째 자리에 앉아야 하며, 세 번째 조건에 의해 'D - A'는 각각 첫 번째, 두 번째 자리에 앉아야 한다. 이를 표로 정리하면 다음과 같다.

첫 번째 자리	두 번째 자리	세 번째 자리	네 번째 자리	다섯 번째 자리
D	A	C	E	B

오답분석
① D는 첫 번째 자리에 앉는다.
③ C는 세 번째 자리에 앉는다.
④ C는 E의 왼쪽에 앉는다.

유형풀이 Tip
- 주어진 조건을 자신만의 방법으로 도식화하여 빠르게 문제를 해결한다.
- 경우의 수가 여러 개인 조건보다 1 ~ 2개인 조건을 먼저 도식화하면, 그만큼 경우의 수가 줄어들어 문제를 빠르게 해결할 수 있다.

01 K씨는 순서도를 그리기 위해서 6가지 질문(가 ~ 바)을 준비하였다. 정해진 순서에 따라 6개의 질문을 차례로 배치해야 맞는 순서도를 그릴 수 있다고 한다. 다음 〈조건〉을 참고하여 2번째로 배치해야 하는 질문이 나일 때, 마지막으로 배치해야 할 질문은?

> **조건**
> • 나 바로 다음에는 라가 있어야 한다.
> • 바는 라와 다의 사이에 있다.
> • 다는 바와 가 보다는 뒤에 있다.
> • 마와 바 사이에는 1개의 질문이 있다.

① 가   ② 다

③ 라   ④ 마

02 M금고의 출근 시각은 오전 9시이다. J사원, K대리, H과장 3명의 시계가 고장이 나서 3명의 오늘 출근 시각이 평소와 달랐다. 다음 상황으로 미루어 볼 때, J사원, K대리, H과장의 출근 순서로 옳은 것은?

> • 각자 자신의 시계를 기준으로 H과장과 J사원은 출근 시각 5분 전에, K대리는 10분 전에 항상 사무실에 도착한다.
> • J사원의 시계는 K대리의 시계보다 15분이 느리다.
> • H과장의 시계는 J사원의 시계보다 10분 빠르다.
> • 첫 번째로 도착한 사람과 두 번째로 도착한 사람, 두 번째로 도착한 사람과 세 번째로 도착한 사람의 시간 간격은 같다.
> • 가장 빨리 도착한 사람이 회사에 도착한 시각은 9시 5분이다.

① K대리 – H과장 – J사원

② K대리 – J사원 – H과장

③ H과장 – J사원 – K대리

④ H과장 – K대리 – J사원

03 주방에 요리사인 철수와 설거지 담당인 병태가 있다. 요리에 사용되는 접시는 하나의 탑처럼 순서대로 쌓여 있다. 철수는 접시가 필요할 경우 이 접시 탑의 맨 위에 있는 접시부터 하나씩 사용한다. 병태는 자신이 설거지한 깨끗한 접시를 해당 탑의 맨 위에 하나씩 쌓는다. 철수와 병태는 (가), (나), (다), (라) 작업을 차례대로 수행하였다. 철수가 (라) 작업을 완료한 이후 접시 탑의 맨 위에 있는 접시는?

(가) 병태가 시간 순서대로 접시 4개 A ~ D를 접시 탑에 쌓는다.
(나) 철수가 접시 1개를 사용한다.
(다) 병태가 시간 순서대로 접시 E, F를 접시 탑에 쌓는다.
(라) 철수가 접시 3개를 순차적으로 사용한다.

① A접시   ② B접시
③ C접시   ④ D접시

04 초등학교 담장에 벽화를 그리기 위해 바탕색을 칠하려고 한다. 5개의 벽에 바탕색을 칠해야 하고, 벽은 일자로 나란히 나열되어 있다고 한다. 다음과 같은 〈조건〉을 지켜가며 칠한다고 했을 때, 항상 옳은 것은?(단, 칠해야 할 색은 빨간색, 주황색, 노란색, 초록색, 파란색이다)

조건
• 주황색과 초록색은 이웃해서 칠한다.
• 빨간색과 초록색은 이웃해서 칠할 수 없다.
• 파란색은 양 끝에 칠할 수 없으며, 빨간색과 이웃해서 칠할 수 없다.
• 노란색은 왼쪽에서 두 번째에 칠할 수 없다.

① 노란색을 왼쪽에서 첫 번째에 칠할 때, 주황색은 오른쪽에서 세 번째에 칠하게 된다.
② 칠할 수 있는 경우의 수 중에 한 가지는 주황 – 초록 – 파랑 – 노랑 – 빨강이다.
③ 파란색을 오른쪽에서 두 번째에 칠할 때, 주황색은 왼쪽에서 첫 번째에 칠하게 된다.
④ 주황색은 왼쪽에서 첫 번째에 칠할 수 없다.

Hard

05 장애인 인식 개선 교육을 받은 M금고 직원들은 월~금요일 중 하루를 택하여 2인 1조로 자원봉사를 가기로 하였다. 제시된 〈조건〉에 따라 자원봉사를 갈 때, 다음 중 금요일에 자원봉사를 가는 직원은?(단, 중요한 회의가 있을 경우에는 자원봉사를 갈 수 없다)

> **조건**
> • A는 월요일에만 자원봉사를 갈 수 있다.
> • B는 월요일과 수요일에 자원봉사를 갈 수 있다.
> • B는 C와 반드시 같이 가야 한다.
> • F는 G와 반드시 같이 가야 한다.
> • D는 A와 같이 갈 수 없다.
> • D와 G는 화요일에 중요한 회의가 있다.
> • E는 목요일에만 자원봉사를 갈 수 있다.
> • F와 H는 목요일에 중요한 회의가 있다.
> • I와 J는 요일에 상관없이 자원봉사를 갈 수 있다.

① A, D   ② H, I
③ B, E   ④ F, G

06 A는 서점에서 소설, 에세이, 만화, 수험서, 잡지를 구매했다. 〈조건〉이 모두 참일 때 A가 세 번째로 구매한 책으로 옳은 것은?

> **조건**
> • A는 만화와 소설보다 잡지를 먼저 구매했다.
> • A는 수험서를 가장 먼저 구매하지 않았다.
> • A는 에세이와 만화를 연달아 구매하지 않았다.
> • A는 수험서를 구매한 다음 곧바로 에세이를 구매했다.
> • A는 에세이나 소설을 마지막에 구매하지 않았다.

① 소설   ② 에세이
③ 만화   ④ 잡지

04 | 문제처리

| 유형분석 |

- 상황과 정보를 토대로 조건에 적절한 것을 찾는 문제이다.
- 자원관리능력 영역과 결합한 계산 문제가 출제될 가능성이 있다.

다음은 M금고에서 진행하고 있는 이벤트 포스터이다. M금고의 행원인 A씨가 해당 이벤트를 고객에게 추천하기 전 사전에 확인해야 할 사항으로 적절하지 않은 것은?

〈M금고 가족사랑 패키지 출시 기념 이벤트〉

- 이벤트 기간 : 2024년 9월 2일(월) ~ 30일(월)
- 세부내용

대상	응모요건	경품
가족사랑 통장·적금·대출 신규 가입고객	① 가족사랑 통장 신규 ② 가족사랑 적금 신규 ③ 가족사랑 대출 신규	가입고객 모두에게 OTP 또는 보안카드 무료 발급
가족사랑 고객	가족사랑 통장 가입 후 다음 중 1가지 이상 충족 ① 급여이체 신규 ② 가맹점 결제대금 이체 신규 ③ 신용(체크)카드 결제금액 20만 원 이상 ④ 가족사랑 대출 신규(1천만 원 이상)	• 여행상품권(200만 원, 1명) • 최신 핸드폰(3명) • 한우세트(300명) • 연극 티켓 2매(전 고객)
국민행복카드 가입고객	국민행복카드 신규+당행 결제계좌 등록 (동 카드로 임신 출산 바우처 결제 1회 이상 사용)	어쩌다 엄마(도서, 500명)

- 당첨자 발표 : 2024년 10월 중순, 홈페이지 공지 및 영업점 통보
  - 제세공과금은 M금고가 부담하며 본 이벤트는 당행의 사정으로 변경 또는 중단될 수 있습니다.
  - 당첨고객은 추첨일 현재 대상상품 유지고객에 한하며, 당첨자 명단은 추첨일 기준 금월 중 M금고 홈페이지에서 확인하실 수 있습니다.
  - 기타 자세한 내용은 인터넷 홈페이지(www.Mbank.com)를 참고하시거나 가까운 영업점, 고객센터(0000-0000)에 문의하시기 바랍니다.
  - ※ 유의사항 : 상기이벤트 당첨자 중 핸드폰 등 연락처 불능, 수령 거절 등의 고객 사유로 1개월 이상 경품 미수령 시 당첨이 취소될 수 있음

① 가족사랑 패키지 출시 기념 이벤트는 9월 한 달 동안 진행되는구나.

② 가족사랑 대출을 신규로 가입했을 경우에 OTP나 보안카드를 무료로 발급받을 수 있구나.

③ 가족사랑 통장을 신규로 가입한 후, 급여이체를 설정하면 OTP가 무료로 발급되고 연극 티켓도 받을 수 있구나.

④ 2024년 10월에 이벤트 당첨자를 발표하는데, 별도의 통보가 없으니 영업점을 방문하시라고 설명해야 겠구나.

[정답] ④

이벤트 포스터에 당첨자 명단은 홈페이지에서 확인할 수 있다고 명시되어 있다.

[오답분석]

① 이벤트 기간에서 확인할 수 있다.

② 세부내용 내 가족사랑 통장·적금·대출 신규 가입고객의 경품란에서 확인할 수 있다.

③ 세부내용 내 가족사랑 고객의 응모요건란에서 확인할 수 있다.

유형풀이 Tip

- 문제에서 묻는 것을 파악한 후, 필요한 상황과 정보를 활용하여 문제를 풀어간다.
- 전체적으로 적용되는 공통 조건과 추가로 적용되는 조건이 동시에 제시될 수 있다. 따라서 공통 조건이 무엇인지 먼저 판단한 후 경우에 따라 추가 조건을 고려하여 풀이한다.
- 추가 조건은 표 하단에 작은 글자로 제시될 수 있으며, 문제를 해결하는 데 중요한 변수가 될 수 있으므로 유의한다.

01 S통신사, L통신사, K통신사 3사는 모두 A ~ G 7개 카드사와 제휴를 통해 전월에 일정 금액 이상 카드 사용 시 통신비를 할인해 주고 있다. 통신비 할인조건과 최대 할인금액이 다음과 같을 때, 이에 대한 내용으로 옳은 것은?

〈카드사별 통신비 할인조건〉

구분	통신사	최대 할인금액	할인조건
A카드사	S통신사	20,000원	• 전월 카드 사용 100만 원 이상 시 2만 원 할인 • 전월 카드 사용 50만 원 이상 시 1만 원 할인
	L통신사	9,000원	• 전월 카드 사용 30만 원 이상 시 할인
	K통신사	8,000원	• 전월 카드 사용 30만 원 이상 시 할인
B카드사	S통신사	20,000원	• 전월 카드 사용 100만 원 이상 시 2만 원 할인 • 전월 카드 사용 50만 원 이상 시 1만 원 할인
	L통신사	9,000원	• 전월 카드 사용 30만 원 이상 시 할인
	K통신사	9,000원	• 전월 카드 사용 50만 원 이상 시 9천 원 할인 • 전월 카드 사용 30만 원 이상 시 6천 원 할인
C카드사	S통신사	22,000원	• 전월 카드 사용 100만 원 이상 시 2.2만 원 할인 • 전월 카드 사용 50만 원 이상 시 1만 원 할인 • 전월 카드 1회 사용 시 5천 원 할인
D카드사	L통신사	9,000원	• 전월 카드 사용 30만 원 이상 시 할인
	K통신사	9,000원	• 전월 카드 사용 30만 원 이상 시 할인
E카드사	K통신사	8,000원	• 전월 카드 사용 30만 원 이상 시 할인
F카드사	K통신사	15,000원	• 전월 카드 사용 50만 원 이상 시 할인
G카드사	L통신사	15,000원	• 전월 카드 사용 70만 원 이상 시 1.5만 원 할인 • 전월 카드 사용 30만 원 이상 시 1만 원 할인

① S통신사 이용 시 가장 많은 통신비를 할인받을 수 있는 제휴카드사는 A카드사이다.
② 전월에 33만 원을 사용했을 경우 L통신사에 대한 할인금액은 G카드사보다 D카드사가 더 많다.
③ 전월에 23만 원을 사용했을 경우 K통신사에 대해 통신비를 할인할 수 있는 제휴카드사는 1곳이다.
④ 전월 52만 원을 사용했을 경우 K통신사에 대한 할인금액이 가장 많은 제휴카드사는 F카드사이다.

02 A씨는 자신에게 가장 적합한 신용카드를 발급받고자 한다. 다음 4가지의 카드 중 가장 적절한 것은?

〈A씨의 생활〉

A씨는 아침에 일어나 간단하게 끼니를 챙기고 출근을 한다. 자가용을 타고 가는 길은 항상 막혀 짜증이 날 법도 하지만, A씨는 라디오 뉴스로 주요 이슈를 확인하느라 정신이 없다. 출퇴근 중에는 차에서 보내는 시간이 많아 주유비가 상당히 나온다. 그나마 기름 값이 싸진 편이지만 부담은 여전하다. 보조석에는 공과금 용지가 펼쳐져 있다. 혼자 살기 때문에 많은 요금이 나오지 않아 납부하는 것을 신경쓰지 못하고 있다. 이제 곧 겨울이 올 것을 대비하여 오늘 오후에 차량 점검을 맡기려고 예약을 해두었다. 아직 사고는 난 적이 없지만 혹시나 하는 마음에 점검을 받으려고 한다.

〈신용카드 종류〉

A카드	B카드	C카드	D카드
• 놀이공원 할인	• 포인트 두 배 적립	• 공과금 할인	• 주유비 할인
• 커피 할인	• 6개월간 무이자 할인	• 온라인 쇼핑몰 할인	• 차량 소모품 할인
• 키즈카페 할인		• 병원 / 약국 할인	• 상해보험 무료 가입

① A카드   ② B카드
③ C카드   ④ D카드

03 M금융회사에서는 직원들에게 다양한 혜택이 있는 복지카드를 제공한다. 복지카드의 혜택사항과 B사원의 일과가 다음과 같을 때, ㉠ ~ ㉤ 중에서 복지카드의 혜택을 받을 수 없는 것을 모두 고르면?

〈복지카드 혜택사항〉

구분	세부내용
교통	대중교통(지하철, 버스) 3 ~ 7% 할인
의료	병원 5% 할인(동물병원 포함, 약국 제외)
쇼핑	의류, 가구, 도서 구입 시 5% 할인
영화	영화관 최대 6천 원 할인

〈B사원의 일과〉

B는 오늘 친구와 백화점에서 만나 쇼핑을 하기로 약속을 했다. 집에서 ㉠ 지하철을 타고 약 20분이 걸려 백화점에 도착한 B는 어머니 생신 선물로 ㉡ 화장품과 옷을 산 후, 동생에게 이사 선물로 줄 ㉢ 침구류도 구매하였다. 쇼핑이 끝난 후 B는 ㉣ 버스를 타고 집에 돌아와 자신이 키우는 반려견의 예방접종을 위해 ㉤ 병원에 가서 진료를 받았다.

① ㉠, ㉣

② ㉡, ㉢

③ ㉢, ㉤

④ ㉠, ㉡, ㉢

04 다음은 M사에서 진행하는 산재보험패널 학술대회의 프로그램 시간표이다. 이를 보고 이해한 내용으로 옳지 않은 것은?

〈산재보험패널 학술대회 안내〉

시간	프로그램	
13:00 ~ 13:30	학술대회 등록	
13:30 ~ 14:00	• 학술대회 개회식 및 내·외빈 소개 • 대학원생 학술논문 경진대회 우수논문 시상	
14:00 ~ 14:20	(기조발표) 산재보험패널조사로 살펴본 산재근로자의 모습	
14:20 ~ 14:30	휴식	
14:30 ~ 16:00	주제 : 산재근로자의 노동시장 참여(1) [장소 : A중회의실] 1. 산업재해 근로자의 직장복귀 요인 분석 2. 산재 후 원직장복귀 근로자의 원직장 이탈 결정요인 분석 3. 머신 러닝 기법을 이용한 산재요양종결자의 4년 후 원직복귀 예측 요인	주제 : 산재근로자의 일과 생활 [장소 : B중회의실] 1. 산재장해인 재활서비스가 직업복귀 촉진에 미치는 효과성 분석 2. 산재근로자의 이직의사에 영향을 미치는 요인 3. 산재요양종결자의 가구 빈곤 현황 및 추이 분석
16:00 ~ 16:10	휴식	
16:10 ~ 17:40	주제 : 산재근로자의 노동시장 참여(2) [장소 : A중회의실] 1. 산재근로자의 원직복귀와 장해등급에 영향을 미치는 요인 분석 2. 산재근로자 직업복귀 시 '고용의 질'에 영향을 미치는 요인 연구 3. 산재근로자의 직장복귀 형태에 영향을 미치는 요인 분석 및 자아존중감, 자기효능감, 일자리 만족도 비교	주제 : 대학원생 학술논문 경진대회 [장소 : B중회의실] 1. 재발사건 생존 분석을 활용한 산재근로자의 직업복귀 이후 고용 유지에 미치는 영향 2. 산재 근로자의 직업 만족도에 따른 잠재계층 분류와 영향 요인 검증

① 산재근로자가 이직을 하는 이유를 알고 싶다면 B중회의실에 참석해야겠다.

② A중회의실에서 산재요양종결자의 원직복귀 예측 요인에 대한 설명을 들을 수 있겠구나.

③ 대학원생 학술논문 경진대회를 통해 재발사건 생존 분석을 어떻게 활용하는지 알 수 있겠군.

④ 산재근로자의 일과 생활을 다룬 프로그램에 참석하면 산재근로자의 장해등급은 어떻게 구분되는지 알 수 있겠어.

05 | 환경분석

| 유형분석 |

- 상황에 대한 환경분석을 통해 주요 과제 및 해결 방안을 도출하는 문제이다.
- SWOT 분석뿐 아니라 3C 분석을 활용하는 문제가 출제될 수 있으므로, 해당 분석 도구에 대한 사전 학습이 요구된다.

국내 M금융그룹의 SWOT 분석 결과가 다음과 같을 때, 다음 중 분석 결과에 대응하는 전략과 그 내용이 바르게 짝지어진 것은?

국내 M금융그룹 SWOT 분석	
S(강점)	W(약점)
• 탄탄한 국내시장 지배력 • 뛰어난 위기관리 역량 • 우수한 자산건전성 지표 • 수준 높은 금융 서비스	• 은행과 이자수익에 편중된 수익구조 • 취약한 해외 비즈니스와 글로벌 경쟁력 • 낙하산식 경영진 교체와 관치금융 우려 • 외화 자금 조달 리스크
O(기회)	T(위협)
• 해외 금융시장 진출 확대 • 기술 발달에 따른 핀테크의 등장 • IT 인프라를 활용한 새로운 수익 창출 • 계열사 간 협업을 통한 금융 서비스	• 새로운 금융 서비스의 등장 • 은행의 영향력 약화 가속화 • 글로벌 금융사와의 경쟁 심화 • 비용 합리화에 따른 고객 신뢰 저하

① SO전략 : 해외 비즈니스TF팀 신설로 상반기 해외 금융시장 진출 대비

② ST전략 : 금융 서비스를 다방면으로 확대해 글로벌 경쟁사와의 경쟁에서 우위 차지

③ WO전략 : 국내의 탄탄한 시장점유율을 기반으로 핀테크 사업 진출

④ WT전략 : 국내 금융사의 우수한 자산건전성 지표를 홍보하여 고객 신뢰 회복

수준 높은 금융 서비스를 통해 글로벌 경쟁에서 우위를 차지하는 것은 강점을 이용해 글로벌 금융사와의 경쟁 심화라는 위협을 극복하는 ST전략이다.

오답분석

① 해외 비즈니스TF팀을 신설해 해외 금융시장 진출을 확대하는 것은 글로벌 경쟁력이 낮다는 약점을 극복하고 해외 금융시장 진출 확대라는 기회를 활용하는 WO전략이다.
③ 탄탄한 국내 시장점유율이 국내 금융그룹의 핀테크 사업 진출의 기반이 되는 것은 강점을 통해 기회를 살리는 SO전략이다.
④ 우수한 자산건전성 지표를 홍보하여 고객 신뢰를 회복하는 것은 강점으로 위협을 극복하는 ST전략이다.

유형풀이 Tip

SWOT 분석

기업의 내부환경과 외부환경을 분석하여 강점(Strength), 약점(Weakness), 기회(Opportunity), 위협(Threat) 요인을 규정하고 이를 토대로 경영전략을 수립하는 기법으로, 미국의 경영컨설턴트인 알버트 험프리(Albert Humphrey)에 의해 고안되었다. SWOT 분석의 가장 큰 장점은 기업의 내·외부환경 변화를 동시에 파악할 수 있다는 것이다. 기업의 내부환경을 분석하여 강점과 약점을 찾아내며, 외부환경 분석을 통해서는 기회와 위협을 찾아낸다. SWOT 분석은 외부로부터의 기회는 최대한 살리고 위협은 회피하는 방향으로 자신의 강점은 최대한 활용하고 약점은 보완한다는 논리에 기초를 두고 있다. SWOT 분석에 의한 경영전략은 다음과 같이 정리할 수 있다.

Strength 강점 기업 내부환경에서의 강점	S	W	Weakness 약점 기업 내부환경에서의 약점
Opportunity 기회 기업 외부환경으로부터의 기회	O	T	Threat 위협 기업 외부환경으로부터의 위협

3C 분석

자사(Company)	고객(Customer)	경쟁사(Competitor)
• 자사의 핵심역량은 무엇인가? • 자사의 장단점은 무엇인가? • 자사의 다른 사업과 연계되는가?	• 주 고객군은 누구인가? • 그들은 무엇에 열광하는가? • 그들의 정보 습득/교환은 어디에서 일어나는가?	• 경쟁사는 어떤 회사가 있는가? • 경쟁사의 핵심역량은 무엇인가? • 잠재적인 경쟁사는 어디인가?

Easy

01 귀하의 회사에서 A제품을 개발하여 중국시장에 진출하고자 한다. 귀하의 상사가 3C 분석 결과를 건네며, 사업 계획에 반영하고 향후 해결해야 할 회사의 전략 과제가 무엇인지 정리하여 보고하라는 지시를 내렸다. 다음 중 회사에서 해결해야 할 전략 과제로 적절하지 않은 것은?

〈3C 분석 결과〉

Customer	Competitor	Company
• 중국시장은 매년 10% 성장 중임 • 중국시장 내 제품의 규모는 급성장 중임 • 20 ~ 30대 젊은 층이 중심 • 온라인 구매가 약 80% 이상 • 인간공학 지향	• 중국기업들의 압도적인 시장점유 • 중국기업들 간의 치열한 가격경쟁 • A/S 및 사후관리 취약 • 생산 및 유통망 노하우 보유	• 국내시장 점유율 1위 • A/S 등 고객서비스 부문 우수 • 해외 판매망 취약 • 온라인 구매시스템 미흡(보안, 편의 등) • 높은 생산원가 구조 • 높은 기술개발력

① 중국시장의 판매유통망 구축 ② 온라인 구매시스템 강화
③ 고객서비스 부문 강화 ④ 원가 절감을 통한 가격경쟁력 강화

02 M사에 근무하는 A사원은 경제자유구역사업에 대한 SWOT 분석결과 자료를 토대로, SWOT 분석에 의한 경영전략에 맞추어 다음과 같이 판단하였다. 다음 중 A사원이 판단한 SWOT 분석에 의한 경영전략의 내용으로 적절하지 않은 것을 〈보기〉에서 모두 고르면?

〈경제자유구역사업에 대한 SWOT 분석 결과〉

구분	분석 결과
강점(Strength)	- 성공적인 경제자유구역 조성 및 육성 경험 - 다양한 분야의 경제자유구역 입주희망 국내기업 확보
약점(Weakness)	- 과다하게 높은 외자금액 비율 - 외국계 기업과 국내기업 간의 구조 및 운영상 이질감
기회(Opportunity)	- 국제경제 호황으로 인하여 타국 사업지구 입주를 희망하는 해외시장부문의 지속적 증가 - 국내진출 해외기업 증가로 인한 동형화 및 협업 사례 급증
위협(Threat)	- 국내거주 외국인 근로자에 대한 사회적 포용심 부족 - 대대적 교통망 정비로 인한 기성 대도시의 흡수효과 확대

〈SWOT 분석에 의한 경영전략〉

• SO전략 : 강점을 활용해 기회를 선점하는 전략
• ST전략 : 강점을 활용하여 위협을 최소화하거나 극복하는 전략
• WO전략 : 기회를 활용하여 약점을 보완하는 전략
• WT전략 : 약점을 최소화하고 위협을 회피하는 전략

보기

ㄱ. 성공적인 경제자유구역 조성 노하우를 활용하여 타국 사업지구로의 진출을 희망하는 해외기업을 유인 및 유치하는 전략은 SO전략에 해당한다.
ㄴ. 다수의 풍부한 경제자유구역 성공 사례를 바탕으로 외국인 근로자를 국내주민과 문화적으로 동화시킴으로써 원활한 지역발전의 토대를 조성하는 전략은 ST전략에 해당한다.
ㄷ. 기존에 국내에 입주한 해외기업의 동형화 사례를 활용하여 국내기업과 외국계 기업의 운영상 이질감을 해소하여 생산성을 증대시키는 전략은 WO전략에 해당한다.
ㄹ. 경제자유구역 인근 대도시와의 연계를 활성화하여 경제자유구역 내 국내·외 기업 간의 이질감을 해소하는 전략은 WT전략에 해당한다.

① ㄱ, ㄴ
② ㄱ, ㄷ
③ ㄴ, ㄷ
④ ㄴ, ㄹ

03 무역회사에 지원하여 최종 면접을 앞둔 K씨는 성공적인 PT 면접을 위해 회사에 대한 정보를 파악하고 그에 따른 효과적인 전략을 알아보고자 한다. K씨가 분석한 SWOT 결과가 다음과 같을 때, 분석 결과에 대응하는 전략과 그 내용의 연결이 적절하지 않은 것은?

<표>

〈무역회사 SWOT 분석 결과〉

강점(Strength)	약점(Weakness)
• 우수한 역량의 인적자원 보유 • 글로벌 네트워크 보유 • 축적된 풍부한 거래 실적	• 고객 니즈 대응에 필요한 특정 분야별 전문성 미흡 • 신흥 시장 진출 증가에 따른 경영 리스크
기회(Opportunity)	위협(Threat)
• 융・복합화를 통한 정부의 일자리 창출 사업 • 해외 사업을 위한 협업 수요 확대 • 수요자 맞춤식 서비스 요구 증대	• 타사와의 경쟁 심화 • 정부의 예산 지원 감소 • 무역시장에 대한 일부 부정적 인식 존재

① SO전략 : 우수한 인적자원을 활용한 무역 융・복합 사업 추진
② WO전략 : 분야별 전문 인력 충원을 통한 고객 맞춤형 서비스 제공 확대
③ ST전략 : 글로벌 네트워크를 통한 해외 시장 진출
④ ST전략 : 풍부한 거래 실적을 바탕으로 시장에서의 경쟁력 확보

04 퇴직을 앞둔 회사원 L씨는 1년 뒤 샐러드 도시락 프랜차이즈 가게를 운영하고자 한다. 다음은 L씨가 회사 근처 샐러드 도시락 프랜차이즈 가게에 대해 SWOT 분석을 실시한 결과이다. 분석에 따른 대응 전략으로 옳은 것을 〈보기〉에서 모두 고르면?

〈샐러드 도시락 프랜차이즈 가게 SWOT 분석 결과〉

강점(Strength)	약점(Weakness)
• 다양한 연령층을 고려한 메뉴 • 월별 새로운 메뉴 제공	• 부족한 할인 혜택 • 홍보 및 마케팅 전략의 부재
기회(Opportunity)	위협(Threat)
• 건강한 식단에 대한 관심 증가 • 회사원들의 간편식 점심 수요 증가	• 경기 침체로 인한 외식 소비 위축 • 주변 음식점과의 경쟁 심화

보기

ㄱ. 다양한 연령층이 이용할 수 있도록 새로운 한식 도시락을 출시한다.
ㄴ. 계절 채소를 이용한 샐러드 런치 메뉴를 출시한다.
ㄷ. 제품의 가격 상승을 유발하는 홍보 방안보다 먼저 품질 향상 방안을 마련해야 한다.
ㄹ. 주변 회사와 제휴하여 이용 고객에 대한 할인 서비스를 제공한다.

① ㄱ, ㄴ   ② ㄱ, ㄷ
③ ㄴ, ㄷ   ④ ㄴ, ㄹ

05 다음은 중국에 진출한 프랜차이즈 커피전문점에 대해 SWOT 분석을 한 것이다. 〈보기〉의 (가), (나), (다), (라)에 들어갈 전략이 바르게 나열된 것은?

<중국 내 프랜차이즈 커피전문점 SWOT 분석>

S(Strength)	W(Weakness)
• 풍부한 원두커피의 맛 • 독특한 인테리어 • 브랜드 파워 • 높은 고객 충성도	• 중국 내 낮은 인지도 • 높은 시설비 • 비싼 임대료
O(Opportunity)	**T(Threat)**
• 중국 경제 급성장 • 서구문화에 대한 관심 • 외국인 집중 • 경쟁업체 진출 미비	• 중국의 차 문화 • 유명 상표 위조 • 커피 구매 인구의 감소

보기

(가)	(나)
• 브랜드가 가진 미국 고유문화 고수 • 독특하고 차별된 인테리어 유지 • 공격적 점포 확장	• 외국인 많은 곳에 점포 개설 • 본사 직영으로 인테리어
(다)	**(라)**
• 고품질 커피로 상위 소수고객에 집중	• 녹차 향 커피 • 개발 상표 도용 감시

	(가)	(나)	(다)	(라)
①	SO전략	ST전략	WO전략	WT전략
②	WT전략	ST전략	WO전략	SO전략
③	SO전략	WO전략	ST전략	WT전략
④	ST전략	WO전략	ST전략	WT전략

04

조직이해능력

합격 Cheat Key

조직이해능력은 업무를 원활하게 수행하기 위해 조직의 체제와 경영을 이해하고 국제적인 추세를 이해하는 능력이다. 현재 많은 금융권에서 출제 비중을 높이고 있는 영역이기 때문에 미리 대비하는 것이 중요하다. 실제 업무 능력에서 조직이해능력을 요구하기 때문에 중요도는 점점 높아질 것이다.

국가직무능력표준 홈페이지 자료에 따르면 조직이해능력의 세부 유형은 조직체제이해능력·경영이해능력·업무이해능력·국제감각으로 나눌 수 있다. 조직도를 제시하는 문제가 출제되거나 조직의 체계를 파악해 경영의 방향성을 예측하고, 업무의 우선순위를 파악하는 문제가 출제된다. 조직이해능력은 NCS 기반 채용을 진행한 금융권 중 30% 정도가 다뤘으며, 문항 수는 전체에서 평균 15% 정도로 상대적으로 적게 출제되었다.

1 문제 속에 정답이 있다!

경력이 없는 경우 조직에 대한 이해가 낮을 수밖에 없다. 그러나 문제 자체가 실무적인 내용을 담고 있어도 문제 안에는 해결의 단서가 주어진다. 부담을 갖지 않고 접근하는 것이 중요하다.

2 경영·경제학원론 정도의 수준은 갖추도록 하라!

지원한 직군마다 차이는 있을 수 있으나, 경영·경제이론을 접목시킨 문제가 꾸준히 출제되고 있다. 따라서 기본적인 경영·경제이론은 익혀 둘 필요가 있다.

3 지원하는 기업의 조직도를 파악하자!

출제되는 문제는 각 기업의 세부내용일 경우가 많기 때문에 지원하는 기업의 조직도를 파악해두어야 한다. 조직이 운영되는 방법과 전략을 이해하고, 조직을 구성하는 체제를 파악하고 간다면 조직이해능력영역에서 조직도가 나올 때 단시간에 문제를 풀 수 있을 것이다.

4 실제 업무에서도 요구되므로 이론을 익혀두자!

각 기업의 직무 특성상 일부 영역에 필기시험의 중요도가 가중되는 경우가 있어서 많은 수험생들이 해당 영역에만 집중하는 경향이 있다. 그러나 실제 업무 능력에는 NCS 직업기초능력의 10개 영역이 골고루 요구되는 경우가 많으며, 필기시험에서 조직이해능력을 출제하는 기업의 비중이 늘어나고 있기 때문에 미리 이론을 익혀 둔다면 모듈형 문제에서 고득점을 노릴 수 있다.

01 이론점검

01 조직이해능력

1. 조직이란?

(1) 조직의 개념과 조직이해의 필요성

① 조직의 의미
- ㉠ 조직 : 두 사람 이상이 공동의 목표를 달성하기 위해 의식적으로 구성되며 상호작용과 조정을 행하는 행동의 집합체
- ㉡ 조직은 목적을 가지고 있고, 구조가 있으며, 목적을 달성하기 위해 구성원들은 서로 협동적인 노력을 하고, 외부 환경과 긴밀한 관계를 이룸
- ㉢ 조직의 경제적 기능 : 재화나 서비스를 생산함
- ㉣ 조직의 사회적 기능 : 조직구성원들에게 만족감을 주고 협동을 지속시킴

② 기업이란?
- ㉠ 직장생활을 하는 대표적인 조직으로, 노동·자본·물자·기술 등을 투입해 제품·서비스를 산출하는 기관
- ㉡ 최소의 비용으로 최대의 효과를 얻음으로써 차액인 이윤을 극대화하기 위해 만들어진 조직
- ㉢ 고객에게 보다 좋은 상품과 서비스를 제공하고 잠재적 고객에게 마케팅을 하며 고객을 만족시키는 주체

③ 조직이해능력은 왜 필요한가?
- ㉠ 조직이해능력 : 직업인이 자신이 속한 조직의 경영과 체제를 이해하고, 직장생활과 관련된 국제감각을 가지는 능력
- ㉡ 조직의 구성원이 개인의 업무 성과를 높이고 조직 전체의 경영 효과를 높이려면 개개인과 긍정적인 인간관계를 갖는 것뿐만 아니라 조직의 체제와 경영 원리를 이해하는 것이 중요함

④ 조직의 유형
- ㉠ 공식성에 따른 분류 : 비공식조직으로부터 공식화가 진행되어 공식조직으로 발전되지만, 공식조직 내에서 인간관계를 지향하면서 비공식조직이 새롭게 생성되기도 함
  - 공식조직 : 조직의 구조, 기능, 규정 등이 조직화되어 있는 조직
  - 비공식조직 : 개인들의 협동과 상호작용(자발적인 인간관계)에 따라 형성된 자발적인 집단 조직
- ㉡ 영리성에 따른 분류
  - 영리조직 : 기업과 같이 이윤을 목적으로 하는 조직
  - 비영리조직 : 정부조직을 비롯해 공익을 추구하는 병원, 대학, 시민단체

ⓒ 조직 규모에 따른 분류
- 소규모조직 : 가족 소유의 상점처럼 규모가 작은 조직
- 대규모조직 : 대기업처럼 규모가 큰 조직이며, 최근에는 동시에 둘 이상의 국가에서 법인을 등록하고 경영 활동을 벌이는 다국적 기업이 증가함

(2) 조직 체제의 구성

① 조직은 하나의 체제(System)이며, 체제는 특정한 방식이나 양식으로 서로 결합된 부분들의 총체를 의미한다.
② 체제(System)의 구성
  ㉠ 인풋(Input) : 시스템에 유입되는 것
  ㉡ 업무 프로세스(Process) : 시스템의 연결망, 즉 조직의 구조를 통해서 인풋이 아웃풋으로 전환되는 과정
  ㉢ 아웃풋(Output) : 업무 프로세스를 통해 창출된 시스템의 결과물
③ 조직 체제의 구성 요소
  ㉠ 조직의 목표
  - 조직이 달성하려는 장래의 상태로, 조직이 존재하는 정당성·합법성을 제공
  - 전체 조직의 성과, 자원, 시장, 인력 개발, 혁신과 변화, 생산성에 대한 목표를 포함
  ㉡ 조직의 구조 : 조직 내의 부문 사이에 형성된 관계로, 조직의 목표 달성을 위한 조직구성원들의 상호작용을 보여줌
  - 조직의 구조는 의사결정권의 집중 정도, 명령 계통, 최고경영자의 통제, 규칙과 규제의 정도에 따라 달라짐
  - 조직의 구조는 기계적 조직과 유기적 조직으로 구분
    - 기계적 조직 : 구성원들의 업무나 권한이 분명하게 정의된 조직
    - 유기적 조직 : 의사결정권이 하부 구성원들에게 많이 위임되고 업무가 고정적이지 않은 조직
  - 조직도는 구성원들의 임무, 수행하는 과업, 일하는 장소 등을 파악하는 데 용이함
  ㉢ 업무 프로세스 : 조직에 유입된 인풋 요소들이 최종 산출물로 만들어지기까지 구성원 간의 업무 흐름이 어떻게 연결되는지를 보여주는 것
  ㉣ 조직문화 : 조직이 지속되게 되면 조직구성원들이 생활양식이나 가치를 공유하게 되는 것
  - 조직문화는 조직구성원들의 사고·행동에 영향을 주며, 일체감·정체성을 부여하고 조직이 안정적으로 유지되게 함
  - 최근 조직문화를 긍정적인 방향으로 조성하기 위한 경영층의 노력이 강조되고 있음
  ㉤ 조직의 규칙과 규정
  - 조직의 목표나 전략에 따라 수립되어 조직구성원들이 활동 범위를 제약하고 일관성을 부여함
  - 조직이 구성원들의 행동을 관리하기 위해 규칙·절차에 의존하므로 공식화 정도에 따라 조직의 구조가 결정되기도 함

(3) 조직 변화의 중요성

① 급변하는 환경에 맞춰 조직이 생존하려면 조직은 새로운 아이디어·행동을 받아들이는 조직 변화에 적극적이어야 한다.

② 조직 변화의 과정
- ㉠ 환경 변화 인지 : 환경 변화 중에 해당 조직에 영향을 미치는 변화를 인식하는 것
- ㉡ 조직 변화 방향 수립 : 조직의 세부 목표나 경영 방식을 수정하거나, 규칙·규정 등을 새로 제정하며, 특히 체계적으로 구체적인 추진 전략을 수립하고, 추진 전략별 우선순위를 마련함
- ㉢ 조직 변화 실행 : 수립된 조직 변화 방향에 따라 조직을 변화시킴
- ㉣ 변화 결과 평가 : 조직 개혁의 진행 사항과 성과를 평가

③ 조직 변화의 유형
- ㉠ 제품·서비스의 변화 : 기존 제품·서비스의 문제점을 인식하고 고객의 요구에 부응하기 위한 것으로, 고객을 늘리거나 새로운 시장을 확대하기 위한 변화
- ㉡ 전략·구조의 변화 : 조직의 목적 달성과 효율성 제고를 위해 조직 구조, 경영 방식, 각종 시스템 등을 개선함
- ㉢ 기술 변화 : 새로운 기술을 도입하는 것으로, 신기술이 발명되었을 때나 생산성을 높이기 위한 변화
- ㉣ 문화의 변화 : 구성원들의 사고방식·가치체계를 변화시키는 것으로, 조직의 목적과 일치시키기 위해 문화를 유도함

---

02   **경영이해능력**

1. 조직의 경영 원리와 방법

(1) 경영의 필요성 : 경영은 조직의 목적을 달성하기 위한 전략·관리·운영 활동을 뜻하며, 조직은 목적을 달성하기 위해 지속적인 관리와 운영이 요구된다.

(2) 조직은 다양한 유형이 있기 때문에 모든 조직에 공통적인 경영 원리를 적용하는 것은 어렵지만, 특정 조직에 적합한 특수경영 외에 일반경영은 조직의 특성에 관계없이 공통적으로 적용할 수 있는 개념이다.

(3) 경영의 구성 요소

① **경영 목적** : 조직의 목적을 어떤 과정과 방법을 택해 수행할 것인가를 구체적으로 제시해준다.

② **조직구성원** : 조직에서 일하고 있는 임직원들로, 이들이 어떠한 역량을 가지고 어떻게 직무를 수행하는지에 따라 경영 성과가 달라진다.

③ **자금** : 경영 활동에 사용할 수 있는 돈으로, 이윤 추구를 목적으로 하는 사기업에서 자금은 이를 통해 새로운 이윤을 창출하는 기초가 된다.

④ **경영 전략** : 기업 내 모든 인적·물적 자원을 경영 목적을 달성하기 위해 조직화하고, 이를 실행에 옮겨 경쟁우위를 달성하는 일련의 방침 및 활동이다.

(4) 경영의 과정

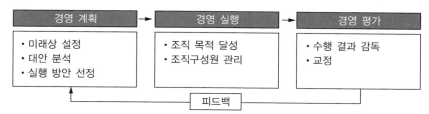

① 경영 계획 : 조직의 미래상을 결정하고 이를 달성하기 위한 대안을 분석하고 목표를 수립하며 실행 방안을 선정하는 과정이다.

② 경영 실행 : 조직 목적을 달성하기 위한 활동들과 조직구성원을 관리한다.

③ 경영 평가 : 경영 실행에 대한 평가로, 수행 결과를 감독하고 교정해 다시 피드백한다.

(5) 경영 활동의 유형

① 외부 경영 활동 : 조직 외부에서 조직의 효과성을 높이기 위해 이루어지는 활동, 즉 외적 이윤 추구 활동으로, 대표적으로 마케팅 활동이 있다.

② 내부 경영 활동 : 조직 내부에서 인적・물적 자원 및 생산 기술을 관리하는 것으로, 대표적으로 인사・재무・생산 관리 등이 있다.

(6) 경영참가 제도

① 의의 : 근로자 또는 노동조합을 경영의 파트너로 인정하는 협력적 노사관계가 중시됨에 따라 이들을 경영의사결정 과정에 참여시키는 것

② 목적 : 경영의 민주성 제고, 노사 간의 세력 균형 추구, 새로운 아이디어 제시 또는 현장에 적합한 개선방안 마련, 경영의 효율성 향상, 노사 간 상호 신뢰 증진

2. 조직의 의사결정

(1) 의사결정의 과정 : 조직에서의 의사결정 시에는 대부분 제한된 정보와 여러 견해들이 공존하게 된다. 또한 혁신적인 결정뿐만 아니라 현재의 체제 내에서 기존의 결정을 지속적으로 개선하는 방식이 자주 활용된다.

① 확인 단계 : 의사결정이 필요한 문제를 인식하고 이를 진단하는 단계

　㉠ 문제의 중요도나 긴급도에 따라서 체계적으로 이루어지기도 하며 비공식적으로 이루어지기도 함

　㉡ 문제를 신속히 해결할 필요가 있는 경우에는 진단시간을 줄이고 즉각 대응해야 함

　㉢ 일반적으로는 다양한 문제를 리스트한 후 주요 문제를 선별하거나, 문제의 증상을 리스트한 후 그러한 증상이 나타나는 근본원인을 찾아야 함

② 개발 단계 : 확인된 문제의 해결 방안을 모색하는 단계

　㉠ 탐색 : 조직 내의 기존 해결 방법 중에서 새로운 문제의 해결 방법을 찾는 과정(조직 내 관련자와의 대화나 공식적인 문서 등을 참고)

　㉡ 설계 : 이전에 없었던 새로운 문제의 경우 이에 대한 해결안을 설계(시행착오적 과정을 거치면서 적합한 해결 방법 모색)

③ **선택 단계** : 실행 가능한 해결안을 선택하는 단계
  ㉠ 선택을 위한 3가지 방법
    • 판단 : 한 사람의 의사결정권자의 판단에 의한 선택
    • 분석 : 경영과학 기법과 같은 분석에 의한 선택
    • 교섭 : 이해관계 집단의 토의와 교섭에 의한 선택
  ㉡ 해결 방안의 선택 후에 조직 내에서 공식적인 승인 절차를 거친 다음 실행

[점진적 의사결정 모형]

(2) 집단의사결정의 특징

① 집단의사결정은 한 사람보다 집단이 가지고 있는 지식·정보가 더 많으므로 효과적인 결정을 할 수 있다.
② 다양한 집단구성원이 각자 다른 시각에서 문제를 바라보므로 다양한 견해를 가지고 접근할 수 있다.
③ 집단의사결정을 할 경우 결정된 사항에 대해 의사결정에 참여한 사람들이 해결책을 수월하게 수용하고, 의사소통의 기회도 향상된다.
④ 의견이 불일치하는 경우 의사결정을 내리는 데 시간이 많이 소요되며, 특정 구성원에 의해 의사결정이 독점될 가능성이 있다.

(3) 브레인스토밍

① 여러 명이 한 가지의 문제를 놓고 아이디어를 비판 없이 제시해 그중에서 최선책을 찾아내는 방법
② 브레인스토밍의 규칙
  ㉠ 다른 사람이 아이디어를 제시할 때에는 비판하지 않는다.
  ㉡ 문제에 대한 제안은 자유롭게 이루어질 수 있다.
  ㉢ 아이디어는 많이 나올수록 좋다.
  ㉣ 모든 아이디어들이 제안되고 나면 이를 결합하고 해결책을 마련한다.
③ 브레인라이팅(Brain Writing) : 구두로 의견을 교환하는 브레인스토밍과 달리, 포스트잇 같은 메모지에 의견을 적은 다음 메모된 내용을 차례대로 공유하는 방법

3. 조직의 경영 전략

(1) 경영 전략의 개념

① 조직의 경영 전략은 조직이 환경에 적응해 목표를 달성할 수 있도록 경영 활동을 체계화해 나타내는 수단이 된다.

② 조직은 전략 목표를 설정하고 환경을 분석해 경영 전략을 도출할 수 있으며, 해당 사업에서 경쟁우위를 확보하기 위한 다양한 전략을 구사할 수 있다.

(2) 경영 전략의 추진 과정

① **전략 목표 설정** : 경영 전략을 통해 도달하고자 하는 미래의 모습인 비전을 규명하고, 미션(전략 목표)을 설정

② **환경 분석** : SWOT 분석 등의 기법으로 조직의 내부·외부 환경을 분석해 전략 대안들을 수립하고 실행·통제

[SWOT 분석 기법]

내부 환경 분석	조직이 우위를 점할 수 있는 장점 (Strength)	조직의 효과적인 성과를 방해하는 약점 (Weakness)
외부 환경 분석	조직 활동에 이점을 주는 기회 (Opportunity)	조직 활동에 불이익을 미치는 위협 (Threat)

↓

내적 요소 ＼ 외적 요소	기회(O)	위협(T)
장점(S)	SO전략 (기회의 이점을 얻기 위해 강점을 활용)	ST전략 (위협을 회피하기 위해 강점을 활용)
약점(W)	WO전략 (강점을 살리면서 기회의 이점을 살림)	WT전략 (약점을 최소화하고 위협을 회피)

③ **경영전략 도출** : 조직 전략, 사업 전략, 부문 전략 등은 위계적인 관계를 이룸(조직 전략이 가장 상위 단계)

ㄱ 조직 전략 : 조직의 사명을 정의함

ㄴ 사업 전략 : 사업 수준에서 각 사업의 경쟁적 우위를 점하기 위한 방향·방법을 다룸

ㄷ 부문 전략 : 기능부서별로 사업 전략을 구체화해 세부적인 수행 방법을 결정함

④ **경영 전략 실행** : 수립된 경영 전략을 실행해 경영 목적을 달성함

⑤ **평가 및 피드백** : 경영 전략의 결과를 평가하고, 전략 목표 및 경영 전략을 재조정함

(3) 본원적 경쟁 전략의 유형

① **원가우위 전략** : 원가를 절감해 해당 산업에서 우위를 점하는 전략으로, 대량생산을 통해 단위 원가를 낮추거나 새로운 생산 기술을 개발해야 함(온라인 소매업체)

② **차별화 전략** : 생산품·서비스를 차별화해 고객에게 가치가 있고 독특하게 인식되도록 하는 전략으로, 연구·개발·광고를 통해 기술·품질·서비스·브랜드이미지를 개선해야 함(저가전략에 맞서 고품질의 프리미엄 제품으로 차별화)

③ **집중화 전략** : 특정 시장·고객에게 한정된 전략으로, 경쟁 조직들이 소홀히 하고 있는 한정된 시장을 원가우위나 차별화 전략을 써서 집중적으로 공략함(저가 항공사)

[본원적 경쟁 전략(Michael E. Porter)]

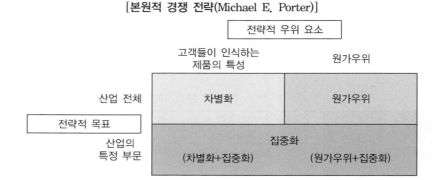

---

1. 조직 목표

(1) 조직 목표의 개념 : 조직이 달성하려는 장래의 상태로, 미래지향적이지만 현재 조직 행동의 방향을 결정하는 역할을 한다.

(2) 조직 목표의 기능과 특징

① 조직 목표의 기능

    ㉠ 공식적 목표

      • 조직의 존재 이유와 관련된 조직의 사명

      • 조직의 사명 : 조직의 비전, 가치와 신념, 조직의 존재 이유 등을 공식적인 목표로 표현한 것으로, 조직이 존재하는 정당성과 합법성을 제공

    ㉡ 실제적 목표

      • 조직의 사명을 달성하기 위한 세부 목표

      • 세부 목표(운영 목표) : 조직이 실제적인 활동을 통해 달성하고자 하는 것으로, 사명에 비해 측정 가능한 형태로 기술되는 단기적인 목표

      • 운영 목표는 조직이 나아갈 방향을 제시하고 조직구성원들이 여러 가지 행동 대안 중에서 적합한 것을 선택하고 의사결정하는 기준을 제시한다.

- 조직 목표는 조직구성원들이 공통된 조직 목표 아래서 소속감·일체감을 느끼고 행동 수행의 동기를 가지게 한다.
- 조직 목표는 조직구성원들의 수행을 평가하는 기준, 조직 체제를 구체화하는 조직 설계의 기준이 된다.

② 조직 목표의 특징
  ㉠ 조직이 추구하는 다수의 목표들은 위계적 상호관계가 있어서 서로 상하관계를 이루고 영향을 주고받는다.
  ㉡ 조직 목표들은 조직의 구조·전략·문화 등과 같은 조직 체제의 다양한 구성 요소들과 상호관계를 이룬다.
  ㉢ 조직 목표들은 가변적이어서 조직 내의 다양한 원인들에 의해 변동되거나 없어지고, 새로운 목표로 대치되기도 한다.
  ㉣ 조직 목표의 수정과 새로운 목표 형성에 영향을 미치는 요인
    - 조직 내적 요인 : 조직 리더의 결단이나 태도의 변화, 조직 내 권력 구조의 변화, 목표 형성 과정의 변화 등
    - 조직 외적 요인 : 경쟁업체의 변화, 조직 자원의 변화, 경제 정책의 변화 등

(3) 조직의 운영 목표의 분류(Richard L. Daft)
① **전체 성과** : 영리 조직은 수익성, 사회복지기관은 서비스 제공과 같은 조직의 성장 목표
② **자원** : 조직에 필요한 재료와 재무 자원을 획득하는 것
③ **시장** : 시장점유율, 시장에서의 지위 향상 등의 조직 목표
④ **인력 개발** : 조직구성원에 대한 교육·훈련, 승진, 성장 등과 관련된 목표
⑤ **혁신과 변화** : 불확실한 환경 변화에 대한 적응 가능성을 높이고 내부의 유연성을 향상시키고자 수립하는 것
⑥ **생산성** : 투입된 자원에 대비한 산출량을 높이기 위한 목표로 단위생산 비용, 조직구성원 1인당 생산량 및 투입비용 등으로 산출 가능함

[조직 목표의 분류(Richard L. Daft)]

2. 조직의 구조

(1) 조직 구조 이해의 필요성 : 직업인은 조직의 한 구성원으로 조직 내의 다른 사람들과 상호작용해야 한다. 이때, 자신이 속한 조직 구조의 특징을 모르면 자신에게 주어진 업무와 권한의 범위는 물론 자신에게 필요한 정보를 누구에게서 어떤 방식으로 구해야 할지도 알지 못하게 된다. 따라서 직업인에게는 조직의 구조를 이해할 수 있는 능력이 필수적이다.

(2) 조직 구조도의 유용성 : 조직도를 통해 자신의 위치를 파악하고 조직구성원의 임무, 수행 과업, 장소 등의 체계를 파악할 수 있다.

(3) 조직 구조의 구분 : 의사결정 권한의 집중 정도, 명령 계통, 최고경영자의 통제, 규칙과 규제의 정도에 따라 구분

① **기계적 조직** : 구성원들의 업무가 분명히 정의되고, 규칙·규제들이 많으며, 상하 간 의사소통이 공식적인 경로를 통해 이루어지고, 위계질서가 엄격하다.

② **유기적 조직** : 의사결정 권한이 조직의 하부 구성원들에게 많이 위임되어 있고, 업무가 고정되지 않고 공유 가능하며, 비공식적인 상호 의사소통이 원활히 이루어지고, 규제나 통제의 정도가 낮아 변화에 따라 쉽게 변할 수 있다.

(4) 조직 구조의 결정 요인 : 조직의 전략, 규모, 기술, 환경

① **조직 전략** : 조직의 목적을 달성하기 위해 수립한 계획으로, 조직이 자원을 배분하고 경쟁적 우위를 달성하기 위한 주요 방침이다.

② **조직 규모** : 대규모조직은 소규모조직에 비해 업무가 전문화·분화되어 있고 많은 규칙과 규정이 있다.

③ **기술** : 조직이 투입 요소를 산출물로 전환시키는 지식·기계·절차 등을 뜻하며, 소량생산 기술을 가진 조직은 유기적 조직 구조를, 대량생산 기술을 가진 조직은 기계적 조직 구조를 이룬다.

④ **환경** : 조직은 환경의 변화에 적절하게 대응해야 하므로 환경에 따라 조직의 구조가 달라진다. 안정적이고 확실한 환경에서는 기계적 조직이, 급변하는 환경에서는 유기적 조직이 적합하다.

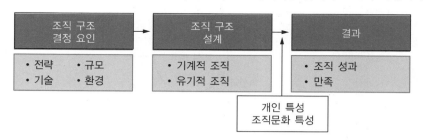

(5) 조직 구조의 형태

① **기능적 조직 구조** : 대부분의 조직은 조직의 CEO가 조직의 최상층에 있고, 조직구성원들이 단계적으로 배열되는 구조를 이룬다. 환경이 안정적이거나 일상적인 기술, 조직의 내부 효율성을 중요시하며 기업의 규모가 작을 때에는 업무의 내용이 유사하고 관련성이 있는 것들을 결합해서 기능적 조직구조 형태를 이룬다.

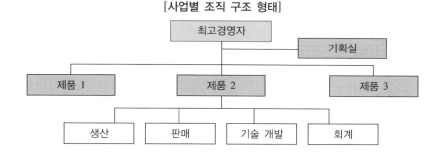

② **사업별 조직 구조** : 급변하는 환경 변화에 대응하고, 제품·지역·고객별 차이에 신속하게 적용하기 위해 분권화된 의사결정이 가능하다. 사업별 조직 구조는 개별 제품, 서비스, 제품 그룹, 주요 프로젝트·프로그램 등에 따라 조직화된다. 즉, 제품에 따라 조직이 구성되고 각 사업별 구조 아래 생산, 판매, 회계 등의 역할이 이루어진다.

3. 조직 내 집단

(1) 조직 내 집단의 개념

① 조직 내 집단은 조직구성원들이 모여 일정한 상호작용의 체제를 이룰 때에 형성된다.
② 직업인들은 자신이 속한 집단에서 소속감을 느끼며, 필요한 정보를 얻고, 인간관계를 확장한다.
③ 최근에는 자율적인 환경에서 인적 자원을 효율적으로 활용하고 내부 유연성을 강화하기 위한 조직 형태인 팀제를 많이 활용하고 있다.

(2) 집단의 유형

① **공식적인 집단** : 조직의 공식적인 목표를 추구하기 위해 조직에서 의도적으로 만든 집단으로, 목표·임무가 비교적 명확하게 규정되어 있고, 참여하는 구성원들도 인위적으로 결정되는 경우가 많다.
② **비공식적인 집단** : 조직구성원들의 요구에 따라 자발적으로 형성된 집단으로, 공식적인 업무 수행 이외에 다양한 요구들에 의해 이루어진다.

(3) 집단 간 관계

① 집단 간 경쟁의 발생 원인 : 조직 내의 한정된 자원을 더 많이 가지려 하거나 서로 상반되는 목표를 추구하기 때문
② 집단 간 경쟁의 순기능 : 집단 내부에서는 응집성이 강화되고 집단의 활동이 더욱 조직화됨
③ 집단 간 경쟁의 역기능 : 경쟁이 과열되면 조직 내에서 자원의 낭비, 업무 방해, 비능률 등의 문제를 일으킴

(4) 팀의 역할과 성공 조건

① 팀의 의미 : 구성원들이 공동의 목표를 이루기 위해 기술을 공유하고 공동으로 책임을 지는 집단으로, 공동 목표의 추구를 위해 헌신해야 한다는 의식을 공유함
② 팀은 다른 집단에 비해 구성원들의 개인적 기여를 강조하고, 개인적 책임뿐만 아니라 상호 공동 책임을 중요시하며, 자율성을 가지고 스스로 관리하는 경향이 있음
③ 팀은 생산성을 높이고 의사를 신속하게 결정하며 구성원들의 다양한 창의성 향상을 도모하기 위해 조직됨
④ 팀이 성공적으로 운영되려면 조직구성원들의 협력과 관리자층의 지지가 필요함

---

04 업무이해능력

1. 업무 특성

(1) **업무이해능력의 의미** : 직업인이 자신에게 주어진 업무의 성격과 내용을 알고 그에 필요한 지식, 기술, 행동을 확인하는 능력으로, 효과적인 업무 수행의 기초가 된다.

(2) **업무의 의미** : 업무는 상품이나 서비스를 창출하기 위한 생산적인 활동으로, 조직의 목적 달성을 위한 중요한 근거가 된다. 또한 업무는 조직의 구조를 결정한다.

(3) 업무의 종류

① 조직의 목적·규모에 따라 업무는 다양하게 구성되며, 같은 규모의 조직도 업무의 종류·범위가 다를 수 있다.
② 업무의 종류를 세분화할 것인가, 업무의 수를 줄일 것인가의 문제도 조직에 따라 다양하게 결정될 수 있다.
③ 각 조직마다 외부 상황, 특유의 조직문화와 내부 권력 구조, 성공 여건 내지 조직의 강점·약점 등이 서로 다르기 때문에 업무의 종류도 달라질 수 있다.

부서	업무 예시
총무부	주주총회 및 이사회 개최 관련 업무, 의전 및 비서 업무, 집기·비품 및 소모품의 구입과 관리, 사무실 임차 및 관리, 차량 및 통신시설의 운영, 국내외 출장 업무 협조, 복리·후생 업무, 법률 자문과 소송 관리, 사내외 홍보·광고 업무
인사부	조직 기구의 개편 및 조정, 업무분장 및 조정, 인력 수급 계획 및 관리, 직무 및 정원의 조정 종합, 노사 관리, 평가 관리, 상벌 관리, 인사 발령, 교육 체계 수립 및 관리, 임금 제도, 복리·후생 제도 및 지원 업무, 복무 관리, 퇴직 관리
기획부	경영 계획 및 전략 수립, 전사 기획 업무 종합 및 조정, 중장기 사업 계획의 종합 및 조정, 경영 정보 조사 및 기획 보고, 경영 진단 업무, 종합예산 수립 및 실적 관리, 단기 사업 계획 종합 및 조정, 사업 계획, 손익 추정, 실적 관리 및 분석
회계부	회계 제도의 유지 및 관리, 재무 상태 및 경영 실적 보고, 결산 관련 업무, 재무제표 분석 및 보고, 법인세·부가가치세·국세·지방세 업무 자문 및 지원, 보험 가입 및 보상 업무, 고정자산 관련 업무
영업부	판매 계획, 판매 예산의 편성, 시장조사, 광고 선전, 견적 및 계약, 제조지시서의 발행, 외상매출금의 청구 및 회수, 제품의 재고 조절, 거래처로부터의 불만 처리, 제품의 애프터서비스, 판매원가 및 판매가격의 조사·검토

(4) 업무의 특성

① **공통된 목적 지향** : 업무는 조직 목적의 효과적 달성을 위해 세분화된 것이므로 궁극적으로 같은 목적을 지향한다.

② **적은 재량권** : 업무는 개인이 선호하는 업무를 임의로 선택할 수 있는 재량권이 매우 적다.

③ **다른 업무와 밀접한 관련성** : 업무가 독립적으로 이루어지지만 업무 간에는 서열성이 있어서 순차적으로 이루어지기도 하며, 서로 정보를 주고받는다.

④ 조직이라는 전체로 통합되기 위해 개별 업무들은 필요한 지식·기술·도구가 다르고 이들 간 다양성도 다르다.

⑤ 어떤 업무는 일련의 주어진 절차를 거치는 반면, 어떤 업무는 재량권이 주어져 자율적·독립적으로 이루어진다.

⑥ **업무 권한** : 조직의 구성원들이 업무를 공적으로 수행할 수 있는 힘을 말하며, 자신의 결정에 다른 사람들이 따르게 할 수 있게 하는 힘이기도 하다. 구성원들은 이 업무 권한에 따라 자신이 수행한 일에 대한 책임도 부여받는다.

2. 업무 수행 계획 수립의 절차

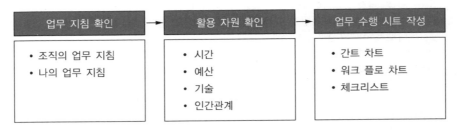

업무 지침 확인	활용 자원 확인	업무 수행 시트 작성
• 조직의 업무 지침 • 나의 업무 지침	• 시간 • 예산 • 기술 • 인간관계	• 간트 차트 • 워크 플로 차트 • 체크리스트

(1) 업무 지침 확인
① 조직의 업무 지침은 개인이 임의로 업무를 수행하지 않고 조직의 목적에 부합될 수 있도록 안내한다.
② 조직의 업무 지침을 토대로 작성하는 개인의 업무 지침은 업무 수행의 준거가 되고 시간 절약에 도움이 된다.
③ 개인의 업무 지침 작성 시에는 조직의 업무 지침, 장단기 목표, 경영 전략, 조직 구조, 규칙·규정 등을 고려한다.
④ 개인의 업무 지침은 3개월에 한 번 정도로 지속적인 개정이 필요하다.

(2) 활용 자원 확인
① 시간·예산·기술 등의 물적 자원과 조직 내부·외부에서 함께 일하는 인적 자원 등 업무 관련 자원을 확인한다.
② 자원은 무한정하지 않으므로 효과적으로 활용해야 한다.
③ 업무 수행에 필요한 지식·기술이 부족하면 이를 함양하기 위한 계획을 수립한다.

(3) 업무 수행 시트 작성
① 구체적인 업무 수행 계획을 수립한다.
② 업무 수행 시트 작성의 장점
  ㉠ 주어진 시간 내에 일을 끝낼 수 있다.
  ㉡ 세부적인 단계로 구분해 단계별로 협조를 구해야 할 사항과 처리해야 할 일을 체계적으로 알 수 있다.
  ㉢ 문제가 발생할 경우에는 발생 지점을 정확히 파악해 시간과 비용을 절약할 수 있다.
③ 업무 수행 시트의 종류
  ㉠ 간트 차트 : 단계별로 업무를 시작해서 끝내는 데 걸리는 시간을 바 형식으로 표시한다. 전체 일정을 한눈에 볼 수 있고, 단계별로 소요되는 시간과 각 업무 활동 사이의 관계를 파악할 수 있다.

[간트 차트의 예시]

업무		6월	7월	8월	9월
설계	자료 수집	▨			
	기본 설계		▨		
	타당성 조사 및 실시 설계			▨	
시공	시공			▨	
	결과 보고				▨

ⓛ 워크 플로 차트 : 일의 흐름을 동적으로 보여주는 데 효과적이다. 사용하는 도형을 다르게 표현함으로써 주된 작업과 부차적인 작업, 혼자 처리할 수 있는 일과 타인의 협조가 필요한 일, 주의해야 할 일, 컴퓨터와 같은 도구를 사용해서 할 일 등을 구분해서 표현할 수 있다. 각 활동별로 소요시간을 표기하면 더욱 효과적이다.

[워크 플로 차트]

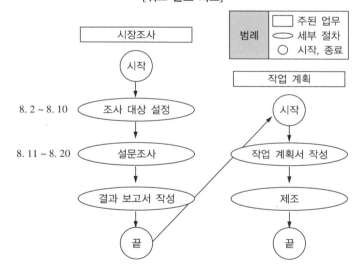

© 체크리스트 : 업무의 각 단계를 효과적으로 수행했는지 자가 점검해볼 수 있다. 시간의 흐름을 표현할 때는 한계가 있지만, 업무를 세부적인 활동들로 나누고 각 활동별로 기대되는 수행 수준을 달성했는지를 확인하는 데에는 효과적이다.

[체크리스트의 예시]

업무		체크	
		YES	NO
고객관리	고객 대장을 정비했는가?		
	3개월에 한 번씩 고객 구매 데이터를 분석했는가?		
	고객의 청구 내용 문의에 정확하게 응대했는가?		
	고객 데이터를 분석해 판매 촉진 기획에 활용했는가?		

3. 업무의 방해 요인

(1) 방문, 인터넷, 전화, 메신저

① 타인의 방문, 인터넷, 전화, 메신저 등으로 인한 업무 방해를 막기 위해 무조건적으로 타인과 대화를 단절하는 것은 비현실적이며 바람직하지 않다.

② 타인의 방문, 인터넷, 전화, 메신저 등을 효과적으로 통제하는 제1의 원칙은 시간을 정해 놓는 것이다.

(2) 갈등 관리

① 갈등은 새로운 시각에서 문제를 바라보게 하고, 다른 업무에 대한 이해를 증진시키며, 조직의 침체를 예방하기도 한다.

② 갈등을 효과적으로 관리하려면 갈등 상황을 받아들이고 이를 객관적으로 평가해야 한다.

③ 갈등을 일으키는 원인, 장기적으로 조직에 이익이 될 수 있는 해결책 등을 생각해본다.

④ 대화·협상으로 의견을 일치시키고, 양측에 도움이 되는 해결 방법을 찾는 것이 갈등 해결에서 가장 중요하다.

⑤ 일단 갈등 상황에서 벗어나는 회피 전략이 더욱 효과적일 수도 있으므로 갈등의 해결이 분열을 초래할 수 있을 때에는 충분한 해결 시간을 가지고 서서히 접근한다.

(3) 스트레스

① 적정 수준의 스트레스는 사람들을 자극해 개인의 능력을 개선하고 최적의 성과를 내게 한다.

② 시간 관리를 통해 업무 과중을 극복하고, 긍정적인 사고방식을 가지며, 운동을 하거나 전문가의 도움을 받는다.

③ 조직 차원에서는 직무 재설계, 역할 재설정 등을 하고 심리적 안정을 찾을 수 있게 사회적 관계 형성을 장려한다.

1. 국제감각의 필요성

(1) 국제감각의 의미 : 직장생활을 하는 중에 다른 나라의 문화를 이해하고 국제적인 동향을 이해하는 능력

(2) 국제감각의 중요성 : 세계는 이제 3Bs(Border, Boundary, Barrier)가 완화되고 있으며, 국제 간 자원의 이동이 자유롭고, 통신의 발달로 네트워크가 형성되었다. 이에 따라 조직에 대한 세계화의 영향력이 커지면서 국제동향을 고려해 자신의 업무 방식을 개선할 수 있는 국제감각이 필수적이다.

(3) 글로벌화의 의미 : 활동 범위가 세계로 확대되는 것으로, 경제나 산업 등의 측면에서 벗어나 문화·정치와 다른 영역까지 확대되는 개념으로 이해된다.
① 다국적·초국적 기업이 등장해 범지구적 시스템·네트워크 안에서 기업이 활동하는 국제경영이 중요해졌다.
② 글로벌화에 따른 변화
  ㉠ 세계적인 경제 통합 : 기업은 신기술을 확보해 세계적인 주도 기업으로 국경을 넘어 확장하고 있으며, 다국적 기업의 증가에 따라 국가 간 경제 통합이 강화되었다.
  ㉡ 국가 간 자유무역협정(FTA) 체결 등 무역장벽을 없애는 노력이 이어지고 있다.
③ 현대의 경제적인 변화는 정치적인 전망이나 산업에 대한 조직들의 태도 변화를 일으키고, 전 세계적으로 공기업을 민영화해 새로운 경쟁과 시장 환경이 조성되고 있다.

(4) 국제적 식견과 능력의 필요성
① 글로벌화가 이루어지면 조직은 경제적인 이익을 얻을 수 있지만, 그만큼 경쟁이 치열해지므로 국제감각을 가지고 세계화 대응 전략을 마련해야 한다.
② 조직의 시장이 세계로 확대되는 것에 맞춰 조직구성원들은 의식과 태도, 행동이 세계 수준에 이르러야 한다.
③ 국제감각은 세계를 하나의 공동체로 인식하고, 문화적 배경이 다른 사람과의 커뮤니케이션을 위해 각 국가의 문화적 특징·의식·예절 등 각국의 시장과 다양성에 적응할 수 있는 능력을 뜻한다. 또한 자신의 업무와 관련해 국제동향을 파악하고 이를 적용할 수 있는 능력을 의미한다.

PART 1

2. 국제동향의 파악

(1) 국제감각은 외국의 문화를 이해하는 것뿐만 아니라 관련 업무의 국제동향을 이해하고 이를 업무에 적용하는 능력이며, 글로벌 시대에 성공하려면 국제감각을 길러야 한다.

(2) 국제동향 파악 방법
  ① 관련 분야의 해외 사이트에서 최신 이슈를 확인한다.
  ② 매일 신문의 국제면을 읽는다.
  ③ 업무와 관련된 국제 잡지를 정기구독한다.
  ④ 고용노동부, 한국산업인력공단, 산업통상자원부, 중소벤처기업부, 대한상공회의소, 산업별 인적자원개발 위원회 등의 사이트를 방문해 국제동향을 확인한다.
  ⑤ 국제 학술대회에 참석한다.
  ⑥ 업무와 관련된 주요 용어의 외국어를 알아둔다.
  ⑦ 해외 서점 사이트를 방문해 최신 서적 목록과 주요 내용을 파악한다.
  ⑧ 외국인 친구를 사귀고 대화를 자주 나눈다.

3. 외국인과의 커뮤니케이션

(1) 문화충격(Culture Shock)
  ① **문화충격** : 한 문화권에 속한 사람이 다른 문화를 접하게 되었을 때 체험하는 충격 → 이질적으로 상대 문화를 대하게 되고 불일치, 위화감, 심리적 부적응 상태를 경험
  ② 문화충격에 대비하려면 다른 문화에 대해 개방적인 태도를 견지해야 한다. 자문화의 기준으로 다른 문화를 평가하지 말고, 자신의 정체성은 유지하되 새롭고 다른 것을 경험하는 데 즐거움을 느끼도록 적극적 자세를 취한다.

(2) 이문화(Intercultural) 커뮤니케이션
  ① **이문화 커뮤니케이션** : 서로 상이한 문화 간 커뮤니케이션, 즉 직업인이 자신의 일을 수행하는 가운데 문화적 배경을 달리하는 사람과 커뮤니케이션하는 것
  ② **이문화 커뮤니케이션의 구분**
    ㉠ 언어적 커뮤니케이션은 의사를 전달할 때 직접적으로 이용되는 것으로, 외국어 사용 능력과 직결된다.
    ㉡ 국제관계에서는 언어적 커뮤니케이션 외에 비언어적 커뮤니케이션 때문에 문제를 겪는 경우가 많다. 외국어 능력이 유창해도 문화적 배경을 잘 모르면 언어에 내포된 의미를 오해하거나 수용하지 못할 수 있다.
    ㉢ 상대국의 문화적 배경에 입각한 생활양식, 행동 규범, 가치관 등을 사전에 이해하기 위한 노력을 지속적으로 해야 한다.

4. 글로벌 시대에 적합한 국제매너

(1) **국제매너의 필요성** : 조직을 대표해 파견된 직업인들의 실수는 조직 전체의 모습으로 비춰질 수 있으며, 이러한 실수의 결과는 업무 성과에 큰 영향을 미친다. 따라서 직업인은 다른 나라의 문화에 순응하고 그들의 관습을 존중해야 한다.

(2) **인사하는 방법**

① 영미권에서 악수를 할 때는 일어서서, 상대방의 눈이나 얼굴을 보면서, 오른손으로 상대방의 오른손을 잠시 힘주어서 잡았다가 놓아야 한다.

② 미국에서는 상대방의 이름이나 호칭을 어떻게 부를지 먼저 물어보는 것이 예의이며, 인사나 이야기할 때에 너무 다가가지 않고 상대방의 개인 공간을 지켜줘야 한다.

③ 아프리카에서는 상대방과 시선을 마주보며 대화하면 실례이므로 코끝을 보면서 대화하도록 한다.

④ 러시아와 라틴아메리카에서는 친밀함의 표현으로 포옹을 하는데, 이를 이해하고 자연스럽게 받아주어야 한다.

⑤ 영미권의 업무용 명함은 악수를 한 이후 교환하며, 아랫사람이나 손님이 먼저 꺼내 오른손으로 상대방에게 주고, 받는 사람은 두손으로 받는 것이 예의이다. 받은 명함은 한번 보고나서 탁자 위에 보이게 놓은 채로 대화를 하거나, 명함지갑에 넣는다. 명함을 구기거나 계속 만지는 것은 실례이다.

(3) **시간 약속 지키기**

① 미국인은 시간 엄수를 매우 중요하게 생각하여 시간을 지키지 않는 사람과는 같이 일을 하려고 하지 않는다.

② 라틴아메리카, 동유럽, 아랍 지역에서는 약속된 시간 정각에 나오는 법이 없다. 시간 약속은 형식적일 뿐이며, 상대방이 기다려줄 것으로 생각한다. 따라서 인내심을 가지고 기다려야 한다.

(4) **식사 예절**

① 서양 요리에서 수프는 소리내면서 먹지 않으며 몸 쪽에서 바깥쪽으로 숟가락을 사용한다. 뜨거운 수프는 입으로 불지 말고 숟가락으로 저어서 식혀야 한다.

② 빵은 수프를 먹은 후부터 먹으며 디저트 직전 식사가 끝날 때까지 먹을 수 있다. 빵은 칼이나 치아로 자르지 않고 손으로 떼어 먹는다.

③ 음식 종류별로 생선 요리는 뒤집어 먹지 않고, 스테이크는 처음에 다 잘라놓지 않고 잘라가면서 먹는 것이 좋다.

01 | 경영전략

| 유형분석 |

- 경영전략에서 대표적으로 출제되는 문제는 마이클 포터(Michael Porter)의 본원적 경쟁전략이다.

다음 사례에서 나타난 마이클 포터의 본원적 경쟁전략으로 가장 적절한 것은?

> 전자제품 시장에서 경쟁회사가 가격을 낮추는 저가 전략을 사용하여 점유율을 높이려 하자, 이에 맞서 오히려 고급 기술을 적용한 고품질 프리미엄 제품을 선보이고 서비스를 강화해 시장의 점유율을 높였다.

① 차별화 전략
② 원가우위 전략
③ 집중화 전략
④ 마케팅 전략

정답 ①

마이클 포터의 본원적 경쟁전략

- 차별화 전략 : 조직이 생산품이나 서비스를 차별화하여 고객에게 가치 있고 독특하게 인식되도록 하는 전략으로, 이를 활용하기 위해서는 연구개발이나 광고를 통하여 기술, 품질, 서비스, 브랜드 이미지를 개선할 필요가 있다.
- 원가우위 전략 : 원가절감을 통해 해당 산업에서 우위를 점하는 전략으로, 이를 위해서는 대량생산을 통해 단위 원가를 낮추거나 새로운 생산기술을 개발할 필요가 있다.
- 집중화 전략 : 특정 시장이나 고객에게 한정된 전략으로, 특정 산업을 대상으로 한다. 즉, 경쟁 조직들이 소홀히 하고 있는 한정된 시장을 원가우위나 차별화 전략을 써서 집중 공략하는 방법이다.

유형풀이 Tip

- 대부분의 기업들은 마이클 포터의 본원적 경쟁전략을 사용하고 있다. 각 전략에 해당하는 대표적인 기업을 연결하고, 그들의 경영전략을 상기하며 문제를 풀어보도록 한다.
- 본원적 경쟁전략의 기본적인 이해와 구조를 물어보는 문제가 자주 출제되므로, 전략별 특징 및 개념에 대한 이론 학습이 요구된다.

01 다음 사례에서 P전자가 TV 시장에서 경쟁력을 잃게 된 주요 원인으로 가장 적절한 것은?

> 평판 TV 시장에서 PDP TV가 주력이 되리라 판단한 P전자는 세계 최대 규모의 PDP 생산설비를 건설하기 위해 3조 원 수준의 막대한 투자를 결정한다. 당시 L전자와 S전자는 LCD와 PDP 사업을 동시에 수행하면서도 성장성이 높은 LCD TV로 전략을 수정하는 상황이었지만 P전자는 익숙한 PDP 사업에 더욱 몰입한 것이다. 하지만 주요 기업들의 투자가 LCD에 집중되면서, 새로운 PDP 공장이 본격 가동될 시점에 PDP의 경쟁력은 이미 LCD에 뒤처지게 됐다.
>
> 결국 활용가치가 현저하게 떨어진 PDP 생산설비는 조기에 상각함을 고민할 정도의 골칫거리로 전락했다. P전자는 11조 원의 적자를 기록했으며, 다음 해에도 10조 원 수준의 적자가 발생되었다. 연이은 적자는 P전자의 신용등급을 투기 등급으로 급락시켰고, P전자의 CEO는 '디지털 가전에서 패배자가 되었음'을 인정하며 고개를 숙였다. TV를 포함한 가전제품 사업에서 P전자가 경쟁력을 회복하기 어려워졌음은 말할 것도 없다.

① 사업 환경의 변화 속도가 너무나 빨라졌고, 변화의 속성도 예측이 어려워져 따라가지 못했다.

② 차별성을 지닌 새로운 제품을 기획하고 개발하는 것에 대한 성공 가능성이 낮아져 주저했다.

③ 기존 사업영역에 대한 강한 애착으로 신사업이나 신제품에 대해 낮은 몰입도를 보였다.

④ 실패가 두려워 새로운 도전보다 안정적이며 실패 확률이 낮은 제품을 위주로 미래를 준비하였다.

Easy

02 다음 체크리스트의 성격을 볼 때, (A)에 추가적으로 들어갈 내용으로 가장 적절한 것은?

구분	항목	현재능력				
		매우 낮음	낮음	보통	높음	매우 높음
1	경쟁국 업체의 주요 현황을 알고 있다.	①	②	③	④	⑤
2	다른 나라의 문화적 차이를 인정하고 이에 대해 개방적인 태도를 견지하고 있다.	①	②	③	④	⑤
3	현재 세계의 정치적 이슈가 무엇인지 잘 알고 있다.	①	②	③	④	⑤
4	업무와 관련된 최근 국제이슈를 잘 알고 있다.	①	②	③	④	⑤
5	(A)	①	②	③	④	⑤

① 분기별로 고객 구매 데이터를 분석하고 있다.

② 업무와 관련된 국제적인 법규를 이해하고 있다.

③ 인사 관련 경영 자료의 내용을 파악하고 있다.

④ 자신의 연봉과 연차수당을 계산할 수 있다.

03 다음은 조직문화가 어떻게 구성되는지를 이해하는 데 도움을 줄 수 있는 맥킨지 7S 모델(McKinsey 7S Model)을 나타낸 것이다. 이를 이해한 내용으로 적절하지 않은 것은?

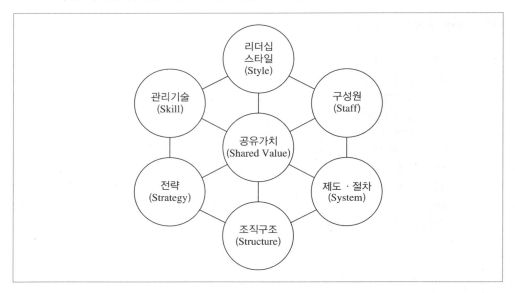

① 리더십 스타일(Style)은 관리자에 따라 민주적, 독선적, 방임적 등 다양하게 나타날 수 있다.

② 조직구조(Structure)는 구성원들이 보유하고 있는 능력, 스킬, 욕구, 태도 등을 말한다.

③ 전략(Strategy)에 따라 사업의 방향성이 달라질 수 있으며, 자원배분 과정도 결정될 수 있다.

④ 제도, 절차(System)는 성과관리, 보상제도, 경영정보시스템 등 경영 각 분야의 관리제도나 절차 등을 수반한다.

Hard

04 다음은 마이클 포터(Michael E. Porter)의 본원적 경쟁전략에 대한 설명이다. 빈칸 ㉠ ~ ㉢에 들어갈 말이 바르게 연결된 것은?

> 본원적 경쟁전략은 해당 사업에서 경쟁우위를 확보하기 위한 전략으로 ㉠ 전략, ㉡ 전략, ㉢ 전략으로 구분된다.
> ㉠ 전략은 원가절감을 통해 해당 산업에서 우위를 점하는 전략으로, 이를 위해서는 대량생산을 통해 단위 원가를 낮추거나 새로운 생산기술을 개발할 필요가 있다. 여기에는 70년대 우리나라의 섬유업체나 신발업체, 가발업체 등이 미국시장에 진출할 때 취한 전략이 해당한다.
> ㉡ 전략은 조직이 생산품이나 서비스를 ㉡ 하여 고객에게 가치가 있고 독특하게 인식되도록 하는 전략이다. ㉡ 전략을 활용하기 위해서는 연구개발이나 광고를 통하여 기술, 품질, 서비스, 브랜드이미지를 개선할 필요가 있다.
> ㉢ 전략은 특정 시장이나 고객에게 한정된 전략으로, ㉠ 나 ㉡ 전략이 산업전체를 대상으로 하는 데 비해 ㉢ 전략은 특정 산업을 대상으로 한다. 즉, ㉢ 전략에서는 경쟁조직들이 소홀히 하고 있는 한정된 시장을 ㉠ 나 ㉡ 전략을 써서 집중적으로 공략하는 방법이다.

	㉠	㉡	㉢
①	원가우위	차별화	집중화
②	원가우위	집중화	차별화
③	차별화	집중화	원가우위
④	집중화	원가우위	차별화

02 | 조직구조

| 유형분석 |

- 조직구조 유형에 대한 특징을 물어보는 문제가 자주 출제된다.
- 기계적 조직과 유기적 조직의 차이점과 사례 등을 숙지하고 있어야 한다.
- 조직구조 형태에 따라 기능적 조직, 사업별 조직으로 구분하여 출제되기도 한다.

다음 〈보기〉 중 조직구조에 대한 설명으로 적절하지 않은 것을 모두 고르면?

보기
ㄱ. 기계적 조직은 구성원들의 업무분장이 명확하게 이루어져 있는 편이다.
ㄴ. 기계적 조직은 조직 내 의사소통이 비공식적 경로를 통해 활발히 이루어진다.
ㄷ. 유기적 조직은 의사결정 권한이 조직 하부 구성원들에게 많이 위임되어 있으며, 업무내용이 명확히 규정되어 있는 것이 특징이다.
ㄹ. 유기적 조직은 기계적 조직에 비해 조직의 형태가 가변적이다.

① ㄱ, ㄴ   ② ㄱ, ㄷ
③ ㄴ, ㄷ   ④ ㄴ, ㄹ

정답 ③
ㄴ. 기계적 조직 내 의사소통은 비공식적 경로가 아닌 공식적 경로를 통해 주로 이루어진다.
ㄷ. 유기적 조직은 의사결정 권한이 조직 하부 구성원들에게 많이 위임되어 있으나, 업무내용은 기계적 조직에 비해 가변적이다.

오답분석
ㄱ. 기계적 조직은 위계질서 및 규정, 업무분장이 모두 명확하게 확립되어 있는 조직이다.
ㄹ. 유기적 조직에서는 비공식적인 상호 의사소통이 원활히 이루어지며, 규제나 통제의 정도가 낮아 변화에 따라 쉽게 변할 수 있는 특징을 가진다.

유형풀이 Tip

조직구조는 유형에 따라 기계적 조직과 유기적 조직으로 나눌 수 있다. 기계적 조직과 유기적 조직은 서로 상반된 특징을 가지고 있으며, 기계적 조직이 관료제의 특징과 비슷하다는 것을 파악하고 있다면, 이와 상반된 유기적 조직의 특징도 수월하게 파악할 수 있다.
1) 기계적 조직 : 구성원들의 업무나 권한이 분명하게 정의된 조직
2) 유기적 조직 : 의사결정권이 하부 구성원들에게 많이 위임되고 업무가 고정적이지 않은 조직

Easy

01 다음은 M회사의 조직도이다. 이와 같은 조직도 형태를 가지고 있는 기업의 조직구조 특징으로 옳지 않은 것은?

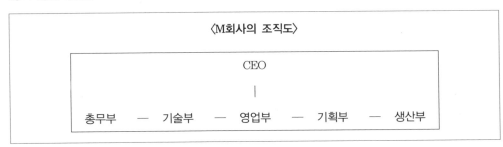

〈M회사의 조직도〉

CEO

총무부 ― 기술부 ― 영업부 ― 기획부 ― 생산부

① 환경이 안정적이다.

② 조직 내부 효율성을 중요시한다.

③ 일상적인 기술을 중요시한다.

④ 급변하는 환경변화에 효과적으로 대응한다.

다음은 M사의 직업능력개발 사업계획의 일부 내용이다. 〈보기〉를 참고하여 사업계획을 이해한 내용으로 적절하지 않은 것은?

〈직업능력개발 사업계획〉

전략 과제별 사업	2025년	
	목표	예산(백만 원)
사업주 직업능력개발훈련 참여 확대	2,102천 명	434,908
중소기업 훈련지원센터 관리	86,000명	
체계적 현장 훈련 지원	150기업	3,645
학습조직화 지원	150기업	
컨소시엄 훈련 지원	210,000명	108,256
청년취업아카데미 운영 관리	7,650명	3,262
내일이룸학교 운영 지원	240명	
직업방송 제작	2,160편	5,353

보기

```
                    ┌─────────────┐
                    │  직업능력국   │
                    └──────┬──────┘
        ┌──────────┬───────┼────────┬──────────┐
   능력개발총괄팀  사업주훈련지원팀  컨소시엄지원팀  직업방송매체팀
```

부서	분장업무
능력개발총괄팀	• 직업능력개발사업 장단기 발전계획 수립 • 직업능력개발사업 성과분석, 제도개선 및 신규사업 개발 • 직업능력의 달 기념식 및 HRD컨퍼런스 개최
사업주훈련지원팀	• 사업주 직업능력개발훈련 지원 • 청년취업아카데미 심사, 선정, 성과관리 등 운영 관리 • 내일이룸학교 운영 지원 • 중소기업 학습조직화 지원 • 기업맞춤형 현장훈련(S−OJT) 지원 • 중소기업 훈련지원센터 운영 관리
컨소시엄지원팀	• 국가 인적자원 개발컨소시엄 공동훈련센터(대중소상생형, 전략분야형) 지원 및 관리 • 국가 인적자원 개발컨소시엄 지원기관(허브사업단, 대중소상생인력양성협의회) 지원 및 관리 • 공동훈련센터(대중소상생형, 전략분야형), 지원기관 실적 및 성과평가
직업방송매체팀	한국직업방송 프로그램 기획, 편성 및 모니터링 한국직업방송 위탁방송사 선정 및 관리·운영 한국직업방송 멀티플랫폼 관리·운영

① 직업능력개발 사업계획 수립은 능력개발총괄팀이 담당한다.

② 계획된 사업 중 사업주훈련지원팀이 담당하는 사업의 수가 가장 많다.

③ 계획된 사업 중 컨소시엄지원팀과 직업방송매체팀이 담당하는 사업의 수는 같다.

④ 사업계획상 가장 적은 예산을 사용할 부서는 컨소시엄지원팀이다.

※ 다음은 M사 조직도의 일부이다. 이어지는 질문에 답하시오. [3~4]

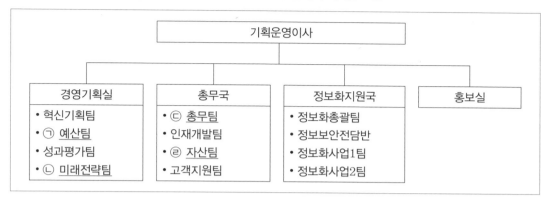

03 다음 중 M사의 각 부서와 업무 간의 연결이 적절하지 않은 것은?

① ㉠ : 수입·지출 예산 편성 및 배정 관리

② ㉡ : 공단사업 관련 연구과제 개발 및 추진

③ ㉢ : 복무관리 및 보건·복리 후생

④ ㉣ : 예산집행 조정, 통제 및 결산 총괄

04 다음 중 정보보안전담반의 업무로 적절하지 않은 것은?

① 정보보안기본지침 및 개인정보보호지침 제·개정 관리

② 전문자격 출제정보시스템 구축·운영

③ 개인정보종합관리시스템 구축·운영

④ 정보보안 및 개인정보보호 계획수립

03 | 업무이해

| 유형분석 |

- 부서별 주요 업무에 대해 묻는 문제이다.
- 부서별 특징과 담당 업무에 대한 이해가 필요하다.

다음 〈보기〉는 기업의 각 부서에서 하는 일이다. 일반적인 상황에서 부서와 그 업무를 바르게 연결한 것은?

보기

ㄱ. 의전 및 비서업무
ㄴ. 업무분장 및 조정
ㄷ. 결산 관련 업무
ㄹ. 임금제도
ㅁ. 소모품의 구입 및 관리
ㅂ. 법인세, 부가가치세
ㅅ. 판매 예산 편성
ㅇ. 보험가입 및 보상 업무
ㅈ. 견적 및 계약
ㅊ. 국내외 출장 업무 협조
ㅋ. 외상매출금 청구
ㅌ. 직원수급 계획 및 관리

① 총무부 - ㄱ, ㅁ, ㅅ
② 영업부 - ㅅ, ㅈ, ㅋ
③ 회계부 - ㄷ, ㅇ, ㅋ
④ 인사부 - ㄱ, ㄴ, ㄹ

정답 ②

영업부의 업무로는 판매 계획, 판매 예산 편성(ㅅ), 견적 및 계약(ㅈ), 외상매출금 청구(ㅋ) 및 회수, 시장조사, 판매 원가 및 판매 가격의 조사 검토 등이 있다.

오답분석
① 총무부 - ㄱ, ㅁ, ㅊ
③ 회계부 - ㄷ, ㅂ, ㅇ
④ 인사부 - ㄴ, ㄹ, ㅌ

유형풀이 Tip

- 조직은 목적을 달성하기 위해 업무를 효과적으로 분배하고 처리할 수 있는 구조를 확립하고 있으며, 조직의 목적이나 규모에 따라 업무의 종류는 다양하다.
- 대부분의 조직에서는 총무, 인사, 기획, 회계, 영업으로 부서를 나누어 업무를 담당하고 있다. 따라서 5가지 업무 종류에 대해서는 미리 숙지해야 한다.

01 M기업에서 근무하는 Y사원은 상사에게 다음과 같은 업무 지시를 받았다. Y사원이 가장 먼저 처리해야 하는 업무는?

> Y씨, 목요일에 중요한 회의가 있으니 목요일 아침 일찍 출근해서 회의 준비를 해 주시기 바랍니다. 이번 회의는 경영팀, 회계팀, 인사팀, 영업팀에서 각 2명씩 참가할 예정이며 저희 부서에서는 저와 Y씨가 참가합니다. 회의 진행은 전략팀 D대리께서 해 주신다고 합니다. 참, 제가 발표할 서류를 준비해 주셔야 합니다. 따라서 적어도 화요일까지는 서류를 보내 주시기 바랍니다. 또 회의를 마치고 출장을 갈 예정이니 관련 예약을 부탁드리며, 이와 관련한 보고는 수요일까지 해 주시기 바랍니다. 마지막으로 오늘 점심에 중요한 미팅이 있으니 오후 미팅을 1시에서 2시 반으로 변경해 주시기 바랍니다.

① 목요일 회의 자료 준비를 끝마친다.
② 발표에 필요한 자료를 찾도록 한다.
③ 오늘 오후 미팅을 1시에서 2시 반으로 변경한다.
④ 출장에 관련된 숙소 예약을 바로 한다.

`Easy`

02 직장인 G씨는 오늘 같은 부서 사람들과 함께 출장을 갈 예정이다. D대리의 대화 내용을 참고하여 자동차에 승차할 때, E부장의 자리로 가장 적절한 것은?

> D대리 : G씨, 오늘 출장 가는 거 알고 있죠? E부장님과 C대리 그리고 저랑 G씨가 출장을 갈 겁니다. 출장 전에 자동차 탑승 예절에 대해 몇 가지 알려줄게요. 우선 자동차 양쪽 문을 모두 열 수 있을 때는 차량의 두 문을 이용하되, 상위자가 먼저 탑승하고, 하차 시에는 하위자가 먼저 내려야 합니다. 자동차 자리 배치도 중요한데, 운전자가 따로 있는 경우는 최상위자가 뒷자리 가장 우측에 승차하며, 승용차 주인이 직접 운전할 경우에는 최상위자가 앞자리 우측에 승차해야 합니다. 오늘 우리는 출장에 법인차량을 이용할 예정이고 운전기사님이 따로 계시다고 하네요.

(앞)	(가)	(나)	(뒤)
	운전기사	(다)	
		(라)	

① (가)   ② (나)
③ (다)   ④ (라)

03 다음은 M사의 신제품 관련 회의가 끝난 후 작성된 회의록이다. 회의록을 이해한 내용으로 적절하지 않은 것은?

회의일시	2025. 2. 5	부서	홍보팀, 영업팀, 기획팀
참석자	홍보팀 팀장, 영업팀 팀장, 기획팀 팀장		
회의안건	신제품 홍보 및 판매 방안		
회의내용	– 경쟁 업체와 차별화된 마케팅 전략 필요 – 적극적인 홍보 및 판매 전략 필요 – 대리점 실적 파악 및 소비자 반응 파악 필요 – 홍보팀 업무 증가에 따라 팀원 보충 필요		
회의결과	– 홍보용 보도 자료 작성 및 홍보용 사은품 구매 요청 – 대리점별 신제품 판매량 조사 실시 – 마케팅 기획안 작성 및 공유 – 홍보팀 경력직 채용 공고		

① 이번 회의안건은 여러 팀의 협업이 필요한 사안이다.
② 기획팀은 마케팅 기획안을 작성하고, 이를 다른 팀과 공유해야 한다.
③ 홍보팀 팀장은 경력직 채용 공고와 관련하여 인사팀에 업무협조를 요청해야 한다.
④ 영업팀은 홍보용 보도 자료를 작성하고, 홍보용 사은품을 구매해야 한다.

04 총무부의 K부장은 주말 간 출장을 떠나며 다음 주 월요일의 부서 업무를 다음과 같이 정리하였고, 스케줄을 바탕으로 부서원에게 해당 업무를 배정할 수 있도록 G과장에게 업무 메일을 남겼다. 처리해야 할 업무가 잘못 배정된 사람은?(단, 한 명당 하나의 업무만 배정한다)

〈K부장의 E-mail 내용〉

G과장, 내가 이번 주말 동안 지방 순회 출장을 가서 다음 주 월요일 오전에 회사에 복귀할 예정이야. 현안 업무 중 다음 주 전사 행사 준비, 전사 사무비품 보충, 지난달 완료한 ○○프로젝트 보고서 초안 작성이 시급한데, 내가 출장 준비 때문에 사원들에게 일일이 업무를 부여하지 못 했네. 첨부파일로 우선 다음 주 월요일에 해야 할 업무와 부서원의 스케줄을 정리해 놨으니 확인하고 월요일 오전에는 나 대신 부서장 회의에 참석하고, 이후에 부서원들에게 업무지시를 좀 해 줘야겠어. 사무비품 주문서의 경우는 작성만 확실히 해 두면 내가 오후에 직접 결재하고 발송할 테니 오류 없도록 G과장이 다시 한 번 확인해 줘.

〈총무부 월요일 업무〉

- 부서장 회의 참석(09:00 ~ 10:00)
- 사무비품 주문서 작성 및 주문 메일 발송
  ※ 주문서 최종 결재자 : K부장, 메일은 퇴근 전에 발송할 것
- 행사 용품 오배송 건 반품
  ※ 택배 접수 마감 시간 16:00
- ○○프로젝트 보고서 초안 작성
- 행사 참여 안내문 등기 발송
  ※ 우체국 영업시간(09:00 ~ 18:00) 내 방문

〈총무부 월요일 스케줄〉

시간	K부장	G과장	J대리	L사원	O사원
09:00 ~ 10:00	출장 복귀		오전반차	사내 교육 프로그램 참여	
10:00 ~ 11:00		○○프로젝트 성과 분석 회의			
11:00 ~ 12:00					
12:00 ~ 13:00	점심시간				
13:00 ~ 14:00			오전반차		
14:00 ~ 15:00	외근		행사 진행 업체 사전미팅		
15:00 ~ 16:00					
16:00 ~ 17:00					
17:00 ~ 18:00	업무 보고			비품 정리	

① G과장 : 부서장 회의 참석
② G과장 : ○○프로젝트 보고서 초안 작성
③ J대리 : 행사 용품 오배송 건 반품
④ L사원 : 우체국 방문 및 등기 발송

대인관계능력

합격 Cheat Key

대인관계능력은 직장생활에서 접촉하는 사람들과 원만한 관계를 유지하고 조직구성원들에게 도움을 줄 수 있으며 조직 내부 및 외부의 갈등을 원만히 해결하고 고객의 요구를 충족시켜줄 수 있는 능력을 의미한다. 또한 직장생활을 포함한 일상에서 스스로를 관리하고 개발하는 능력을 말한다.

국가직무능력표준에 따르면 대인관계능력의 세부 유형은 팀워크 능력·갈등관리 능력·협상 능력·고객서비스 능력으로 나눌 수 있다. 대인관계능력은 NCS 기반 채용을 진행한 금융권 중 7% 정도가 다루었으며, 문항 수는 전체의 평균 12.5% 정도로 출제되었다.

1 일반적인 수준에서 판단하라!

일상생활에서의 대인관계를 생각하면서 문제에 접근하면 어렵지 않게 풀 수 있다. 그러나 수험생들 입장에서 직장 속 상황, 특히 역할(직위)에 따른 대인관계를 묻는 문제는 까다롭게 느껴질 수 있고 일상과는 차이가 있을 수 있기 때문에 이런 유형에 대해서는 따로 알아둘 필요가 있다.

2 이론을 먼저 익혀라!

대인관계능력 이론을 접목한 문제가 종종 출제된다. 물론 상식수준에서도 풀 수 있지만 정확하고 신속하게 해결하기 위해서는 이론을 정독한 후 자주 출제되는 부분들은 필히 암기해야 한다. 주로 리더십과 멤버십의 차이, 단계별 협상과정, 고객불만 처리 프로세스 등이 출제된다.

3 실제 업무에 대한 이해를 높여라!

출제되는 문제의 수는 많지 않으나, 고객과의 접점에 있는 서비스 직군 시험에 출제될 가능성이 높은 영역이다. 특히 상황제시형 문제들이 많이 출제되므로 실제 업무에 대한 이해를 높여야 한다.

4 애매한 유형의 빈출 문제, 선택지를 파악하라!

대인관계능력의 출제 문제들을 보면 이것도 맞고, 저것도 맞는 것 같은 선택지가 많다. 하지만 정답은 하나이다. 출제자들은 대인관계능력이란 공부를 통해 얻는 것이 아닌 본인의 독립적인 성품으로부터 자연스럽게 나오는 것이라고 생각한다. 수험생들이 선택하는 답안으로 그 수험생들을 파악한다. 그러므로 대인관계능력은 빈출 유형의 문제와 선택지를 파악하고 가는 것이 애매한 문제들의 정답률을 높이는 데 도움이 될 것이다. 내가 맞다고 생각하는 선택지가 답이 아닐 가능성이 있기 때문이다.

01 | 이론점검

01 대인관계능력

(1) 대인관계능력
① 직장생활에서 타인과 협조적인 관계를 유지하고, 조직 내부 및 외부의 갈등을 원만히 해결하며, 고객의 요구를 충족시켜줄 수 있는 능력이다.
② 인간관계를 형성할 때 무엇을 말하고 어떻게 행동하느냐보다 사람됨이 가장 중요한 요소이다.
③ 대인관계능력은 팀워크능력, 리더십능력, 갈등관리능력, 협상능력, 고객서비스능력 등으로 구분된다.

(2) 대인관계 향상 방법
① 상대방에 대한 이해와 양보
② 사소한 일에 대한 관심
③ 약속의 이행
④ 칭찬하고 감사하는 마음
⑤ 언행일치
⑥ 진지한 사과

02 팀워크능력

(1) 팀워크(Teamwork)
① 팀워크란 팀 구성원이 공동의 목적을 달성하기 위하여 서로 협력하여 업무를 수행하는 것을 말한다.
② 단순히 모이는 것만을 중요시하는 것이 아니라 공동의 목표를 세우고 힘을 모으는 것이다.
③ 팀워크의 유형은 협력·통제·자율의 3가지로 구분되는데, 조직이나 팀의 목적, 추구하는 사업 분야에 따라 서로 다른 유형의 팀워크가 필요하다.

(2) 효과적인 팀의 특성
① 명확하게 기술된 사명과 목표
② 창조적인 운영
③ 결과에 초점 맞추기
④ 역할과 책임의 명료화
⑤ 조직화

⑥ 개인의 강점 활용
⑦ 리더십 역량 공유
⑧ 팀 풍토 발전
⑨ 의견의 불일치를 건설적으로 해결
⑩ 개방적인 의사소통
⑪ 객관적인 의사결정
⑫ 팀 자체의 효과성 평가

(3) 팀의 발전과정

① **형성기(Forming)** : 팀 구축의 초기단계로서 팀원들은 팀에서 인정받기를 원하며, 다른 팀원들을 신뢰할 수 있는지 탐색한다.
② **격동기(Storming)** : 팀원 간에 과제를 수행하면서 마찰이 일어나고, 리더십이나 구조・권한・권위에 대한 문제 전반에 걸쳐서 경쟁심과 적대감이 나타난다.
③ **규범기(Norming)** : 팀원 간에 응집력이 생기고, 개인의 주장보다 공동체 형성과 팀의 문제해결에 더욱 집중한다.
④ **성취기(Performing)** : 팀원들은 사기충천하고, 팀에 대한 충성심이 높으며, 팀의 역량과 인간관계의 깊이를 확장함으로써 가장 생산적인 팀의 모습으로 비춰진다.

(4) 멤버십(Membership)

① 멤버십이란 조직의 구성원으로서의 자격과 지위를 갖는 것으로, 훌륭한 멤버십은 팔로워십의 역할을 충실하게 잘 수행하는 것이다.
② 리더십과 멤버십 두 개념은 상호보완적인 관계이다.
③ 멤버십 유형
　㉠ 소외형 : 자립적인 사람으로, 일부러 반대의견 제시
　㉡ 순응형 : 팀 플레이를 하며, 리더나 조직을 믿고 헌신함
　㉢ 실무형 : 조직의 운영방침에 민감하고, 사건을 균형잡힌 시각으로 봄
　㉣ 수동형 : 판단 및 사고를 리더에게만 의존하며, 지시가 있어야 행동함
　㉤ 주도형 : 가장 이상적인 멤버십 유형

(5) 팀워크 촉진 방법

① 동료 피드백 장려하기
② 갈등을 해결하기
③ 창의력 조성을 위해 협력하기
④ 참여적으로 의사결정하기

(6) 팀워크 개발의 3요소

① 신뢰 쌓기
② 참여하기
③ 성과 내기

(1) 리더십의 의미

리더십이란 조직의 공통된 목적을 달성하기 위하여 리더가 조직원들에게 행사하는 영향력이다.

(2) 리더와 관리자의 비교

리더(Leader)	관리자(Manager)
• 새로운 상황 창조자 • 혁신지향적 • 내일에 초점 • 사람의 마음에 불을 지핀다. • 사람을 중시 • 정신적 • 계산된 위험(Risk)을 취한다. • '무엇을 할까?'를 생각한다.	• 상황에 수동적 • 유지지향적 • 오늘에 초점 • 사람을 관리한다. • 체제나 기구를 중시 • 기계적 • 위험(Risk)을 회피한다. • '어떻게 할까?'를 생각한다.

(3) 리더십 유형

① 독재자 유형
  ㉠ 통제 없이 방만한 상태 혹은 가시적인 성과물이 안 보일 때 효과적이다.
  ㉡ 특징 : 질문 금지, 모든 정보는 내 것이라는 생각, 실수를 용납하지 않음
② 민주주의에 근접한 유형
  ㉠ 혁신적이고 탁월한 부하직원들을 거느리고 있을 때 효과적이다.
  ㉡ 특징 : 참여·토론의 장려, 거부권
③ 파트너십 유형
  ㉠ 소규모 조직에서 경험과 재능을 소유한 조직원이 있을 때 효과적이다.
  ㉡ 특징 : 평등, 집단의 비전, 책임 공유
④ 변혁적 유형
  ㉠ 조직에 획기적인 변화가 요구될 때 효과적이다.
  ㉡ 특징 : 카리스마, 자기 확신, 존경심과 충성심, 풍부한 칭찬·감화

(4) 동기부여 방법

① 긍정적 강화법 활용
② 새로운 도전의 기회 부여
③ 창의적인 문제 해결법 찾기
④ 책임감으로 철저히 무장
⑤ 몇 가지 코칭을 하기
⑥ 변화를 두려워하지 않는 것
⑦ 지속적인 교육

(5) 코칭으로 구성원들의 리더십 역량 강화

　① 코칭 활동은 직원들의 능력을 신뢰하며 확신하고 있다는 사실에 기초하며, 조직의 지속적인 성장과 성공을 만들어내는 리더의 능력이다.

　② 직원들에게 질문을 던지는 한편, 직원들의 의견을 적극적으로 경청하고, 필요한 지원을 아끼지 않아 생산성을 높이고 기술 수준을 발전시키는 것이다.

　③ 자기 향상을 도모하는 직원들에게 도움을 줌으로써 업무에 대한 만족감을 높이는 과정이라고 말할 수 있다.

(6) 임파워먼트(Empowerment)

　① 조직구성원들을 신뢰하고, 그들의 잠재력을 믿으며, 그 잠재력의 개발을 통해 고성과(High Performance) 조직이 되도록 하는 일련의 행위이다.

　② **임파워먼트의 충족 기준** : 여건의 조성, 재능과 에너지의 극대화, 명확하고 의미있는 목적에 초점

04　갈등관리능력

(1) 갈등의 의미와 원인

　① 갈등이란 조직을 구성하는 개인·집단·조직 간에 잠재적 또는 현재적으로 대립하는 심리적 상태이다.

　② 갈등은 의견 차이가 생기기 때문에 발생하는데 항상 부정적인 것만은 아니다.

　③ 갈등수준이 적절(X1)할 때는 조직 내부적으로 생동감이 넘치고, 변화지향적이며, 문제해결능력이 발휘된다.

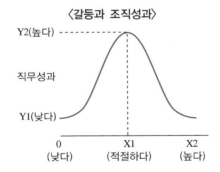

〈갈등과 조직성과〉

　④ 갈등을 증폭시키는 원인에는 적대적 행동, 입장 고수, 감정적 관여 등이 있다.

(2) 갈등의 쟁점 및 유형

① 갈등의 두 가지 쟁점

㉠ 핵심 문제 : 역할 모호성, 방법·목표·절차·책임·가치·사실에 대한 불일치

㉡ 감정적 문제 : 공존할 수 없는 개인적 스타일, 통제나 권력 확보를 위한 싸움, 자존심에 대한 위협, 질투와 분노 등

② 갈등의 유형

㉠ 불필요한 갈등 : 개개인이 저마다 문제를 다르게 인식하거나 정보가 부족한 경우, 편견 때문에 발생한 의견 불일치로 적대적 감정이 생길 때 불필요한 갈등이 일어난다.

㉡ 해결할 수 있는 갈등 : 목표와 욕망, 가치, 문제를 바라보는 시각과 이해하는 시각이 다를 경우에 일어날 수 있는 갈등이다.

(3) 갈등의 과정

의견 불일치 → 대결 국면 → 격화 국면 → 진정 국면 → 갈등의 해소

(4) 갈등의 해결방법

① 회피형(Avoiding)

㉠ 자신과 상대방에 대한 관심이 모두 낮음

㉡ 나도 지고 너도 지는 방법(I Lose – You Lose)

② 경쟁형(Competing)＝지배형(Dominating)

㉠ 자신에 대한 관심은 높고, 상대방에 대한 관심은 낮음

㉡ 나는 이기고 너는 지는 방법(I Win – You Lose)

③ 수용형(Accommodating)

㉠ 자신에 대한 관심은 낮고, 상대방에 대한 관심은 높음

㉡ 나는 지고 너는 이기는 방법(I Lose – You Win)

④ 타협형(Compromising)

㉠ 자신에 대한 관심과 상대방에 대한 관심이 중간 정도

㉡ 서로가 타협적으로 주고받는 방식(Give and Take)

⑤ 통합형(Integrating)＝협력형(Collaborating)

㉠ 자신은 물론 상대방에 대한 관심이 모두 높음

㉡ 나도 이기고 너도 이기는 방법(I Win – You Win)

(5) 윈 – 윈(Win – Win) 갈등 관리법

윈 – 윈(Win – Win) 갈등 관리법이란 갈등과 관련된 모든 사람으로부터 의견을 받아서 문제의 본질적인 해결책을 얻는 것을 의미한다.

05 협상능력

(1) 협상의 의미

협상이란 갈등상태에 있는 이해 당사자들이 대화를 통해 서로를 설득하여 문제를 해결하려는 의사결정 과정이다.

(2) 협상의 과정

① 협상과정의 5단계

협상시작	• 협상 당사자들 사이에 상호 친근감을 쌓음 • 간접적인 방법으로 협상의사를 전달 • 상대방의 협상의지를 확인 • 협상진행을 위한 체제를 짬
상호이해	• 갈등문제의 진행상황과 현재의 상황을 점검 • 적극적으로 경청하고 자기주장을 제시 • 협상을 위한 협상대상 안건을 결정
실질이해	• 겉으로 주장하는 것과 실제로 원하는 것을 구분하여 실제로 원하는 바를 찾아 냄 • 분할과 통합 기법을 활용하여 이해관계를 분석
해결대안	• 협상 안건마다 대안들을 평가 • 개발한 대안들을 평가 • 최선의 대안에 대해서 합의하고 선택 • 대안 이행을 위한 실행계획 수립
합의문서	• 합의문 작성 • 합의문 상의 합의내용, 용어 등을 재점검 • 합의문에 서명

② 협상과정의 3단계

'협상 전' 단계	• 협상을 진행하기 위한 준비단계 • 협상기획 : 협상과정(준비, 집행, 평가 등)을 계획 • 협상준비 : 목표설정, 협상 환경분석, 협상 형태파악, 협상팀 선택과 정보수집, 자기분석, 상대방분석, 협상 전략과 전술수립, 협상 대표훈련
'협상 진행' 단계	• 협상이 실제로 진행되는 단계 • 협상진행 : 상호인사, 정보교환, 설득, 양보 등 협상전략과 전술구사 • 협상종결 : 합의 및 합의문 작성과 교환
'협상 후' 단계	• 합의된 내용을 집행하는 단계 • 협의내용 비준 • 협의내용 집행 : 실행 • 분석평가 : 평가와 피드백

(3) 협상전략의 종류

① 협력전략(Cooperative Strategy) : I Win – You Win 전략
  ㉠ 협상 참여자들이 협동과 통합으로 문제를 해결하고자 하는 협력적 문제 해결 전략이다.
  ㉡ 문제를 해결하는 합의에 이르기 위해서 협상 당사자들이 서로 협력하는 것이다.
  ㉢ 전술 : 협동적 원인 탐색, 정보수집과 제공, 쟁점의 구체화, 대안 개발, 개발된 대안들에 대한 공동평가, 협동하여 최종안 선택 등

② 유화전략(Smoothing Strategy) : I Lose – You Win 전략
  ㉠ 양보전략, 순응전략, 화해전략, 수용전략, 굴복전략이다.
  ㉡ 상대방이 제시하는 것을 일방적으로 수용하여 협상의 가능성을 높이려는 전략이다.
  ㉢ 전술 : 유화, 양보, 순응, 수용, 굴복, 요구사항의 철회 등

③ 회피전략(Avoiding Strategy) : I Lose – You Lose 전략
  ㉠ 무행동전략, 협상 철수전략으로, 협상을 피하거나 잠정적으로 중단하거나 철수하는 전략이다.
  ㉡ 나도 손해보고 상대방도 피해를 입게 되어 모두가 손해를 보게 되는 전략이다.
  ㉢ 전술 : 협상을 회피·무시, 상대방의 도전에 대한 무반응, 협상안건을 타인에게 넘겨주기, 협상으로부터 철수 등

④ 강압전략(Forcing Strategy) : I Win – You Lose 전략
  ㉠ 자신이 상대방보다 힘에 있어서 우위를 점유하고 있을 때 자신의 이익을 극대화하기 위한 공격적·경쟁전략이다.
  ㉡ 인간관계를 중요하게 여기지 않고, 어떠한 수단과 방법을 동원해서라도 자신의 입장과 이익 극대화를 관철시키고자 한다.
  ㉢ 전술 : 위압적인 입장 천명, 협박과 위협, 협박적 설득, 확고한 입장에 대한 논쟁, 협박적 회유와 설득, 상대방 입장에 대한 강압적 설명 요청 등

(4) 상대방 설득방법

① See – Feel – Change 전략 : 시각화하여 상대방에게 직접 보고 느끼게 함으로써 설득에 성공하는 전략
② 상대방 이해 전략 : 상대방에 대한 이해를 바탕으로 갈등해결을 용이하게 하는 전략
③ 호혜관계 형성 전략 : 호혜관계 형성을 통해 협상을 용이하게 하는 전략
④ 헌신과 일관성 전략 : 협상 당사자 간에 기대하는 바에 일관성있게 헌신적으로 부응하여 행동함으로써 협상을 용이하게 하는 전략
⑤ 사회적 입증 전략 : 과학적인 논리보다 동료나 사람들의 행동에 의해서 상대방을 설득하는 전략
⑥ 연결 전략 : 갈등문제와 갈등관리자를 연결시키는 것이 아니라 갈등을 야기한 사람과 관리자를 연결시킴으로써 협상을 용이하게 하는 전략
⑦ 권위 전략 : 직위나 전문성, 외모 등을 활용하여 협상을 용이하게 하는 전략
⑧ 희소성 해결 전략 : 인적·물적자원 등의 희소성을 해결함으로써 협상 과정상의 갈등 해결을 용이하게 하는 전략
⑨ 반항심 극복 전략 : 억압하면 할수록 더욱 반항하게 될 가능성이 높아지므로 이를 피함으로써 협상을 용이하게 하는 전략

(1) 고객서비스의 의미

고객서비스란 다양한 고객의 요구를 파악하고 적절한 대응법을 마련함으로써 고객에게 양질의 서비스를 제공하는 것을 말한다.

(2) 고객의 불만표현 유형 및 대응 방안

불만표현 유형	대응 방안
거만형	자신의 과시욕을 드러내고 싶어 하는 고객으로, 자신의 과시욕이 채워지도록 뽐내든 말든 내버려 두며, 정중하게 대한다.
의심형	직원의 설명이나 제품의 품질에 대해 의심을 많이 하는 고객으로, 분명한 증거나 근거를 제시하여 스스로 확신을 갖도록 유도하고, 때로는 책임자가 응대하는 것도 좋다.
트집형	사소한 것에 트집을 잡는 까다로운 고객으로, 이야기를 경청하고, 맞장구치고, 추켜세우고, 설득해 가는 방법이 효과적이다.
빨리빨리형	성격이 급하고 확신있는 말이 아니면 잘 믿지 않는 고객으로, "글쎄요?", "아마…" 등의 애매한 화법을 피하고, 시원스럽게 처리하는 모습을 보이면 응대하기 쉽다.

(3) 고객불만 처리 프로세스 8단계

경청 → 감사와 공감표시 → 사과 → 해결약속 → 정보파악 → 신속처리 → 처리확인과 사과 → 피드백

(4) 고객만족 조사계획의 수행

① 조사분야 및 대상 설정

조사 분야와 대상을 명확히 설정해야만 정확한 조사가 이루어질 수 있다.

② 조사목적 설정

전체적 경향의 파악, 고객에 대한 개별대응 및 고객과의 관계유지 파악, 평가 및 개선 등의 목적이 있다.

③ 조사방법 및 횟수

설문조사와 심층면접법이 주로 활용되며, 1회 조사가 아닌 연속조사를 권장한다.

④ 조사결과 활용 계획

조사목적에 맞게 구체적인 활용 계획을 작성한다.

01 | 팀워크

| 유형분석 |

- 하나의 조직 안에서 구성원 간의 관계, 즉 '팀워크'에 대한 이해를 묻는 문제이다.
- 직장 내 상황 중에서도 주로 갈등이나 부족한 부분이 제시되고, 그 속에서 구성원으로서 어떤 결정을 해야 하는지를 묻는다.
- 상식으로도 풀 수 있지만, 개인의 가치가 개입될 가능성이 높기 때문에 객관적인 판단이 중요시된다.

다음 상황에 대하여 K부장에게 조언할 수 있는 말로 가장 적절한 것은?

> K부장은 얼마 전에 자신의 부서에 들어온 두 명의 신입사원 때문에 고민 중이다. 신입사원 A씨는 꼼꼼하고 차분하지만 대인관계가 서투르며, 신입사원 B씨는 사람들과 금방 친해지는 친화력을 가졌지만 업무에 세심하지 못한 모습을 보여주고 있다. 이러한 성격으로 인해 A씨는 현재 영업 업무를 맡아 자신에게 어려운 대인관계로 인해 스트레스를 받고 있으며, B씨는 재고 관리 업무에 대해 재고 기록을 누락시키는 등의 실수를 반복하고 있다.

① 조직 구조를 이해시켜야 한다.
② 의견의 불일치를 해결해야 한다.
③ 개인의 강점을 활용해야 한다.
④ 주관적인 결정을 내려야 한다.

정답 ③

팀 에너지를 최대로 활용하는 효과적인 팀을 위해서는 팀원들 개인의 강점을 인식하고 활용해야 한다. A씨의 강점인 꼼꼼하고 차분한 성격과 B씨의 강점인 친화력을 인식하여 A씨에게 재고 관리 업무를, B씨에게 영업 업무를 맡긴다면 팀 에너지를 향상시킬 수 있다.

오답분석

①·② 효과적인 팀을 위해서 필요하지만, K부장의 상황에 적절한 조언은 아니다.
④ 효과적인 팀의 조건으로는 문제 해결을 위해 모두가 납득할 수 있는 객관적인 결정이 필요하다.

유형풀이 Tip

- 실제 회사에서 한 번쯤 겪어볼 만한 상황이 문제로 제시된다.
- 자신이 문제 속의 입장이라고 생각하고 가장 모범적이며 이성적인 답이라고 생각되는 것을 찾아야 한다.

Easy

01 다음 중 팀워크 활성화 방안에 대한 토의에서의 발언이 적절하지 않은 사람은?

> A대리 : 서로에 대한 활발한 피드백은 팀워크 개선에 큰 도움이 될 거야.
> B주임 : 세부사항에 대한 의사결정을 할 때에도 적극적인 참여가 필요해.
> C사원 : 업무수행 과정에 있어서도 다른 구성원의 적극적인 동참이 필요해.
> D대리 : 내부에서 갈등이 발생한 경우에는 소모적인 논쟁을 피하기 위해 당사자에게 해결을 맡기
> 는 것이 좋아.

① A대리   ② B주임
③ C사원   ④ D대리

02 다음 〈보기〉에서 팀워크(Teamwork)를 저해하는 요인을 모두 고르면?

> **보기**
> ㄱ. 역할과 책임의 모호성
> ㄴ. 개인의 무뚝뚝한 성격
> ㄷ. 자기중심적 성격
> ㄹ. 사고방식의 차이에 대한 무시

① ㄱ, ㄴ   ② ㄴ, ㄷ
③ ㄱ, ㄷ, ㄹ   ④ ㄴ, ㄷ, ㄹ

03 팀을 생산적으로 만들기 위해서는 팀워크를 촉진시키는 것이 매우 중요하며, 이를 위해서는 다음과 같은 행동이 필요하다. 이를 읽고 이해한 내용으로 적절하지 않은 것은?

〈팀워크를 촉진시키기 위한 행동〉

• 동료 피드백 장려하기
• 갈등을 해결하기
• 창의력 조성을 위해 협력하기
• 참여적으로 의사결정하기
• 양질의 결정 내리기
• 구성원들의 동참 구하기

---

① 아이디어에 대해 아무런 제약을 가하지 않는 환경을 조성할 때 성공적인 팀워크를 달성할 수 있다.

② 조직 현장에서 팀원들에게 업무 재량을 위임하고, 자주적이고 주체적인 결정을 내릴 수 있도록 권한을 부여해야 한다.

③ 모든 팀원들이 결정에 동의하였는지 확인하고, 결정을 실행함에 있어 각자의 역할을 이해하고 있는지 확인해야 한다.

④ 팀원 사이의 갈등을 발견할 경우 제3자로서 개입하기보다는 둘이 스스로 원만하게 풀기를 기다린다.

Hard

04 다음 글을 읽고 이해한 내용으로 가장 적절한 것은?

> 사람들이 일을 하는 이유는 무엇일까. 어제도 했으니 오늘도 한다는 별다른 목적 없이 타성으로 매일 출근할 수도 있다. 그리고 보상을 얻거나 처벌을 피하기 위한 경제적 압박감 때문에 일을 할 수도 있고, 다른 사람들이 어떻게 생각할까 걱정하는 정서적 압박감으로 일을 할 수도 있다. 이와 같은 타성, 경제적 압박감, 정서적 압박감 세 가지 일의 이유는 경직된 조직을 만들 가능성이 높다. 그리고 일 그 자체에 집중하기보다 보상·처벌·두려움 등 일의 외부적인 요인에 더 주의를 기울이게 된다. 이로 인해 일의 성과는 떨어지며, 나아가 만약 성과를 만들기 위해 편법을 사용하게 된다면 조직에 치명상을 입힐 수도 있다.
>
> 반면 일 그 자체를 좋아하는 '즐거움'이 일을 하는 이유가 될 때도 있다. 그리고 자신이 하는 일의 결과가 가치가 있다고 생각하는 '의미감'이나 지금 하는 일이 미래에 자신이 원하는 것을 이룰 수 있다는 '성장감'이 일하는 이유가 되기도 한다.
>
> 이런 즐거움·의미·성장 세 가지 일의 이유는 변화에 유연하고 민첩하게 반응할 가능성이 높다. 왜냐하면 호기심을 갖고 끊임없이 새로운 시도를 하거나, 변화하는 세상에 가치를 주고자 노력하며 스스로 성장할 수 있는 방법을 찾을 가능성이 높기 때문이다. 또한 스스로 알아서 일하기 때문에 성과를 지속적으로 실현할 가능성도 높아진다.
>
> 이처럼 타성, 정서적 압박감, 경제적 압박감보다는 즐거움·의미·성장을 일의 이유로 삼는다면 변화와 위기의 상황에서 유연하고 민첩하게 반응하는 조직을 만들 수 있다. 그리고 높은 성과를 지속적으로 실현할 가능성도 높아진다.

① 팀원들에게 스스로 중요한 존재임을 깨닫게 하여 존경심과 충성심을 불어넣는 것이 중요하다.

② 이루고자 하는 성과와 목표의 실현은 동기부여의 직접적인 결과라고 해도 지나치지 않다.

③ 집단의 모든 구성원들로 하여금 의사결정 및 팀의 방향을 설정하는 데 참여하도록 노력해야 한다.

④ 팀원들로 하여금 한 사람도 소외됨이 없이 모두 동등하다는 것을 확신시켜, 모든 방면에 종사하도록 해야 한다.

02 | 리더십

| 유형분석 |

- 하나의 조직 안에서 팀을 맡아 이끌어나가는 사람들의 능력, 즉 '리더십'에 대한 이해를 묻는 문제이다.
- 직장 내 주로 팀원들이 불평을 제기하거나 팀 자체의 불만이 속출하는 상황을 제시하고, 지도자로서 어떤 결정을 해야 하는지를 묻는다.
- 팀원으로서의 입장과 리더로서의 입장이 다르기 때문에 그 둘의 차이를 잘 구분하고 문제를 푸는 것이 중요하다.

다음 상황에서 B팀장이 부하직원 A씨에게 할 수 있는 효과적인 코칭 방법으로 가장 적절한 것은?

> F사 관리팀에 근무하는 B팀장은 최근 부하직원 A씨 때문에 고민 중이다. B팀장이 보기에 A씨의 업무 방법은 업무의 성과를 내기에 부적절해 보이지만, 자존감이 강하고 자기결정권을 중시하는 A씨는 자기 자신이 스스로 잘하고 있다고 생각하며 B팀장의 조언이나 충고에 대해 반발심을 표현하고 있다.

① 징계를 통해 B팀장의 조언을 듣도록 유도한다.
② 대화를 통해 스스로 자신의 잘못을 인식하도록 유도한다.
③ A씨에 대한 칭찬을 통해 업무 성과를 극대화시킨다.
④ A씨를 더 강하게 질책하여 업무 방법을 개선시키도록 한다.

정답 ②

대화를 통해 부하직원인 A씨의 업무 방법이 잘못되었음을 인식시켜서 이를 해결할 방법을 스스로 생각하도록 해야 한다. 이후 B팀장이 조언하며 A씨를 독려한다면, B팀장은 A씨의 자존감과 자기결정권을 침해하지 않으면서도 A씨 스스로 책임감을 느끼고 문제를 해결할 가능성이 높아지게 할 수 있다.

오답분석

① 징계를 통해 억지로 조언을 듣도록 하는 것은 자존감과 자기결정권을 중시하는 A씨에게 적절하지 않다.
③ 칭찬은 A씨로 하여금 자신의 잘못을 인식하지 못하도록 할 수 있어 적절하지 않다.
④ 자존감과 자기결정권을 중시하는 A씨에게 강한 질책은 효과적이지 못하다.

유형풀이 Tip

- 팀에서 한 번쯤 일어날 만한 갈등 상황이 문제로 제시된다.
- 주어진 상황을 팀원들이 아닌 리더의 입장에서 어떻게 해결할지를 중점적으로 보아야 한다.

Easy

01 다음 〈보기〉 중 김팀장의 리더십 유형에 대한 설명으로 옳은 것을 모두 고른 것은?

> 김팀장은 직급의 위계보다 팀원들 간의 평등을 중시한다. 또한 조직 구성원 전체의 비전 공유를 강조하며, 책임 역시도 공유할 것을 강조한다.

보기

ㄱ. 소규모 조직에 적합한 리더십 유형이다.
ㄴ. 풍부한 경험을 소유한 구성원에게 적합하다.
ㄷ. 팀원의 실수를 용납하지 않는다.
ㄹ. 구성원 간의 토론에서 각 팀원의 거부권을 보장한다.

① ㄱ, ㄴ   ② ㄱ, ㄷ
③ ㄴ, ㄷ   ④ ㄴ, ㄹ

02 다음 글을 읽고 이팀장의 리더십 유형에 대한 설명으로 적절하지 않은 것을 〈보기〉에서 모두 고르면?

> 이팀장은 부서 내에서 역대 팀장 중 가장 카리스마 있는 팀장으로 꼽힌다. 이팀장은 자신의 결정에 확신이 있으며, 어느 부서에 배치되든 부하 직원들로부터 존경을 받는다.

보기

ㄱ. 구성원들에게 칭찬을 아끼지 않는다.
ㄴ. 조직 전체에 효과적인 변화를 유발할 수 있다.
ㄷ. 기계적 관료제에 적합하다.
ㄹ. 혁신적이고 탁월한 능력의 구성원들에게 효과적이다.

① ㄱ, ㄴ   ② ㄱ, ㄷ
③ ㄴ, ㄹ   ④ ㄷ, ㄹ

03 다음 〈보기〉에서 조직의 원활한 목표 달성을 위해 임파워먼트를 수행한 사례로 적절하지 않은 것을 모두 고르면?

> **보기**
> ㄱ. 김팀장은 이주임에게 기안문서 양식 검토 업무를 지시하였다.
> ㄴ. 정팀장은 박차장에게 차기 추진사업에 대한 업무를 실무진과 논의하여 결정하도록 지시하였다.
> ㄷ. 홍부장은 예산안 검토 업무에 관한 권한을 실무자인 강대리에게 위임하였다.
> ㄹ. 김부장은 단순 서류철 제작 업무를 부서 내 사원들에게 배분하였다.

① ㄱ, ㄴ
② ㄱ, ㄹ
③ ㄴ, ㄷ
④ ㄴ, ㄹ

04 다음은 터크만(Tuckman)의 팀 발달 모형에 대한 내용이다. 각 단계에 가장 어울리는 리더십 유형으로 옳은 것은?

> 1. 형성(Forming) – 팀이 처음 구성되는 단계
> 2. 스토밍(Storming) – 팀의 내부적인 갈등이 높은 단계
> 3. 표준화(Norming) – 규칙이나 방법이 만들어지고, 팀원들이 서로에게 행동을 맞추는 단계
> 4. 수행(Performing) – 큰 갈등 없이 운영되는 단계
> 5. 해산(Adjourning) – 프로젝트 완료 후 해산하는 단계

	Forming	Storming	Norming	Performing
①	코치형	지시형	지원형	위임형
②	지시형	지원형	코치형	위임형
③	위임형	코치형	지원형	지시형
④	지시형	코치형	지원형	위임형

05 다음은 리더십 유형 중 변혁적 리더를 소개한 내용이다. 다음 내용에서 나타나는 변혁적 리더의 특징으로 적절하지 않은 것은?

> 변혁적 리더는 전체 조직이나 팀원들에게 변화를 가져오는 원동력이다. 즉 변혁적 리더는 개개인과 팀이 유지해 온 이제까지의 업무수행 상태를 뛰어넘고자 한다.

① 카리스마
② 정보 독점
③ 풍부한 칭찬
④ 감화(感化)

03 │ 갈등관리

│ 유형분석 │

- 조직 내 갈등을 심화시키는 요인에 대한 이해를 묻는 문제이다.
- 여러 사람이 협력해야 하는 직장에서 구성원 간의 갈등은 불가피하고 실제로 흔히 찾아볼 수 있는 문제이기 때문에 기업에서도 중요시하고 출제 빈도도 높다.

다음 중 갈등 해결 방법으로 옳은 것을 〈보기〉에서 모두 고르면?

> **보기**
>
> ㄱ. 사람들이 당황하는 모습을 보는 것은 되도록 피한다.
> ㄴ. 사람들과 눈을 자주 마주친다.
> ㄷ. 어려운 문제는 피하지 말고 맞선다.
> ㄹ. 논쟁을 통해 해결한다.
> ㅁ. 어느 한쪽으로 치우치지 않는다.

① ㄱ, ㄴ, ㄹ   ② ㄱ, ㄷ, ㅁ

③ ㄴ, ㄷ, ㄹ   ④ ㄴ, ㄷ, ㅁ

정답 ④

올바른 갈등 해결 방법
- 다른 사람들의 입장을 이해한다.
- 어려운 문제는 피하지 말고 맞선다.
- 자신의 의견을 명확하게 밝히고 지속적으로 강화한다.
- 사람들과 눈을 자주 마주친다.
- 마음을 열어놓고 적극적으로 경청한다.
- 타협하려 애쓴다.
- 어느 한쪽으로 치우치지 않는다.
- 논쟁하고 싶은 유혹을 떨쳐낸다.
- 존중하는 자세로 사람들을 대한다.

유형풀이 Tip
- 갈등 발생 시 대처 방법에 대해서 반드시 숙지해야 한다.
- 갈등의 개념·특징은 상식으로도 충분히 풀 수 있으나, 전반적인 이론에 대해 알아둘 필요가 있다.

01 다음 〈보기〉 중 갈등해결법을 모색함에 있어 명심해야 할 사항으로 옳지 않은 것을 모두 고르면?

> **보기**
> ㄱ. 역지사지의 관점에서 다른 사람의 입장을 이해하고자 노력해야 한다.
> ㄴ. 해결하기 어려운 문제는 갈등을 심화시킬 수 있으므로 되도록 피해야 한다.
> ㄷ. 자신의 의견을 명확하게 밝히는 것은 상대방의 반감을 살 수 있으므로 자신의 의견을 피력하기
> 　　보다는 듣는 것에 집중해야 한다.
> ㄹ. 갈등을 대함에 있어서 논쟁하고 싶은 마음이 들더라도 이를 자제해야 한다.

① ㄱ, ㄴ
② ㄱ, ㄷ
③ ㄴ, ㄷ
④ ㄴ, ㄹ

02 최근 회사 생활을 하면서 대인관계에 어려움을 겪고 있는 A사원은 같은 팀 B대리에게 조언을 구하고자 면담을 신청하였다. 다음 중 B대리가 A사원에게 해 줄 조언으로 적절하지 않은 것은?

> A사원 : 지난달 팀 프로젝트를 진행하면서 같은 팀원인 C사원이 업무적으로 힘들어하는 것 같아서
> 　　　　C사원의 업무를 조금 도와줬습니다. 그 뒤로 타 부서 직원인 D사원의 업무 협조 요청도
> 　　　　거절하지 못해 함께 업무를 진행했습니다. 그러다 보니 막상 제 업무는 제시간에 끝내지
> 　　　　못했고, 결국에는 늘 야근을 해야만 했습니다. 앞으로는 제 업무에만 전념하기로 다짐하면
> 　　　　서 지난주부터는 다른 직원들의 부탁을 모두 거절하였습니다. 그랬더니 동료들로부터 제
> 　　　　가 냉정하고 업무에 비협조적이라는 이야기를 들었습니다. 이번 달에는 정말 제가 당장
> 　　　　처리해야 할 업무가 많아 도움을 줄 수 없는 상황입니다. 동료들의 부탁을 어떻게 거절해
> 　　　　야 동료들이 저를 이해해줄까요?
> B대리 : _____

① 부탁을 거절할 때는 인간관계를 해치지 않도록 신중하게 거절하는 것이 중요합니다.
② 도움이 필요한 상대 동료의 상황을 충분히 이해하고 있음을 드러내야 합니다.
③ 현재 도움을 줄 수 없는 A사원의 상황이나 이유를 분명하게 설명해야 합니다.
④ 상대 동료가 미련을 갖지 않도록 단번에 거절해야 합니다.

03 다음 사례를 읽고 C팀장에게서 볼 수 있는 갈등 관리법으로 옳은 것은?

> A팀원 : 팀장님 죄송합니다. 팀원들의 의견을 종합해서 오늘 오전 중으로 보고 드리려고 했지만,
> B팀원의 의견을 늦게 받아서 보고가 늦었습니다.
>
> C팀장 : B팀원에게 의견을 늦게 받은 이유가 무엇입니까?
>
> A팀원 : B팀원이 업무로 바빠보였고, 이로 인해 저의 요청을 계속해서 무시하는 것 같아서 B팀원
> 에게 의견을 요청하기가 꺼려졌던 것 같습니다.
>
> B팀원 : 저는 A팀원이 제 의견이 중요하지 않다고 생각한다고 보았고, 저를 무시한다고 생각했는
> 데 서로 간의 오해가 있었던 것 같습니다.
>
> C팀장 : 자자, 말 그대로 서로 간의 오해가 있었던 것 같군요. 우선 A씨의 경우 B씨가 바빠보이고
> 자신을 무시한다고 생각했다는 이유로, B씨에게 의견을 요청하지 않은 점은 적절하지 않
> 았다고 보여집니다. B씨가 바빠보이더라도 B씨의 의견이 꼭 필요하다는 이유를 B씨에게
> 상세하게 설명하여 모두의 의견을 종합하는 것이 중요합니다. B씨 역시 아무리 업무가 바
> 쁘더라도 A씨가 요청하면 경청하는 자세를 갖고 팀의 업무에 참석하는 모습을 보여야 합
> 니다. 혹시 부재 중이거나 구두로 설명하기 힘든 경우에는 메신저를 통해서 서로 소통하는
> 모습 보였으면 합니다.

① Win – Win 관리법
② 간접 관리법
③ KISS 관리법
④ 출구 관리법

04 다음은 터크만(Tuckman)의 팀 발달 모형이다. 〈보기〉 중 격동기에 해당하는 것은?

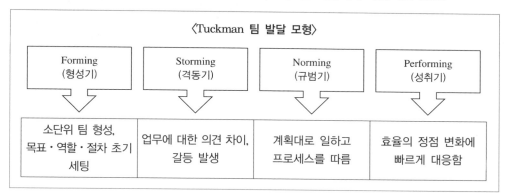

〈Tuckman 팀 발달 모형〉

Forming (형성기)	Storming (격동기)	Norming (규범기)	Performing (성취기)
소단위 팀 형성, 목표·역할·절차 초기 세팅	업무에 대한 의견 차이, 갈등 발생	계획대로 일하고 프로세스를 따름	효율의 정점 변화에 빠르게 대응함

보기

(가) 팀원 간의 마찰이 그룹의 문제로 표면화될 수 있고 아닐 수도 있지만, 그것은 존재하기 마련이다. 어떤 일에 대한 책임을 누가 질 것인지, 규칙은 무엇인지, 보상체계는 어떠한지 그리고 평가기준은 어떻게 되는지에 대한 질문들이 제기될 것이다. 따라서 리더십, 구조, 권한, 권위에 대한 문제 전반에 걸쳐서 경쟁심과 적대감이 나타난다.

(나) 팀원들은 팀에서 인정받기를 원하며, 다른 팀원들을 신뢰할 수 있는지 확인하고 싶어 한다. 그들은 팀에 대한 기대를 형성하면서 팀원들 사이의 유사성과 논쟁을 피하기 위해 단순하게 유지되며, 심각한 주제들과 생각들에 대한 논의는 회피된다. 팀원들은 서로에게 뿐만 아니라 과제에 몰두하기 위해 노력한다. 논의는 주로 과제의 범위를 정하고, 그것에 접근하는 방법에 집중하여 이루어진다.

(다) 팀원들이 스스로 책임을 지게 되고, 전체의 인정을 받으려는 욕구는 더 이상 중요하게 생각되지 않는다. 팀원들은 대단히 과제지향적이자 인간지향적이며, 조화를 이루고 사기충전하며, 팀으로서의 충성심을 보여준다. 전체적인 목표는 문제해결과 일을 통한 생산성이며, 이는 팀이 이룰 수 있는 최적의 단계로 이끌어진다.

(라) 다른 팀원들과 의견이 엇갈릴 때는 개인적인 사심 또는 고집을 버리고 적극적으로 논의하며, 리더십이 공유되고 파벌이 사라지기 시작한다. 팀원들이 서로를 알게 되고 파악하기 시작하면 신뢰수준이 향상되고, 이는 단결력을 심화시켜 준다. 팀원들은 상호 간의 마찰을 해결함에서 얻는 만족감과 공동체 의식을 경험하기 시작한다.

① (가) ② (나)
③ (다) ④ (라)

04 | 협상전략

| 유형분석 |

- 문제에서 특징을 제시하고 이에 해당하는 협상이 무엇인지 묻는 단순한 형태도 나오지만, 대부분 상황이 주어지는 경우가 더 많다.

다음은 헤밍웨이의 일화이다. 위스키 회사 간부가 헤밍웨이와 협상을 실패한 이유로 적절한 것은?

어느 날 미국의 한 위스키 회사 간부가 헤밍웨이를 찾아왔다. 헤밍웨이의 비서를 따라 들어온 간부는 헤밍웨이의 턱수염을 보고서 매우 감탄하며 말했다.

"선생님은 세상에서 가장 멋진 턱수염을 가지셨군요! 우리 회사에서 선생님의 얼굴과 이름을 빌려 광고하는 조건으로 4천 달러와 평생 마실 수 있는 술을 제공하려는데 허락해 주시겠습니까?"

그 말을 들은 헤밍웨이는 잠시 생각에 잠겼다. 그 정도 조건이면 훌륭하다고 판단했던 간부는 기다리기 지루한 듯 대답을 재촉했다.

"무얼 그리 망설이십니까? 얼굴과 이름만 빌려주면 그만인데….."

그러자 헤밍웨이는 무뚝뚝하게 말했다.

"유감이지만 그럴 수 없으니 그만 당신의 회사로 돌아가 주시기 바랍니다."

헤밍웨이의 완강한 말에 간부는 당황하며 돌아가 버렸다. 그가 돌아가자 비서는 헤밍웨이에게 왜 허락하지 않았는지를 물었고, 헤밍웨이는 대답했다.

"그의 무책임한 말을 믿을 수 없었지. 얼굴과 이름을 대수롭지 않게 생각하는 회사에 내 얼굴과 이름을 빌려준다면 어떤 꼴이 되겠나?"

① 협상의 대상을 분석하지 못했다.　　　② 자신의 특정 입장만을 고집했다.

③ 상대방에 대해 너무 많은 염려를 했다.　　④ 협상의 통제권을 갖지 못했다.

정답 ①

마지막 헤밍웨이의 대답을 통해 위스키 회사 간부가 협상의 대상인 헤밍웨이에 대해 제대로 분석하지 못하였음을 알 수 있다. 헤밍웨이의 특징, 성격 등을 파악하고 헤밍웨이로 하여금 신뢰감을 느낄 수 있도록 협상을 진행하였다면 협상의 성공률은 높아졌을 것이다.

유형풀이 Tip

- 제시된 사례를 읽으면서 키워드를 찾는다. 협상전략마다 특징이 있기 때문에 어떤 예시든 그 안에 특징이 제시되므로 이를 바탕으로 하여 적절한 협상전략을 찾아 문제를 해결한다.
- 전략의 명칭과 각각의 예시가 섞여서 선택지로 제시되는 경우도 있으므로 미리 관련 이론을 숙지해야 한다.

Easy

01 다음은 동네 가게 주인 B씨에 대한 협상 사례이다. 옆 가게 주인과 비교하여 B씨에게 나타나는 협상의 문제점으로 가장 적절한 것은?

> B씨는 동네 가게 주인이다. 어느 날 한 청년이 헐레벌떡 들어와 "목이 마르니 콜라를 주세요."라고 말하였다. 하지만 며칠 동안 콜라 도매상이 들리지 않는 바람에 콜라가 다 떨어진 것을 확인한 B씨는 "죄송합니다. 지금 콜라가 다 떨어졌네요."하고 대답했다. 그러자 그 청년은 밖으로 나가더니 바로 옆 가게로 들어가는 것이 아닌가? B씨는 그 모습을 보고 옆 가게에도 도매상이 들리지 않았으니 청년이 빈손으로 나올 것이라고 예상했다. 하지만 예상과 달리 청년은 콜라 대신에 사이다를 가지고 나왔다. B씨는 어떻게 사이다를 팔았는지 궁금해서 옆 가게 주인에게 물어보자, 옆 가게 주인은 "난 그저 콜라가 없지만 사이다를 대신 마시는 것은 어떤지 물어본 걸세."하고 대답했다.

① 협상 당사자의 주장에 대해 적극적으로 경청하지 않았다.
② 협상에 대해 자신이 원하는 바에 대한 주장을 제시하지 못했다.
③ 협상을 위해 상대방이 제시하는 것을 일방적으로 수용하지 않았다.
④ 협상 당사자가 실제로 원하는 것을 확인하지 못했다.

02 다음과 같은 상황에서의 협상 방법으로 적절하지 않은 것은?

> ㄱ. A기업과 B기업의 협상직원들은 오랜 시간에 걸쳐 신뢰가 쌓여있고 우호적이다.
> ㄴ. C기업의 협상직원은 D기업과 협상하면서 이익보다는 D기업과 인관적인 관계를 유지하여 장기
> 적으로 이익이 되는 관계를 유지하려 한다.
> ㄷ. E기업의 협상직원은 F기업 협상에서 협상 가치가 낮다고 판단하고 최대이익 보다는 상대에게
> 심리적 압박을 주는 방향을 선택하였다.
> ㄹ. G기업의 협상직원은 H기업의 협상에서 얻게 될 결과나 인관관계에 관심이 없어 협상 이외의
> 방법으로 현재의 쟁점을 해결하려 한다.

① ㄱ : 협력전략
② ㄴ : 유화전략
③ ㄷ : 회피전략
④ ㄹ : 강압전략

03 다음 중 관점에 따른 협상의 의미에 대한 설명으로 적절하지 않은 것은?

① 의사소통 차원에서 볼 때, 협상은 이해당사자들이 자신의 욕구를 충족시키기 위해 상대방으로부
터 최선을 얻어내기 위한 설득 과정이다.
② 갈등해결 차원에 따르면, 협상은 갈등관계에 있는 당사자들이 의사소통을 통해 갈등을 해결하고
자 하는 과정이다.
③ 지식과 노력의 차원에서 볼 때, 협상은 우리가 필요한 것을 소유한 사람으로부터 원하는 것을
쟁탈하기 위한 과정에 대한 지식이며 노력이다.
④ 교섭 차원에 따르면, 협상이란 선호가 상이한 협상 당사자들이 합의에 도달하기 위한 공동 의사결
정 과정이다.

04 다음은 협상과정을 5단계로 구분한 것이다. 빈칸 (가) ~ (라)에 들어갈 내용으로 적절하지 않은 것은?

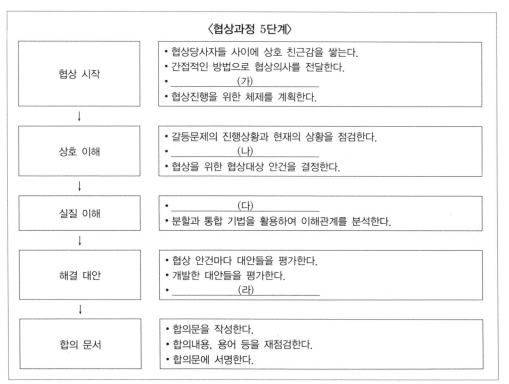

〈협상과정 5단계〉

협상 시작
- 협상당사자들 사이에 상호 친근감을 쌓는다.
- 간접적인 방법으로 협상의사를 전달한다.
- _____(가)_____
- 협상진행을 위한 체제를 계획한다.

↓

상호 이해
- 갈등문제의 진행상황과 현재의 상황을 점검한다.
- _____(나)_____
- 협상을 위한 협상대상 안건을 결정한다.

↓

실질 이해
- _____(다)_____
- 분할과 통합 기법을 활용하여 이해관계를 분석한다.

↓

해결 대안
- 협상 안건마다 대안들을 평가한다.
- 개발한 대안들을 평가한다.
- _____(라)_____

↓

합의 문서
- 합의문을 작성한다.
- 합의내용, 용어 등을 재점검한다.
- 합의문에 서명한다.

① (가) : 상대방의 협상의지를 확인한다.
② (나) : 최선의 대안에 대해서 합의하고 선택한다.
③ (다) : 겉으로 주장하는 것과 실제로 원하는 것을 구분하여 실제로 원하는 것을 찾아낸다.
④ (라) : 대안 이행을 위한 실행계획을 수립한다.

05 | 고객응대

| 유형분석 |

- 대인관계능력 중에서 직업 상황이 가장 두드러지게 나타나는 문제 유형이다.
- 주로 고객응대와 관련된 글이 제시되고, 서비스 직종이 아닌 일반적인 사업장에서 볼 수 있는 상황도 종종 제시된다.

K사원은 현재 M금고에서 고객 응대 업무를 맡고 있다. 다음과 같이 고객의 민원에 답변하였을 때, 고객 전화 응대법과 관련하여 적절하지 않은 답변은?

| 고객 : 저기요. 제가 너무 답답해서 이렇게 전화했습니다.
| K사원 : 안녕하세요, 고객님. 상담사 ○○○입니다. 무슨 문제로 전화해 주셨나요? … ①
| 고객 : 아니, 아직 상환기한이 지나지도 않았는데, 홈페이지에 왜 '상환하지 않은 대출금'으로 나오는 건가요? 일 처리를 왜 이렇게 하는 건가요?
| K사원 : 고객님, 이건 저희 실수가 아니라 고객님이 잘못 이해하신 부분 같습니다. … ②
| 고객 : 무슨 소리예요? 내가 지금 홈페이지에서 확인하고 왔는데.
| K사원 : 네, 고객님. 홈페이지에 '상환하지 않은 대출금'으로 표시되는 경우에는 고객님께서 다음 달 10일까지 상환하셔야 할 당월분 대출금이라고 이해하시면 됩니다. … ③
| 고객 : 정말이에요? 나 참, 왜 이렇게 헷갈리게 만든 건가요?
| K사원 : 죄송합니다, 고객님. 참고로 이미 대출금을 상환했는데도 '상환하지 않은 대출금'으로 표시되는 경우에는 대출금 납부내역이 금고 전산에 반영되는 기준일이 '납부 후 최장 4일 경과한 시점'이기 때문임을 유의해 주시기 바랍니다. … ④
| 고객 : 알겠습니다. 수고하세요.
| K사원 : 감사합니다, 고객님. 좋은 하루 보내세요. 상담사 ○○○이었습니다.

정답 ②

고객이 잘못 이해하고 있다고 하더라도 고객의 말에 반박하지 말고 먼저 공감해야 한다. 즉, 그렇게 말할 수 있음을 이해하는 것이 중요하다.

유형풀이 Tip

- 직원의 응대 방법과 관련된 문제인 경우 직원이 어떤 식으로 고객을 응대했는지 먼저 확인하는 것이 중요하다.
- 상황에 따른 고객응대에 관한 문제인 경우 고객의 유형에 따라 응대 방법이 달라질 수 있으므로 고객의 유형과 응대 방법의 차이를 미리 알아둘 필요가 있다.

※ 다음은 M사의 직원과 고객의 대화 내용이다. 이어지는 질문에 답하시오. **[1~2]**

직원 : 안녕하세요. 어떻게 오셨습니까?
고객 : 네, 안녕하세요. 다름이 아니라 이 회사가 있는 건물의 주차장 천장에 부착된 안내판이 위험해 보여서요. 제가 며칠 전에도 왔는데 그때도 떨어질 것 같이 흔들거리더니, 오늘도 계속 흔들거리는 게 위험해 보이네요.
직원 : ㉠ 그러셨습니까? 고객님, 일부러 찾아오셔서 알려주시니 정말 감사합니다. 그리고 ㉡ 이용에 불편을 드려 죄송합니다.
고객 : 아니에요. 그게 떨어지면 큰 사고가 날 것 같은데, 얼른 조치를 취하셔야 할 것 같아요.
직원 : 네, 알겠습니다. 확인하는 대로 바로 처리하겠습니다. ㉢ 혹시 몇 층 주차장인지 알려주실 수 있을까요?
고객 : 지하 3층 B 구역이요.
직원 : 감사합니다. ㉣ 바로 담당 직원을 보내 확인 후 처리하도록 하겠습니다. 다시 한 번 이용에 불편을 드려 죄송합니다.

Easy

01 윗글의 밑줄 친 ㉠ ~ ㉣과 이에 해당하는 고객 불만처리 프로세스가 잘못 짝지어진 것은?

① ㉠ : 일부러 시간을 내서 해결의 기회를 준 것에 감사를 표시한다.
② ㉡ : 고객의 이야기를 듣고 잘못된 부분에 대해 사과한다.
③ ㉢ : 문제 해결을 위해 꼭 필요한 정보를 얻는다.
④ ㉣ : 고객 불만 사례를 회사 및 전 직원에게 알려 다시는 동일한 문제가 발생하지 않도록 한다.

02 윗글의 밑줄 친 ㉢은 고객 불만 처리 과정 중 어느 단계에 해당하는가?

① 정보파악 단계
② 신속처리 단계
③ 처리확인과 사과 단계
④ 피드백 단계

03 J팀장은 M금고에서 방카슈랑스를 전문적으로 판매하는 영업사원이다. 다년간의 경험으로 고객에게 적합한 상품을 안내하는 과정에서 가장 중요한 부분이 고객정보를 수집하는 것이라는 것을 몸소 깨달았다. J팀장이 신입사원들에게 방카슈랑스 세일즈 교육 시 관련 내용을 언급하려고 할 때, 다음 중 적절하지 않은 내용은?

① 고객정보는 정확해야 하므로 큰 소리로 대화하도록 해야 해요.

② 고객정보를 수집할 때에는 그 정보가 필요한 이유와 목적을 미리 안내해야 해요. 그래야만 고객도 적극적으로 자신의 정보를 제공해주기 때문이죠.

③ 고객정보는 상품 상담을 위해서 수집하는 것이며, 비밀은 반드시 보장됨을 안내하여 고객을 안심시켜드려야 해요.

④ 고객과 커뮤니케이션을 할 때에는 고객이 답하기 쉬운 내용과 질문법을 이용해야 해요. 주로 '예, 아니요' 등의 간단한 답변을 할 수 있는 질문을 많이 활용하죠.

04 다음은 서비스에 불만족한 고객을 불만 표현 유형별로 구분한 것이다. (A) ~ (D) 유형을 상대하는 데 있어 주의해야 할 사항으로 적절하지 않은 것은?

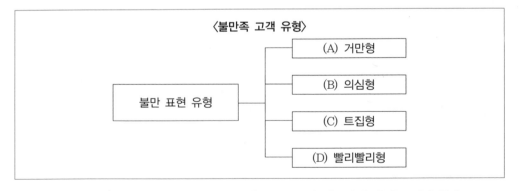

① (A)의 경우 상대방의 과시욕이 채워질 수 있도록 무조건 정중하게 대하는 것이 좋다.

② (B)의 경우 분명한 증거나 근거를 제시하여 스스로 확신을 갖도록 유도해야 한다.

③ (C)의 경우 이야기를 경청하고, 맞장구치고, 추켜세우고, 설득해 가는 방법이 효과적이다.

④ (D)의 경우 애매한 화법을 사용하여 최대한 시간을 끌어야 한다.

05 다음은 고객불만 처리 프로세스 8단계를 나타낸 자료이다. B사원의 고객불만 처리 대응을 볼 때, 고객불만 처리 프로세스 8단계 중에서 빠진 항목은?

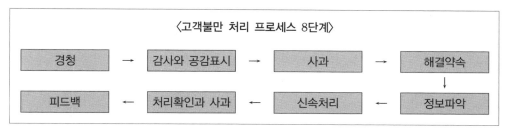

〈고객불만 처리 프로세스 8단계〉

경청 → 감사와 공감표시 → 사과 → 해결약속

↓

피드백 ← 처리확인과 사과 ← 신속처리 ← 정보파악

> B사원 : 안녕하세요. ○○쇼핑몰입니다. 무엇을 도와드릴까요?
>
> 고객 : 아 정말, 제가 고른 옷 사이즈랑 다른 사이즈가 왔는데 이거 어떻게 해결할 건가요? 3일 후에 이 옷 입고 소개팅 나가려고 했는데 정말 답답하네요. 당장 보상하세요!
>
> B사원 : 고객님, 주문하신 옷이 잘못 배송되었나보군요. 화내시는 점 충분히 이해합니다. 정말 죄송합니다.
>
> 고객 : 아니, 그래서 어떻게 해결할 건데요.
>
> B사원 : 네 고객님, 우선 최대한 빠른 시일 내로 교환해드릴 수 있도록 최선을 다하겠습니다. 제가 고객님의 구매 내역과 재고 확인을 해보고 등록하신 번호로 다시 연락드리겠습니다. 전화 끊고 잠시만 기다려주시기 바랍니다.
>
> (구매 내역과 재고를 확인하고 10분 후, B사원은 고객에게 다시 전화를 건다)
>
> 고객 : 여보세요.
>
> B사원 : 고객님 안녕하세요. ○○쇼핑몰입니다. 재고 확인 결과 다행히 사이즈가 남아있어서 오늘 바로 배송해드릴 예정입니다. 오늘 배송 시 내일 도착 예정이어서 말씀하셨던 약속 날짜 전에 옷을 받으실 수 있을 겁니다. 잘못 보내드린 옷은 택배를 받으실 때 반송 처리해주시면 되겠습니다. 정말 죄송합니다.
>
> 고객 : 다행이네요. 일단 알겠습니다. 앞으로 조심 좀 해주세요.
>
> (B사원이 통화를 끝내고, 배송이 잘못된 원인과 자신의 응대에 잘못이 없었는지 확인한다)

① 감사와 공감표시　　　　　　　② 처리확인과 사과

③ 해결약속　　　　　　　　　　④ 정보파악

침묵은 다른 방식으로 펼친 주장이다.

ㅡ 체 게바라 ㅡ

PART **2**

최종점검 모의고사

제1회   최종점검 모의고사

제2회   최종점검 모의고사

MG새마을금고 지역본부 필기전형			
구분	문항 수	시간	출제범위
NCS 직업기초능력	40문항	40분	의사소통능력, 수리능력, 문제해결능력, 조직이해능력, 대인관계능력

※ 본 모의고사는 2024년 하반기 MG새마을금고 지역본부 필기전형의 후기를 반영하여 구성하였습니다. 또한 회차별 수리 영역의 응용수리 유형 문항 수를 조정하여 수록하였으니 참고하기 바랍니다.

01 다음 중 밑줄 친 부분의 맞춤법이 옳은 것은?

① <u>가만이</u> 앉아 눈을 감고 상상해 봐.

② <u>먹을만큼만</u> 접시에 담도록 해.

③ 그는 한숨을 내쉬며 담배에 불을 <u>붙였다</u>.

④ 그녀가 우산을 <u>바쳐</u> 들고 빗속을 걸어갔다.

Easy

02 다음 글을 읽고 추론한 내용으로 적절하지 않은 것은?

> 실질적인 뜻이 담겨 있고 자립성을 가지며, 단독으로 서술어 역할을 할 수 있는 용언을 '본용언'이라고 하고, 본용언에 기대어 그 말의 뜻을 도와주며, 자립할 수 없는 용언을 '보조용언'이라고 한다. 언뜻 보아 자립할 수 있는 것처럼 보이더라도 그 단어가 가진 기본적 의미로 쓰이는 것이 아니라 본용언을 도와주는 역할을 하면 이것은 본용언이 아니고 보조용언으로 보아야 한다. '감상을 적어 두다.'의 경우 '감상을 적다.'는 문장으로 성립하므로 '적다'가 본용언이며, '감상을 두다.'는 문장으로 성립하지 않으므로 '두다'가 보조용언인 것이다.
> 보조용언 가운데는 의존명사에 '하다'가 결합된 형태도 있다. '법하다, 체하다, 양하다, 듯하다' 등이 그것인데 이들은 관형사형 어미가 붙은 용언 뒤에 온다.

① '민지는 아침을 잘 먹어 두었다.'에서 '먹다'는 본용언으로, '두다'는 보조용언으로 볼 수 있다.

② '재인이는 놀란 척하다.'에서 '척하다'는 보조용언으로 볼 수 있다.

③ '슬기는 집에 가고 싶다.'에서 '싶다'는 보조용언으로 볼 수 있다.

④ '재영이는 책을 사 읽는다.'에서 '사다'는 본용언으로, '읽다'는 보조용언으로 볼 수 있다.

03 다음 글의 중심 내용으로 가장 적절한 것은?

> 1948년에 제정된 대한민국 헌법은 공동체의 정치적 문제는 기본적으로 국민의 의사에 의해 결정된다는 점을 구체적인 조문으로 명시하고 있다. 그러나 이러한 공화제적 원리는 1948년에 이르러 갑자기 등장한 것이 아니다. 이미 19세기 후반부터 한반도에서는 이와 같은 원리가 공공 영역의 담론 및 정치적 실천 차원에서 표명되고 있었다.
>
> 공화제적 원리는 1885년부터 발행되기 시작한 근대적 신문인 『한성주보』에서도 어느 정도 언급된 바 있지만, 특히 1898년에 출현한 만민 공동회에서 그 내용이 명확하게 드러난다. 독립협회를 중심으로 촉발되었던 만민 공동회는 민회를 통해 공론을 형성하고 이를 국정에 반영하고자 했던 완전히 새로운 형태의 정치운동이었다. 이것은 전통적인 집단상소나 민란과는 전혀 달랐다. 이 민회는 자치에 대한 국민의 자각을 기반으로 공동생활의 문제들을 협의하고 함께 행동해 나가려 했다. 이것은 자신들이 속한 정치공동체에 대한 소속감과 연대감을 갖지 않고서는 불가능한 현상이었다. 즉, 만민 공동회는 국민이 스스로 정치적 주체가 되고자 했던 시도였다. 전제적인 정부가 법을 통해 제한하려고 했던 정치참여를 국민이 스스로 쟁취하여 정치체제를 변화시키고자 했던 것이다.
>
> 19세기 후반부터 한반도에 공화제적 원리가 표명되고 있었다는 사례는 이뿐만이 아니다. 당시 독립협회가 정부와 함께 개최한 관민 공동회에서 발표한 「헌의 6조」를 살펴보면 제3조에 "예산과 결산은 국민에게 공표할 일"이라고 명시하고 있는 것을 확인할 수 있다. 이것은 오늘날의 재정운용의 기본원칙으로 여겨지는 예산공개의 원칙과 정확하게 일치하는 것으로, 국민과 함께 협의하여 정치를 해야 한다는 공화주의 원리를 보여주고 있다.

① 만민 공동회는 전제정부의 법적 제한에 맞서 국민의 정치참여를 쟁취하고자 했다.

② 한반도에서 예산공개의 원칙은 19세기 후반 관민 공동회에서 처음으로 표명되었다.

③ 예산과 결산이라는 용어는 관민 공동회가 열렸던 19세기 후반에 이미 소개되어 있었다.

④ 한반도에서 공화제적 원리는 이미 19세기 후반부터 담론 및 실천의 차원에서 표명되고 있었다.

'5060세대'. 몇 년 전까지만 해도 그들은 사회로부터 '지는 해' 취급을 받았다. '오륙도'라는 꼬리표를 달아 일터에서 밀어내고, 기업은 젊은 고객만 왕처럼 대우했다. 젊은 층의 지갑을 노려야 돈을 벌 수 있다는 것이 기업의 마케팅 전략이었기 때문이다.

그러나 최근 들어 상황이 달라졌다. 5060세대가 새로운 소비 군단으로 주목되기 시작한 가장 큰 이유는 고령화 사회로 접어들면서 시니어(Senior) 마켓 시장이 급속도로 커지고 있는 데다 이들이 돈과 시간을 가장 넉넉하게 가진 세대이기 때문이다. L경제연구원에 따르면 50대 이상 인구 비중이 30%에 이르면서 50대 이상을 겨냥한 시장 규모가 100조 원대까지 성장할 예정이다.

통계청이 집계한 가구주 나이별 가계수지 자료를 보면, 한국 사회에서는 50대 가구주의 소득이 가장 높다. 월평균 361만 500원으로 40대의 소득보다도 높은 것으로 집계됐다. 가구주 나이가 40대인 가구의 가계수지를 보면, 소득은 50대보다 적으면서도 교육 관련 지출(45만 6,400원)이 압도적으로 높아 소비 여력이 낮은 편이다. 그러나 50대 가구주의 경우 소득이 높으면서 소비 여력 또한 충분하다. 50대 가구주의 처분가능소득은 288만 7,500원으로 전 연령층에서 가장 높다.

이들이 신흥 소비군단으로 떠오르면서 '애플(APPLE)족'이라는 마케팅 용어까지 등장했다. 활동적이고(Active) 자부심이 강하며(Pride) 안정적으로(Peace) 고급문화(Luxury)를 즐기는 경제력(Economy) 있는 50대 이후 세대를 뜻하는 말이다. 통계청은 여행과 레저를 즐기는 5060세대를 '주목해야 할 블루슈머* 7' 가운데 하나로 선정했다. 과거 5060세대는 자식을 보험으로 여기며 자식에게 의존하면서 살아가는 전통적인 노인이었다. 그러나 애플족은 자녀로부터 독립해 자기만의 새로운 인생을 추구한다. '통크족(TONK; Two Only, No Kids)'이라는 별칭이 붙는 이유다. 통크족이나 애플족은 젊은 층의 전유물로 여겨졌던 자기중심적이고 감각 지향적인 소비도 주저하지 않는다. 후반전 인생만은 자기가 원하는 일을 하며 멋지게 살아야 한다고 생각하기 때문이다.

애플족은 한국 국민 가운데 해외여행을 가장 많이 하는 세대이기도 하다. 통계청의 사회통계조사에 따르면 50대의 17.5%가 해외여행을 다녀왔다. 20대, 30대보다 높은 수치다. 그리고 그들은 어떤 지출보다 교양·오락비를 아낌없이 쓰는 것이 특징이다. 전문가들은 애플족의 교양·오락 및 문화에 대한 지출비용은 앞으로도 증가할 것으로 내다보고 있다. 한 사회학과 교수는 "고령사회로 접어들면서 성공적 노화 개념이 중요해짐에 따라 텔레비전 시청, 수면, 휴식 등 소극적 유형의 여가에서 게임 등 재미와 젊음을 찾을 수 있는 진정한 여가로 전환되고 있다."라고 말했다. 이 교수는 젊은이 못지않은 의식과 행동반경을 보이는 5060세대를 겨냥한 다양한 상품과 서비스에 대한 수요가 앞으로도 크게 늘 것이라고 내다보았다.

*블루슈머(Bluesumer) : 경쟁자가 없는 시장을 의미하는 블루오션(Blue Ocean)과 소비자(Consumer)의 합성어로 새로운 제품에 적응력이 높고 소비성향을 선도하는 소비자를 의미함

① 애플족의 소비 성향은 어떠한가?
② 5060세대의 사회·경제적 위상 변화
③ 다양한 여가 활동을 즐기는 5060세대
④ 애플족을 '주목해야 할 블루슈머 7'로 선정

※ 다음 문단을 논리적 순서대로 바르게 나열한 것을 고르시오. [5~6]

05

(가) 또 그는 현대 건축 이론 중 하나인 '도미노 이론'을 만들었는데, 도미노란 집을 뜻하는 라틴어 '도무스(Domus)'와 혁신을 뜻하는 '이노베이션(Innovation)'을 결합한 단어다.

(나) 그는 이 이론의 원칙을 통해 인간이 효율적으로 살 수 있는 집을 꾸준히 연구해왔으며, 그가 제안한 건축방식 중 필로티와 옥상정원 등이 최근 우리나라 주택에 많이 쓰이고 있다.

(다) 최소한의 철근콘크리트 기둥들이 모서리를 지지하고 평면의 한쪽에서 각 층으로 갈 수 있게 계단을 만든 개방적 구조가 이 이론의 핵심이다. 건물을 돌이나 벽돌을 쌓아 올리는 조적식 공법으로만 지었던 당시에 이와 같은 구조는 많은 이들에게 적지 않은 충격을 주었다.

(라) 스위스 출신의 프랑스 건축가 르 코르뷔지에(Le Corbusier)는 근대주택의 기본형을 추구했다는 점에서 현대 건축의 거장으로 불린다. 그는 현대 건축에서의 집의 개념을 '거주 공간'에서 '더 많은 사람이 효율적으로 살 수 있는 공간'으로 바꿨다.

① (가) – (라) – (다) – (나) ② (나) – (다) – (라) – (가)
③ (라) – (가) – (나) – (다) ④ (라) – (가) – (다) – (나)

06

(가) 이 방식을 활용하면 공정의 흐름에 따라 제품이 생산되므로 자재의 운반 거리를 최소화할 수 있어 전체 공정 관리가 쉽다.

(나) 그러나 기계 고장과 같은 문제가 발생하면 전체 공정이 지연될 수 있고, 규격화된 제품 생산에 최적화된 설비 및 배치 방식을 사용하기 때문에 제품의 규격이나 디자인이 변경되면 설비 배치 방식을 재조정해야 한다는 문제가 있다.

(다) 제품을 효율적으로 생산하기 위해서는 생산 설비의 효율적인 배치가 중요하다. 설비의 효율적인 배치란 자재의 불필요한 운반을 최소화하고, 공간을 최대한 활용하면서 적은 노력으로 빠른 시간에 목적하는 제품을 생산할 수 있도록 설비를 배치하는 것이다.

(라) 그중에서도 제품별 배치(Product Layout) 방식은 생산하려는 제품의 종류는 적지만 생산량이 많은 경우에 주로 사용된다. 제품별로 완성품이 될 때까지의 공정 순서에 따라 설비를 배열해 부품 및 자재의 흐름을 단순화하는 것이 핵심이다.

① (가) – (다) – (나) – (라) ② (다) – (가) – (라) – (나)
③ (다) – (라) – (가) – (나) ④ (다) – (라) – (나) – (가)

07 다음 글을 읽고 이해한 내용으로 가장 적절한 것은?

사회 진화론은 다윈의 생물 진화론을 개인과 집단에 적용시킨 사회 이론이다. 사회 진화론의 중심 개념은 19세기에 등장한 '생존경쟁'과 '적자생존'인데, 이 두 개념의 적용 범위가 개인인가 집단인가에 따라 자유방임주의와 결합하기도 하고 민족주의나 제국주의와 결합하기도 하였다. 1860년대 대표적인 사회 진화론자인 스펜서는 인간 사회의 생활은 개인 간의 '생존경쟁'이며, 그 경쟁은 '적자생존'에 의해 지배된다고 주장하였다. 19세기 말 키드, 피어슨 등은 인종이나 민족, 국가 등의 집단 단위로 '생존경쟁'과 '적자생존'을 적용하여 우월한 집단이 열등한 집단을 지배하는 것은 자연법칙이라고 주장함으로써 인종 차별이나 제국주의를 정당화하였다. 일본에서는 19세기 말 문명개화론자들이 사회 진화론을 수용하였다.

이들은 '생존경쟁'과 '적자생존'을 국가와 민족 단위에 적용하여 '약육강식'·'우승열패'의 논리를 바탕으로 서구식 근대 문명국가 건설과 군국주의를 역설하였다.

① 사회 진화론은 생물 진화론을 바탕으로 개인에게만 적용시킨 사회 이론이다.
② 사회 진화론은 19세기 이전에는 존재하지 않았다.
③ '생존경쟁'과 '적자생존'의 개념이 개인의 범위에 적용되면 민족주의와 결합한다.
④ 키드, 피어슨 등의 주장은 사회 진화론의 개념을 집단 단위에 적용한 결과이다.

08 다음 글의 내용으로 적절하지 않은 것은?

경제학자인 사이먼 뉴컴이 소개한 화폐와 실물 교환의 관계식인 '교환방정식'을 경제학자인 어빙 피셔가 발전시켜 재소개한 것이 바로 '화폐수량설'이다. 사이먼 뉴컴의 교환방정식은 'MV=PQ'로 나타나는데, M(Money)은 화폐의 공급, V(Velocity)는 화폐유통속도, P(Price)는 상품 및 서비스의 가격, Q(Quantity)는 상품 및 서비스의 수량이다. 즉 화폐 공급과 화폐유통속도의 곱은 상품의 가격과 거래된 상품 수의 곱과 같다는 항등식이다.

어빙 피셔는 이러한 교환방정식을 인플레이션율과 화폐공급의 증가율 간 관계를 나타내는 이론인 화폐수량설로 재탄생시켰다. 이중 기본 모형이 되는 피셔의 거래모형에 따르면 교환방정식은 'MV=PT'로 나타나는데, M은 명목화폐수량, V는 화폐유통속도, P는 상품 및 서비스의 평균가격, T(Trade)는 거래를 나타낸다. 다만 거래의 수를 측정하기 어렵기 때문에 최근에는 총거래 수인 T를 총생산량인 Y로 대체하여 소득모형인 'MV=PY'로 사용되고 있다.

① 사이먼 뉴컴의 교환방정식 'MV=PQ'에서 Q는 상품 및 서비스의 수량을 의미한다.
② 어빙 피셔의 화폐수량설은 최근 총거래 수를 총생산량으로 대체하여 사용되고 있다.
③ 교환방정식 'MV=PT'는 화폐수량설의 기본 모형이 된다.
④ 어빙 피셔의 교환방정식 'MV=PT'의 V는 교환방정식 'MV=PY'에서 Y와 함께 대체되어 사용되고 있다.

세상에서는 흔히 학문밖에 모르는 상아탑(象牙塔) 속의 연구 생활이 현실을 도피한 짓이라고 비난하기가 일쑤지만, 상아탑의 덕택이 큰 것임을 알아야 한다. 모든 점에서 편리해진 생활을 향락하고 있는 소위 현대인이 있기 전에, 그런 것이 가능하기 위해서는 오히려 그런 향락과는 담을 쌓고 진리 탐구에 몰두한 학자들의 상아탑 속에서의 노고가 앞서 있었던 것이다. 그렇다고 남의 향락을 위하여 스스로는 고난의 길을 일부러 걷는 것이 학자도 아니다. 학자는 그저 진리를 탐구하기 위하여 학문을 하는 것뿐이다. 상아탑이 나쁜 것이 아니라 진리를 탐구해야 할 상아탑이 제 구실을 옳게 다하지 못하는 것이 탈이다. _____ 그 학문은 자유를 잃고 왜곡(歪曲)될 염려조차 있다. 학문을 악용하기 때문에 오히려 좋지 못한 일을 하는 경우가 얼마나 많은가? 진리 이외의 것을 목적으로 할 때 그 학문은 한때의 신기루와도 같이 우선은 찬연함을 자랑할 수 있을지 모르나, 과연 학문이라고 할 수 있을까부터 문제다.

진리의 탐구가 학문의 유일한 목적일 때, 그리고 그 길로 매진(邁進)할 때, 그 무엇에도 속박(束縛)됨이 없는 숭고한 학적인 정신이 만난(萬難)을 극복하는 기백(氣魄)을 길러줄 것이요, 또 그것대로 우리의 인격 완성의 길로 통하게도 되는 것이다.

① 학문에 진리 탐구 이외의 다른 목적이 섣불리 앞장설 때
② 학문에 사회적 가치가 개입할 때
③ 학문이 현대 사회에서 요구하는 방향으로 변화될 때
④ 학자가 진리 탐구를 게을리 할 때

10 다음 중 반환일시금에 대한 설명으로 적절하지 않은 것은?

제77조(반환일시금)

① 가입자 또는 가입자였던 자가 다음 각호의 어느 하나에 해당하게 되면 본인이나 그 유족의 청구에 의하여 반환일시금을 지급받을 수 있다.

1. 가입기간이 10년 미만인 자가 60세가 된 때
2. 가입자 또는 가입자였던 자가 사망한 때. 다만, 유족연금이 지급되는 경우에는 그러하지 아니하다.
3. 국적을 상실하거나 국외로 이주한 때

② 제1항에 따른 반환일시금의 액수는 가입자 또는 가입자였던 자가 납부한 연금보험료(사업장가입자 또는 사업장가입자였던 자의 경우에는 사용자의 부담금을 포함한다)에 대통령령으로 정하는 이자를 더한 금액으로 한다.

③ 제1항에 따라 반환일시금의 지급을 청구할 경우 유족의 범위와 청구의 우선순위 등에 관하여는 제73조를 준용한다.

제78조(반납금 납부와 가입기간)

① 제77조에 따라 반환일시금을 받은 자로서 다시 가입자의 자격을 취득한 자는 지급받은 반환일시금에 대통령령으로 정하는 이자를 더한 금액(이하 "반납금"이라 한다)을 공단에 낼 수 있다.

② 반납금은 대통령령으로 정하는 바에 따라 분할하여 납부하게 할 수 있다. 이 경우 대통령령으로 정하는 이자를 더하여야 한다.

③ 제1항과 제2항에 따라 반납금을 낸 경우에는 그에 상응하는 기간은 가입기간에 넣어 계산한다.

④ 제1항과 제2항에 따른 반납금의 납부 신청, 납부 방법 및 납부 기한 등 반납금의 납부에 필요한 사항은 대통령령으로 정한다.

제79조(반환일시금 수급권의 소멸) 반환일시금의 수급권은 다음 각호의 어느 하나에 해당하면 소멸한다.

1. 수급권자가 다시 가입자로 된 때
2. 수급권자가 노령연금의 수급권을 취득한 때
3. 수급권자가 장애연금의 수급권을 취득한 때
4. 수급권자의 유족이 유족연금의 수급권을 취득한 때

---

① 가입자였던 자가 국적을 상실하면 본인의 청구를 통해 반환일시금을 받을 수 있다.

② 가입자가 반납금을 분할하여 납부하려면 일정 기간으로 분할한 반환일시금만 납부하면 된다.

③ 가입자가 사망함에 따라 유족에게 유족연금이 지급되었다면, 그 유족은 반환일시금을 받을 수 없다.

④ 국외로 이주함에 따라 반환일시금 수급권자가 되었던 자가 다시 자격을 취득하여 가입자가 된다면 반환일시금 수급권은 소멸된다.

11 다음은 신문기사를 읽고 직원들이 나눈 대화이다. 대화의 흐름상 빈칸에 들어갈 말로 가장 적절한 것은?

○○일보

○○일보 제1,426호　　　○○년 ○○월 ○일 안내전화 02-000-0000　　　www.sdxxx.com

금융 혁신 신상품 시험하는 '금융 규제 프리존' 도입한다.

금융 규제를 일체 배제한 이른바 '금융 규제 프리존' 도입이 검토된다.

'금융 규제 프리존'은 금융시장 참가자들이 규제부담 없이 새롭고 혁신적인 금융 상품과 비즈니스 모델을 시험할 수 있는 공간을 말한다.

금융위원회에 따르면 금융위와 금융감독원은 금융 규제가 없는 일종의 가상공간인 일명 '레귤러터리 샌드박스(Regulatory Sandbox / 이하 샌드박스)' 도입을 검토 중이다.

이는 영국 금융감독청(FCA)이 지난해 발표한 방안이 원조로, 놀이터에 모래를 깔아놓아 아이들이 다치지 않고 놀 수 있는 안전한 놀이 공간이란 개념의 샌드박스를 금융현장에 접목, 규제에서 자유로운 공간을 만들겠다는 방안이다.

금융위는 당국의 승인을 전제로 혁신적인 상품과 서비스 모델을 법 규제에서 벗어나 시험적으로 영업해볼 수 있는 공간을 제공할 방침이다. 이를 통해 소비자 편의를 높이고 금융업의 성장 모멘텀을 확보할 계획이다.

금융위 관계자는 "잠재사업자에게 서비스의 비즈니스화 과정에서 겪는 애로 사항 등 정책 수요를 발굴하고 다른 부처와의 정책 연계 가능성을 검토할 것"이라고 말했다.

이와 함께 금감원도 올해 업무계획에서 "영국 등 해외사례 조사 등을 통해 금융회사의 고부가 가치 업무 영역 개척을 돕는 제도 도입을 검토할 것"이라고 말한 바 있다.

… 생략 …

김대리 : 금융 규제를 배제한 '금융 규제 프리존'의 도입이 기대되는 바는 무엇인가요?

이사원 : 네, ＿＿＿＿＿＿＿＿＿＿＿＿＿＿＿＿＿＿＿＿＿＿＿＿＿＿＿＿＿＿＿＿＿＿＿＿

도과장 : 그렇다면 시행착오를 최소화하고 사업을 조기에 안정화할 수 있다는 장점이 있겠어.

---

① 이는 영국 금융감독청(FCA)이 발표한 방안에서 비롯한 것인데, 잠재적 사업자에게 당국의 승인을 전제로 시범 영업을 허용하는 것이라고 합니다.

② 잠재적 사업자가 정식 사업 인가를 받기 전에 개발한 사업 모델을 테스트해 볼 수 있는 동시에 감독 당국과의 교류를 통해 적합한 정책 개발을 할 수 있는 기회가 된다고 합니다.

③ 혁신적인 상품과 서비스 모델을 아무런 규제 없이 시험적으로 영업해 볼 수 있도록 한다는 의도인데, 아직 소비자 보호 문제와 관련하여 보완해야 할 점이 있다고 합니다.

④ 일명 '레귤러터리 샌드박스'라고도 하는데, 놀이터에 모래를 깔아 아이들이 다치지 않고 놀 수 있는 안전한 놀이 공간을 확보해 놓은 것처럼 이를 금융 현장에도 접목시킨 것이라고 합니다.

12 다음은 M금고의 2024년 1분기 민원 건수를 나타낸 자료이다. 신용카드 민원 건수를 제외한 M금고의 금분기 자체민원과 대외민원의 민원 건수 증감률이 전분기와 비교하여 각각 80%, -40%라고 할 때, 자료의 (가)와 (나)에 들어갈 수치의 합으로 옳은 것은?

〈M금고 2024년 1분기 민원 건수〉

(단위 : 건)

구분		민원 건수	
		금분기	전분기
자체민원	전체 민원	99	71
	신용카드 민원	9	(가)
대외민원	전체 민원	8	13
	신용카드 민원	(나)	3

① 23 ② 24

③ 25 ④ 26

Easy

13 다음은 M금고의 모바일 뱅킹 서비스 이용 실적에 관한 분기별 자료이다. 이에 대한 내용으로 옳지 않은 것은?

〈모바일 뱅킹 서비스 이용 실적〉

(단위 : 천 건, %)

구분	2023년				2024년
	1/4분기	2/4분기	3/4분기	4/4분기	1/4분기
조회 서비스	817	849	886	1,081	1,106
자금이체 서비스	25	16	13	14	25
합계	842(18.6)	865(2.7)	899(3.9)	1,095(21.8)	1,131(3.3)

※ ( )는 전 분기 대비 증가율

① 조회 서비스 이용 실적은 매 분기마다 계속 증가하였다.

② 2023년 2/4분기의 조회 서비스 이용 실적은 전 분기보다 3만 2천 건 증가하였다.

③ 자금이체 서비스 이용 실적은 2023년 2/4분기에 감소하였다가 다시 증가하였다.

④ 모바일 뱅킹 서비스 이용 실적의 전 분기 대비 증가율이 가장 높은 분기는 2023년 4/4분기이다.

14 M금고에 근무 중인 귀하는 퇴직연금 계약관리를 맡고 있다. 자사의 성과를 평가하기 위해 퇴직연금 시장의 현황을 파악하고자 한다. 퇴직연금사업장 취급실적 현황을 보고 판단한 내용으로 옳지 않은 것은?

〈퇴직연금사업장 취급실적 현황〉

(단위 : 건)

구분		합계	확정급여형 (DB)	확정기여형 (DC)	확정급여·기여형 (DB & DC)	IRP 특례
2022년	1분기	152,910	56,013	66,541	3,157	27,199
	2분기	167,460	60,032	75,737	3,796	27,893
	3분기	185,689	63,150	89,571	3,881	29,087
	4분기	203,488	68,031	101,086	4,615	29,756
2023년	1분기	215,962	70,868	109,820	4,924	30,350
	2분기	226,994	73,301	117,808	5,300	30,585
	3분기	235,716	74,543	123,650	5,549	31,974
	4분기	254,138	80,107	131,741	6,812	35,478
2024년	1분기	259,986	80,746	136,963	6,868	35,409
	2분기	262,373	80,906	143,450	6,886	32,131
	3분기	272,455	83,003	146,952	7,280	35,220
	4분기	275,547	83,643	152,904	6,954	32,046

① 퇴직연금을 도입한 사업장 수는 매 분기 꾸준히 증가하고 있다.

② 퇴직연금제도 형태별로는 확정기여형이 확정급여형보다 많은 것으로 나타난다.

③ 2023년 중 전년 동분기 대비 확정기여형을 도입한 사업장 수가 가장 많이 증가한 시기는 2분기이다.

④ 2024년 4분기에 IRP 특례를 제외한 나머지 퇴직연금 취급실적은 모두 전년 동분기 대비 증가하였다.

※ A대리와 B대리는 목돈 마련을 위해 각자 M금고의 적금상품에 가입하고자 한다. 이어지는 질문에 답하시오. [15~17]

<주거래은행적금>

- 가입대상 : 실명의 개인
- 계약기간 : 12개월 이상 36개월 이하(월 단위)
- 정액적립식 : 신규 약정 시 약정한 월 1만 원 이상의 저축금액을 매월 약정일에 동일하게 저축
- 이자지급방식 : 만기일시지급식, 단리식
- 기본금리

가입기간	12개월 이상 20개월 미만	20개월 이상 28개월 미만	28개월 이상 36개월 미만	36개월
금리	연 1.5%	연 1.8%	연 2.2%	연 2.4%

※ 만기 전 해지 시 연 1.2%의 금리가 적용됨

- 우대금리

구분	우대조건	우대이율
가족회원	2인 이상의 가족(주민등록등본상)이 M금고 계좌를 보유하고 있는 경우 ※ 주민등록등본상 본인 제외 2인 이상	연 0.8%p
거래우수	이 적금의 신규 가입 시에 예금주의 M금고 거래기간이 3년 이상인 경우	연 0.4%p
청약보유	이 적금의 신규일로부터 3개월이 속한 달의 말일을 기준으로 주택청약종합저축을 보유한 경우	연 0.6%p

- 일부해지 : 만기해지 포함 총 3회까지 가능(최소가입금액 1백만 원 이상 유지, 중도해지금리 적용)
- 계약해지 : 영업점에서 해지 가능
- 세금우대 : 비과세종합저축
- 예금자보호 여부 : 해당상품은 예금자보호를 받을 수 있는 상품으로 본 은행에 있는 모든 예금보호대상 금융상품의 원금과 소정의 이자를 합하여 1인당 '최고 5천만 원'을 보호받을 수 있고, 초과하는 금액은 보호하지 않습니다.

15 귀하는 M금고 영업점에서 수신업무를 담당하고 있다. M금고에 방문한 A대리는 귀하에게 신규 런칭한 주거래은행적금에 대해서 문의하고 있다. 귀하의 답변으로 적절하지 않은 것은?

A대리 : 안녕하세요. 최근에 나온 적금 상품이 있던데 안내 부탁드립니다.

귀하 : 네, 이번에 신규 런칭한 주거래은행적금에 대해서 안내해 드리겠습니다. 이번 상품은 다른 상품들과 달리 M금고와 주로 거래하시는 분께 큰 혜택을 드리고 있습니다. ① 기본적으로 1만 원 이상의 저축금액을 약정일에 동일하게 저축하는 상품입니다. ② 기본 적용금리는 기간에 따라 다르게 적용되는데, 최대 2.4%까지 적용됩니다. ③ 현재 고객님께서는 저희 은행과 2년째 거래 중이셔서 기본적으로 0.4%p의 우대이율이 적용되고, ④ 3인의 가족과 함께 거주 중이신 것으로 확인되어 가족 분들 중 2인 이상이 당금고의 계좌가 있으시면 연 0.8%p의 우대이율을 추가로 적용받으실 수 있습니다. 또한, 주거래은행적금을 가입하고 다음 달부터 주택청약종합저축을 3개월 안에 가입하신다면 최대 4.2%의 이율을 적용받으실 수 있습니다. 마지막으로 해당 상품은 비과세종합저축으로 한도가 남아 있다면 이자에 대해서 과세하지 않습니다. 그리고 예금자보호대상 상품으로 당금고의 모든 예금보호대상 금융상품의 원금과 이자를 합하여 최고 5천만 원까지 보호받으실 수 있습니다.

16 A대리는 2022년 11월 2일에 위의 조건과 동일한 연복리식 적금에 가입하고자 한다. 연복리 적금에는 이자소득세율 10%가 적용되고, A대리의 상황은 다음과 같다. A대리가 만기 시 받을 수 있는 환급액은?(단, $1.03^{\frac{1}{12}}=1.002$, $1.03^{\frac{25}{12}}=1.06$으로 계산한다)

- A대리는 24개월짜리 적금상품에 가입하고자 한다.
- A대리는 월초에 20만 원씩 해당 적금에 납입하고자 한다.
- A대리의 가족 중 어머니, 누나, 남동생은 모두 M금고 계좌를 보유하고 있으며, 이들은 전부 A대리의 주민등록등본상에 등록되어있다.
- A대리는 M금고 계좌를 2019년 2월 1일에 개설하였다.
- A대리는 보유 중인 주택청약종합저축이 없다.

---

① 5,375,000원   ② 5,415,000원

③ 5,635,000원   ④ 5,700,000원

17 B대리는 2024년 12월 12일에 '주거래은행적금'에 가입하고자 한다. B대리의 상황이 다음과 같으며 해당 적금상품이 2024년 12월 2일부로 비과세상품이 되었다고 할 때, B대리가 적용받을 금리와 만기에 받을 환급액은?

- B대리는 30개월짜리 적금상품에 가입하고자 한다.
- B대리는 월 10만 원씩 해당 적금에 납입하고자 한다.
- B대리의 가족 중 어머니, 형은 모두 M금고 계좌를 보유하고 있으며, 이들 중 어머니만 B대리의 주민등록등본상에 등록되어 있다.
- B대리는 M금고 계좌를 2024년 12월 1일에 개설하였다.
- B대리는 2018년 7월 5일에 M금고를 통해 주택청약종합저축에 가입하였으며 적금 만기일까지 계속 보유할 것이다.

	적용금리	만기환급금
①	연 2.2%	3,328,000원
②	연 2.8%	3,108,500원
③	연 2.8%	3,328,000원
④	연 3.0%	3,412,000원

※ 다음은 L씨의 생활부문별 월 지출 내역과 M금고의 카드별 혜택을 나타낸 자료이다. 이어지는 질문에 답하시오(단, L씨는 M금고의 계좌만을 이용한다). [18~19]

〈L씨의 생활부문별 월 지출 내역〉

- 교통 : 대중교통 8만 원, 택시 2만 원
- 통신 : 6만 원(A통신사, 자동이체)
- 공과금 : 24만 원(자동이체)
- 보험료 : 14만 원(자동이체)
- 도서 : 4만 원
- 커피 : 7만 원
- 식비(커피 제외) : 42만 원

〈M금고 카드별 혜택〉

구분	혜택
청춘카드	• 대중교통요금 10% 청구 할인(택시 미포함) • 통신요금 자동이체 30% 청구 할인(A통신사) • 도서 구입비 30% 즉시 할인
희망카드	• 통신요금 자동이체 20% 청구 할인(B통신사) • M금고 계좌에서 공과금 자동이체 시 10% 청구 할인 • 커피 월 1만 원 즉시 할인
열정카드	• 대중교통요금 10% 청구 할인(택시 포함) • M금고 계좌에서 보험료 자동이체 시 20% 청구 할인 • 커피 10% 청구 할인

18 매월 총 할인금액 및 전월실적에 대한 조건이 없다고 할 때, L씨가 받는 할인혜택이 큰 순으로 M금고의 카드를 바르게 나열한 것은?

① 청춘카드 – 희망카드 – 열정카드
② 청춘카드 – 열정카드 – 희망카드
③ 희망카드 – 열정카드 – 청춘카드
④ 열정카드 – 청춘카드 – 희망카드

PART 2

19 L씨가 이동통신요금제를 B통신사의 8만 원짜리 요금제로 변경하고, 자동이체 방식은 유지하였다. 또한 자기계발을 위해 도서 구입을 2배로 늘리고, 커피에 대한 지출은 4만 원으로 줄였다. 이때 L씨가 받는 할인혜택이 최대인 카드와 최소인 카드를 바르게 짝지은 것은?

	할인혜택이 최대인 카드	할인혜택이 최소인 카드
①	청춘카드	희망카드
②	희망카드	청춘카드
③	희망카드	열정카드
④	열정카드	청춘카드

20 다음은 컨테이너 품목별 수송량 구성비를 나타낸 그래프이다. 이에 대한 설명으로 옳지 않은 것은?

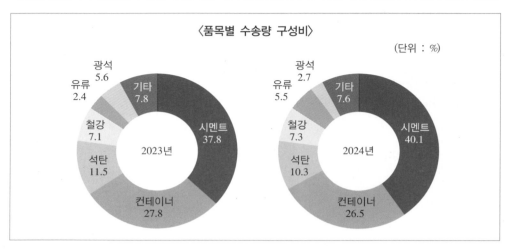

〈품목별 수송량 구성비〉

(단위 : %)

2023년
광석 5.6, 유류 2.4, 기타 7.8, 철강 7.1, 석탄 11.5, 컨테이너 27.8, 시멘트 37.8

2024년
광석 2.7, 유류 5.5, 기타 7.6, 철강 7.3, 석탄 10.3, 컨테이너 26.5, 시멘트 40.1

① 2023년 대비 2024년에 구성비가 증가한 품목은 3개이다.
② 컨테이너 수송량은 2023년에 비해 2024년에 감소하였다.
③ 구성비가 가장 크게 변화한 품목은 유류이다.
④ 2023년과 2024년에 가장 큰 비율을 차지하는 품목은 동일하다.

21 M금고 영업점에서 수신업무를 담당하고 있는 귀하에게 금융상품 상담 문의가 접수되었다. 문의한 고객은 다음과 같이 제시된 3가지 상품 중에서 가장 수익이 높은 상품을 선택하려고 한다. 다음 중 수익이 높은 상품 순으로 바르게 나열한 것은?(단, $1.005^{13} = 1.067$로 계산한다)

〈금융 상품 정보〉

구분	가입금액	가입기간	금리	이자지급방식
행복예금	가입 시 120만 원	1년	연 6%(연복리)	만기이자지급식
차곡적금	월초 10만 원	1년	연 6%(월복리)	만기이자지급식
가득예금	가입 시 120만 원	1년	연 6%(연단리)	만기이자지급식

※ 이자수익의 비교는 세전 기준으로 함

① 행복예금 - 차곡적금 - 가득예금
② 행복예금 - 가득예금 - 차곡적금
③ 차곡적금 - 행복예금 - 가득예금
④ 가득예금 - 행복예금 - 차곡적금

22 M병원은 현재 영양제 할인행사를 진행하고 있다. M병원에서 근무하는 A씨가 할인행사에 대한 고객들의 문의내용에 다음과 같이 답변했을 때, 답변내용으로 가장 적절한 것은?

<M병원 영양제 할인행사 안내>

▶ 대상 : M병원 모든 외래 · 입원환자
▶ 기간 : 8월 1 ~ 31일까지 한 달간

구분	웰빙코스	케어코스	헬스코스	종합코스	폼스티엔에이페리주 치료
대상	• 만성피로 직장인 • 간 질환자	• 노인성 질환자 • 수험생 • 비만인	• 집중력 · 기억력 감퇴자 • 급성 · 만성 간염 환자 • 운동선수	• 당뇨병 환자 • 심혈관 환자 • 만성피로 증후군 • 노인, 직장인 • 비만인, 수험생 • 운동선수	• 경구 또는 위장관 영양공급이 불가능 · 불충분하거나 제한되어 경정맥에 영양공급을 해야 하는 환자
효능	• 간 해독효과 • 피로회복 • 식욕부진 호전 • 피부질환 예방	• 손발 저림 개선 • 어깨통증 • 피로회복 • 집중력 증대 • 다이어트	• 간세포 괴사 억제 • 전신 권태감 개선 • 인식력 저하 개선 • 학습능력 향상	• 피로회복 • 간 기능 개선 • 집중력 증대 • 손발 저림 개선 • 어깨통증 완화 • 다이어트 • 피부질환 예방	• 칼로리, 아미노산 공급 • 필수지방, 오메가-3 지방산 공급
가격	~~85,000원~~ → 59,500원	~~70,000원~~ → 49,000원	~~75,000원~~ → 52,500원	~~100,000원~~ → 70,000원	~~120,000원~~ → 84,000원

① 문의 : M병원에서 영양제 할인행사를 한다고 들었는데 얼마나 할인되는 건가요?
   답변 : 폼스티엔에이페리주 치료를 제외한 전체 코스에서 모두 30% 할인됩니다.
② 문의 : 제가 요새 식욕부진으로 고생 중인데 어떤 영양제 코스를 받는 게 좋을까요?
   답변 : 할인을 통해 52,500원인 헬스코스를 추천드립니다.
③ 문의 : 손발 저림에 효과 있는 영양제 코스가 있을까요?
   답변 : 케어코스가 있습니다. 혹시 피부질환도 치료를 원하실 경우 종합코스를 추천드립니다.
④ 문의 : 제가 좀 비만이라 그런데 비만에 도움되는 코스도 있을까요?
   답변 : 다이어트에 도움을 주는 케어코스 어떠실까요? 9월까지 할인행사 진행 중입니다.

※ M금고 ○○지점 A과장, B대리, C대리, D주임, E주임, F사원이 포럼 참석을 위해 대전에 있는 숙소에서 숙박할 예정이다. 이어지는 질문에 답하시오. [23~24]

〈숙소 정보〉

- 숙소는 1동, 2동, 3동으로 나뉘며, 각 동은 1층부터 2층까지 있다.
- 각 호실은 층마다 1개씩만 있다.

〈숙소 배정조건〉

- 각 직원은 각자 1개 호실을 이용한다.
- A과장은 2층 호실을 이용한다.
- 주임끼리는 같은 동에 숙소를 배정받는다.
- F사원은 A과장과 같은 동에 숙소를 배정받는다.
- C대리는 1층 숙소를 배정받는다.
- D주임은 2동 2층 숙소를 이용한다.

23 숙소 배정조건에 따라 A과장, B대리, C대리, D주임, E주임, F사원의 숙소가 배정된다고 할 때, 숙소 이용에 대한 설명으로 항상 참인 것을 〈보기〉에서 모두 고르면?

> **보기**
>
> ㄱ. A과장은 1동 2층 호실을 이용한다.
> ㄴ. F사원은 1동 2층 호실을 이용한다.
> ㄷ. E주임은 2동 1층 호실을 이용한다.
> ㄹ. B대리는 3동 2층 호실을 이용한다.

① ㄱ   ② ㄷ
③ ㄱ, ㄴ   ④ ㄷ, ㄹ

24 B대리가 다리를 다치는 바람에 의무실에서 가장 가까운 3동 1층 숙소를 이용하게 되었고, C대리는 1층이 아닌 2층 숙소를 배정받게 되었다고 한다. 이를 고려할 때, 다음 중 1동 1층 호실을 배정받을 직원은?

① A과장   ② B대리
③ D주임   ④ F사원

※ M금고에서는 임직원 해외연수를 추진하고 있다. 이어지는 질문에 답하시오. **[25~26]**

〈2025년 임직원 해외연수 공지사항〉

• 해외연수 국가 : 네덜란드, 일본
• 해외연수 일정 : 2025년 2월 11일 ~ 2025년 2월 20일(10일간)
• 해외연수 인원 : 나라별 2명씩 총 4명
• 해외연수 인원 선발 방법 : 2024년 업무평가 항목 평균 점수 상위 4명 선발

〈M금고 임직원 2024년 업무평가〉

(단위 : 점)

성명	직급	2024년 업무평가		
		조직기여	대외협력	기획
유시진	팀장	58	68	83
최은서	팀장	79	98	96
양현종	과장	84	72	86
오선진	대리	55	91	75
이진영	대리	90	84	97
장수원	대리	78	95	85
김태균	주임	97	76	72
류현진	주임	69	78	54
강백호	사원	77	83	66
최재훈	사원	80	94	92

25 다음 중 해외연수 대상자가 될 수 있는 직원으로만 묶인 것은?

① 유시진, 최은서 　　　　② 양현종, 오선진
③ 이진영, 장수원 　　　　④ 김태균, 류현진

26 M금고는 원래 계획을 변경하여 기존 해외연수 인원을 나라별로 1명씩 늘려 총 6명으로 확대하려고 한다. 이때 해외연수 대상자가 될 수 없는 직원은?

① 양현종 　　　　② 오선진
③ 이진영 　　　　④ 김태균

※ 다음은 W버스회사에서 지점이동을 원하는 직원들에 대한 자료이다. 이어지는 질문에 답하시오. [27~28]

〈직원 기록〉

직원	1차 희망지역	보직	경력	직원	1차 희망지역	보직	경력
A	대구	시내운전	3년	H	부산	연료주입	3년
B	대전	차량관리	5년	I	서울	시내운전	6년
C	서울	연료주입	4년	J	대구	차량관리	5년
D	경기	차량관리	2년	K	광주	연료주입	1년
E	서울	시내운전	6년	L	경기	연료주입	2년
F	부산	연료주입	7년	M	부산	시내운전	8년
G	경기	차량관리	1년	N	대구	차량관리	7년

조건

- 각 지역마다 희망지역을 신청한 사람 중 2명까지 이동할 수 있다.
- 우선 희망지역이 3명 이상이면 경력이 높은 사람이 우선된다.
- 1차 희망지역에 가지 못한 사람들은 2차 희망지역에서 다음 순위 방법으로 선정된다.
  - 보직 우선순위 '시내운전＞차량관리＞연료주입'
  - 보직이 같을 경우 경력이 낮은 사람 우선
- 희망지역은 3차까지 신청 가능하다.
- 3차 희망지역도 안 될 경우 지점이동을 하지 못한다.

27 1차 희망지역인 서울지역과 경기지역으로 이동할 직원들이 바르게 연결된 것은?

①

서울
E, I
경기
G, L

②

서울
C, I
경기
D, L

③

서울
E, I
경기
D, L

④

서울
C, E
경기
D, G

28 다음은 지점이동을 지원한 직원들의 희망지역을 정리한 표이다. 표를 참고할 때 어느 지역으로도 이동하지 못하는 직원은?

〈희망지역 신청표〉

직원	1차 희망지역	2차 희망지역	3차 희망지역	직원	1차 희망지역	2차 희망지역	3차 희망지역
A	대구	울산	부산	H	부산	광주	울산
B	대전	광주	경기	I	서울	경기	–
C	서울	경기	대구	J	대구	부산	울산
D	경기	대전	–	K	광주	대전	–
E	서울	부산	–	L	경기	서울	–
F	부산	대구	포항	M	부산	대전	대구
G	경기	광주	서울	N	대구	포항	–

① A
② C
③ G
④ H

29 M금고 A지점에서 근무하고 있는 김대리, 이사원, 박사원, 유사원, 강대리 중 1명은 이번 워크숍에 참석하지 않았다. 이들 중 2명이 거짓말을 한다고 할 때, 다음 중 워크숍에 참석하지 않은 사람은?

> 강대리 : 나와 김대리는 워크숍에 참석했다. 나는 누가 워크숍에 참석하지 않았는지 알지 못한다.
> 박사원 : 유사원은 이번 워크숍에 참석하였다. 강대리님의 말은 모두 사실이다.
> 유사원 : 워크숍 불참자의 불참 사유를 3명이 들었다. 이사원은 워크숍에 참석했다.
> 김대리 : 나와 강대리만 워크숍 불참자의 불참 사유를 들었다. 이사원의 말은 모두 사실이다.
> 이사원 : 워크숍에 참석하지 않은 사람은 유사원이다. 유사원이 개인 사정으로 인해 워크숍에 참석하지 못한다고 강대리님에게 전했다.

① 강대리
② 박사원
③ 김대리
④ 이사원

30 A사원은 다음 사내 규정에 따라 비품을 구매하려고 한다. 작년에 가을이 아닌 같은 계절에 가습기와 에어컨을 구매했을 때, 작년 구매 목록에 대한 설명으로 항상 옳지 않은 것은?(단, 가습기는 10만 원 미만, 에어컨은 50만 원 이상이다)

〈사내 규정〉

- 매년 10만 원 미만, 10만 원 이상, 30만 원 이상, 50만 원 이상의 비품으로 구분지어 구매 목록을 만든다.
- 매 계절 적어도 구매 목록 중 하나는 구매한다.
- 매년 최대 6번까지 구매할 수 있다.
- 한 계절에 같은 가격대의 구매 목록을 2번 이상 구매하지 않는다.
- 두 계절 연속으로 같은 가격대의 구매 목록을 구매하지 않는다.
- 50만 원 이상 구매 목록은 매년 2번 구매한다.
- 봄에 30만 원 이상 구매 목록을 구매한다.

① 가을에 30만 원 이상 구매 목록을 구매했다.
② 여름에 10만 원 미만 구매 목록을 구매했다.
③ 봄에 50만 원 이상 구매 목록을 구매했다.
④ 겨울에 10만 원 이상 구매 목록을 구매했다.

Easy

31 M사는 새롭게 개발한 립스틱을 대대적으로 홍보하고 있다. 다음 글을 읽고 대안으로 가장 적절한 것을 고르면?

M사 립스틱의 특징은 지속력과 선명한 색상, 그리고 20대 여성을 타깃으로 한 아기자기한 디자인이다. 하지만 립스틱의 홍보가 안 되고 있어 매출이 좋지 않다. 조사결과 저가 화장품이라는 브랜드 이미지 때문인 것으로 드러났다.

① 블라인드 테스트를 통해 제품의 질을 인정받는다.
② 홍보비를 두 배로 늘려 더 많이 광고한다.
③ 브랜드 이름을 최대한 감추고 홍보한다.
④ 무료 증정 이벤트를 연다.

※ 다음은 조직의 구조에 대한 자료이다. 이어지는 질문에 답하시오. [32~33]

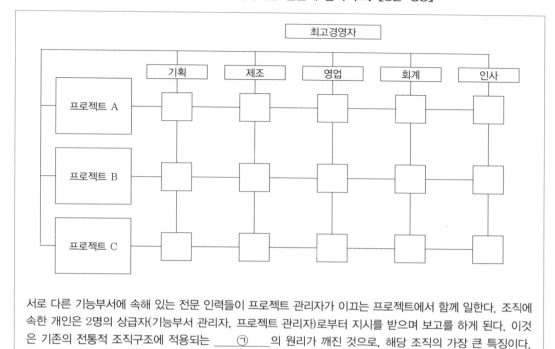

서로 다른 기능부서에 속해 있는 전문 인력들이 프로젝트 관리자가 이끄는 프로젝트에서 함께 일한다. 조직에 속한 개인은 2명의 상급자(기능부서 관리자, 프로젝트 관리자)로부터 지시를 받으며 보고를 하게 된다. 이것은 기존의 전통적 조직구조에 적용되는 ____ ㉠ ____의 원리가 깨진 것으로, 해당 조직의 가장 큰 특징이다.

32 다음 중 자료에서 설명하는 조직의 구조는?

① 네트워크 조직　　　　　　② 매트릭스 조직
③ 관료제 조직　　　　　　　④ 팀제 조직

33 다음 중 ㉠에 들어갈 말로 가장 적절한 것은?

① 계층　　　　　　　　　　② 기능적 분업
③ 조정　　　　　　　　　　④ 명령통일

34 다음은 M행사기획업체의 행사안전 점검표이다. 점검내용을 확인한 후 확인란에 체크 표시를 하였을 때, 이에 대한 설명으로 적절하지 않은 것은?

〈행사안전 점검표〉

구분	점검내용	확인	비고
1	바닥이 미끄러운 곳은 없는가?	✔	미끄럼방지 패드 구매 필요
2	위험한 장소에 보호망이 있는가?		−
3	모든 시설, 설비는 잘 고정되어 흔들리지 않는가?	✔	−
4	문이 부드럽게 열리고 닫히며 손 끼임 방지장치가 있는가?	✔	−
5	실외 놀이기구는 바닥에 안전하게 고정되어 있는가?	✔	−
6	비상시 연락할 수 있는 휴대전화가 있는가?	✔	−
7	유아들의 안전을 관리할 성인이 항상 있는가?		
8	비가 올 때 천장이나 벽에서 누수되는 곳은 없는가?	✔	−
9	깨진 유리창이 없고 창틀에 파손된 부분은 없는가?		
10	창문에 안전장치와 방충망이 되어 있는가?	✔	−
11	놀이기구에 유해색소가 칠해져 있거나 칠이 벗겨져 있는 부분은 없는가?	✔	친환경 페인트 구매 필요
12	약품이나 교사용 물품 등 위험한 물건이 영유아의 손이 닿지 않는 곳에 보관되어 있는가?		−
13	앰프설비는 영유아가 열지 못하도록 잠금장치가 되어 있는가?	✔	더 안전한 잠금장치 구매 필요

① 보호망과 창틀에 대한 확인이 필요한 상황이다.
② 유아들의 안전 관리를 위한 성인의 존재와 휴대전화 여부의 확인이 필요하다.
③ 문에 손 끼임 방지장치 설치 여부와 앰프설비의 잠금 여부는 확인되었다.
④ 미끄럼방지 패드와 친환경 페인트에 대한 구매가 요구된다.

35 다음과 같은 상황을 이해한 내용으로 가장 적절한 것은?

총무부는 회사에 필요한 사무용품을 대량으로 주문하였다. 주문서는 메일로 보냈는데, 배송 온 사무용품을 확인하던 중 책꽂이의 수량과 연필꽂이의 수량이 바뀌어서 배송된 것을 알았다. 주문서를 보고 주문한 수량을 한 번 더 확인한 후 바로 문구회사에 전화를 하니 상담원은 처음 발주한 수량대로 제대로 보냈다고 한다. 메일을 확인해 보니 수정 전의 파일이 발송되었다.

① 문구회사는 주문서를 제대로 보지 못하였다.
② 주문서는 메일로 보내면 안 된다.
③ 메일에 자료를 첨부할 때는 꼼꼼히 확인하여야 한다.
④ 연필꽂이의 수량이 책꽂이보다 많았다.

36 신입사원 A씨는 갈등관리에 대한 책을 읽고 그 내용에 대해 정리해 보았다. 정리한 내용으로 옳지 않은 것은?

① 대화에 적극적으로 참여하고 있음을 드러내기 위해 상대방과 눈을 자주 마주친다.

② 어려운 문제여도 피하지 말고 맞서야 한다.

③ 자신의 의견을 명확하게 밝히고 지속적으로 강화한다.

④ 갈등이 인지되자마자 접근할 것이 아니라 가만히 두면 자연히 가라앉는 경우도 있기 때문에 시간을 두고 지켜보는 것이 좋다.

37 다음 사례에서 나타나는 협상전략으로 가장 적절한 것은?

〈사례〉

○○먹자골목에 있는 상가들은 수십 년간 역사를 이어온 상가들이 대부분이다 보니 서로 부모님은 물론 조부모님까지 아는 사이들이 대다수이다. 이로 인해 상가들끼리는 관계가 매우 돈독해 손님들이 지나가도 과도한 고객행위를 하지 않고 영업을 하는 비교적 조용한 골목이었다. 하지만 최근 근처에 신도시가 들어서면서 많은 상가들이 들어와 ○○먹자골목에는 손님들이 눈에 띄게 줄어들었다. 이에 대부분의 상가들이 적자를 보는 상황임에도 불구하고 타지역처럼 손님들에게 과도한 호객행위를 하는 대신 상가들끼리 힘을 합쳐 ○○먹자골목 거리를 손님들이 방문하고 싶도록 새롭게 바꾸기로 하였다.

① 협력전략   ② 유화전략
③ 회피전략   ④ 경쟁전략

38 다음 중 '터크만(Tuckman) 팀 발달 단계'에 필요한 리더십으로 옳은 것은?

	형성기	혼란기	규범기	성취기
①	참여	코치	위임	지시
②	코치	지시	참여	위임
③	코치	위임	참여	지시
④	지시	코치	참여	위임

39 다음 상황의 고객 유형에 대처할 방법으로 가장 적절한 것은?

> 직원 : 반갑습니다. 고객님, 찾으시는 제품 있으실까요?
> 고객 : 아이가 에어드레서가 필요하다고 해서요, 제품 좀 보러왔어요.
> 직원 : 그렇군요. 그럼 고객님, ○○제품 한번 보시겠어요? 이번에 나온 신제품인데요, 기존 제품들이 살균과 미세먼지 제거기능 및 냄새분해 기능만 있었다면, 이 제품은 그 기능에 더하여 바이러스 제거기능이 추가되었습니다. 요즘 같은 시기에 가장 적합한 제품입니다.
> 고객 : 가격이 얼마인가요?
> 직원 : 가격은 기존 제품의 약 1.8배 정도로 ×××만 원이지만, 2025년도 신제품은 5%의 할인이 적용되기 때문에 지금 타사 대비 최저가로 구매가 가능합니다.
> 고객 : 아, 비싸네요. 근데 바이러스가 눈에 안 보이는데 정말 제거되는지 믿을 수 있나요? 그냥 신제품이라고 좀 비싸게 파는 건 아닐까 생각이 드네요.

① 잠자코 고객의 의견을 경청하고 사과를 하도록 한다.

② 고객의 이야기를 경청하고, 맞장구치고, 추켜세우고, 설득한다.

③ 분명한 증거나 근거를 제시하여 고객이 확신을 갖도록 유도한다.

④ 과시욕이 충족될 수 있도록 고객의 언행을 제지하지 않고 인정해 준다.

40 다음 제시된 협상 과정 중 각 단계에 대한 설명으로 옳지 않은 것은?

> 협상 전 단계 → 협상 진행 단계 → 협상 후 단계

① 협상 후 단계에서는 협의내용을 비준하는 과정과 분석평가 과정이 이루어진다.

② 협상 참여자들은 협상 진행 단계에서 상호 간에 정보를 교환하고 협상전략을 구사한다.

③ 협상 진행 단계에서 합의문 작성 등 협상의 내용적 종결이 이루어진다.

④ 협상 참여자들은 협상 진행 단계에 들어간 직후 협상형태를 파악하고 상황에 맞는 협상전략을 수립한다.

최종점검 모의고사

🕐 응시시간 : 40분　📋 문항 수 : 40문항

01 다음 글을 읽고 이해한 내용으로 적절하지 않은 것은?

> 골격근에서 전체 근육은 근육섬유를 뼈에 연결시키는 주변 조직인 힘줄과 결합조직을 모두 포함한다. 골격근의 근육섬유가 수축할 때 전체 근육의 길이가 항상 줄어드는 것은 아니다. 근육 수축의 종류 중 근육섬유가 수축함에 따라 전체 근육의 길이가 변화하는 것을 '등장수축'이라고 하는데, 등장수축은 근육섬유 수축과 함께 전체 근육의 길이가 줄어드는 '동심 등장수축'과 전체 근육의 길이가 늘어나는 '편심 등장수축'으로 나뉜다.
>
> 반면에 근육섬유가 수축함에도 불구하고 전체 근육의 길이가 변하지 않는 수축을 '등척수축'이라고 한다. 예를 들어 아령을 손에 들고 팔꿈치의 각도를 일정하게 유지하고 있는 상태에서 위팔의 이두근 근육섬유는 끊임없이 수축하고 있지만, 이 근육에서 만드는 장력이 근육에 걸린 부하량, 즉 아령의 무게와 같아 전체 근육의 길이가 변하지 않기 때문에 등척수축을 하는 것이다. 등척수축은 골격근의 주변 조직과 근육섬유 내에 있는 탄력섬유의 작용에 의해 일어난다. 근육에 부하가 걸릴 때 이 부하를 견디기 위해 탄력섬유가 늘어나기 때문에 근육섬유는 수축하지만 전체 근육의 길이는 변하지 않는 등척수축이 일어날 수 있다.

① 등장수축에서는 근육섬유가 수축할 때 전체 근육 길이가 줄어든다.
② 등척수축에서는 근육섬유가 수축할 때 전체 근육 길이가 변하지 않는다.
③ 등척수축은 탄력섬유의 작용에 의해 일어난다.
④ 골격근은 힘줄과 결합조직을 모두 포함한다.

02 다음 글의 빈칸에 들어갈 내용으로 가장 적절한 것은?

한 존재가 가질 수 있는 욕망과 그 존재가 가졌다고 할 수 있는 권리 사이에는 모종의 개념적 관계가 있다. 권리는 침해될 수 있는 것이며, 어떤 것에 대한 개인의 권리를 침해하는 것은 그것과 관련된 욕망을 좌절시키는 것이다. 예를 들어 당신이 차를 가지고 있다고 가정해 보자. 그럴 때 나는 우선 그것을 당신으로부터 빼앗지 말아야 한다는 의무를 가진다. 그러나 그 의무는 무조건적인 것이 아니다. 이는 부분적으로 당신이 그것과 관련된 욕망을 가지고 있는지 여부에 달려 있다. 만약 당신이 차를 빼앗기든지 말든지 관여치 않는다면, 내가 당신의 차를 빼앗는다고 해서 당신의 권리를 침해하는 것은 아닐 수 있다.

물론 권리와 욕망 간의 관계를 정확히 설명하는 것은 어렵다. 이는 졸고 있는 경우나 일시적으로 의식을 잃는 경우와 같은 특수한 상황 때문인데, 졸고 있는 사람이나 의식을 잃은 사람에게 권리가 없다고 말하는 것은 옳지 않을 것이다. 그러나 이와 같이 권리의 소유가 실제적인 욕망 자체와 연결되지는 않는다고 하더라도, 권리를 소유하려면 어떤 방식으로든 관련된 욕망을 가지는 능력이 있어야 한다. 어떤 권리를 소유하려면 최소한 그 권리와 관련된 욕망을 가질 수 있어야 한다는 것이다.

이러한 관점을 '생명에 대한 권리'라는 경우에 적용해보자. 생명에 대한 권리는 개별적인 존재의 생존을 지속시킬 권리이고, 이를 소유하는 데 관련되는 욕망은 개별존재로서 생존을 지속시키고자 하는 욕망이다. 따라서 자신을 일정한 시기에 걸쳐 존재하는 개별존재로서 파악할 수 있는 존재만이 생명에 대한 권리를 가질 수 있다. 왜냐하면 _____

① 생명에 대한 권리를 가질 수 있는 존재만이 개별존재로서 생존을 지속시키고자 하는 욕망을 가질 수 있기 때문이다.

② 자신을 일정한 시기에 걸쳐 존재하는 개별존재로서 파악할 수 있는 존재는 다른 존재자의 생명을 빼앗지 말아야한다는 의무를 지니기 때문이다.

③ 자신을 일정한 시기에 걸쳐 존재하는 개별존재로서 파악할 수 있는 존재만이 개별존재로서 생존을 지속시키고자 하는 욕망을 가질 수 있기 때문이다.

④ 개별존재로서 생존을 지속시키고자 하는 욕망을 가질 수 있는 존재만이 자신을 일정한 시기에 걸쳐 존재하는 개별존재로서 파악할 수 있기 때문이다.

03 다음 글의 중심 내용으로 가장 적절한 것은?

사피어 – 워프 가설은 어떤 언어를 사용하느냐에 따라 사고의 방식이 정해진다는 이론이다. 이에 따르면 언어는 인간의 사고나 사유를 반영함은 물론이고, 그 언어를 쓰는 사람들의 사고방식에까지 영향을 미친다.

공동체의 언어 습관이 특정한 해석을 선택하도록 하기 때문에 우리는 일반적으로 우리가 행한 대로 보고 듣고 경험한다고 한 사피어의 관점에 영향을 받아, 워프는 언어가 경험을 조직한다고 주장했다. 한 문화의 구성원으로서, 특정한 언어를 사용하는 화자로서, 우리는 언어를 통해 암묵적 분류를 배우고 이 분류가 세계의 정확한 표현이라고 간주한다. 그리고 그 분류는 사회마다 다르므로, 각 문화는 서로 다른 의견을 가질 수 있는 개인들로 구성됨에도 불구하고 독특한 합의를 보여 준다.

가령, 에스키모어에는 눈에 관한 낱말이 많은데 영어로는 한 단어인 '눈(Snow)'을 네 가지 다른 단어, 즉 땅 위의 눈(Aput), 내리는 눈(Quana), 바람에 날리는 눈(Piqsirpoq), 바람에 날려 쌓이는 눈(Quiumqsuq) 등으로 표현한다는 것이다. 북아프리카 사막의 유목민들은 낙타에 관해 10개 이상의 단어를 가지고 있으며, 우리도 마찬가지다. 영어의 'Rice'에 해당하는 우리말은 '모', '벼', '쌀', '밥' 등이 있다.

그렇다면 언어와 사고, 언어와 문화의 관계는 어떻게 볼 수 있을까? 일단 우리는 언어와 정신 활동이 상호 의존성을 갖는다고 말할 수 있을 것이다. 하지만 그들 간의 관계 중 어떤 것이 우월한 것인지를 잘 식별할 수 없는 정도로 인식이 되고 나면, 우리의 생각은 언어 우위 쪽으로 기울기 쉽다. 왜냐하면 언어의 사용에 따라 사고가 달라지는 것이라고 규정하는 것이 사고를 통해 언어가 만들어진다는 것보다 훨씬 더 쉽게 이해되기 때문이다. 이러한 면에서 사피어 – 워프 가설은 언어 우위론적 입장을 보인다고 할 수 있다.

그러나 사피어 – 워프 가설이 언어 우위론의 근거로만 설명되는 것은 아니다. 앞의 에스키모어의 예를 보면, 사람들이 눈을 인지하는 방법이 달라진 것(사고의 변화)으로 인해 언어도 달라지게 되었는지, 반대로 언어 체계가 달라진 것으로 인해 눈을 인지하는 방법이 달라졌는지를 명확하게 설명할 수 없기 때문이다.

① 사피어 – 워프 가설은 언어 우위론으로 입증할 수 있다.
② 사피어 – 워프 가설의 예로 에스키모어가 있다.
③ 사피어 – 워프 가설은 우리의 언어 생활과 밀접한 이론이다.
④ 언어와 사고의 관계에 대한 사피어 – 워프 가설을 증명하기는 쉽지 않다.

04 다음 글에 나타난 글쓴이의 주장으로 가장 적절한 것은?

> 동물들의 행동을 잘 살펴보면 동물들도 우리가 사용하는 말 못지않은 의사소통 수단을 가지고 있는 듯이 보인다. 즉, 동물들도 여러 가지 소리를 내거나 몸짓을 함으로써 자신들의 감정과 기분을 나타낼 뿐 아니라 경우에 따라서는 인간과 다를 바 없이 의사를 교환하고 있는 듯하다. 그러나 그것은 단지 겉모습의 유사성에 지나지 않을 뿐이고 사람의 말과 동물의 소리에는 아주 근본적인 차이가 존재한다는 점을 잊어서는 안 된다. 동물들이 사용하는 소리는 단지 배고픔이나 고통 같은 생물학적인 조건에 대한 반응이거나, 두려움이나 분노 같은 본능적인 감정들을 표현하기 위한 것에 지나지 않는다.

① 동물들이 내는 소리가 때때로 의사소통의 수단으로 이용된다고 해서 그것을 대화나 토론이나 회의와 같은 언어활동이라고 할 수는 없다.

② 동물들은 인간이 알아듣지 못하는 방식으로 대화할 뿐 서로 대화를 나누고 정보를 교환하며 인간과 같이 의사소통을 한다.

③ 사육사의 지속적인 훈련을 받는다면 동물들은 인간의 소리를 똑같은 목소리로 정확하게 따라 할 수 있다.

④ 자라면서 언어를 익히는 인간과 달리 동물들은 태어날 때부터 소리를 내고, 이를 통해 자신들의 의사를 표현한다.

05 다음 글을 논리적 순서대로 바르게 나열한 것은?

> (가) 그러나 이러한 현상에 대해 비판적인 시각도 생겨났다. 대량 생산된 복제품은 예술 작품의 유일무이(唯一無二)한 가치를 상실케 하고 예술적 전통을 훼손한다는 것이다.
>
> (나) MP3로 대표되는 복제 기술이 어떻게 발전할 것이며 그에 따라 음악은 어떤 변화를 겪을지, 우리가 누릴 수 있는 새로운 전통은 우리 삶을 어떻게 변화시킬지 생각해 보는 것은 매우 흥미로운 일이다.
>
> (다) 근래에는 음악을 컴퓨터 파일의 형태로 바꾸는 기술이 개발되어 작품을 나누고 섞고 변화시키는 것이 훨씬 자유로워졌다. 이에 따라 낯선 곡은 반복을 통해 친숙한 음악으로, 친숙한 곡은 디지털 조작을 통해 낯선 음악으로 변모시킬 수 있게 되었다.
>
> (라) 그러나 복제품은 자신이 생겨난 환경에 매어 있지 않기 때문에, 새로운 환경에서 새로운 예술적 전통을 만들어 낸다. 최근 음악 환경은 IT 기술의 발달과 보급에 따라 매우 빠르게 변화하고 있다.

① (다) – (가) – (라) – (나)   ② (다) – (나) – (가) – (라)
③ (다) – (라) – (가) – (나)   ④ (다) – (라) – (나) – (가)

06 다음 제시된 글을 읽고 이어질 문단을 논리적 순서대로 바르게 나열한 것은?

> 산수만 가르치면 아이들이 돈의 중요성을 알게 될까? 돈의 가치를 어떻게 가르쳐야 아이들이 돈에 대하여 올바른 개념을 갖게 될까? 이런 생각은 모든 부모의 공통된 고민일 것이다.

(가) 독일의 한 연구에 따르면 부모가 돈에 대한 개념이 없으면 아이들이 백만장자가 될 확률이 500분의 1인 것으로 나타났다. 반면 부모가 돈을 다룰 줄 알면 아이들이 백만장자로 성장할 확률이 5분의 1이나 된다. 특히 백만장자의 자녀들은 돈 한 푼 물려받지 않아도 백만장자가 될 확률이 일반인보다 훨씬 높다는 게 연구 결과의 요지다. 이는 돈의 개념을 이해하는 가정의 자녀들이 그렇지 않은 가정의 자녀들보다 백만장자가 될 확률이 100배 높다는 얘기다.

(나) 연구 결과 만 7세부터 돈의 개념을 어렴풋이나마 짐작하게 되는 것으로 나타났다. 따라서 이때부터 아이들에게 약간의 용돈을 주는 것으로 돈에 대한 교육을 시작하면 좋다. 8세 때부터는 돈의 위력을 이해하기 시작한다. 소유가 뭘 의미하는지, 물물교환은 어떻게 하는지 등을 가르칠 수 있다. 아이들은 돈을 벌고자 하는 욕구를 느낀다. 이때부터 돈은 자연스러운 것이고, 건강한 것이고, 인생에서 필요한 것이라고 가르칠 필요가 있다.

(다) 아이들에게 돈의 개념을 가르치는 지름길은 용돈이다. 용돈을 받아 든 아이들은 돈에 대해 책임감을 느끼게 되고, 돈에 대한 결정을 스스로 내리기 시작한다. 그렇다면 언제부터, 얼마를 용돈으로 주는 것이 좋을까?

(라) 하지만 돈에 대해서 부모가 결코 해서는 안 될 일들도 있다. 예컨대 벌을 주기 위해 용돈을 깎거나 포상 명목으로 용돈을 늘려줘서는 안 된다. 아이들은 무의식적으로 잘못한 일을 돈으로 때울 수 있다고 생각하거나 사랑과 우정을 돈으로 살 수 있다고 생각하게 된다. 아이들은 우리의 미래다. 부모는 아이들이 돈에 대하여 정확한 개념과 가치관을 세울 수 있도록 좋은 본보기가 되어야 할 것이다. 그러한 노력만이 아이들의 미래를 아름답게 만들어 줄 것이다.

① (가) – (다) – (나) – (라)
② (가) – (라) – (나) – (다)
③ (다) – (가) – (나) – (라)
④ (다) – (나) – (라) – (가)

07 다음 중 밑줄 친 (가)와 (나)에 대한 추론으로 가장 적절한 것은?

> 최근 경제신문에는 기업의 사회적 책임을 반영한 마케팅 용어들이 등장하고 있다. 그중 하나인 코즈 마케팅(Cause Marketing)은 기업이 환경, 보건, 빈곤 등과 같은 사회적인 이슈, 즉 코즈(Cause)를 기업의 이익 추구를 위해 활용하는 마케팅 기법으로, 기업이 추구하는 사익과 사회가 추구하는 공익을 동시에 얻는 것을 목표로 한다. 소비자는 사회적인 문제들을 해결하려는 기업의 노력에 호의적인 반응을 보이게 되고, 결국 기업의 선한 이미지가 제품 구매에 영향을 미치는 것이다.
> 미국의 카드 회사인 (가) 아메리칸 익스프레스는 1850년 설립 이후 전 세계에 걸쳐 개인 및 기업에 대한 여행이나 금융 서비스를 제공하고 있다. 1983년 아메리칸 익스프레스사는 기존 고객이 자사의 신용카드로 소비할 때마다 1센트씩, 신규 고객이 가입할 때마다 1달러씩 '자유의 여신상' 보수 공사를 위해 기부하기로 하였다. 해당 기간 동안 기존 고객의 카드 사용률은 전년 동기 대비 28% 증가하였고, 신규 카드의 발급 규모는 45% 증가하였다.
> 현재 코즈 마케팅을 활발하게 펼치고 있는 대표적인 사회적 기업으로는 미국의 신발 회사인 (나) 탐스(TOMS)가 있다. 탐스의 창업자는 여행을 하던 중 가난한 아이들이 신발을 신지도 못한 채로 거친 땅을 밟으면서 각종 감염에 노출되는 것을 보고 그들을 돕기 위해 신발을 만들었고, 신발 하나를 구매하면 아프리카 아이들에게도 신발 하나를 선물한다는 'One for One' 마케팅을 시도했다. 이를 통해 백만 켤레가 넘는 신발이 기부되었고, 소비자는 만족감을 얻는 동시에 어려운 아이들을 도왔다는 충족감을 얻게 되었다. 전 세계의 많은 소비자들이 동참하면서 탐스는 3년 만에 4,000% 의 매출을 올렸다.

① (가)는 기업의 사익보다 공익을 우위에 둔 마케팅을 펼침으로써 신규 고객을 확보할 수 있었다.
② (가)가 큰 이익을 얻을 수 있었던 이유는 소비자의 니즈(Needs)를 정확히 파악했기 때문이다.
③ (나)는 기업의 설립 목적과 어울리는 코즈(Cause)를 연계시킴으로써 높은 매출을 올릴 수 있었다.
④ (나)는 높은 매출을 올렸으나, 기업의 일방적인 기부 활동으로 인해 소비자의 공감을 이끌어 내는 데 실패하였다.

※ 다음은 M공사의 임직원 행동강령의 일부이다. 이어지는 질문에 답하시오. [8~9]

〈부당이득의 수수 금지 등〉

제1조(이권개입 금지) 임직원은 자신의 직위를 직접 이용하여 부당한 이익을 얻거나 타인이 부당한 이익을 얻도록 해서는 아니 된다.

제2조(직위의 사적 이용 금지) 임직원은 직무의 범위를 벗어나 사적 이익을 위하여 공사의 명칭이나 직위를 공표하고 게시하는 등의 방법으로 이용하거나 이용하게 해서는 아니된다.

제3조(공용재산의 사적사용 수익 금지)

① 임직원은 차량, 부동산 등 공사 소유의 재산과 예산사용으로 제공되는 항공마일리지, 적립 포인트 등 부가서비스를 정당한 사유 없이 사적인 용도로 사용·수익해서는 아니 된다.

② 제1항의 규정에 의거 관련 비위행위의 적발 시 공용재산 사적사용 및 취득비용 전액을 환수 조치할 수 있다.

제15조(직무 관련 정보를 이용한 거래 등의 제한)

① 임직원은 직무수행 중 알게 된 미공개정보를 이용하여 자신 또는 타인의 명의로 주식 등 유가증권 부동산 등과 관련된 재산상 거래 또는 투자를 하거나 타인에게 그러한 정보를 제공하여 재산상 거래 또는 투자를 돕는 행위를 해서는 아니 된다.

제16조(금품 등의 수수 금지)

① 임직원은 직무 관련 여부 및 기부·후원·증여 등 그 명목에 관계없이 동일인으로부터 1회에 100만 원 또는 매 회계연도에 300만 원을 초과하는 금품 등을 받거나 요구 또는 약속해서는 아니 된다.

② 임직원은 직무와 관련하여 대가성 여부를 불문하고 제1항에서 정한 금액 이하의 금품 등을 받거나 요구 또는 약속해서는 아니 된다.

③ 외부강의 등에 관한 사례금 또는 다음의 어느 하나에 해당하는 금품 등은 제1항 또는 제2항에서 수수(收受)를 금지하는 금품 등에 해당하지 아니한다.

  1. 공공기관의 장이 소속 임직원이나 파견 임직원에게 지급하거나 상급자가 위로·격려·포상 등의 목적으로 하급자에게 제공하는 금품 등

  2. 원활한 직무수행 또는 사교·의례 또는 부조의 목적으로 제공되는 음식물·경조사비·선물 등

  3. 사적 거래(증여는 제외)로 인한 채무의 이행 등 정당한 권원(權原)에 의하여 제공되는 금품 등

  4. 4촌 이내의 친족이 제공하는 금품 등

  5. 임직원과 관련된 직원상조회·동호회·동창회·향우회·친목회·종교단체·사회단체 등이 정하는 기준에 따라 구성원에게 제공하는 금품 등 및 그 소속 구성원 등 임직원과 특별히 장기적·지속적인 친분관계를 맺고 있는 자가 질병·재난 등으로 어려운 처지에 있는 임직원에게 제공하는 금품 등

  6. 임직원의 직무와 관련된 공식적인 행사에서 주최자가 참석자에게 통상적인 범위에서 일률적으로 제공하는 교통, 숙박, 음식물 등의 금품 등

  7. 불특정 다수인에게 배포하기 위한 기념품 또는 홍보용품 등이나 경연·추첨을 통하여 받는 보상 또는 상품 등

  8. 그 밖에 사회상규(社會常規)에 따라 허용되는 금품 등

08 위의 임직원 행동강령에 대한 질문과 답변으로 적절하지 않은 것은?

① Q : 출장비로 결제한 항공편을 이용하고 받은 항공마일리지를 개인 여행에 사용할 수 있나요?

   A : 우리 공사의 임직원은 공사 소유의 예산을 사용하여 제공되는 항공마일리지, 적립 포인트 등의 부가서비스를 정당한 사유 없이 사적인 용도로 사용해서는 안 됩니다.

② Q : 하급자가 상급자에게 제공하는 금품은 수수를 금지하는 물품에 해당하지 않는 것이죠?

   A : 공공기관에서 상급자가 위로·격려·포상 등의 목적으로 하급자에게 제공하는 금품과 하급자가 상급자에게 제공하는 금품은 수수를 금지하는 물품에 해당하지 않습니다.

③ Q : 최근에 후원 명목으로 150만 원의 금품을 받았습니다. 직무와 관련이 없는 금품임에도 받을 수 없는 건가요?

   A : 직무 관련 여부와 명목에 관계없이 1회 100만 원 이상의 금품을 받는 것은 금지되어 있습니다.

④ Q : 외부강의를 하고 그 사례금으로 100만 원을 받았습니다. 이 역시도 금지된 금품 수수에 해당하나요?

   A : 외부강의 등에 관한 사례금은 수수를 금지하는 금품에 해당하지 않습니다.

09 다음 중 수수를 금지하는 금품에 해당하는 것은?

① 공식행사에서 주최자가 제공한 명품시계
② 동창회에서 참석자에게 제공하는 기념품
③ M공사 사장이 연말에 지급한 포상금
④ 자녀의 결혼식에 받은 경조사비

10 다음은 우리나라 국고제도에 대한 개요이다. 이에 대한 설명으로 옳지 않은 것은?

〈우리나라 국고제도의 개요〉

• 국고금의 범위
국고금에는 중앙정부가 징수하는 국세와 관련 법규에 따른 각종 범칙금, 과징금, 연금보험료, 고용보험료, 국유재산 등에 대한 점용료·사용료, 각종 벌금 등이 있으며, 지방자치단체가 징수하는 지방세(주민세, 재산세, 자동차세 등)나 공공기관이 부과하는 공과금(전기요금, 전화요금 등)은 포함되지 않는다.

• 국고금의 종류
국고금이 효율적이고 투명하게 관리·운용되기 위해서는 국고관련 법령에 근거한 계획적인 수입 및 지출이 필요한데, 이를 위해 한국은행은 국고금을 그 성격 및 계리체계 등을 기준으로 '수입금과 지출금', '자금관리용 국고금' 그리고 '기타의 국고금'으로 구분하여 관리한다.
① 수입금과 지출금
수입금은 법령 또는 계약 등에 의해 국가의 세입으로 납입되거나 기금에 납입되는 자금을 말하고, 지출금은 세출예산 및 기금운용 계획의 집행에 따라 국고에서 지출되는 자금을 말한다. 세입·세출은 일반회계, 특별회계를 말하며 기금은 중앙행정기관이 관리하는 공공기금만을 말한다.
② 자금관리용 국고금
국고금의 상호예탁·운용, 일시차입, 결산상잉여금의 처분 등 수입금과 지출금의 관리를 위하여 부수적으로 따르는 자금관리 거래로 발생하는 자금을 말한다.
③ 기타의 국고금
수입·지출금 및 자금관리에는 포함되지 않으나 한국은행 및 정부관서의 국고금 관리의 정확성, 효율성 또는 편의성을 제고하기 위하여 취급하는 자금을 말한다.

• 국고금 취급기관
국고금은 정해진 절차에 따라 수입과 지출을 결정하고 결정된 대로 집행(출납)함으로써 종료되는데 국고금의 수입과 지출을 결정하는 국가회계기관을 '결정기관', 동 기관의 결정에 의해 국고금의 실질적인 출납을 담당하는 기관을 '출납기관'이라고 한다. 결정기관은 수입을 담당하는 '수입징수관'과 지출을 담당하는 '지출관'으로 구분되며, 출납기관은 출납공무원과 한국은행 등으로 구성된다. 대부분의 국고금은 최종적으로 한국은행에 예탁하여 출납하고 있으나 일부 기금의 경우에는 금융기관에 예탁하여 출납하고 있다. 한편 국고금 관리법에서는 국가회계 사무의 엄정성을 확보하고 위법·부정을 방지하기 위하여 양 기관의 겸직을 원칙적으로 금지하고 있다.

---

① 각 가구에서 납부하는 전기요금 및 수도세는 국고금의 구성에 포함되지 않는다.
② 한국은행은 계획적인 국고금 관리를 위해 국고금을 3가지로 분류하여 관리하고 있다.
③ 일시차입으로 인하여 발생하는 자금은 자금관리용 국고금에 해당한다.
④ 자금관리의 효율성 확보를 위해 국고금 관리법에서는 출납기관과 결정기관 간 겸직을 허용하고 있다.

11 G편의점에서는 A, B, C도시락을 판매한다. 어느 날 오전 중에 팔린 도시락의 수가 다음과 같을 때, 판매된 A도시락의 수는?

> • 오전 중 판매된 A, B, C도시락은 총 28개이다.
> • B도시락은 A도시락보다 1개 더 많이 팔렸다.
> • C도시락은 B도시락보다 2개 더 많이 팔렸다.

① 8개   ② 9개
③ 10개   ④ 11개

12 H씨는 가격이 250만 원인 컴퓨터를 이달 초에 먼저 50만 원을 지불하고 남은 금액은 12개월 할부로 구매하고자 한다. 이자는 월이율 0.5%로 1개월마다 복리로 적용할 때, 남은 금액을 한 달 후부터 일정한 금액으로 갚는다면 매달 얼마씩 갚아야 하는가?(단, $1.005^{12} = 1.062$로 계산하고, 십원 단위 이하는 반올림한다)

① 147,600원   ② 153,500원
③ 162,800원   ④ 171,300원

Easy
13 누리는 뛰어서, 다빈이는 걸어서 여의도 공원을 돌기로 했다. 공원 입구에서 같은 방향으로 가면 10분 만에 다시 만나고, 다른 방향으로 가면 5분 만에 다시 만난다. 공원의 둘레가 2km일 때 누리가 뛰는 속력은?(단, 누리가 다빈이보다 빠르며, 각각의 속력은 일정하다)

① 100m/min   ② 200m/min
③ 300m/min   ④ 400m/min

14 농도 4%의 설탕물 400g이 들어있는 컵을 방에 두고 자고 일어나서 보니 물이 증발하여 농도가 8%가 되었다. 남아있는 물의 양은?

① 100g   ② 200g
③ 300g   ④ 400g

다음은 연도별 국채, 지방채, 특수채, 금융채의 평균 금리를 나타낸 표와 용어에 대한 자료이다. 이에 대한 설명으로 옳지 않은 것은?(단, 소수점 셋째 자리에서 반올림한다)

〈연도별 평균 금리 현황〉

(단위 : %)

구분	2020년	2021년	2022년	2023년	2024년
국채 1년	2.89	2.91	3.01	3.32	3.38
국채 3년	3.01	3.22	3.89	4.02	4.41
국채 10년	3.88	3.91	4.29	4.11	4.24
인천지역개발채 5년	3.58	3.52	3.29	3.41	3.56
경기지역개발채 3년	5.1	5.02	4.21	4.22	4.81
강원지역개발채 6년	3.99	4.31	4.38	4.02	4.39
산업금융채 5년	3.2	3.5	3.8	4.5	4.4
한국전력채 10년	5.12	5.22	5.39	4.87	4.92
가스공사채 5년	4.8	6.3	5.7	7.2	6.6

- 국채 : 국가가 재정정책의 일환으로 발행하는 채권으로 정부가 원리금의 지급을 보증한다. 국채에는 일반재정적자를 보전하거나 재정자금의 수급조절을 위하여 발행되는 일반국채, 특정사업의 재원조달을 위한 사업국채, 국가의 보상재원을 마련하기 위한 보상채권 등이 있다.
- 지방채 : 지방정부 및 지방공공기관 등이 지방재정법의 규정에 의거하여 특수목적 달성에 필요한 자금을 조달하기 위해 발행하는 채권이다.
- 특수채 : 특별한 법률에 의해서 설립된 기관이 특별법에 의하여 발행하는 채권으로서 정부가 원리금의 지급을 보증하는 것이 일반적이다.
- 금융채 : 특별법에 의하여 설립된 금융회사가 발행하는 채권으로서 금융채의 발행은 특정한 금융회사의 중요한 자금조달수단의 하나이고, 이렇게 조달된 자금은 주로 장기 산업자금에 사용된다.
- 단기채 : 통상적으로 상환기간이 1년 이하의 채권을 말한다.
- 중기채 : 상환기간이 1년 초과 5년 이하의 채권을 말한다.
- 장기채 : 상환기간이 5년 초과인 채권을 말한다.

① 2021 ~ 2024년 동안 장기채 평균 금리의 전년 대비 증감 방향은 같다.
② 2021 ~ 2024년 동안 국채의 경우 단기채, 중기채, 장기채가 모두 발행되었고, 상환기간이 길어질수록 평균 금리도 높아졌다.
③ 2021년 지방채의 평균 금리는 2024년 지방채의 평균 금리보다 높다.
④ 상환기간이 동일한 특수채와 금융채의 평균 금리는 특수채가 금융채보다 매년 1.5배 이상이다.

16 A씨는 자동차 구매자금을 마련하고자 한다. 이를 위해 자산관리담당자와 상담을 한 결과, 다음 자료의 3가지 금융상품에 2천만 원을 투자하기로 했다. 6개월이 지난 후 A씨가 받을 수 있는 금액은?

<표 제목: 〈포트폴리오 상품내역〉>

구분	종류	기대수익률(연)	투자비중
A상품	주식	10%	40%
B상품	채권	4%	30%
C상품	예금	2%	30%

※ 상품거래에서 발생하는 수수료 등 기타비용은 없다고 가정

$$\text{(투자수익)} = \text{(투자원금)} + \text{(투자원금)} \times \text{(수익률)} \times \left(\frac{\text{투자월 수}}{12}\right)$$

① 2,012만 원
② 2,028만 원
③ 2,058만 원
④ 2,078만 원

17 다음은 항목별 상위 7개 동의 자산규모를 나타낸 자료이다. 이에 대한 설명으로 옳은 것은?

〈항목별 상위 7개 동의 자산규모〉

구분 순위	총자산(조 원) 동명	규모	부동산자산(조 원) 동명	규모	예금자산(조 원) 동명	규모	가구당 총자산(억 원) 동명	규모
1	여의도동	24.9	대치동	17.7	여의도동	9.6	을지로동	51.2
2	대치동	23.0	서초동	16.8	태평로동	7.0	여의도동	26.7
3	서초동	22.6	압구정동	14.3	을지로동	4.5	압구정동	12.8
4	반포동	15.6	목동	13.7	서초동	4.3	도곡동	9.2
5	목동	15.5	신정동	13.6	역삼동	3.9	잠원동	8.7
6	도곡동	15.0	반포동	12.5	대치동	3.1	이촌동	7.4
7	압구정동	14.4	도곡동	12.3	반포동	2.5	서초동	6.4

※ (총자산)=(부동산자산)+(예금자산)+(증권자산)
※ (가구 수)=(총자산)÷(가구당 총자산)

① 압구정동의 가구 수는 여의도동의 가구 수보다 적다.
② 이촌동의 가구 수는 2만 가구 이상이다.
③ 대치동의 증권자산은 서초동의 증권자산보다 많다.
④ 여의도동의 증권자산은 최소 4조 원 이상이다.

※ 다음은 M금고의 환율과 관련된 자료들이다. 이어지는 질문에 답하시오. **[18~19]**

〈M금고 환율조회〉

(2024.03.21. AM 10:49 기준)

구분	매매기준율	현찰 살 때	현찰 팔 때	송금 보낼 때	송금받을 때
미국 USD	1,122.00	1,141.63	1,102.37	1,132.90	1,111.10
일본 JPY 100	1,005.92	1,023.52	988.32	1,015.77	996.07
유럽연합 EUR	1,252.15	1,277.06	1,227.24	1,264.67	1,239.63
중국 CNY	163.03	171.18	154.88	164.66	161.40
호주 AUD	836.00	852.46	819.54	844.36	827.64

※ 2024년 3월 동안 인터넷 환전 고객에게 미국달러화, 일본엔화, 유로화는 80%, 기타통화는 30%로 수수료를 할인해주는 할인쿠폰을 제공함(보유 통화는 영업점마다 다르니 확인 후 방문)
※ 현찰 실거래 가격은 매매기준율에 환전 수수료를 더한 가격임

〈외환수수료 규정〉

		국내 간 외화송금	실시간 국내송금(결제원이체)
외화자금 국내이체 수수료(당·타발)		USD 5,000 이하 : 5,000원 USD 10,000 이하 : 7,000원 USD 10,000 초과 : 10,000원	USD 10,000 이하 : 5,000원 USD 10,000 초과 : 10,000원
		※ 인터넷뱅킹 : 5,000원 ※ 실시간이체 : 타발 수수료는 없음	
해외로 외화송금	송금 수수료	USD 500 이하 : 5,000원 USD 2,000 이하 : 10,000원 USD 5,000 이하 : 15,000원 USD 20,000 이하 : 20,000원 USD 20,000 초과 : 25,000원 ※ 인터넷뱅킹 이용 시 건당 3,000~5,000원, ATM 및 자동이체 이용 시 40~70% 우대(타 서비스와 중복 할인 가능)	
		해외 및 중계은행 수수료를 신청인이 부담하는 경우 국외 현지 및 중계은행의 통화별 수수료를 추가로 징수(USD 18, EUR 20, JPY 3,000, GBP 12, CAD 20, AUD 20 등)	
	전신료	8,000원 ※ 인터넷뱅킹 및 자동이체 : 5,000원	
	조건변경 전신료	8,000원	
해외 / 타행에서 받은 송금		건당 10,000원	

18 A씨는 친구의 부탁으로 보유하고 있는 엔화를 국내의 타 은행으로 송금해야 한다. A씨가 800,000 엔을 타 은행으로 송금 시 인터넷뱅킹을 이용할 경우와 영업점을 이용할 경우 수수료의 차이는 얼마인가?(단, 이날 일본 JPY 100 대비 미국 USD 매매기준율은 0.92달러/100엔이었다)

① 1,000원 ② 2,000원
③ 3,000원 ④ 5,000원

19 자녀를 외국으로 유학을 보낸 고객이 찾아와 유학생 자녀에게 다음과 같이 송금을 하고자 한다. 고객이 지불해야 할 금액은?(단, 1원 미만은 절사한다)

- 송금 금액 : USD 4,000
- 송금 수수료 : 30% 할인쿠폰을 가지고 있음
- 중계은행 수수료 본인 부담

① 4,418,065원 ② 4,448,842원
③ 4,515,854원 ④ 4,570,492원

Easy

20 다음은 가구주들이 노후준비방법에 대해 응답한 자료이다. 가장 구성비가 큰 항목의 구성비 대비 네 번째로 구성비가 큰 항목의 구성비의 비율로 옳은 것은?(단, 소수점 둘째 자리에서 반올림한다)

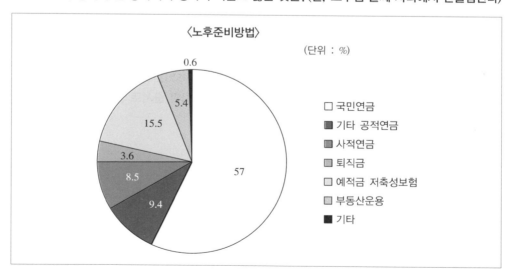

〈노후준비방법〉

(단위 : %)

0.6
5.4
15.5
3.6
8.5
9.4
57

□ 국민연금
■ 기타 공적연금
■ 사적연금
□ 퇴직금
□ 예적금 저축성보험
□ 부동산운용
■ 기타

① 11.2% ② 14.9%
③ 17.4% ④ 19.1%

21 콩쥐, 팥쥐, 향단, 춘향 4명은 함께 마을 잔치에 참석하기로 했다. 족두리, 치마, 고무신을 빨간색, 파란색, 노란색, 검은색 색깔별로 하여 총 12개의 물품을 공동으로 구입한 후, 다음 〈조건〉에 따라 각자 다른 색의 족두리, 치마, 고무신을 하나씩 빠짐없이 착용하기로 했다. 예를 들어 어떤 사람이 빨간색 족두리, 파란색 치마를 착용한다면, 고무신은 노란색 또는 검은색으로 착용해야 한다. 다음 중 항상 참인 것은?

> **조건**
> • 선호하는 것을 배정받고, 싫어하는 것은 배정받지 않는다.
> • 콩쥐는 빨간색 치마를 선호하고, 파란색 고무신을 싫어한다.
> • 팥쥐는 노란색을 싫어하고, 검은색 고무신을 선호한다.
> • 향단이는 검은색 치마를 싫어한다.
> • 춘향이는 빨간색을 싫어한다.

① 콩쥐는 검은색 족두리를 착용한다.
② 팥쥐는 노란색 족두리를 착용한다.
③ 향단이는 파란색 고무신을 착용한다.
④ 춘향이는 검은색 치마를 착용한다.

22 주차장에 이부장, 박과장, 김대리 3명의 차가 나란히 주차되어 있는데 순서는 알 수 없다. 다음 중 1명의 말이 거짓이라고 할 때, 주차장에 주차된 차의 순서로 옳은 것은?

> • 이부장 : 내 옆에는 박과장 차가 세워져 있더군.
> • 박과장 : 제 옆에 김대리 차가 있는 걸 봤어요.
> • 김대리 : 이부장님 차가 가장 왼쪽에 있어요.
> • 이부장 : 김대리 차는 가장 오른쪽에 주차되어 있던데.
> • 박과장 : 저는 이부장님 옆에 주차하지 않았어요.

① 김대리 – 이부장 – 박과장
② 박과장 – 김대리 – 이부장
③ 박과장 – 이부장 – 김대리
④ 이부장 – 김대리 – 박과장

23 다음은 M공사가 추진 중인 '그린수소' 사업에 대한 보도 자료와 M공사의 SWOT 분석 결과이다. 이를 참고할 때, '그린수소' 사업에 해당하는 전략은?

> M공사는 J도, N시와 '그린수소 사업 협력 MOU'를 체결하였다. 지난 5월 정부는 탄소 배출 없는 그린수소 생산을 위해 M공사를 사업자로 선정하였고, 재생에너지 잉여전력을 활용한 수전해(P2G) 기술을 통해 그린수소를 만들어 저장하는 사업을 정부 과제로 선정하여 추진하기로 하였다.
>
> 그린(Green)수소란 이산화탄소 배출을 수반하지 않는 수소로, 주로 수전해(P2G)기술을 통해 생산된다. 현재 국내에서 생산되는 수소는 그레이(Gray)수소로, 추출·생산하는 과정에서 질소산화물, 이산화탄소 등을 배출한다.
>
> 수전해(P2G) 기술은 재생에너지 잉여전력을 활용하여 물의 전기분해를 통해 수소(H_2)를 생산 및 저장하거나, 생산된 수소와 이산화탄소(CO_2)를 결합하여 천연가스의 주성분인 메탄(CH_4)으로 전환함으로써 수송, 발전 및 도시가스 연료로 활용하는 전력 가스화(P2G; Power To Gas) 기술을 말한다.
>
> 그린수소 사업은 정부의 '재생에너지 3020 계획'에 따라 계속 증가하는 재생에너지를 활용해 수소를 생산함으로써 재생에너지 잉여전력 문제를 해결할 것으로 예상된다.
>
> MOU 체결식에서 M공사 사장은 "M공사는 J도, N시와 지속적으로 협력하여 정부 에너지전환 정책에 부응하고, 사업에 필요한 기술개발을 위해 더욱 노력할 것"이라고 밝혔다.

〈SWOT 분석 결과〉

강점(Strength)	약점(Weakness)
• 적극적인 기술개발 의지 • 차별화된 환경기술 보유	• 해외시장 진출에 대한 두려움 • 경험 많은 기술 인력의 부족
기회(Opportunity)	**위협(Threat)**
• 발전설비를 동반한 환경설비 수출 유리 • 세계 전력 시장의 지속적 성장	• 재생에너지의 잉여전력 증가 • 친환경 기술 경쟁 심화

① SO전략
② ST전략
③ WO전략
④ WT전략

※ 다음은 금융공공기관 성과급 지급기준에 대한 자료이다. 이어지는 질문에 답하시오. [24~25]

〈금융공공기관 성과급 지급기준〉

1. 지급시기 및 지급액
   - 성과상여금의 평가 및 지급 횟수는 연 1회 이상으로 한다.
   - 전년도 12월 31일을 지급기준일로 하여 이전 1년간(1.1. ~ 12.31.)의 성과를 평가하는 것을 원칙으로 한다.
   - 성과상여금은 일시금으로 지급하는 것을 원칙으로 한다.
   - 성과상여금은 예산의 범위 안에서 지급하되, 지급액은 성과상여금 지급기준액의 평균 120%에 해당하는 금액을 지급한다.

2. 지급대상
   - 성과상여금 지급기준일 현재 해당기관에 소속되어 있는 전 직원을 지급대상으로 한다.
   - 지급기준일 현재 파견 중인 자와 휴직・직위해제 및 기타 사유로 직무에 종사하지 않는 자도 지급대상에 포함되며, 지급기준일 현재 승진 후 2개월이 경과하지 않은 자는 승진 전 직급의 지급대상으로 본다.

3. 성과상여금 지급방법
   (1) 지급단위 : 직종별・직급별로 개인의 성과를 평가하여 성과상여금을 지급한다.
   (2) 지급등급과 지급률
      - 성과상여금의 지급등급과 등급별 지급률은 다음과 같다.

지급등급 (인원비율)	S등급 (상위 20%)	A등급 (상위 20% 초과 ~ 60% 이내)	B등급 (상위 60% 초과 ~ 90% 이내)	C등급 (하위 10%)
지급률(%)	200	140	80	0

   (3) 지급기준액의 조정
      - 개인에게 지급되는 성과상여금의 평균이 표준적인 지급인원비율에 의한 것 이하가 되도록 [별지]의 지급기준액을 다음과 같은 방법으로 조정한다.
      - 조정지급기준액=[별지]의 지급기준액×120%÷(2)에 의한 평균지급률
        ※ 조정지급기준액 계산 시 소수점 이하는 절사함
        ※ 평균지급률(%)=Σ지급등급별 인원비율(%)×지급률(%)×100
   (4) 지급등급별 인원 결정
      - 지급단위 부서 내의 직급(또는 직위)별 현원에 지급등급별 인원비율을 곱하여 지급등급별인원을 결정한다.
      - 이 경우 소수점 이하는 반올림을 원칙으로 하되, 지급등급별 인원합계가 현원을 초과하거나 미달하는 경우에는 소수점 이하 값이 큰 순서대로 올림한다.
   (5) 지급액의 결정
      - 개인별 성과상여금 지급액은 개인별 지급등급에 해당하는 지급률에, (2)에 의하여 계산된 조정지급기준액을 곱한 금액으로 한다.
      - 부서 전체의 총지급액이 배정된 예산액을 초과하는 경우에는 다음과 같은 방법으로 조정하여 총지급액이 예산을 초과하지 않도록 한다.
      - (개인별 실제 지급액)=(개인별 조정지급기준액)×(개인별 지급률)×$\dfrac{(편성예산)}{(소요예산)}$

〈성과상여금 지급기준액〉

구분	지급기준액
2급	4,000,000원
3급	3,500,000원
4급	3,000,000원
5급	2,500,000원
6급	2,000,000원

24 금융소비자보호부서의 구성원이 다음과 같을 때, 성과상여금 지급방법에 따라 등급을 구분하면 등급별 인원은 몇 명인가?

구분	인원(명)
2급	1
3급	2
4급	5
5급	10
6급	14
총원	32

	S등급	A등급	B등급	C등급
①	6명	12명	10명	4명
②	6명	13명	9명	4명
③	6명	13명	10명	3명
④	7명	12명	9명	4명

25 5급 사원인 A, B, C가 각각 S등급, A등급, B등급을 받았다면, 3명에게 지급된 총성과상여금은 얼마인가?(단, 평균지급률은 150%로 하고 편성예산은 7천만 원이며 소요예산은 8천만 원이다)

① 7,350,000원　　　　　　② 7,800,000원

③ 8,550,000원　　　　　　④ 9,200,000원

※ M금고는 직원들의 복지를 위해 복지프로그램을 선정하여 주말마다 시행하고자 한다. 다음은 후보 프로그램들 4개에 대한 심사위원들의 평가와 직원들의 선호투표 결과이다. 이어지는 질문에 답하시오. [26~27]

〈세부사항〉

• 심사위원 점수는 직원 복지에 대한 각 복지프로그램의 예상 기여도에 따라 심사위원 A, B, C가 100점 만점에서 5의 배수로 부여한 점수를 나타낸 것이다.
• 직원 선호투표 득표수는 직원 1,100명을 대상으로 1인 1표제로 선호하는 프로그램에 투표하도록 한 후 각 프로그램의 득표수를 기록한 것이다.
• 빈칸은 아직 공개되지 않은 점수 및 득표수이다.

〈심사위원 점수〉

(단위 : 점)

프로그램 심사위원	자전거트래킹	자수교실	독서토론	요가교실
A	90	70	80	70
B	75	75		65
C	80		85	90

〈직원 선호투표 득표수〉

(단위 : 점)

구분	자전거트래킹	자수교실	독서토론	요가교실
득표수	280	260	220	

26 다음 〈조건〉에 따라 프로그램을 선정하여 시행한다고 할 때, 항상 옳은 것을 〈보기〉에서 모두 고르면?

> **조건**
>
> - 선정점수가 가장 높은 프로그램 1개를 선정하여 시행한다.
> - 선정점수는 심사점수와 선호점수를 합산하여 산출한다.
> - 심사점수는 심사위원 점수 중 최저점수 1개를 제외한 나머지 점수를 합산하여 산출한다.
> - 선호점수는 직원 선호투표 10표당 2점으로 환산하여 선호점수를 산출한다.

> **보기**
>
> ㄱ. 자전거트래킹은 어떠한 경우에도 선정될 수 없다.
> ㄴ. 선정될 가능성이 있는 프로그램은 2개뿐이다.
> ㄷ. 자수교실은 C심사위원이 부여한 점수에 따라 선정될 수 있다.
> ㄹ. 독서토론이 선정되기 위해서는 적어도 B심사위원으로부터 90점을 받아야 한다.

① ㄱ, ㄴ   ② ㄱ, ㄷ
③ ㄴ, ㄷ   ④ ㄴ, ㄹ

`Easy`

27 M금고는 다음과 같이 변경된 조건에 따라 프로그램을 선정하여 시행하고자 한다. 이에 대한 설명으로 옳지 않은 것은?

> **〈변경된 조건〉**
>
> - 선정점수가 가장 높은 프로그램 2개를 선정하여 시행한다.
> - 선정점수는 심사점수와 선호점수를 합산하여 산출한다.
> - 심사점수는 심사위원 점수를 모두 합산하여 산출한다.
> - 선호점수는 직원 선호투표 10표당 3점으로 환산하여 선호점수를 산출한다.

① 독서토론이 1등으로 선정된다면 자전거트래킹이 2등으로 선정된다.
② 자수교실은 어떠한 경우에도 선정되지 못한다.
③ 자전거트래킹이 1등으로 선정된다면 요가교실이 2등으로 선정된다.
④ 독서토론과 요가교실이 함께 선정되는 경우가 가능하다.

※ K회사는 가정용 인터넷·통신 시장에서 점유율 1위를 차지하고 있고, L회사는 후발주자로 점유율 2위를 차지하고 있다. L회사는 K회사를 견제하며 자사의 시장점유율을 높이고자 가격할인 정책을 실시하려 한다. 다음은 가격할인이 상품판매량에 미치는 영향을 정리한 자료이다. 이어지는 질문에 답하시오. [28~30]

<표>

〈가격할인 단위별 판매체계〉

구분		K회사			
	할인율	0%	10%	20%	30%
L회사	0%	(4, 5)	(3, 8)	(3, 12)	(2, 18)
	10%	(8, 4)	(5, 7)	(5, 8)	(4, 14)
	20%	(10, 3)	(8, 6)	(7, 9)	(6, 12)
	30%	(12, 2)	(10, 5)	(9, 7)	(8, 10)

※ 괄호 안의 숫자는 각 회사의 할인정책에 따른 월 상품판매량(단위 : 백 개)을 의미함(L회사 상품판매량, K회사 상품판매량)
※ 두 회사에서 판매하는 상품은 동급으로 상품당 판매가는 500,000원임

28 두 회사가 동일한 가격할인 정책을 실시한다고 가정했을 때, L회사가 K회사와의 매출액 차이를 최소화할 수 있는 할인율은 얼마이고, 월 매출액 차이는 얼마인가?

① 10% 할인, 8천만 원
② 20% 할인, 7천만 원
③ 20% 할인, 8천만 원
④ 30% 할인, 7천만 원

<u>Hard</u>

29 L회사에서는 20% 가격할인에 대해 검토하고 있다. 이에 대해 K회사에서 어떻게 대응할지 정확하게 알 수 없지만 다음과 같은 확률로 가격을 할인하여 대응할 것으로 예측되었다. L회사가 기대할 수 있는 예상 월 매출액은?

〈20% 할인 시 경쟁사 대응 예측 결과〉

K회사 할인율	0%	10%	20%	30%
확률	20%	40%	30%	10%

① 30.2천만 원
② 30.8천만 원
③ 31.0천만 원
④ 31.6천만 원

30 L회사는 시장조사 및 경쟁사 분석을 통해 K회사가 상품가격을 10% 할인한다는 정보를 획득하였다. 가장 많은 매출을 달성할 수 있는 구간이 30% 할인인 것을 자료를 통해 알고 있지만 실질적인 이익, 즉 순이익이 가장 높은 구간인지에 대한 수익분석이 필요하였다. 상품을 유지하는 데 있어 다음과 같은 비용이 발생한다고 할 때, L회사가 가장 많은 순수익(월)을 달성할 수 있는 할인율은 얼마인가?

> ■ 상품 유지 시 소요되는 비용
> • 고정비 : 50,000,000원
> • 변동비 : 200,000원(개당)

① 0%   ② 10%
③ 20%   ④ 30%

31 다음은 대부분 조직에서 활용하고 있는 부서명과 담당 업무의 예를 나타낸 자료이다. 이를 근거로 할 때, 부서명과 그 담당 업무의 내용이 적절하지 않은 것은?

〈부서별 담당 업무〉

부서	업무 내용
총무부	주주총회 및 이사회개최 관련 업무, 의전 및 비서업무, 집기비품 및 소모품의 구매와 관리, 사무실 임차 및 관리, 차량 및 통신시설의 운영, 국내외 출장 업무 협조, 복리후생 업무, 법률자문과 소송관리, 사내외 홍보 광고업무
인사부	조직기구의 개편 및 조정, 업무분담 및 조정, 인력수급계획 및 관리, 직무 및 정원의 조정 종합, 노사관리, 평가관리, 상벌관리, 인사발령, 교육체계 수립 및 관리, 임금제도, 복리후생제도 및 지원업무, 복무관리, 퇴직관리
기획부	경영계획 및 전략 수립, 전사기획업무 종합 및 조정, 중장기 사업계획의 종합 및 조정, 경영정보 조사 및 기획보고, 경영진단업무, 종합예산수립 및 실적관리, 단기사업계획 종합 및 조정, 사업계획, 손익추정, 실적관리 및 분석
회계부	회계제도의 유지 및 관리, 재무상태 및 경영실적 보고, 결산 관련 업무, 재무제표 분석 및 보고, 법인세, 부가가치세, 국세 지방세 업무자문 및 지원, 보험가입 및 보상업무, 고정자산 관련 업무
영업부	판매 계획, 판매예산의 편성, 시장조사, 광고 선전, 견적 및 계약, 제조지시서의 발행, 외상매출금의 청구 및 회수, 제품의 재고 조절, 거래처로부터의 불만처리, 제품의 사후관리, 판매원가 및 판매가격의 조사 검토

① 사옥 이전에 따르는 이전 비용 산출과 신사옥 입주를 대내외에 홍보해야 할 업무는 기획부 소관 업무이다.

② 작년 판매분 중 일부 제품에 하자가 발생하여 고객의 클레임을 접수하고 하자보수 등의 처리를 담당하는 것은 영업부의 주도적인 역할이다.

③ 회사의 지속가능경영보고서에 수록되어 주주들에게 배포될 경영실적 관련 자료를 준비하느라 회계부 직원들은 연일 야근 중이다.

④ 사무실 이전 계획에 따라 새로운 사무실의 층간 배치와 해당 위치별 공용 사무용기 분배 관련 작업은 총무부에서 실시한다.

32 다음 그림에서 단계별로 들어갈 개념이 바르게 짝지어진 것은?

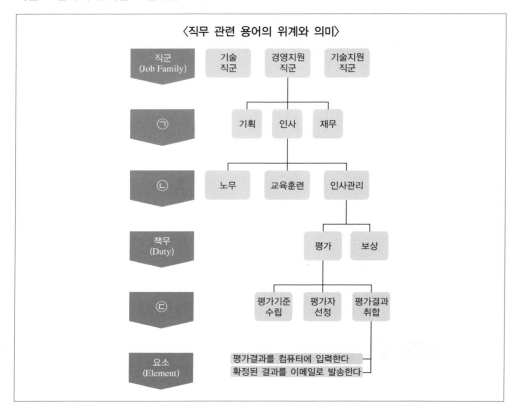

	㉠	㉡	㉢
①	과업	직무	직렬
②	직무	직렬	과업
③	직무	과업	직렬
④	직렬	직무	과업

33 다음은 M사의 직무전결표의 일부분이다. 이에 따라 문서를 처리하였을 경우로 적절하지 않은 것은?

〈M사의 직무전결표〉

직무 내용	대표이사	위임 전결권자		
		전무	이사	부서장
정기 월례 보고				○
각 부서장급 인수인계		○		
3천만 원 초과 예산 집행	○			
3천만 원 이하 예산 집행		○		
각종 위원회 위원 위촉	○			
해외 출장			○	

① 인사부장의 인수인계에 관하여 전무에게 결재받은 후 시행하였다.
② 인사징계위원회 위원을 위촉하기 위하여 대표이사 부재중에 전무가 전결하였다.
③ 영업팀장의 해외 출장을 위하여 이사에게 사인을 받았다.
④ 3천만 원에 해당하는 물품 구매를 위하여 전무 전결로 처리하였다.

34 다음 중 제시된 조직의 특성으로 가장 적절한 것은?

M금고의 사내 봉사 동아리에 소속된 70여 명의 임직원이 연탄 나르기 봉사 활동을 펼쳤다. 이날 임직원들은 지역 주민들이 보다 따뜻하게 겨울을 날 수 있도록 연탄 총 3,000장과 담요를 직접 전달했다. 사내 봉사 동아리에 소속된 김대리는 "매년 진행하는 연말 연탄 나눔 봉사활동을 통해 지역사회에 도움의 손길을 전할 수 있어 기쁘다."라며 "오늘의 작은 손길이 큰 불씨가 되어 많은 분들이 따뜻한 겨울을 보내길 바란다."라고 말했다.

① 인간관계에 따라 형성된 자발적인 조직
② 이윤을 목적으로 하는 조직
③ 규모와 기능 그리고 규정이 조직화되어 있는 조직
④ 조직 구성원들의 행동을 통제할 장치가 마련되어 있는 조직

35 다음 중 조직목표의 기능에 대한 설명으로 적절하지 않은 것은?

① 조직이 나아갈 방향을 제시해 주는 기능을 한다.
② 조직 구성원의 의사결정 기준의 기능을 한다.
③ 조직 구성원의 행동에 동기를 유발시키는 기능을 한다.
④ 조직을 운영하는 데에 융통성을 제공하는 기능을 한다.

Easy

36 다음에서 설명하는 리더십의 유형은?

> • 리더는 조직구성원 중 한 명일 뿐이다.
> • 집단의 모든 구성원은 의사결정에 참여한다.
> • 집단의 모든 구성원은 집단의 행동 성과 및 결과에 대해 책임을 공유한다.

① 독재자 유형
② 민주주의에 근접한 유형
③ 파트너십 유형
④ 변혁적 유형

37 다음 법칙을 읽고 리더(Leader)의 입장에서 이해한 내용으로 가장 적절한 것은?

> 존 맥스웰(John Maxwell)의 저서 『121가지 리더십 불변의 법칙』 중 첫 번째 법칙으로 '뚜껑의 법칙'을 살펴볼 수 있다. 뚜껑의 법칙이란 용기(容器)를 키우려면 뚜껑의 크기도 그에 맞게 키워야만 용기로써의 역할을 제대로 할 수 있으며, 그렇지 않으면 병목 현상이 생겨 제 역할을 할 수 없다는 것이다.

① 리더는 자신에 적합한 인재를 등용할 수 있어야 한다.
② 참된 리더는 부하직원에게 기회를 줄 수 있어야 한다.
③ 리더는 부하직원의 실수도 포용할 수 있어야 한다.
④ 크고 작은 조직의 성과는 리더의 역량에 달려 있다.

38 다음은 M사 사보에 실린 조직의 분쟁 해결을 위한 여섯 단계를 설명하는 기사 내용이다. 오늘 아침 회의시간에 회사 성과급 기준과 관련하여 팀원 간의 갈등이 있었는데, 다음 중 갈등 해결을 위한 방안으로 적절하지 않은 것은?

〈조직의 분쟁 해결을 위한 여섯 단계〉

1. 문제가 무엇이며, 분쟁의 원인이 무엇인지 명확히 정의하기
2. 공동의 목표 수립하기
3. 공동의 목표를 달성하는 방법에 대해 토론하기
4. 공동의 목표를 수립하는 과정에서 발생할 장애물 탐색하기
5. 분쟁을 해결하는 최선의 방법에 대해 협의하기
6. 합의된 해결 방안을 확인하고 책임 분할하기

---

① 성과급 기준에 대해 내가 원하는 점과 다른 사람이 원하는 점을 모두 생각해봐야지.

② 합의된 성과급 기준에서 발생할 수 있는 문제점들도 생각해봐야겠다.

③ 모두가 만족할 만한 해결 방안을 확인했으니, 팀장인 내가 책임감을 가지고 실행해야지.

④ 성과급 기준과 관련하여 팀원들과 갈등이 있었는데 원인을 찾아봐야겠다.

※ 다음은 협상의 단계별 진행에 대한 자료이다. 이어지는 질문에 답하시오. [39~40]

바이어와의 중요한 계약을 앞두고 있는 유대리는 다음 주 출장을 위한 준비를 하고 있다. 협상과 협상방법에 대한 참고 자료를 찾던 중, 다음과 같은 자료를 발견했다.

협상이란 갈등상태에 있는 이해당사자들이 대화와 논쟁을 통해서 서로를 설득하여 문제를 해결하려는 정보전달의 과정이자 의사결정의 과정이다.

| 협상 전 단계 | |

1단계	협상 시작	- 협상당사자들 사이에 상호 친근감 구축 - 간접적 방식으로 협상의사 전달 - 상대방 협상의지를 확인 - 협상 진행을 위한 체제를 구축
2단계	상호 이해	- 갈등문제의 진행상황 및 현 상황을 점검 - 적극적 경청 및 자기주장 제시 - 협상을 위한 협상대상 안건을 결정
3단계	실질 이해	- 겉으로 주장하는 것과 실제로 원하는 것을 구분하여 실제로 원하는 것을 찾아냄 - 분할과 통합 기법을 활용하여 이해관계를 분석함
4단계	해결 대안	- 협상 안건마다 대안들을 평가 - 개발한 대안들을 평가 - 최선의 대안에 대해 합의 및 선택 - 대안 이행을 위한 실행계획 수립
5단계	합의 문서	- 합의 문서 작성 - 합의문의 합의내용, 용어 등을 재점검 - 합의문에 서명

| 협상 후 단계 | - 협의 내용 비준 : 비준
- 협의 내용 집행 : 실행
- 분석평가 : 평가와 피드백 |

39 다음 중 밑줄 친 '협상'의 행위로 보기 어려운 것은?

① 인질범과 대치 중인 경찰이 인질범의 가족을 통해 인질범을 설득시키려 하는 행위
② 장난감을 갖고 놀고자 하는 유아를 재우기 위하여 다양한 방법을 써 보는 엄마의 행위
③ 고발 행위에 대해 시민 단체와 유관 기관의 해결책 마련을 위한 논의 과정
④ 값을 깎으려는 소비자의 요구에 제품의 우수성을 강조하며 설득하는 상인

40 다음 중 협상 전 단계에서 고려해야 할 사항과 가장 거리가 먼 것은?

① 협상과정(준비, 집행, 평가 등)을 계획
② 목표설정, 협상 환경 분석, 협상형태 파악
③ 자기 분석, 상대방 분석, 협상전략과 전술 수립
④ 인사, 정보교환, 설득, 양보 등 협상전략과 전술 구사

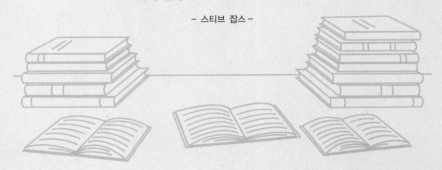

계속 갈망하라. 언제나 우직하게.

- 스티브 잡스 -

PART 3

합격의 공식 시대에듀 www.sdedu.co.kr

인성검사

01 | 개요 및 수검요령

개인이 업무를 수행하면서 능률적인 성과물을 만들기 위해서는 개인의 능력과 경험 그리고 회사의 교육 및 훈련 등이 필요하지만, 개인의 성격이나 성향 역시 중요하다. 여러 직무분석 연구에서 나온 결과들에 따르면, 직무에서의 성공과 관련된 특성들 중 최고 70% 이상이 능력보다는 성격과 관련이 있다고 한다. 따라서 최근 기업들은 신입사원 채용 시 인성검사의 비중을 높이고 있는 추세이다.

현재 기업들은 인성검사를 KIRBS(한국행동과학연구소)나 SHR(에스에이치알), 한국사회 적성개발원, 한국 인재개발진흥원 등의 전문기관에 의뢰해서 시행하고 있다. 전문기관에 따라서 인성검사 방법에 차이가 있고, 보안을 위해서 인성검사를 의뢰한 기업을 공개하지 않을 수 있기 때문에 특정 기업의 인성검사를 정확하게 판단할 수 없지만, 지원자들이 후기에 올린 문제를 통해 유형을 예상할 수 있다.

여기에서는 MG새마을금고 인성검사의 수검요령 및 검사시 유의사항에 대해 간략하게 정리하였다. 또한 MG새마을금고 인성검사의 모의연습을 통해 실제 시험 유형을 확인할 수 있도록 하였다.

01 MG새마을금고 인성검사

MG새마을금고 지역본부의 경우 기존 인성검사에서 5개의 선택지 중 1개를 고르는 유형이 출제되었으나, 최근에는 개인의 성향 질문에 대하여 '예' 혹은 '아니오'로 답하는 유형이 200문항씩 출제되고 있다.

02 인성검사 수검요령

인성검사는 특별한 수검요령이 없다. 다시 말하면 모범답안이 없고, 정답이 없다는 이야기이다. 국어문제처럼 말의 뜻을 풀이하는 것도 아니다. 굳이 수검요령을 말하자면, 진실하고 솔직한 자신의 생각이 답변이라고 할 수 있을 것이다.

인성검사에서 가장 중요한 것은 첫째, 솔직한 답변이다. 자신이 지금까지 경험을 통해서 축적해 온 자신의 생각과 행동을 허구 없이 솔직하게 기재를 하는 것이다. 예를 들어, "나는 타인의 물건을 훔치고 싶은 충동을 느껴본 적이 있다."란 질문에 피검사자들은 많은 생각을 하게 된다. 생각해 보라. 유년기에 또는 성인이 되어서도 타인의 물건을 훔치는 일을 저지른 적은 없더라도, 훔치고 싶은 충동은 누구나 조금이라도 다 느껴보았을 것이다. 그런데 이 질문에 고민을 하는 사람이 간혹 있다. 과연 이 질문에 "예"라고 대답하면 담당 검사관들이 나를 사회적으로 문제가 있는 사람으로 여기지는 않을까 하는 생각에 "아니요"라는 답을 기재하게 된다. 이런 솔직하지 않은 답변이 답변의 신뢰와 솔직함을 나타내는 타당성 척도에 좋지 않은 점수를 주게 된다.

둘째, 일관성 있는 답변이다. 인성검사의 수많은 질문 문항 중에는 비슷한 뜻의 질문이 여러 개 숨어있는 경우가 많이 있다. 그 질문들은 피검사자의 솔직한 답변과 심리적인 상태를 알아보기 위해 내포되어 있는 문항들이다. 가령 "나는 유년시절 타인의 물건을 훔친 적이 있다."라는 질문에 "예"라고 대답했는데, "나는 유년시절 타인의 물건을 훔쳐보고 싶은 충동을 느껴본 적이 있다."라는 질문에는 "아니오"라는 답을 기재한 다면 어떻겠는가. 일관성 없이 '대충 기재하자'라는 식의 심리적 무성의성 답변이 되거나, 정신적으로 문제가 있는 사람으로 보일 수 있다.

인성검사는 많은 문항 수를 풀어나가기 때문에 피검사자들은 지루함과 따분함을 느낄 수 있고 반복된 뜻의 질문에 의한 인내상실 등이 나타날 수 있다. 인내를 가지고 솔직하게 자신의 생각을 대답하는 것이 무엇보다 중요한 요령이 될 것이다.

03 인성검사 시 유의사항

① 충분한 휴식으로 불안을 없애고 정서적인 안정을 취한다. 심신이 안정되어야 자신의 마음을 표현할 수 있다.
② 생각나는 대로 솔직하게 응답한다. 자신을 너무 과대 포장하지도, 너무 비하하지도 마라. 답변을 꾸며서 하면 앞뒤가 맞지 않게끔 구성돼 있어 불리한 평가를 받게 되므로 솔직하게 답하도록 한다.
③ 검사문항에 대해 지나치게 골똘히 생각해서는 안 된다. 지나치게 몰두하면 엉뚱한 답변이 나올 수 있으므로 불필요한 생각은 삼간다.
④ 검사시간에 너무 신경 쓸 필요는 없다. 인성검사는 시간제한이 없는 경우가 많으며 시간제한이 있다해도 충분한 시간이다.
⑤ 인성검사는 대개 문항 수가 많기에 자칫 건너뛰는 경우가 있는데, 가능한 한 모든 문항에 답해야 한다. 응답하지 않은 문항이 많을 경우 평가자가 정확한 평가를 내리지 못해 불리한 평가를 내릴 수 있기 때문이다.

02 | 모의테스트

※ 다음 질문을 읽고 '예', '아니오' 중 본인이 해당하는 곳에 O표 하시오. [1~200]

번호	질문	응답	
1	조심스러운 성격이라고 생각한다.	예	아니오
2	사물을 신중하게 생각하는 편이라고 생각한다.	예	아니오
3	동작이 기민한 편이다.	예	아니오
4	포기하지 않고 노력하는 것이 중요하다.	예	아니오
5	일주일의 예정을 만드는 것을 좋아한다.	예	아니오
6	노력의 여하보다 결과가 중요하다.	예	아니오
7	자기주장이 강하다.	예	아니오
8	장래의 일을 생각하면 불안해질 때가 있다.	예	아니오
9	소외감을 느낄 때가 있다.	예	아니오
10	훌쩍 여행을 떠나고 싶을 때가 자주 있다.	예	아니오
11	대인관계가 귀찮다고 느낄 때가 있다.	예	아니오
12	자신의 권리를 주장하는 편이다.	예	아니오
13	낙천가라고 생각한다.	예	아니오
14	싸움을 한 적이 없다.	예	아니오
15	자신의 의견을 상대에게 잘 주장하지 못한다.	예	아니오
16	좀처럼 결단하지 못하는 경우가 있다.	예	아니오
17	하나의 취미를 오래 지속하는 편이다.	예	아니오
18	한 번 시작한 일은 끝을 맺는다.	예	아니오
19	행동으로 옮기기까지 시간이 걸린다.	예	아니오
20	다른 사람들이 하지 못하는 일을 하고 싶다.	예	아니오
21	해야 할 일은 신속하게 처리한다.	예	아니오
22	병이 아닌지 걱정이 들 때가 있다.	예	아니오
23	다른 사람의 충고를 기분 좋게 듣는 편이다.	예	아니오
24	다른 사람에게 의존적이 될 때가 많다.	예	아니오
25	타인에게 간섭받는 것은 싫다.	예	아니오
26	의식 과잉이라는 생각이 들 때가 있다.	예	아니오
27	수다를 좋아한다.	예	아니오

번호	질문	응답	
28	잘못된 일을 한 적이 한 번도 없다.	예	아니오
29	모르는 사람과 이야기하는 것은 용기가 필요하다.	예	아니오
30	끙끙거리며 생각할 때가 있다.	예	아니오
31	다른 사람에게 항상 움직이고 있다는 말을 듣는다.	예	아니오
32	매사에 얽매인다.	예	아니오
33	잘하지 못하는 게임은 하지 않으려고 한다.	예	아니오
34	어떠한 일이 있어도 출세하고 싶다.	예	아니오
35	막무가내라는 말을 들을 때가 많다.	예	아니오
36	신경이 예민한 편이라고 생각한다.	예	아니오
37	쉽게 침울해한다.	예	아니오
38	쉽게 싫증을 내는 편이다.	예	아니오
39	옆에 사람이 있으면 싫다.	예	아니오
40	토론에서 이길 자신이 있다.	예	아니오
41	친구들과 남의 이야기를 하는 것을 좋아한다.	예	아니오
42	푸념을 한 적이 없다.	예	아니오
43	남과 친해지려면 용기가 필요하다.	예	아니오
44	통찰력이 있다고 생각한다.	예	아니오
45	집에서 가만히 있으면 기분이 우울해진다.	예	아니오
46	매사에 느긋하고 차분하게 매달린다.	예	아니오
47	좋은 생각이 떠올라도 실행하기 전에 여러모로 검토한다.	예	아니오
48	누구나 권력자를 동경하고 있다고 생각한다.	예	아니오
49	몸으로 부딪혀 도전하는 편이다.	예	아니오
50	당황하면 갑자기 땀이 나서 신경 쓰일 때가 있다.	예	아니오
51	친구들이 진지한 사람으로 생각하고 있다.	예	아니오
52	감정적으로 될 때가 많다.	예	아니오
53	다른 사람의 일에 관심이 없다.	예	아니오
54	다른 사람으로부터 지적받는 것은 싫다.	예	아니오
55	지루하면 마구 떠들고 싶어진다.	예	아니오
56	부모에게 불평을 한 적이 한 번도 없다.	예	아니오
57	내성적이라고 생각한다.	예	아니오
58	돌다리도 두들기고 건너는 타입이라고 생각한다.	예	아니오
59	굳이 말하자면 시원시원하다.	예	아니오
60	나는 끈기가 강하다.	예	아니오
61	전망을 세우고 행동할 때가 많다.	예	아니오
62	일에는 결과가 중요하다고 생각한다.	예	아니오

번호	질문	응답	
63	활력이 있다.	예	아니오
64	항상 천재지변을 당하지는 않을까 걱정하고 있다.	예	아니오
65	때로는 후회할 때도 있다.	예	아니오
66	다른 사람에게 위해를 가할 것 같은 기분이 든 때가 있다.	예	아니오
67	진정으로 마음을 허락할 수 있는 사람은 없다.	예	아니오
68	기다리는 것에 짜증내는 편이다.	예	아니오
69	친구들로부터 줏대 없는 사람이라는 말을 듣는다.	예	아니오
70	사물을 과장해서 말한 적은 없다.	예	아니오
71	인간관계가 폐쇄적이라는 말을 듣는다.	예	아니오
72	매사에 신중한 편이라고 생각한다.	예	아니오
73	눈을 뜨면 바로 일어난다.	예	아니오
74	난관에 봉착해도 포기하지 않고 열심히 해본다.	예	아니오
75	실행하기 전에 재확인할 때가 많다.	예	아니오
76	리더로서 인정을 받고 싶다.	예	아니오
77	어떤 일이 있어도 의욕을 가지고 열심히 하는 편이다.	예	아니오
78	다른 사람의 감정에 민감하다.	예	아니오
79	다른 사람들이 남을 배려하는 마음씨가 있다는 말을 한다.	예	아니오
80	사소한 일로 우는 일이 많다.	예	아니오
81	반대에 부딪혀도 자신의 의견을 바꾸는 일은 없다.	예	아니오
82	누구와도 편하게 이야기할 수 있다.	예	아니오
83	가만히 있지 못할 정도로 침착하지 못할 때가 있다.	예	아니오
84	다른 사람을 싫어한 적은 한 번도 없다.	예	아니오
85	그룹 내에서는 누군가의 주도하에 따라가는 경우가 많다.	예	아니오
86	차분하다는 말을 듣는다.	예	아니오
87	스포츠 선수가 되고 싶다고 생각한 적이 있다.	예	아니오
88	모두가 싫증을 내는 일에도 혼자서 열심히 한다.	예	아니오
89	휴일은 세부적인 예정을 세우고 보낸다.	예	아니오
90	완성된 것보다 미완성인 것에 흥미가 있다.	예	아니오
91	잘하지 못하는 것이라도 자진해서 한다.	예	아니오
92	가만히 있지 못할 정도로 불안해질 때가 많다.	예	아니오
93	자주 깊은 생각에 잠긴다.	예	아니오
94	이유도 없이 다른 사람과 부딪힐 때가 있다.	예	아니오
95	타인의 일에는 별로 관여하고 싶지 않다고 생각한다.	예	아니오
96	무슨 일이든 자신을 가지고 행동한다.	예	아니오
97	유명인과 서로 아는 사람이 되고 싶다.	예	아니오

번호	질문	응답	
98	지금까지 후회를 한 적이 없다.	예	아니오
99	의견이 다른 사람과는 어울리지 않는다.	예	아니오
100	무슨 일이든 생각해 보지 않으면 만족하지 못한다.	예	아니오
101	다소 무리를 하더라도 피로해지지 않는다.	예	아니오
102	굳이 말하자면 장거리 주자에 어울린다고 생각한다.	예	아니오
103	여행을 가기 전에는 세세한 계획을 세운다.	예	아니오
104	능력을 살릴 수 있는 일을 하고 싶다.	예	아니오
105	성격이 시원시원하다고 생각한다.	예	아니오
106	굳이 말하자면 자의식 과잉이다.	예	아니오
107	자신을 쓸모없는 인간이라고 생각할 때가 있다.	예	아니오
108	주위의 영향을 받기 쉽다.	예	아니오
109	지인을 발견해도 만나고 싶지 않을 때가 많다.	예	아니오
110	다수의 반대가 있더라도 자신의 생각대로 행동한다.	예	아니오
111	번화한 곳에 외출하는 것을 좋아한다.	예	아니오
112	지금까지 다른 사람의 마음에 상처준 일이 없다.	예	아니오
113	다른 사람에게 자신이 소개되는 것을 좋아한다.	예	아니오
114	실행하기 전에 재고하는 경우가 많다.	예	아니오
115	몸을 움직이는 것을 좋아한다.	예	아니오
116	나는 완고한 편이라고 생각한다.	예	아니오
117	신중하게 생각하는 편이다.	예	아니오
118	커다란 일을 해보고 싶다.	예	아니오
119	계획을 생각하기보다 빨리 실행하고 싶어한다.	예	아니오
120	작은 소리도 신경 쓰인다.	예	아니오
121	나는 자질구레한 걱정이 많다.	예	아니오
122	이유도 없이 화가 치밀 때가 있다.	예	아니오
123	융통성이 없는 편이다.	예	아니오
124	나는 다른 사람보다 기가 세다.	예	아니오
125	다른 사람보다 쉽게 우쭐해진다.	예	아니오
126	다른 사람을 의심한 적이 한 번도 없다.	예	아니오
127	어색해지면 입을 다무는 경우가 많다.	예	아니오
128	하루의 행동을 반성하는 경우가 많다.	예	아니오
129	격렬한 운동도 그다지 힘들어하지 않는다.	예	아니오
130	새로운 일에 처음 한 발을 좀처럼 떼지 못한다.	예	아니오
131	앞으로의 일을 생각하지 않으면 진정이 되지 않는다.	예	아니오
132	인생에서 중요한 것은 높은 목표를 갖는 것이다.	예	아니오

PART 3

번호	질문	응답	
133	무슨 일이든 선수를 쳐야 이긴다고 생각한다.	예	아니오
134	다른 사람이 나를 어떻게 생각하는지 궁금할 때가 많다.	예	아니오
135	침울해지면서 아무 것도 손에 잡히지 않을 때가 있다.	예	아니오
136	어린 시절로 돌아가고 싶을 때가 있다.	예	아니오
137	아는 사람을 발견해도 피해버릴 때가 있다.	예	아니오
138	굳이 말하자면 기가 센 편이다.	예	아니오
139	성격이 밝다는 말을 듣는다.	예	아니오
140	다른 사람이 부럽다고 생각한 적이 한 번도 없다.	예	아니오
141	결점을 지적받아도 아무렇지 않다.	예	아니오
142	피곤하더라도 밝게 행동한다.	예	아니오
143	실패했던 경험을 생각하면서 고민하는 편이다.	예	아니오
144	언제나 생기가 있다.	예	아니오
145	선배의 지적을 순수하게 받아들일 수 있다.	예	아니오
146	매일 목표가 있는 생활을 하고 있다.	예	아니오
147	열등감으로 자주 고민한다.	예	아니오
148	남에게 무시당하면 화가 난다.	예	아니오
149	무엇이든지 하면 된다고 생각하는 편이다.	예	아니오
150	자신의 존재를 과시하고 싶다.	예	아니오
151	사람을 많이 만나는 것을 좋아한다.	예	아니오
152	사람들이 당신에게 말수가 적다고 하는 편이다.	예	아니오
153	특정한 사람과 교제를 하는 타입이다.	예	아니오
154	친구에게 먼저 말을 하는 편이다	예	아니오
155	친구만 있으면 된다고 생각한다.	예	아니오
156	많은 사람 앞에서 말하는 것이 서툴다.	예	아니오
157	새로운 환경으로 이동하는 것을 싫어한다.	예	아니오
158	송년회 등에서 자주 책임을 맡는다.	예	아니오
159	새 팀의 분위기에 쉽게 적응하지 못하는 편이다.	예	아니오
160	누구하고나 친하게 교제한다.	예	아니오
161	충동구매는 절대 하지 않는다.	예	아니오
162	컨디션에 따라 기분이 잘 변한다.	예	아니오
163	옷 입는 취향이 오랫동안 바뀌지 않고 그대로이다.	예	아니오
164	남의 물건이 좋아 보인다.	예	아니오
165	광고를 보면 그 물건을 사고 싶다.	예	아니오
166	자신이 낙천주의자라고 생각한다.	예	아니오
167	에스컬레이터에서도 걷지 않는다.	예	아니오

번호	질문	응답	
168	꾸물대는 것을 싫어한다.	예	아니오
169	고민이 생겨도 심각하게 생각하지 않는다.	예	아니오
170	반성하는 일이 거의 없다.	예	아니오
171	남의 말을 호의적으로 받아들인다.	예	아니오
172	혼자 있을 때가 편안하다.	예	아니오
173	친구에게 불만이 있다.	예	아니오
174	남의 말을 좋은 쪽으로 해석한다.	예	아니오
175	남의 의견을 절대 참고하지 않는다.	예	아니오
176	문화재 위원과 체육대회 위원 중 체육대회 위원을 하고 싶다.	예	아니오
177	보고 들은 것을 문장으로 옮기기를 좋아한다.	예	아니오
178	남에게 뭔가 가르쳐주는 일이 좋다.	예	아니오
179	많은 사람과 장시간 함께 있으면 피곤하다.	예	아니오
180	엉뚱한 일을 하기 좋아하고 발상도 개성적이다.	예	아니오
181	전표 계산 또는 장부 기입 같은 일을 싫증내지 않고 할 수 있다.	예	아니오
182	책이나 신문을 열심히 읽는 편이다.	예	아니오
183	신경이 예민한 편이며, 감수성도 예민하다.	예	아니오
184	연회석에서 망설임 없이 노래를 부르거나 장기를 보이는 편이다.	예	아니오
185	즐거운 캠프를 위해 계획 세우는 것을 좋아한다.	예	아니오
186	데이터를 분류하거나 통계 내는 일을 싫어하지는 않는다.	예	아니오
187	드라마나 소설 속 등장인물의 생활과 사고방식에 흥미가 있다.	예	아니오
188	자신의 미적 표현력을 살리면 상당히 좋은 작품이 나올 것 같다.	예	아니오
189	화려한 것을 좋아하며 주위의 평판에 신경을 쓰는 편이다.	예	아니오
190	여럿이서 여행할 기회가 있다면 즐겁게 참가한다.	예	아니오
191	여행 소감문을 쓰는 것을 좋아한다.	예	아니오
192	상품 전시회에서 상품설명을 한다면 잘할 수 있을 것 같다.	예	아니오
193	변화가 적고 손이 많이 가는 일도 꾸준히 하는 편이다.	예	아니오
194	신제품 홍보에 흥미가 있다.	예	아니오
195	열차 시간표 한 페이지 정도라면 정확하게 옮겨 쓸 자신이 있다.	예	아니오
196	자신의 장래에 대해 자주 생각해본다.	예	아니오
197	혼자 있는 것에 익숙하다.	예	아니오
198	별 근심이 없다.	예	아니오
199	나의 환경에 아주 만족한다.	예	아니오
200	상품을 고를 때 디자인과 색에 신경을 많이 쓴다.	예	아니오

1퍼센트의 가능성, 그것이 나의 길이다.

- 나폴레옹 -

PART 4

면접

01 | 면접 유형 및 실전 대책

01 면접 주요사항

면접의 사전적 정의는 면접관이 지원자를 직접 만나보고 인품(人品)이나 언행(言行) 따위를 시험하는 일로, 흔히 필기시험 후에 최종적으로 심사하는 방법이다.

최근 주요 기업의 인사담당자들을 대상으로 채용 시 면접이 차지하는 비중을 설문조사했을 때, 50 ~ 80% 이상이라고 답한 사람이 전체 응답자의 80%를 넘었다. 이와 대조적으로 지원자들을 대상으로 취업 시험에서 면접을 준비하는 기간을 물었을 때, 대부분의 응답자가 2 ~ 3일 정도라고 대답했다.

지원자가 일정 수준의 스펙을 갖추기 위해 자격증 시험과 토익을 치르고 이력서와 자기소개서까지 쓰다 보면 면접까지 챙길 여유가 없는 것이 사실이다. 그리고 서류전형과 인적성검사를 통과해야만 면접을 볼 수 있기 때문에 자연스럽게 면접은 취업시험 과정에서 그 비중이 작아질 수밖에 없다. 하지만 아이러니하게도 실제 채용 과정에서 면접이 차지하는 비중은 절대적이라고 해도 과언이 아니다.

기업들은 채용 과정에서 토론 면접, 인성 면접, 프레젠테이션 면접, 역량 면접 등의 다양한 면접을 실시한다. 1차 커트라인이라고 할 수 있는 서류전형을 통과한 지원자들의 스펙이나 능력은 서로 엇비슷하다고 판단되기 때문에 서류상 보이는 자격증이나 토익 성적보다는 지원자의 인성을 파악하기 위해 면접을 더욱 강화하는 것이다. 일부 기업은 의도적으로 압박 면접을 실시하기도 한다. 지원자가 당황할 수 있는 질문을 던져서 그것에 대한 지원자의 반응을 살펴보는 것이다.

면접은 다르게 생각한다면 '나는 누구인가'에 대한 물음에 해답을 줄 수 있는 가장 현실적이고 미래적인 경험이 될 수 있다. 취업난 속에서 자격증을 취득하고 토익 성적을 올리기 위해 앞만 보고 달려온 지원자들은 자신에 대해서 고민하고 탐구할 수 있는 시간을 평소 쉽게 가질 수 없었을 것이다. 자신을 잘 알고 있어야 자신에 대해서 자신감 있게 말할 수 있다. 대체로 사람들은 자신에게 관대한 편이기 때문에 자신에 대해서 어떤 기대와 환상을 가지고 있는 경우가 많다. 하지만 면접은 제삼자에 의해 개인의 능력을 객관적으로 평가받는 시험이다. 어떤 지원자들은 다른 사람에게 자신을 표현하는 것을 어려워한다. 평소에 잘 사용하지 않는 용어를 내뱉으면서 거창하게 자신을 포장하는 지원자도 많다. 면접에서 가장 기본은 자기 자신을 면접관에게 알기 쉽게 표현하는 것이다.

이러한 표현을 바탕으로 자신이 앞으로 하고자 하는 것과 그에 대한 이유를 설명해야 한다. 최근에는 자신감을 향상시키거나 말하는 능력을 높이는 학원도 많기 때문에 얼마든지 자신의 단점을 극복할 수 있다.

1. 자기소개의 기술

자기소개를 시키는 이유는 면접자가 지원자의 자기소개서를 압축해서 듣고, 지원자의 첫인상을 평가할 시간을 가질 수 있기 때문이다. 면접을 위한 워밍업이라고 할 수 있으며, 첫인상을 결정하는 과정이므로 매우 중요한 순간이다.

(1) 정해진 시간에 자기소개를 마쳐야 한다.

쉬워 보이지만 의외로 지원자들이 정해진 시간을 넘기거나 혹은 빨리 끝내서 면접관에게 지적을 받는 경우가 많다. 본인이 면접을 받는 마지막 지원자가 아닌 이상, 정해진 시간을 지키지 않는 것은 수많은 지원자를 상대하기에 바쁜 면접관과 대기 시간에 지친 다른 지원자들에게 불쾌감을 줄 수 있다.

또한 회사에서 시간관념은 절대적인 것이므로 반드시 자기소개 시간을 지켜야 한다. 말하기는 1분에 200자 원고지 2장 분량의 글을 읽는 만큼의 속도가 가장 적당하다. 이를 A4 용지에 10point 글자 크기로 작성하면 반 장 분량이 된다.

(2) 간단하지만 신선한 문구로 자기소개를 시작하자.

요즈음 많은 지원자가 이 방법을 사용하고 있기 때문에 웬만한 소재의 문구가 아니면 면접관의 관심을 받을 수 없다. 이러한 문구는 시대적으로 유행하는 광고 카피를 패러디하는 경우와 격언 등을 인용하는 경우, 그리고 지원한 회사의 CI나 경영이념, 인재상 등을 사용하는 경우 등이 있다. 지원자는 이러한 여러 문구 중에 자신의 첫인상을 북돋아 줄 수 있는 것을 선택해서 말해야 한다. 자신의 이름을 문구 속에 적절하게 넣어서 말한다면 좀 더 효과적인 자기소개가 될 것이다.

(3) 무엇을 먼저 말할 것인지 고민하자.

면접관이 많이 던지는 질문 중 하나가 지원동기이다. 그래서 성장기를 바로 건너뛰고, 지원한 회사에 들어오기 위해 대학에서 어떻게 준비했는지를 설명하는 자기소개가 대세이다.

(4) 면접관의 호기심을 자극해 관심을 불러일으킬 수 있게 말하라.

면접관에게 질문을 많이 받는 지원자의 합격률이 반드시 높은 것은 아니지만, 질문을 전혀 안 받는 것보다는 좋은 평가를 기대할 수 있다. 지원한 분야와 관련된 수상 경력이나 프로젝트 등을 말하는 것도 좋다. 이는 지원자의 업무 능력과 직접 연결되는 것이므로 효과적인 자기 홍보가 될 수 있다. 일부 지원자들은 자신만의 특별한 경험을 이야기하는데, 이때는 그 경험이 보편적으로 사람들의 공감대를 얻을 수 있는 것인지 다시 생각해봐야 한다.

(5) 마지막 고개를 넘기가 가장 힘들다.

첫 단추도 중요하지만, 마지막 단추도 중요하다. 하지만 왠지 격식을 따지는 인사말은 지나가는 인사말 같고, 다르게 하자니 예의에 어긋나는 것 같은 기분이 든다. 이때는 처음에 했던 자신만의 문구를 다시 한 번 말하는 것도 좋은 방법이다. 자연스러운 끝맺음이 될 수 있도록 적절한 연습이 필요하다.

2. 1분 자기소개 시 주의사항

(1) 자기소개서와 자기소개가 똑같다면 감점일까?

아무리 자기소개서를 외워서 말한다 해도 자기소개가 자기소개서와 완전히 똑같을 수는 없다. 자기소개서의 분량이 더 많고 회사마다 요구하는 필수 항목들이 있기 때문에 굳이 고민할 필요는 없다. 오히려 자기소개서의 내용을 잘 정리한 자기소개가 더 좋은 결과를 만들 수 있다. 하지만 자기소개서와 상반된 내용을 말하는 것은 적절하지 않다. 지원자의 신뢰성이 떨어진다는 것은 곧 불합격을 의미하기 때문이다.

(2) 말하는 자세를 바르게 익혀라.

지원자가 자기소개를 하는 동안 면접관은 지원자의 동작 하나하나를 관찰한다. 그렇기 때문에 바른 자세가 중요하다는 것은 우리가 익히 알고 있다. 하지만 문제는 무의식적으로 나오는 습관 때문에 자세가 흐트러져 나쁜 인상을 줄 수 있다는 것이다. 이러한 습관을 고칠 수 있는 가장 좋은 방법은 휴대폰 카메라 등으로 자신의 모습을 담는 것이다. 거울을 사용할 경우에는 시선이 자꾸 자기 눈과 마주치기 때문에 집중하기 힘들다. 하지만 촬영된 동영상은 제삼자의 입장에서 자신을 볼 수 있기 때문에 많은 도움이 된다.

(3) 정확한 발음과 억양으로 자신 있게 말하라.

지원자의 모양새가 아무리 뛰어나도, 목소리가 작고 발음이 부정확하면 큰 감점을 받는다. 이러한 모습은 지원자의 좋은 점에까지 악영향을 끼칠 수 있다. 직장을 흔히 사회생활의 시작이라고 말하는 시대적 정서에서 사람들과 의사소통을 하는 데 문제가 있다고 판단되는 지원자는 부적절한 인재로 평가될 수밖에 없다.

3. 대화법

전문가들이 말하는 대화법의 핵심은 '상대방을 배려하면서 이야기하라.'는 것이다. 대화는 나와 다른 사람의 소통이다. 내용에 대한 공감이나 이해가 없다면 대화는 더 진전되지 않는다.

『카네기 인간관계론』이라는 베스트셀러의 작가인 철학자 카네기가 말하는 최상의 대화법은 자신의 경험을 토대로 이야기하는 것이다. 즉, 살아오면서 직접 겪은 경험이 상대방의 관심을 끌 수 있는 가장 좋은 이야깃거리인 것이다. 특히, 어떤 일을 이루기 위해 노력하는 과정에서 겪은 실패나 희망에 대해 진솔하게 얘기한다면 상대방은 어느새 당신의 편에 서서 그 이야기에 동조할 것이다.

독일의 사업가이자, 동기부여 트레이너인 위르겐 힐러의 연설법 중 가장 유명한 것은 '시즐(Sizzle)'을 잡는 것이다. 시즐이란, 새우튀김이나 돈가스가 기름에서 지글지글 튀겨질 때 나는 소리이다. 즉, 자신의 말을 듣고 시즐처럼 반응하는 상대방의 감정에 적절하게 대응하라는 것이다.

말을 시작한 지 10 ~ 15초 안에 상대방의 '시즐'을 알아차려야 한다. 자신의 이야기에 대한 상대방의 첫 반응에 따라 말하기 전략도 달라져야 한다. 첫 이야기의 반응이 미지근하다면 가능한 한 그 이야기를 빨리 마무리하고 새로운 이야깃거리를 생각해내야 한다. 길지 않은 면접 시간 내에 몇 번 오지 않는 대답의 기회를 살리기 위해서 보다 전략적이고 냉철해야 하는 것이다.

4. 차림새

(1) 구두

면접에 어떤 옷을 입어야 할지를 며칠 동안 고민하면서 정작 구두는 면접 보는 날 현관을 나서면서 즉흥적으로 신고 가는 지원자들이 많다. 구두를 보면 그 사람의 됨됨이를 알 수 있다고 한다. 면접관 역시 이러한 것을 놓치지 않기 때문에 지원자는 자신의 구두에 더욱 신경을 써야 한다. 스타일의 마무리는 발끝에서 이루어지는 것이다. 아무리 멋진 옷을 입고 있어도 구두가 어울리지 않는다면 전체 스타일이 흐트러지기 때문이다.

정장용 구두는 디자인이 깔끔하고, 에나멜 가공처리를 하여 광택이 도는 페이턴트 가죽 소재 제품이 무난하다. 검정 계열 구두는 회색과 감색 정장에, 브라운 계열의 구두는 베이지나 갈색 정장에 어울린다. 참고로 구두는 오전에 사는 것보다 발이 충분히 부은 상태인 저녁에 사는 것이 좋다. 마지막으로 당연한 일이지만 반드시 면접을 보는 전날 구두 뒤축이 닳지는 않았는지 확인하고 구두에 광을 내 둔다.

(2) 양말

양말은 정장과 구두의 색상을 비교해서 골라야 한다. 특히 검정이나 감색의 진한 색상의 바지에 흰 양말을 신는 것은 시대에 뒤처지는 일이다. 일반적으로 양말의 색깔은 바지의 색깔과 같아야 한다. 또한 양말의 길이도 신경 써야 한다. 바지를 입을 경우, 의자에 바르게 앉거나 다리를 꼬아서 앉을 때 다리털이 보여서는 안 된다. 반드시 긴 정장 양말을 신어야 한다.

(3) 정장

지원자는 평소에 정장을 입을 기회가 많지 않기 때문에 면접을 볼 때 본인 스스로도 옷을 어색하게 느끼는 경우가 많다. 옷을 불편하게 느끼기 때문에 자세마저 불안정한 지원자도 볼 수 있다. 그러므로 면접 전에 정장을 입고 생활해 보는 것도 나쁘지는 않다.

일반적으로 면접을 볼 때는 상대방에게 신뢰감을 줄 수 있는 남색 계열의 옷이나 어떤 계절이든 무난하고 깔끔해 보이는 회색 계열의 정장을 많이 입는다. 정장은 유행에 따라서 재킷의 디자인이나 버튼의 개수가 바뀌기 때문에 너무 오래된 옷을 입어서 다른 사람의 옷을 빌려 입고 나온 듯한 인상을 주어서는 안 된다.

(4) 헤어스타일과 메이크업

헤어스타일에 자신이 없다면 미용실에 다녀오는 것도 좋은 방법이다. 그리고 여성 지원자의 경우에는 자신에게 어울리는 메이크업을 하는 것도 괜찮다. 메이크업은 상대에 대한 예의를 갖추는 것이므로 지나치게 화려한 메이크업이 아니라면 보다 준비된 지원자처럼 보일 수 있다.

PART 4

5. 첫인상

취업을 위해 성형수술을 받는 사람들에 대한 이야기는 더 이상 뉴스거리가 되지 않는다. 그만큼 많은 사람이 좁은 취업문을 뚫기 위해 이미지 향상에 신경을 쓰고 있다. 이는 면접관에게 좋은 첫인상을 주기 위한 것으로, 지원서에 올리는 증명사진을 이미지 프로그램을 통해 수정하는 이른바 '사이버 성형'이 유행하는 것과 같은 맥락이다. 실제로 외모가 채용 과정에서 영향을 끼치는가에 대한 설문조사에서도 60% 이상의 인사담당자들이 그렇다고 답변했다.

하지만 외모와 첫인상을 절대적인 관계로 이해하는 것은 잘못된 판단이다. 외모가 첫인상에서 많은 부분을 차지하지만, 외모 외에 다른 결점이 발견된다면 그로 인해 장점들이 가려질 수도 있다. 이러한 현상은 아래에서 다시 논하겠다.

첫인상은 말 그대로 한 번밖에 기회가 주어지지 않으며 몇 초 안에 결정된다. 첫인상을 결정짓는 요소 중 시각적인 요소가 80% 이상을 차지한다. 첫눈에 들어오는 생김새나 복장, 표정 등에 의해서 결정되는 것이다. 면접을 시작할 때 자기소개를 시키는 것도 지원자별로 첫인상을 평가하기 위해서이다. 첫인상이 중요한 이유는 만약 첫인상이 부정적으로 인지될 경우, 지원자의 다른 좋은 면까지 거부당하기 때문이다. 이러한 현상을 심리학에서는 초두효과(Primacy Effect)라고 한다.

그래서 한 번 형성된 첫인상은 여간해서 바꾸기 힘들다. 이는 첫인상이 나중에 들어오는 정보에까지 영향을 주기 때문이다. 첫인상의 정보가 나중에 들어오는 정보 처리의 지침이 되는 것을 심리학에서는 맥락효과(Context Effect)라고 한다. 따라서 평소에 첫인상을 좋게 만들기 위한 노력을 꾸준히 해야만 하는 것이다. 좋은 첫인상이 반드시 외모에만 집중되는 것은 아니다. 오히려 깔끔한 옷차림과 부드러운 표정 그리고 말과 행동 등에 의해 전반적인 이미지가 만들어진다. 누구나 이러한 것 중에 한두 가지 단점을 가지고 있다. 요즈음은 이미지 컨설팅을 통해서 자신의 단점들을 보완하는 지원자도 있다. 특히, 표정이 밝지 않은 지원자는 평소 웃는 연습을 의식적으로 하여 면접을 받는 동안 계속해서 여유 있는 표정을 짓는 것이 중요하다. 성공한 사람들은 인상이 좋다는 것을 명심하자.

1. 면접의 유형

과거 천편일률적인 일대일 면접과 달리 면접에는 다양한 유형이 도입되어 현재는 "면접은 이렇게 보는 것이다."라고 말할 수 있는 정해진 유형이 없어졌다. 그러나 현재까지는 집단 면접과 다대일 면접이 진행되고 있으므로 어느 정도 유형을 파악하여 사전에 대비가 가능하다. 면접의 기본인 단독 면접부터, 다대일 면접, 집단 면접의 유형과 그 대책에 대해 알아보자.

(1) 단독 면접

단독 면접이란 응시자와 면접관이 1대1로 마주하는 형식을 말한다. 면접위원 한 사람과 응시자 한 사람이 마주 앉아 자유로운 화제를 가지고 질의응답을 되풀이하는 방식이다. 이 방식은 면접의 가장 기본적인 방법으로 소요시간은 10 ～ 20분 정도가 일반적이다.

① 장점

필기시험 등으로 판단할 수 없는 성품이나 능력을 알아내는 데 가장 적합하다고 평가받아 온 면접방식으로 응시자 한 사람 한 사람에 대해 여러 면에서 비교적 폭넓게 파악할 수 있다. 응시자의 입장에서는 한 사람의 면접관만을 대하는 것이므로 상대방에게 집중할 수 있으며, 긴장감도 다른 면접방식에 비해서는 적은 편이다.

② 단점

면접관의 주관이 강하게 작용해 객관성을 저해할 소지가 있으며, 면접 평가표를 활용한다 하더라도 일면적인 평가에 그칠 가능성을 배제할 수 없다. 또한 시간이 많이 소요되는 것도 단점이다.

> **단독 면접 준비 Point**
>
> 단독 면접에 대비하기 위해서는 평소 일대일로 논리 정연하게 대화를 나눌 수 있는 능력을 기르는 것이 중요하다. 그리고 면접장에서는 면접관을 선배나 선생님 혹은 부모님을 대하는 기분으로 면접에 임하는 것이 부담도 훨씬 적고 실력을 발휘할 수 있는 방법이 될 것이다.

(2) 다대일 면접

다대일 면접은 일반적으로 가장 많이 사용되는 면접방법으로 보통 2 ～ 5명의 면접관이 1명의 응시자에게 질문하는 형태의 면접방법이다. 면접관이 여러 명이므로 다각도에서 질문을 하여 응시자에 대한 정보를 많이 알아낼 수 있다는 점 때문에 선호하는 면접방법이다.

하지만 응시자의 입장에서는 질문도 면접관에 따라 각양각색이고 동료 응시자가 없으므로 숨 돌릴 틈도 없게 느껴진다. 또한 관찰하는 눈도 많아서 조그만 실수라도 지나치는 법이 없기 때문에 정신적 압박과 긴장감이 높은 면접방법이다. 따라서 응시자는 긴장을 풀고 한 시험관이 묻더라도 면접관 전원을 향해 대답한다는 기분으로 또박또박 대답하는 자세가 필요하다.

PART 4

① 장점

면접관이 집중적인 질문과 다양한 관찰을 통해 응시자가 과연 조직에 필요한 인물인가를 완벽히 검증할 수 있다.

② 단점

면접시간이 보통 10 ~ 30분 정도로 좀 긴 편이고 응시자에게 지나친 긴장감을 조성하는 면접방법이다.

다대일 면접 준비 Point

질문을 들을 때 시선은 면접위원을 향하고 다른 데로 돌리지 말아야 하며, 대답할 때에도 고개를 숙이거나 입속에서 우물거리는 소극적인 태도는 피하도록 한다. 면접위원과 대등하다는 마음가짐으로 편안한 태도를 유지하면 대답도 자연스러운 상태에서 좀 더 충실히 할 수 있고, 이에 따라 면접위원이 받는 인상도 달라진다.

(3) 집단 면접

집단 면접은 다수의 면접관이 여러 명의 응시자를 한꺼번에 평가하는 방식으로 짧은 시간에 능률적으로 면접을 진행할 수 있다. 각 응시자에 대한 질문내용, 질문횟수, 시간배분이 똑같지는 않으며, 모두에게 같은 질문이 주어지기도 하고, 각각 다른 질문을 받기도 한다.

또한 어떤 응시자가 한 대답에 대한 의견을 묻는 등 그때그때의 분위기나 면접관의 의향에 따라 변수가 많다. 집단 면접은 응시자의 입장에서는 개별 면접에 비해 긴장감은 다소 덜한 반면에 다른 응시자들과의 비교가 확실하게 나타나므로 응시자는 몸가짐이나 표현력·논리성 등이 결여되지 않도록 자신의 생각이나 의견을 솔직하게 발표하여 집단 속에 묻히거나 밀려나지 않도록 주의해야 한다.

① 장점

집단 면접의 장점은 면접관이 응시자 한 사람에 대한 관찰시간이 상대적으로 길고, 비교 평가가 가능하기 때문에 결과적으로 평가의 객관성과 신뢰성을 높일 수 있다는 점이며, 응시자는 동료들과 함께 면접을 받기 때문에 긴장감이 다소 덜하다는 것을 들 수 있다. 또한 동료가 답변하는 것을 들으며, 자신의 답변 방식이나 자세를 조정할 수 있다는 것도 큰 이점이다.

② 단점

응답하는 순서에 따라 응시자마다 유리하고 불리한 점이 있고, 면접위원의 입장에서는 각각의 개인적인 문제를 깊게 다루기가 곤란하다는 것이 단점이다.

집단 면접 준비 Point

너무 자기 과시를 하지 않는 것이 좋다. 대답은 자신이 말하고 싶은 내용을 간단명료하게 말해야 한다. 내용이 없는 발언을 한다거나 대답을 질질 끄는 태도는 좋지 않다. 또 말하는 중에 내용이 주제에서 벗어나거나 자기중심적으로만 말하는 것도 피해야 한다. 집단 면접에 대비하기 위해서는 평소에 설득력을 지닌 자신의 논리력을 계발하는 데 힘써야 하며, 다른 사람 앞에서 자신의 의견을 조리 있게 개진할 수 있는 발표력을 갖추는 데에도 많은 노력을 기울여야 한다.

• 실력에는 큰 차이가 없다는 것을 기억하라.
• 동료 응시자들과 서로 협조하라.
• 답변하지 않을 때의 자세가 중요하다.
• 개성 표현은 좋지만 튀는 것은 위험하다.

(4) 집단 토론식 면접

집단 토론식 면접은 집단 면접과 형태는 유사하지만 질의응답이 아니라 응시자들끼리의 토론이 중심이 되는 면접방법으로 최근 들어 급증세를 보이고 있다. 이는 공통의 주제에 대해 다양한 견해들이 개진되고 결론을 도출하는 과정, 즉 토론을 통해 응시자의 다양한 면에 대한 평가가 가능하다는 집단 토론식 면접의 장점이 널리 확산된 데 따른 것으로 보인다. 사실 집단 토론식 면접을 활용하면 주제와 관련된 지식 정도와 이해력, 판단력, 설득력, 협동성은 물론 리더십, 조직 적응력, 적극성과 대인관계 능력 등을 쉽게 파악할 수 있다.

토론식 면접에서는 자신의 의견을 명확히 제시하면서도 상대방의 의견을 경청하는 토론의 기본자세가 필수적이며, 지나친 경쟁심이나 자기 과시욕은 접어두는 것이 좋다. 또한 집단 토론의 목적이 결론을 도출해 나가는 과정에 있다는 것을 감안하여 무리하게 자신의 주장을 관철시키기보다 오히려 토론의 질을 높이는 데 기여하는 것이 좋은 인상을 줄 수 있다는 점을 알아야 한다. 취업 희망자들은 토론식 면접이 급속도로 확산되는 추세임을 감안해 특히 철저한 준비를 해야 한다. 평소에 신문의 사설이나 매스컴 등의 토론 프로그램을 주의 깊게 보면서 논리 전개방식을 비롯한 토론 과정을 익히도록 하고, 친구들과 함께 간단한 주제를 놓고 토론을 진행해 볼 필요가 있다. 또한 사회·시사문제에 대해 자기 나름대로의 관점을 정립해두는 것도 꼭 필요하다.

> **집단 토론식 면접 준비 Point**
>
> - 토론은 정답이 없다는 것을 명심한다.
> - 내 주장을 강요하지 않는다.
> - 남이 말할 때 끼어들지 않는다.
> - 필기구를 준비하여 메모하면서 면접에 임한다.
> - 주제에 자신이 없다면 첫 번째 발언자가 되지 않는다.
> - 자신의 입장을 먼저 밝힌다.
> - 상대측의 사소한 발언에 집착하지 않고 전체적인 의미에 초점을 놓치지 않아야 한다.
> - 남의 의견을 경청한다.
> - 예상 밖의 반론에 당황스럽다 하더라도 유연함을 잃지 않아야 한다.

(5) PT 면접

PT 면접, 즉 프레젠테이션 면접은 최근 들어 집단 토론 면접과 더불어 그 활용도가 점차 커지고 있다. PT 면접은 기업마다 특성이 다르고 인재상이 다른 만큼 인성 면접만으로는 알 수 없는 지원자의 문제해결 능력, 전문성, 창의성, 기본 실무능력, 논리성 등을 관찰하는 데 중점을 두는 면접으로, 지원자 간의 변별력이 높아 대부분의 기업에서 적용하고 있으며, 확산되는 추세이다.

면접 시간은 기업별로 차이가 있지만, 전문지식, 시사성 관련 주제를 제시한 다음, 보통 20 ~ 50분 정도 준비하여 5분가량 발표할 시간을 준다. 면접관과 지원자의 단순한 질의응답식이 아닌, 주제에 대해 일정 시간 동안 지원자의 발언과 발표하는 모습 등을 관찰하게 된다. 정확한 답이나 지식보다는 논리적 사고와 의사표현력이 더 중시되기 때문에 자신의 생각을 어떻게 설명하느냐가 매우 중요하다.

PT 면접에서 같은 주제라도 직무별로 평가요소가 달리 나타난다. 예를 들어, 영업직은 설득력과 의사소통 능력에 중점을 둘 수 있겠고, 관리직은 신뢰성과 창의성 등을 더 중요하게 평가한다.

2. 면접의 실전 대책

(1) 면접 대비사항

① 지원 회사에 대한 사전지식을 충분히 준비한다.

필기시험에서 합격 또는 서류전형에서의 합격통지가 온 후 면접시험 날짜가 정해지는 것이 보통이다. 이때 수험자는 면접시험을 대비해 사전에 자기가 지원한 계열사 또는 부서에 대해 폭넓은 지식을 준비할 필요가 있다.

지원 회사에 대해 알아두어야 할 사항

- 회사의 연혁
- 회장 또는 사장의 이름, 출신학교, 관심사
- 회장 또는 사장이 요구하는 신입사원의 인재상
- 회사의 사훈, 사시, 경영이념, 창업정신
- 회사의 대표적 상품, 특색
- 업종별 계열회사의 수
- 해외지사의 수와 그 위치
- 신 개발품에 대한 기획 여부
- 자기가 생각하는 회사의 장단점
- 회사의 잠재적 능력개발에 대한 제언

② 충분한 수면을 취한다.

충분한 수면으로 안정감을 유지하고 첫 출발의 상쾌한 마음가짐을 갖는다.

③ 얼굴을 생기 있게 한다.

첫인상은 면접에 있어서 가장 결정적인 당락요인이다. 면접관에게 좋은 인상을 줄 수 있도록 화장하는 것도 필요하다. 면접관들이 가장 좋아하는 인상은 얼굴에 생기가 있고 눈동자가 살아 있는 사람, 즉 기가 살아 있는 사람이다.

④ 아침에 인터넷 뉴스를 읽고 간다.

그날의 뉴스가 질문 대상에 오를 수가 있다. 특히 경제면, 정치면, 문화면 등을 유의해서 볼 필요가 있다.

> **출발 전 확인할 사항**
>
> 이력서, 자기소개서, 지갑, 신분증(주민등록증), 연필, 볼펜, 메모지, 예비스타킹 등을 준비하자.

(2) 면접 시 옷차림

면접에서 옷차림은 간결하고 단정한 느낌을 주는 것이 가장 중요하다. 색상과 디자인 면에서 지나치게 화려한 색상이나, 노출이 심한 디자인은 자칫 면접관의 눈살을 찌푸리게 할 수 있다. 단정한 차림을 유지하면서 자신만의 독특한 멋을 연출하는 것, 지원하는 회사의 분위기를 파악했다는 센스를 보여주는 것 또한 코디네이션의 포인트이다.

> **복장 점검**
>
> • 구두는 잘 닦여 있는가?
> • 옷은 깨끗이 다려져 있으며 스커트 길이는 적당한가?
> • 손톱은 길지 않고 깨끗한가?
> • 머리는 흐트러짐 없이 단정한가?

(3) 면접요령

① 첫인상을 중요시한다.

상대에게 인상을 좋게 주지 않으면 어떠한 얘기를 해도 이쪽의 기분이 충분히 전달되지 않을 수 있다. 예를 들어, '저 친구는 표정이 없고 무엇을 생각하고 있는지 전혀 알 길이 없다.'처럼 생각되면 최악의 상태이다. 우선 청결한 복장, 바른 자세로 침착하게 들어가야 한다. 건강하고 신선한 이미지를 주어야 하기 때문이다.

② 좋은 표정을 짓는다.

얘기를 할 때의 표정은 중요한 사항의 하나다. 거울 앞에서 웃는 연습을 해본다. 웃는 얼굴은 상대를 편안하게 하고, 특히 면접 등 긴박한 분위기에서는 천금의 값이 있다 할 것이다. 그렇다고 하여 항상 웃고만 있어서는 안 된다. 자기의 할 얘기를 진정으로 전하고 싶을 때는 진지한 얼굴로 상대의 눈을 바라보며 얘기한다. 면접을 볼 때 눈을 감고 있으면 마이너스 이미지를 주게 된다.

③ 결론부터 이야기한다.

자기의 의사나 생각을 상대에게 정확하게 전달하기 위해서 먼저 무엇을 말하고자 하는가를 명확히 결정해 두어야 한다. 대답을 할 경우에는 결론을 먼저 이야기하고 나서 그에 따른 설명과 이유를 덧붙이면 논지(論旨)가 명확해지고 이야기가 깔끔하게 정리된다.

한 가지 사실을 이야기하거나 설명하는 데는 3분이면 충분하다. 복잡한 이야기라도 어느 정도의 길이로 요약해서 이야기하면 상대도 이해하기 쉽고 자기도 정리할 수 있다. 긴 이야기는 오히려 상대를 불쾌하게 할 수가 있다.

④ 질문의 요지를 파악한다.

면접 때의 이야기는 간결성만으로는 부족하다. 상대의 질문이나 이야기에 대해 적절하고 필요한 대답을 하지 않으면 대화는 끊어지고 자기의 생각도 제대로 표현하지 못하여 면접자로 하여금 수험생의 인품이나 사고방식 등을 명확히 파악할 수 없게 한다. 무엇을 묻고 있는지, 무슨 이야기를 하고 있는지 그 요점을 정확히 알아내야 한다.

면접에서 고득점을 받을 수 있는 성공요령

1. 자기 자신을 겸허하게 판단하라.
2. 지원한 회사에 대해 100% 이해하라.
3. 실전과 같은 연습으로 감각을 익히라.
4. 단답형 답변보다는 구체적으로 이야기를 풀어나가라.
5. 거짓말을 하지 말라.
6. 면접하는 동안 대화의 흐름을 유지하라.
7. 친밀감과 신뢰를 구축하라.
8. 상대방의 말을 성실하게 들으라.
9. 근로조건에 대한 이야기를 풀어나갈 준비를 하라.
10. 끝까지 긴장을 풀지 말라.

면접 전 마지막 체크 사항

• 기업이나 단체의 소재지(본사·지사·공장 등)를 정확히 알고 있다.
• 기업이나 단체의 정식 명칭(Full Name)을 알고 있다.
• 약속된 면접시간 10분 전에 도착하도록 스케줄을 짤 수 있다.
• 면접실에 들어가서 공손히 인사한 후 또렷한 목소리로 자기 수험번호와 성명을 말할 수 있다.
• 앉으라고 할 때까지는 의자에 앉지 않는다는 것을 알고 있다.
• 자신에 대해 3분간 이야기할 수 있는 준비가 되어 있다.
• 자신의 긍정적인 면을 상대방에게 바르게 전달할 수 있다.

MG새마을금고는 지역본부와 대기 순서에 따라 모두 질문이 다르다. 따라서 많은 예상 질문을 준비하는 것이 실제 면접에 도움이 된다. 방대한 금융 지식 가운데, 특히 현재의 금융 이슈나 기존의 MG새마을금고 지식을 바탕으로 한 면접 기출 문제로 연습한다면, 어려움 없이 면접을 볼 수 있을 것이다.

1. 서울지역

(1) 시사질문

- 유동성비율 산출식을 말해 보시오.
- 흑자도산이 무엇인지 말해 보시오.
- 실리콘밸리 은행 파산의 원인과 해결방안에 대해 말해 보시오.
- 해당 금고의 경영 공시에 대해 말해 보시오.
- 최근 경제 동향에 대해 말해 보시오.
- 예금자 보호법에 관해 설명해 보시오.
- 신용창조이론은 무엇인가?
- 출자금과 주식 출자의 다른 점은 무엇인가?
- 재무제표 요소 4가지에 관해 설명해 보시오.
- LTV와 DTI에 대해 말해 보시오.
- 현재 한국은행의 금리는 어떻게 되는가?
- BIS 자기자본비율이 무엇인지 설명해 보시오.
- 방카슈랑스에 대해 설명해 보시오.
- 한중 FTA가 금융권에 미치는 영향에 대해 말해 보시오.
- 자본금융통합법에 대해 아는 대로 설명해 보시오.
- 한미 FTA에 대해 설명해 보시오.
- 한미 FTA가 MG새마을금고에 미치는 영향에 대해 설명해 보시오.
- 공제에 대해 설명해 보시오.
- 공제상품 판매 전략에 대해 말해 보시오.
- 서민형 PB가 무엇이라고 생각하는가?
- 케인스학파와 고전학파 중 선호하는 학파를 말한 후 이유를 말해 보시오.
- 핀테크에 관해 설명해 보시오.
- 비대면 채널이 확대 중인 상황에서 MG새마을금고의 돌파방법은?
- 오늘 금리가 인상 되었는데 어떻게 생각하는가?
- MG새마을금고의 자산, 자본, 부채가 얼마인가?
- 기준금리가 무엇이며, 현재 몇 퍼센트인지 말해 보시오.
- MG새마을금고의 이미지를 설명해 보시오.

- MG새마을금고 발전 방향에 대해 말해 보시오.
- MG새마을금고의 수익구조에 대해 알고 있다면 말해 보시오.
- MG새마을금고에 대해 아는 대로 말해 보시오.

(2) 인성질문

- 자기소개를 해 보시오.
- 전공이 은행 업무와 전혀 상관없는데 어떤 이유로 지원을 하게 되었는가?
- 본인의 전공이 MG새마을금고에서 어떻게 활용될 수 있을 것 같은가?
- 공공기관에서 인턴으로 근무하면서 어떠한 업무를 담당하였는가?
- 가장 좋아하는 음식과 그 이유는 무엇인가?
- 면접비를 받으면 어디에 사용할 것인가?
- 경영학자 중 가장 좋아하는 사람과 그 이유를 말해 보시오.
- 입사 후 하고 싶은 일은 무엇인가?
- 본인에게 부모님은 어떤 존재인가?
- 고객과 문제가 생길 때 어떻게 해결할 것인지 말해 보시오.
- 직장상사와 문제가 생길 때 어떻게 해결할 것인지 말해 보시오.
- 인생의 좌우명은 무엇인가?
- 주량이 어떻게 되는가?
- 살면서 힘들었던 점은 무엇인가?
- MG새마을금고가 젊은이들에게 인지도가 낮은데 어떻게 하면 좋을지 설명해 보시오.
- 본인과 주변 사람들 사이에 문제가 생기면 잘 해결하는 편인가?
- 요새 본 드라마나 예능프로가 무엇인가?
- 지원동기에 대해 말해 보시오.
- 성공의 기준을 무엇이라 생각하는지 말해 보시오.
- MG새마을금고에 대해 어떻게 알게 되었는지 말해 보시오.
- 자격증 취득이 실제로 금융지식을 얻는 데 도움이 되었는가?
- 자격증은 어떻게 취득하였는가?
- 내가 살아있음을 느꼈을 때는 언제이고, 그것으로 배운 것은 무엇인가?
- 상품을 어떻게 고객에게 팔 것인가?
- 상사가 나보다 나이가 어리면 사회생활을 하는 데 문제가 없겠는가?
- 가족 중에 공제에 든 사람이 있는가?
- 아버지가 하시는 일은 무엇인가?
- 동생과의 우애는 어떠한가?
- 금융으로 진로를 바꾼 이유는?
- 집에서 가장 가까운 MG새마을금고는 어디인지?
- 공제를 팔아서 실적을 올리기 위한 영업이 필요한데 잘할 수 있겠는가?
- 금융권에서 아르바이트를 한 경험이 있다고 되어 있는데, 고객의 나이대가 어떻게 되었는가?
- 다른 기업에 취업해 본 경험이 있는가?
- 청소년 직업 박람회에 참여했던 프로젝트는 정확히 어떤 것이었는가?
- VR게임을 만들었다고 했는데 어떤 게임인가?

- MG새마을금고 적금은 가지고 있는가?
- 첫 월급을 타면 무엇을 할 것인지 말해 보시오.
- 신문은 많이 읽는가?
- 그동안 했던 아르바이트에 대해 말해 보시오.
- 집안일은 하는가?
- 평소에 취미가 있다면 말해 보시오.
- 10년 후 자신의 포부에 대해 말해 보시오.
- MG새마을금고의 모델을 누구로 하면 좋을 것 같은지 말해 보시오.
- MG새마을금고와 타 금융기관과의 차이점에 대해 설명해 보시오.
- MG새마을금고가 타 은행과의 경쟁에서 살아남을 수 있는 방법은 무엇인가?
- 직장상사에게 부당한 지시를 받았을 경우 어떻게 대처할 것인지 설명해 보시오.
- 입사했는데 커피를 타오라고 한다면 어떻게 하겠는가?
- 입사했는데 화장실 청소를 하라고 한다면 어떻게 하겠는가?
- 본인이 가장 자신 있는 특기는 무엇인가?
- 본인이 가장 용기 있었던 순간은 언제인가?
- 지점 방문 후 개선방안은 무엇이라고 생각하는가?
- MG새마을금고 회장의 임기는?
- 5억이 생긴다면 어떻게 할 것인가?
- 가장 큰 실패 경험과 그것을 어떻게 극복했는가?
- 일과 개인시간 중에 무엇이 더 중요한가?
- 돈의 의미가 무엇이라고 생각하는지 말해 보시오.
- 젊은 고객 유치방안을 생각해본 적이 있는가?

2. 부산지역

(1) 시사질문

- 비과세에 관해 설명해 보시오.
- DSR에 관해 설명해 보시오.
- 재무상태표에 관해 설명해 보시오.
- SWOT 분석에 관해 설명해 보시오.
- 비채변제에 관해 설명해 보시오.
- 우리나라 경제의 현 상황에 관해 설명해 보시오.
- 은행경영공시제도에 관해 설명해 보시오.
- 클라우딩 펀드에 관해 설명해 보시오
- LTV와 DTI에 대해 말해 보시오.
- 요즘 SNS의 효과를 어떻게 보는가?
- 현재 한국은행의 금리는 어떤지 설명해 보시오.
- 방카슈랑스와 어슈어뱅크를 아는가?
- CD금리란 무엇인가?

- 평소에 MG새마을금고를 이용하는가?
- MG새마을금고의 이미지는 어떠한가?
- 직업이란 무엇인가?
- MG새마을금고와 MG새마을금고 중앙회의 차이점을 말해 보시오.

(2) 인성질문

- 5년 후의 목표는 무엇인가?
- 돈을 벌려는 이유는 무엇인가?
- 개인정보에 관해 설명해 보시오.
- 직장생활을 잘하기 위해서는 어떻게 해야 하는가?
- 좋은 후임이란 어떤 사람이라고 생각하는가?
- 친화력이 좋다고 했는데, 그에 대한 경험에 대해 말해 보시오.
- 학창시절 성적이 좋았는데 자신만의 노하우가 있는가?
- 회사에서 상사나 동료와 트러블이 생긴다면 어떻게 극복할 것인지 설명해 보시오.
- 리더십이 강한 편이라고 생각하는가?
- 좋은 상사는 어떤 사람이라고 생각하는가?
- 신입사원의 자세에 관해 설명해 보시오.
- 자기소개를 간단히 해 보시오.
- 다른 곳도 지원했는가?
- 이 지역 지리를 잘 아는가?
- 부모님은 무슨 일을 하시는가?
- 만약 나보다 늦게 입사한 동료가 먼저 승진을 한다면 어떻게 하겠는가?
- 현재 소득은? 그럼 아르바이트를 한 경험은 있는가? 그렇게 번 돈은 어떻게 사용했는가?
- 자신의 롤모델이나 존경하는 분이 있다면?
- 10년 후의 나의 모습과 그런 모습을 위해 지금 준비하고 있는 것은 무엇인가?
- 학교에서 자신이 공부했던 전공의 포트폴리오에 대해 이야기해 보시오.
- 경영학을 전공했고, 자격증도 있던데 베타계수에 대해 설명해 보시오.
- 몇 시에 일어나고 몇 시에 잠자는가?
- 주말에는 보통 무엇을 하며 시간을 보내며, 당장 지난 주말에는 어떻게 보냈는가?
- 복수전공을 왜 안 했는가?
- 자신의 장단점을 말해 보시오.
- 입사 후 포부에 대해 말해 보시오.
- 만약 자기 업무가 바쁜 와중에 상사가 다른 업무(잡일)를 자꾸 시킨다면 어떻게 하겠는가?
- 마지막으로 하고 싶은 말은?

3. 인천지역

(1) 시사질문

- 1금융권과 2금융권의 차이에 대해 말해 보시오.
- 기준금리가 어떻게 되며, 기준금리가 금고에 미칠 영향에 대해 말해 보시오.
- 회계에서 대변과 차변에 대해 설명해 보시오.
- 가족 중에 공제에 든 사람이 있는가?
- MG새마을금고에 대해 알고 있는 것을 모두 말해 보시오.
- 예금자보호제도에 대해 설명해 보시오.
- 수익적 지출과 자본적 지출에 대해 설명해 보시오.
- 분식회계와 역분식회계에 대해 설명해 보시오.
- 최근 한국은행이 기준금리를 짧은 시일에 많이 내렸는데, 여기에 대해 어떻게 생각하는가?
- 경영의 3요소란 무엇인가?
- 최근에 신문을 보았는가? 가장 기억에 남는 기사는?
- 지인에게 3억의 돈이 있는데 이 돈을 MG새마을금고에 예치시키려면 어떤 방법으로 설득할 것인가?
- 지금 저축을 하고 있는가? 하고 있다면 어디 은행에 저축하고 있으며, 수입의 몇 %를 하는가?

(2) 인성질문

- 자기소개를 해 보시오.
- MG새마을금고에 지원한 동기를 말해 보시오.
- MG새마을금고를 이용해 본 경험이 있다면 말해 보시오.
- 본인보다 상사의 나이가 어리다면 어떻게 할 것인가?
- MG새마을금고에 입사하게 된다면 어떤 업무를 맡고 싶은가?
- 자신을 한 단어나 사자성어로 표현한다면 무엇인가?
- 자기소개를 새로 만들어서 다시 해 보시오.
- 첫 지원이 아닌데 왜 떨어졌다고 생각하는가?
- 회사에서 상사나 동료와 트러블이 생긴다면 어떻게 해결할 것인가?
- 경청하면 제일 먼저 떠오르는 것은?
- 본인이 상품이라면 어떤 장점을 얘기하면서 팔 것인가?
- 자신의 장점과 단점에 대해 말해 보시오
- MG새마을금고의 장단점에 대해 말해 보시오..
- MG새마을금고 입사가 얼마나 간절한지 말해 보시오.
- 고객이 돈을 가져가지 못했다고 성화를 낸다면 어떻게 대처할 것인가? 그래도 화를 낸다면? 이러한 일이 발생하지 않으려면 어떻게 해야 하는가?
- 당신이 첫 출근을 했을 때 지점에서 어떻게 행동할지 말해 보시오.
- MG새마을금고 필기시험에 합격하고 면접 전까지 무엇을 준비했는가?
- 봉사활동을 한 적이 있는가? 있다면 가장 기억에 남는 봉사활동은?
- 신입사원에게 가장 필요한 자세는 무엇이라고 생각하는가?
- 본인에게 부모님은 어떤 분이신가?
- 존경하는 인물은?

- 본인에게 있어서 돈이란?
- 본인의 결혼관은 어떠한가?
- A와 B 두 곳의 MG새마을금고가 있는데, A금고는 초봉이 마음에 드는 반면 더 이상 발전하기 어려울 정도로 발전된 상태이고, B금고는 초봉은 낮지만 발전가능성이 큰 곳이다. 어디에 들어가고 싶으며 그 이유는 무엇인가?
- (고등학생 지원자에게) 진학 대신 취업을 선택한 이유는?
- 마지막으로 하고 싶은 말이 있는가?

4. 경기지역

(1) 시사질문

- 예금자보호제도에 대해서 말해 보시오.
- 수익적 지출과 자본적 지출에 대해 설명해 보시오.
- 소비자보호제도에 대해 설명해 보시오.
- 자기자본이익률이 무엇인가?
- 재무상태표에 대해 설명해 보시오.
- 수익적 지출과 자본적 지출에 대해 설명해 보시오.
- (우리나라 경제 정책의 이슈에 따른 사항이 제시되고) 이에 대해 설명해 보시오.
- 손익계산서는 무엇인가?
- 출자금은 무엇인가?
- 제1금융과 제2금융의 차이는 무엇인지 설명해 보시오.
- MG새마을금고가 협동조합인지 금융기관인지 말해 보시오.
- MG새마을금고에서 하고 있는 사회공헌 활동에 대해 말해 보시오.
- MG새마을금고 햇살론에 대해 아는 것이 있으면 설명해 보시오.
- 북한 인권문제에 대해 어떻게 생각하는가?
- 한국의 복지사업에 대해 어떻게 생각하는가?
- 공제가 무엇이고 어떻게 팔건지 말해 보시오.
- 코픽스에 대해서 설명해 보시오.
- 최근 대한민국 경제 상황에 대해서 말해 보고, 추후에 어떻게 될건지 본인의 의견과 해결방안에 대해서 설명해 보시오.
- 수익적 지출은 무엇인가?
- 요즘 신문에서 나오는 이슈거리 1가지씩만 말해 보시오.
- 6·25전쟁이 일어난 연도는?
- 천안함 사건에 대한 생각을 말해 보시오.
- 지금 이 지역의 국회의원의 이름과 그 전 국회의원의 이름을 말해 보시오.
- 이사장의 이름을 말해 보시오.
- 이 금고의 직원 수를 말해 보시오.
- 이 지역의 지점 수를 말해 보시오.

- MG새마을금고에 대해 알고 있는 것은?
- 요즘 시중은행에서 비대면으로 이뤄지는 것들이 많은데 무엇이 단점이라고 생각하는가?
- MZ세대의 갈등이 심해지는데 MZ가 무엇인지 말해 보시오.

(2) 인성질문

- 당신이 처음 출근했을 때 지점에서 어떻게 행동할지 말해 보시오.
- MG새마을금고를 고급브랜드로 인식시키려면 어떻게 해야 하는지 설명해 보시오.
- 은행원에게 가장 필요한 덕목은 무엇인지 설명해 보시오.
- 시중은행과 MG새마을금고의 차이점은 무엇인지 설명해 보시오.
- 본인의 인간관계에 대해 말해 보시오.
- 주말엔 주로 무엇을 하는지 말해 보시오.
- 1분 동안 자기소개를 해 보시오.
- 자신이 면접관이라고 생각하고, 하고 싶은 질문을 한 명씩 해 보시오. 그리고 본인이 한 질문에 답해 보시오.
- 어떤 장르의 책을 읽는가?
- 취미와 특기는 무엇인가?
- 10년 후 자신의 모습을 설명해 보시오.
- MG새마을금고에 예견된 사건이 터졌을 경우의 대처방법은 무엇인가?
- 상사와 의견이 충돌했을 때 어떻게 처리할 것인가?
- 본인이 욕심이 많은 편이라고 생각하는가?
- 타 은행 인턴 기간 중에 무엇을 배웠는가?
- 왜 이전 직장을 그만뒀는가?
- 최근에 감명 깊게 본 슬픈 영화가 있는가?
- 본인만의 스트레스 관리법이 있는가?
- 최근 흥미있는 금융 이슈는 무엇인가?
- (경찰행정학과 출신 지원자에게) 내년에 경찰 채용을 많이 한다고 들었는데, 경찰을 준비할 계획은 없는가?
- 나만의 스트레스 해소법은 무엇인가?
- 꿈이 무엇인가?
- 입행하면 무엇부터 먼저 할 것인가?
- MG새마을금고에 입행하기 위해 준비한 것은 무엇인가?
- 자신이 돈을 벌어야 하는 이유 3가지를 말해 보시오.
- 로또 30억이 당첨되면 무엇을 할 것인가?
- 인생의 최종 목표가 무엇인가?
- 연봉은 얼마를 받고 싶은가?
- 자신은 어떤 사람인지 3분 동안 말해 보시오.
- 자신만의 스트레스 해소법이 있으면 말해 보시오.
- 주량은 어떻게 되는가?
- MG새마을금고의 이미지는 어떠한가?

- MG새마을금고의 광고는 봤는가?
- 역경을 이겨냈던 경험은 있는가?
- A지원자는 초봉이 3,000만 원이고, B지원자의 초봉은 1,500만 원이다. 이것에 대해 어떻게 생각하는가?
- 자신이 MG새마을금고의 이사장이 되면 어떤 MG새마을금고를 만들고 싶은가?
- 마지막으로 하고 싶은 말을 해 보시오.
- 은행원은 사양직업 중 하나인데 MG새마을금고에 지원한 이유가 무엇인가?
- 본인이 리더인데 팀원 한 명이 조직에서 적응을 못하면 어떻게 할 것인가?
- 주소가 타 지역인데 어떻게 출퇴근할 예정인가?
- 기업은행 인턴을 하면서 힘들었던 점은 무엇인가?
- 일하다가 시재가 맞지 않다면 어떻게 할 것인가?
- 금융권 취업을 위해 준비한 것은?
- MG새마을금고에서 세대갈등이 나오면 어떻게 해결할지 말해 보시오.

5. 강원지역

(1) 시사질문

- 크라우드 펀딩에 관해 설명해 보시오.
- 자기자본비율에 관해 설명해 보시오.
- 방카슈랑스에 관해 설명한 후, 어슈어뱅킹과의 차이점에 관해 설명해 보시오.
- 유동성 함정은 무엇인가?
- 트리플 먼데이란 무엇인가?
- 선물은 무엇인가?
- 제1금융권과 제2금융권의 차이에 대해 아는 대로 말해 보시오.
- MG새마을금고의 공제에 대해서 알고 있는가? 공제와 보험의 차이점은 무엇인가?
- MG새마을금고의 이미지는 무엇인가?

(2) 인성질문

- 직장생활을 하면서 가장 중요하다고 생각되는 가치는 무엇인가?
- 롤모델은 누구인가?
- 가장 소중하다고 생각하는 물건이나 사람이 있는가?
- 아르바이트 경험이 있다면 무엇을 느꼈는가?
- MG새마을금고를 어떠한 경유로 알게 됐는가?
- 고객이 무리한 요구를 했을 때 어떻게 대처할 것인가?
- 입사하면 막내가 될 텐데 신입사원으로서 어떠한 태도가 중요하다고 생각하는가?
- 상품을 팔아야 할 때도 있는데, 상품을 잘 팔기 위해 본인은 어떤 장점이 있는가?
- 본인이 생각하는 MG새마을금고의 단점은 무엇이라 생각하는가?
- 본인을 채용해야 하는 이유를 강점을 바탕으로 말해 보시오.

- 펀드와 적금 중 어떤 상품을 이용할 것인가?
- 펀드와 주식 중 어떤 상품을 이용할 것인가?
- 혼자 일하는 것이 편한가? 같이 일하는 것이 편한가?
- 개인기가 있는가?
- 월급을 어떤 식으로 사용할 것인가?
- 일이 적성에 맞지 않는다면 어떻게 할 것인가?
- 자기소개를 간단히 말해 보시오.
- MG새마을금고에 대해 아는 대로 말해 보시오.
- 서민금융기업의 입장에서 서민들에게 어떻게 했으면 좋겠는가?
- MG새마을금고와 거래한 적이 있는가?
- 5년 후 MG새마을금고는 어떻게 될 것이며, 본인은 무엇을 하고 있겠는가?
- 요즘 지원자들은 MG새마을금고에 지원할 때 큰 열정을 가지고 들어오지만, 막상 합격하면 이직을 하거나 관두는 경우가 많다. 어떻게 생각하는가?
- 나이 어린 상사와 어떻게 잘 지내겠는가?
- 마지막으로 하고 싶은 말을 해 보시오.

6. 울산 · 경남지역

(1) 시사질문

- 핀테크에 대해서 설명해 보시오.
- 제1금융과 MG새마을금고의 차이를 말해 보시오.
- MG새마을금고의 주요 사업내용을 설명해 보시오.
- TV나 인터넷을 통해 MG새마을금고에 대해 알아본 뉴스나 정보가 있다면 말해 보시오.
- 공제판매 목표를 달성하지 못했다면 어떻게 할 것인가?
- MG새마을금고 지점의 개수는 몇 개인가?
- MG새마을금고에 거래는 하는가?
- 주식 투자하는 사람 또는 해 보고 싶은 사람 있으면 손들어 보시오.
- MG새마을금고에는 여러 가지 상품들이 있는데 판매할 수 있겠는가?
- MG새마을금고가 판매하는 카드에 대해 아는 것이 있는가?

(2) 인성질문

- 1분 자기소개를 해 보시오.
- MG새마을금고에 대해 아는 것을 설명해 보시오.
- 첫 월급을 타면 어떻게 쓸 것인가?
- MG새마을금고를 이용해 본 적이 있는가?
- 상사가 부당한 지시를 하면 어떻게 할 것인가?
- MG새마을금고에 대해 아는 것을 설명해 보시오.
- 첫 월급을 타면 어떻게 쓸 것인가?
- MG새마을금고를 이용해 본 적이 있는가?
- 상사가 부당한 지시를 하면 어떻게 할 것인가?
- 1분 동안 자기소개를 말해 보시오.
- MG새마을금고인이 갖추어야 하는 덕목 2가지를 말해 보시오.
- 다른 사람이 나를 보는 이미지가 어떠하다고 생각하는지 말해 보시오.
- 주소지와 다른 타 지역에 합격하면 출퇴근을 어떻게 할 것인지 말해 보시오.
- 주량은 어떻게 되는지 말해 보시오.
- 특기와 취미에 대해 말해 보시오.
- 성공이란 무엇이라 생각하는가?
- 최근에 감명 깊게 읽은 책은 무엇인가?
- 혹시 다른 지역으로 발령받으면 어떻게 할 것인가?
- 상사가 커피 심부름을 시키는 것에 대해 어떻게 생각하는가?
- MG새마을금고에서 이루고 싶은 것은 무엇인가?
- 금융자격증은 있는가?
- 희망하는 연봉을 말해 보시오.
- 아르바이트 경험은 있는가?
- 아르바이트를 해서 모은 돈은 어떻게 사용했는지 말해 보시오.
- 평소에 일기를 쓰는가?
- 사회에서 수상 경험이 있는가?
- 왜 다른 금융사 말고 MG새마을금고를 선택했는가?
- 목표를 이루기 위해 노력한 경험이 있는가? 그 경험을 통해 무엇을 성취했는가?
- 다른 데 지원한 곳은 있는가?
- 전공과는 다른데 이곳에서 잘할 수 있겠는가?
- 마지막으로 하고 싶은 말을 해 보시오.

7. 대구 · 경북지역

(1) 시사질문

- 미국이 계속해서 금리를 올리는 이유에 대해 말해 보시오.
- 현재 저금리 상황에서의 재테크 방법을 제안해 보시오.
- 제1금융권과 제2금융권의 대출 차이점에 대해 설명해 보시오.
- 윤창중 사건과 관련하여 성폭력에 대한 본인의 생각은?
- 기준금리가 무엇인가? 금리 상승 시 일어나는 현상에 대해 말해 보시오.
- 낙수효과가 무엇인지 말해 보시오.
- 기저효과가 무엇인지 말해 보시오.
- 전국의 MG새마을금고 지점의 수는 몇 개인가?
- MG새마을금고 거래를 사용하고 있는가?
- MG새마을금고 자산이 얼마인지 아는가?
- MG새마을금고 중에 가장 자산규모가 큰 지점은?
- 공제에 대해 아는 점을 이야기해 보시오.
- 행원이 가져야 할 중요한 가치는 무엇이라 생각하는가?
- (재무설계 자격증이 있는 사람에게) 60대를 위한 재무설계는 어떻게 하겠는가?
- MG새마을금고에 대해 아는 것을 말해 보시오.
- 금융인이 가져야 할 자질은 무엇이라고 생각하는가?
- 공제판매를 어떻게 할 것인가?

(2) 인성질문

- 자기소개를 해 보시오.
- MG새마을금고에 대한 부정적인 뉴스를 본 적이 있다면 말해 보시오.
- 대구 MG새마을금고 PF 관련 원인과 해결방안에 대해 말해 보시오.
- 상사가 부당한 업무지시를 내린다면 어떻게 할 것인지 말해 보시오.
- 살면서 가장 중요하게 생각하는 것이 무엇인가?
- 다른 지역에 발령이 나도 근무를 하겠는가?
- 본인이 취득한 자격증을 업무에 어떻게 사용할 것인지 말해 보시오.
- 직장에서 중요한 가치에 대해 말해 보시오.
- 휴학기간에 무엇을 했는가?
- 자신의 장단점을 말해 보시오.
- MG새마을금고에 지원하게 된 동기를 말해 보시오.
- 입행하게 된다면 고객을 어떻게 대할 것인가?
- 기존의 MG새마을금고에 대한 이미지와 필기시험 후 MG새마을금고의 이미지는 어떠한가?
- 경영학과에 들어간 이유는?
- 5년 후의 본인의 모습을 설명해 보시오.
- 마지막으로 하고 싶은 말을 해 보시오.

8. 충남지역

(1) 시사질문

- 대차대조표와 손익계산서에 관해 설명해 보시오.
- 공제란 무엇이며, 몇 개가 있는가?
- MG새마을금고에 대해서 아는 대로 말해 보시오.
- 금리가 곧 인상될 텐데 금리 인상으로 인해 어떤 영향이 있을지 설명해 보시오.
- MG새마을금고의 수익구조는 어떻게 되는지 설명해 보시오.

(2) 인성질문

- 자기소개를 해 보시오.
- MG새마을금고의 장단점을 말해 보시오.
- MG새마을금고의 해당 지점에 지원한 이유를 말해 보시오.
- 해당 지점에 방문해 본 경험이 있으면 말해 보시오.
- 다른 지역 거주자인데 왜 이곳 지점을 지원하였는가?
- MG새마을금고 외의 타 은행은 어디에 지원하였는가?
- MG새마을금고와 타 은행의 차이점에 대해 말해 보시오.
- 선배와 의견 대립 시 해결방법에 대해 말해 보시오.
- 본인의 성격은 외향적인가 아니면 내향적인가?
- 성격이 외향적(내향적)이라면 자신의 성격의 장단점에 대해 말해 보시오.
- 자신의 장단점에 대해 말해 보시오.
- 전공이 상경계열이 아닌데 왜 지원하였는가?
- 타 전공인데 자신의 전공을 어떻게 살려서 회사에 기여하겠는가?
- 취미나 특기는 무엇인가?
- 조직생활에서 발생하는 문제를 어떻게 해결할 것인가?
- 경영학과인데 경영학이란 무엇인가?
- 학교생활에서 가장 중요한 것은 무엇인가?
- 받고 싶은 연봉은 얼마인가?
- MG새마을금고와 거래를 하고 있는가?
- 커피 심부름과 청소를 시키면 할 것인가?
- 리더십이 강한 편인가?
- 팀워크를 발휘한 경험을 설명해 보시오.
- 결혼했고 아이가 있는데 아이가 아프다면 어떻게 출근할 것인가?
- MG새마을금고에 지원한 동기에 대해 말해 보시오.
- 직장상사가 부당한 지시를 한다면 어떻게 하겠는가?
- 가족은 무슨 일을 하는가?
- 입사 후 포부를 말해 보시오.
- 마지막으로 하고 싶은 말을 해 보시오.

9. 충북지역

(1) 시사질문

- LTV와 DTI에 대해 말해 보시오.
- BIS 자기자본비율이 무엇인지 설명해 보시오.
- 금융소득종합과세에 대해 설명해 보시오.
- 저축은행 사태에 대해 설명하고 금융인이라면 어떻게 대처할 것인지 말해 보시오.
- 경기의 흐름을 예측해 보시오.
- 현 경제상황에 대해 설명해 보시오.
- 공제상품에 대해 알고 있는 것을 말해 보시오.
- 이자율이 높지 않은데 MG새마을금고가 어떻게 해야 할 것인가?
- MG새마을금고의 날을 아는가?
- MG새마을금고의 금고 수는 몇 개인가?
- MG새마을금고와 시중은행의 차이점에 대해 설명해 보시오.

(2) 인성질문

- 자기소개를 해 보시오.
- 친구가 몇 명 있는가? 친구 사이에서 별명은 무엇인가?
- 상사가 부당한 일을 시키면 어떻게 할 것인가?
- 스트레스를 어떻게 푸는가?
- 무인도에 떨어지면 어떤 도구 3가지를 들고 갈 것인가?
- 상사와 트러블이 생겼을 때 어떻게 대처하겠는가?
- 고객이 행패를 부릴 때 어떻게 대처하겠는가?
- 자신만의 강점에 대해 말해 보시오.
- 10년 후 본인의 미래는 어떠할 것 같은가?
- 신입 직원으로서 갖춰야 할 덕목이나 자세에 대해 말해 보시오.
- 살아오면서 가장 최선을 다해 몰입한 경험과 그로 인하여 배운 점에 대해 말해 보시오.
- 상사가 퇴근하지 않고 있다면 어떻게 할 것인가?
- 입사 후 MG새마을금고에게 바라는 점은 무엇인가?
- 주량은 어떻게 되는가?
- 지금까지 살면서 제일 어려웠던 경우가 언제인가?
- 자신의 멘토와 생활신조에 대해 말해 보시오.
- 지금까지 자기개발을 위해 무엇을 하였는가?
- 마지막으로 하고 싶은 말을 해 보시오.

10. 전북지역

(1) 시사질문

- 손익계산서가 무엇인지 아는가?
- 제1금융권과 제2금융권의 차이를 말해 보시오.
- 공제(보험)에 대해 어떻게 생각하는가?
- 기준 금리는 어떻게 정해지는가?
- MG새마을금고의 자본금은 얼마인가?
- MG새마을금고의 금고 수를 말해 보시오.
- 지원한 지역의 총 인구를 알고 있는가? 또한 어느 동네의 인구가 가장 많은지 알고 있는가?
- 지원한 지역의 현안은 무엇이고, 해결 방법은 무엇이라고 생각하는가?
- 면접을 위해 MG새마을금고에 대해 많이 공부했을 텐데, 공제가 무엇인지 설명해 보시오.
- MG새마을금고의 문제점은 무엇이고, 그 부분에 대해 본인이 어떻게 공헌할 수 있는지 말해 보시오.

(2) 인성질문

- 30초 동안 자기소개를 간단히 해 보시오.
- 후배가 먼저 승진한다면 어떠할 것 같은가?
- 먼 곳으로 발령이 난다면 어떻게 할 것인가?
- 연봉은 얼마를 받고 싶은가?
- 여자(남자)친구와 중요한 일이 있는데 오늘 회사에서 야근을 시킨다면 어떻게 하겠는가?
- 옛날에는 첫 월급을 받으면 부모님 내복을 사드렸는데, 본인은 첫 월급으로 무엇을 할 것인가?
- 좋아하는 스포츠가 무엇인가?
- 전공이 무엇인가?
- 등산을 좋아한다고 했는데, ○○산이 해발 몇 미터인 줄 아는가?
- 감명 깊게 읽은 책이나 영화가 있는가?

11. 광주 · 전남지역

(1) 시사질문

- LTV와 DTI에 대해 설명해 보시오.
- 근대민법의 3대 원칙을 설명해 보시오.
- 행위능력에 대해 설명해 보시오.
- 행위무능력자에는 어떤 경우가 있는가?
- 방카슈랑스에 대해 설명해 보시오.
- 제2금융권이 무슨 뜻인가?
- 예금자보호법에 대해 설명해 보시오.
- 대차대조표와 손익계산서의 정의를 말해 보시오.
- BIS 자기자본비율이 무엇인지 설명해 보시오.
- 테이퍼링에 대해 들어본 적 있는가?
- MG새마을금고에 대해 아는 것을 모두 말해 보시오.
- MG새마을금고가 타 은행과 다른 점은 무엇인가?
- MG새마을금고는 공제를 팔아야 하는데 어떻게 팔 것인가?
- 직장 내에서 성희롱을 받았다고 느낄 경우 어떻게 하겠는가?
- 직장인으로서 최대 덕목은 무엇이라고 생각하는가?

(2) 인성질문

- 30초 동안 자기소개를 간단히 해 보시오.
- 상사 중에 여자 상사가 많은데 트러블이 생기면 어떻게 대처할 것인가?
- 개인 성과달성을 해야 하는데 성과달성을 하지 못한다면 어떻게 할 것인가?
- 어린 사람들이 상사로 있을 텐데 잘할 자신이 있는가?
- 경력이 있어서 그쪽으로 나가면 될 텐데, 왜 MG새마을금고에 들어오려고 하는가?
- 본인의 친구는 많은가? 친구가 많이 없는데 직장 안에서 대인관계를 잘할 수 있겠는가?
- 야근 또는 휴일에 나와서 일할 수도 있다. 어떻게 생각하는가?
- 민원인이 찾아와 행패를 부린다면 어떻게 하겠는가?
- 자신의 장단점을 말해 보시오.
- 만약에 합격한다면 출퇴근 교통수단은 무엇인가?
- 진상고객이 온다면 어떻게 할 것인가?
- 마지막으로 하고 싶은 말을 해 보시오.
- 싫어하는 업무를 주면 어떻게 하겠는가?
- 업무 교육을 한 번 밖에 안 해주는데 업무에 지장이 있으면 어떻게 하겠는가?

12. 제주지역

(1) 시사질문

- 직장인으로서 갖추어야 할 항목은 무엇이라고 생각하는가?
- 예금자보호법에 대해 알고 있는가?
- 방카슈랑스에 대해 설명해 보시오.
- 아베노믹스에 대해 설명해 보시오.

(2) 인성질문

- 자기소개를 간단히 해 보시오.
- 지원동기에 대해 말해 보시오.
- 자신의 장단점에 대해 말해 보시오.
- 경력사항에 대해 말해 보시오.
- 나이 어린 상사가 있는데 어떻게 생각하는가?
- 희망연봉이 얼마 정도 되는가?
- 운동을 하는가?
- 운동을 하면 좋은 점에 대해 간략하게 말해 보시오.
- 면접관에게 자신을 어필해 보시오.
- 자기소개서를 읽고 괜찮은 사람이다 생각했는데 면접을 보니 별로인 것 같다. 어떻게 생각하는가?
- 청소나 차 심부름을 시킬 수도 있는데 할 수 있겠는가?
- 생각보다 토익 점수가 낮은데 그동안 뭐 했는가?
- 현재 가지고 있는 자격증에 대해 소개해 보시오.
- 마지막으로 하고 싶은 말을 해 보시오.

훌륭한 가정만한 학교가 없고,
덕이 있는 부모만한 스승은 없다.

– 마하트마 간디 –

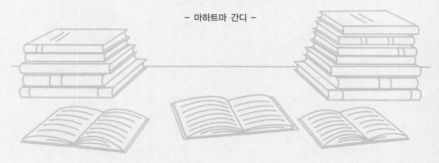

많이 보고 많이 겪고 많이 공부하는 것은 배움의 세 기둥이다.

– 벤자민 디즈라엘리 –

현재 나의 실력을 객관적으로 파악해 보자!

모바일 OMR
답안채점 / 성적분석 서비스

도서에 수록된 모의고사에 대한 객관적인 결과(정답률, 순위)를 종합적으로 분석하여 제공합니다.

OMR 입력

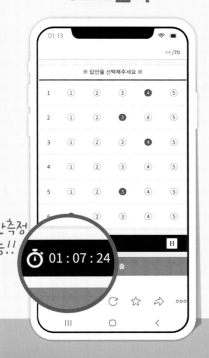

성적분석

채점결과

※OMR 답안채점 / 성적분석 서비스는 등록 후 30일간 사용 가능합니다.

도서 내 모의고사 우측 상단에 위치한 QR코드 찍기 → 로그인 하기 → '시작하기' 클릭 → '응시하기' 클릭 → 나의 답안을 모바일 OMR 카드에 입력 → '성적분석 & 채점결과' 클릭 → 현재 내 실력 확인하기

MG새마을금고 지역본부

정답 및 해설

편저 | SDC(Sidae Data Center)

SDC

SDC는 시대에듀 데이터 센터의 약자로 약 **30만 개의 NCS · 적성 문제 데이터**를
바탕으로 최신 출제경향을 반영하여 문제를 출제합니다.

최신기출유형 ✛ **모의고사 5회** ✛ **무료 NCS 특강**

대표기출유형 및 기출응용문제로 필기전형 대비!
2024년 하반기 출제경향 완벽 반영 + 모듈이론 수록!

PART **1**

NCS 직업기초능력평가

01 의사소통능력

대표기출유형 01 기출응용문제

01

정답 ②

'앞', '뒤', '전', '후', '옆', '안', '밖', '속', '위', '밑', '끝', '날', '땅', '때', '떼', '막', '맛', '면', '밤', '변', '빛', '탓' 등의 명사와 결합한 단어는 복합 명사로 보기 어려우므로 앞 명사와 띄어 써야 한다.

02

정답 ④

보조 용언이 거듭 나타나는 경우 앞의 보조 용언만을 붙여 쓸 수 있다. 즉, '가다'와 '듯하다'는 본용언 '되다'의 보조 용언이므로 앞의 보조 용언인 '가다'만 본용언과 붙여 쓸 수 있다. 따라서 '일이 그럭저럭 되어가는 듯하다.'가 옳은 표기이다.

오답분석

① · ② 보조 용언은 띄어 씀을 원칙으로 하되, 경우에 따라 붙여 씀도 허용한다. 따라서 보조 용언인 '듯하다'는 ①과 같이 앞말과 띄어 쓰는 것이 원칙이나, ②와 같이 붙여 쓰는 것도 허용한다.
③ '돌아오다'는 합성 용언으로 앞말이 합성 용언인 경우 보조 용언 '듯하다'는 띄어 써야 한다.

03

정답 ④

한글 맞춤법에 따르면 똑같은 형태의 의미가 몇 가지 있을 경우, 그중 어느 하나가 압도적으로 널리 쓰이면 그 단어만을 표준어로 삼는다. 따라서 '신기롭다'와 '신기스럽다' 중 '신기롭다'만을 표준어로 인정한다.

오답분석

① '−지만서도'는 방언형일 가능성이 높다고 보아 표준어에서 제외되었으며, '−지만'이 표준어이다.
② '길잡이', '길라잡이'가 표준어이다.
③ '쏜살같이'가 표준어이다.

대표기출유형 02 기출응용문제

01

정답 ④

보기는 관심사가 하나뿐인 사람을 1차원 그래프로 표시할 수 있다는 내용이다. 이는 1차원적 인간에 대한 구체적인 예시에 해당하므로 (라)에 들어가는 것이 가장 적절하다.

02

정답 ③

주어진 문장의 '이'는 앞 문장의 내용을 가리키므로, 기업의 이익 추구가 사회 전체의 이익과 관련된 결과를 가져왔다는 내용이 앞에 와야 한다. (다) 앞의 '가장 저렴한 가격으로 좋은 품질의 상품을 소비자에게 공급'이 '사회 전체의 이익'과 연관되므로 보기는 (다)에 들어가는 것이 가장 적절하다.

03

정답 ④

보기의 내용은 감각이 아닌 산술 혹은 기하학 등 단순한 것의 앎에 대한 의심으로써, 특히 '하느님과 같은 어떤 전능자가 명백하다고 여겨지는 것들에 관해서도 속을 수 있는 본성을 나에게 줄 수 있다.'라는 마지막 문장을 주시해야 한다. 또한 (라) 시작 부분에 '누구든지 나를 속일 수 있거든 속여 보라.'라는 문장을 보면, 보기의 마지막과 (라)의 시작 부분이 연결됨을 알 수 있다. 따라서 보기의 내용이 들어갈 위치로 가장 적절한 곳은 (라)이다.

04

정답 ④

보기의 문장은 호주에서 카셰어링 서비스가 급격한 성장세를 보이는 이유를 비용 측면에서 바라보고 있다. 이때, 세 번째 문단의 (라) 뒤에서는 차량을 소유할 경우 부담해야 하는 비용에 관하여 이야기하고 있으므로 비용 측면을 언급하는 보기의 문장은 (라)에 들어가는 것이 가장 적절하다.

05

정답 ①

보기는 소송에서의 '입증'이라는 용어를 정의한 것이므로 제시된 글에서 '입증'이라는 용어가 가장 먼저 나온 곳의 바로 뒤에 나와야 하고, (가) 뒤에서는 법관의 확신에 대해 이야기하고 있다. 따라서 보기의 문장이 들어갈 위치로 (가)가 가장 적절하다.

대표기출유형 03 | 기출응용문제

01

정답 ④

GR이 많으면 코르티솔 민감성을 낮추게 하는 되먹임회로가 강화되므로 스트레스에 덜 반응하게 된다. 또한 어미에게 많이 핥인 새끼는 그렇지 않은 새끼보다 GR이 더 많이 생겨난다. 따라서 많이 핥인 새끼가 그렇지 않은 새끼보다 GR이 더 많으므로 스트레스에 더 무디게 반응한다.

[오답분석]

① 어미의 보살핌 정도에 따라 GR 유전자 자체의 차이가 발생하는 것이 아니라 그 발현 정도에 차이가 발생하는 것이다. 또한 빈칸의 앞 문장에서는 스트레스와 GR의 관계를 이야기하고 있으므로 ①은 적절하지 않다.
② 스트레스 반응 정도는 코르티솔 민감성에 따라 결정되고, 이러한 코르티솔 민감성은 GR이 많을수록 낮아지게 된다.
③ GR 유전자가 아닌 GR 유전자의 발현 정도에 따라 나타나는 GR의 수가 스트레스 반응 정도와 관련이 있다.

02

정답 ④

제시문을 통해 4세대 신냉매는 온실가스를 많이 배출하는 기존 3세대 냉매의 대체 물질로 사용되어 지구 온난화 문제를 해결하는 열쇠가 될 것임을 알 수 있다.

03

제시문은 글을 잘 쓰기 위한 방법은 글을 읽는 독자에게서 찾을 수 있음을 서술한 글이다. 그러므로 독자가 필요로 하는 것이 무엇인지 알아야 하며, 독자가 필요로 하는 것을 알기 위해서는 구어체로 적어보고, 독자를 구체적으로 한 사람 정해놓고 쓰는 게 좋다는 내용을 담고 있다. 또한 빈칸의 뒷 문장에서 '대상이 막연하지 않기 때문에 읽는 사람이 공감할 확률이 높아진다.'라고 했으므로 빈칸에 들어갈 말로 가장 적절한 것은 ②이다.

04

정답 ②

제시문은 앞부분에서 언어가 사고능력을 결정한다는 언어결정론자들의 주장을 소개하고, 이어지는 문단에서 이에 대하여 반박하면서 우리의 생각과 판단이 언어가 아닌 경험에 의해 결정된다고 결론짓고 있다. 따라서 빈칸에 들어갈 문장은 언어결정론자들이 내놓은 근거를 반박하면서도 사고능력이 경험에 의해 결정된다는 주장에 위배되지 않는 내용이어야 한다. 따라서 풍부한 표현을 가진 언어를 사용함에도 인지능력이 뛰어나지 못한 경우가 있다는 내용이 들어가는 것이 적절하다.

05

정답 ③

빈칸 뒤가 '따라서'로 연결돼 있으므로, '사회적 제도의 발명이 필수적이다.'를 결론으로 낼 수 있는 논거가 들어가야 한다.

대표기출유형 04   기출응용문제

01

정답 ④

마지막 문단에서 녹내장을 예방할 수 있는 방법은 아직 알려지지 않았고, 가장 좋은 예방법이 조기에 발견하는 것이라고 하였다. 따라서 녹내장 발병을 예방할 수 있는 방법은 아직 없다고 볼 수 있다.

오답분석
① 녹내장은 일반적으로 주변 시야부터 좁아지기 시작해 중심 시야로 진행되는 병이다.
② 상승된 안압이 시신경으로 공급되는 혈류량을 감소시켜 시신경 손상이 발생될 수 있다.
③ 녹내장은 안압이 상승하여 발생하는 병이므로 안압이 상승할 수 있는 상황은 되도록 피해야 한다.

02

정답 ③

마지막 문단에 따르면 유전거리 비교의 한계를 보완하기 위해 나온 방법이 유전체 유사도를 측정하는 방법이며, 유전체 유사도는 종의 경계를 확정하는 데 유용한 기준을 제공한다고 하였다. 따라서 글을 이해한 내용으로 가장 적절한 것은 ③이다.

오답분석
① 두 번째 문단에 따르면 미생물의 종 구분에 외양과 생리적 특성을 이용한 방법이 사용되기도 한다.
②·④ 마지막 문단에 따르면 모든 유전자를 살펴야 하지만 수많은 유전자를 모두 비교하는 것은 현실적으로 어렵기 때문에, 유전체의 특성을 화학적으로 비교하는 방법이 주로 사용되고 있다.

03

정답 ④

신부와 달리 대리인을 통하지 않고 직접 결혼 의사를 공표할 수 있는 신랑은 결혼이 성립되기 위한 필수조건으로 '마흐르'라고 불리는 혼납금을 신부에게 지급해야 한다.

4 · MG새마을금고 지역본부

04

정답 ④

조바꿈을 할 때는 2도 음정 사이의 진동수의 비가 일정하지 않은 순정율의 특성이 큰 문제가 된다. 이를 보완한 것이 평균율이다.

오답분석

① 평균율은 기존에 존재하던 순정율의 단점을 보완하기 위해 만들어낸 것이다.
② 2도 음정 사이의 진동수의 비가 일정하지 않은 순정율의 단점을 보완하기 위해 진동수의 비가 일정하도록 정한 것이 평균율이다.
③ 두 번째 문단을 통해 알 수 있다.

05

정답 ②

웨스트팔리아체제라 부르는 주권국가 중심의 현 국제 정치질서에서는 주권존중, 내정불간섭 원칙이 엄격히 지켜진다. 인권보호질서는 아직 형성 과정에 있으며 주권국가중심의 현 국제정치질서와 충돌하고 있다. 따라서 인권보호질서가 내정불간섭 원칙의 엄격한 준수를 요구한다는 것은 제시문의 내용으로 적절하지 않다.

대표기출유형 05   기출응용문제

01

정답 ③

먼저 공동주택 관리의 중요성을 언급하는 (다) 문단이 오는 것이 적절하며, 이러한 공동주택 관리 방식의 선택에 따른 영향을 설명하는 (라) 문단이 그 뒤에 오는 것이 적절하다. 이어서 두 가지 공동주택 관리인 자치관리 방식과 위탁관리 방식을 각각 설명하는 (마) 문단과 (나) 문단이 차례대로 오는 것이 적절하며, 마지막으로 공동주택 관리 방식에 대한 의사결정의 중요성이 증가하고 있다는 (가) 문단이 오는 것이 적절하다. 따라서 (다) – (라) – (마) – (나) – (가) 순으로 나열하는 것이 적절하다.

02

정답 ③

첫 번째로 1965년 노벨상 수상자인 게리 베커에 대한 내용으로 이야기를 도입하며 베커가 주장한 '시간의 비용' 개념을 소개하는 (라) 문단이 위치하고, (라) 문단을 보충하는 내용으로 베커의 '시간의 비용이 가변적'이라는 개념을 언급한 (가) 문단, 베커와 같이 시간의 비용이 가변적이라고 주장한 경제학자 린더의 주장을 소개한 (다) 문단, 마지막으로 베커와 린더의 공통적 전제인 사람들에게 주어진 시간이 고정된 양이라는 사실과 기대수명이 늘어남으로써 시간의 가치가 달라질 것이라는 내용의 (나) 문단이 순서대로 연결된다. 따라서 (라) – (가) – (다) – (나) 순으로 나열하는 것이 적절하다.

03

정답 ④

제시문은 '돌림힘'에 대해 설명하고 있다. 먼저 우리에게 친숙한 지레를 예로 들어 지레의 원리에 돌림힘의 개념이 숨어 있다고 흥미 유발을 한 뒤, 돌림힘의 정의에 대해 설명하고, 다음으로 돌림힘과 돌림힘이 합이 된 알짜 돌림힘의 정의에 대해 설명한다. 그리고 알짜 돌림힘이 일을 할 경우에 대해, 즉 돌림힘에 대해 점진적으로 설명한다. 따라서 따라서 (라) – (가) – (다) – (나) 순으로 나열하는 것이 적절하다.

04

정답 ②

제시된 문단은 '원님재판'이라 불리는 죄형전단주의의 정의와 한계 그리고 그와 대립되는 죄형법정주의의 정의와 탄생 및 파생원칙에 대하여 설명하고 있다. 첫 문단에서는 '원님재판'이라는 용어의 원류에 대해 설명하고 있으므로 이어지는 문단으로는 원님재판의 한계에 대해 설명하고 있는 (다)가 오는 것이 적절하다. 따라서 (다) 원님재판의 한계와 죄형법정주의 – (가) 죄형법정주의의 정의 – (라) 죄형법정주의의 탄생 – (나) 죄형법정주의의 정립에 따른 파생원칙의 등장의 순으로 나열하는 것이 적절하다.

05

 정답 ②

제시된 문단은 신탁 원리의 탄생 배경인 12세기 영국의 상황에 대해 이야기하고 있다. 따라서 이어지는 문단은 (가) 신탁 제도의 형성과 위탁자, 수익자, 수탁자의 관계 등장 – (다) 불안정한 지위의 수익자 – (나) 적극적인 권리 행사가 허용되지 않는 연금 제도에 기반한 신탁 원리 – (라) 연금 운용 권리를 현저히 약화시키는 신탁 원리와 그 대신 부여된 수탁자 책임의 문제점 순서로 나열하는 것이 적절하다.

대표기출유형 06 기출응용문제

01

정답 ②

집단 소송제의 중요성과 필요성에 대하여 역설하는 글이다. 집단 소송제를 통하여 기업 경영의 투명성을 높여, 궁극적으로 기업의 가치 제고를 이룬다는 것이 글의 주제이다. 따라서 중심 내용으로 적절한 것은 ②이다.

02

정답 ④

제시문은 금융권, 의료업계, 국세청 등 다양한 영역에서 빅데이터가 활용되고 있는 사례들을 열거하고 있다. 따라서 주제로 가장 적절한 것은 ④이다.

03

정답 ③

헤르만 헤세가 한 말인 "자기에게 자연스러운 면에서 읽고, 알고, 사랑해야 할 것이다."라는 문구를 통해 남의 기준에 맞추기보다 자신의 감정에 충실하게 책을 선택하여 읽으라고 하였음을 알 수 있다. 따라서 글의 주장으로 ③이 가장 적절하다.

04

정답 ③

첫 문단에서 비체계적 위험과 체계적 위험을 나누어 살핀 후 비체계적 위험 아래에서의 투자 전략과 체계적 위험 아래에서의 투자 전략을 제시하고 있다. 그리고 글의 중간부터는 베타 계수를 활용하여 체계적 위험에 대응하는 내용이 전개되고 있다. 따라서 제목으로 가장 적절한 것은 ③이다.

05

정답 ④

(라) 문단에서는 부패를 개선하기 위한 정부의 제도적 노력에도 불구하고 반부패정책 대부분이 효과가 없었음을 이야기하고 있다. 따라서 부패인식지수의 개선 방안이 아닌 '정부의 부패인식지수 개선에 대한 노력의 실패'가 (라) 문단의 주제로 적절하다.

대표기출유형 07 기출응용문제

01

정답 ①

제시문은 청나라에 맞서 싸우자는 척화론이다. ①은 척화론과 동일한 주장을 하고 있으므로 비판으로 적절하지 않다.

02

정답 ③

⊙은 기업들이 더 많은 이익을 내기 위해 '디자인의 향상'에 몰두하는 것이 바람직하다는 판단이다. 즉, '상품의 사회적 마모를 짧게 해서 소비를 계속 증가시키기 위한' 방안인데, 이것에 대한 반론이 되기 위해서는 ⊙의 주장이 지니고 있는 문제점을 비판하여 야 한다. ⊙이 지니고 있는 가장 큰 문제점은 '과연 성능 향상 없는 디자인 변화가 소비를 촉진시킬 수 있는 것인가'가 되어야 한다. 디자인 변화는 분명히 상품의 소비를 촉진시킬 수 있는 효과적 방법 중의 하나이지만 '성능이나 기능, 내구성'의 향상이 전제되 지 않았을 때는 효과를 내기 힘들기 때문이다.

03

정답 ②

제시문은 윤리적 상대주의가 참이라는 결론을 내리기 위한 논증이다. 어떤 행위에 대한 문화 간의 지속적인 시비 논란(윤리적 판단) 은 사람들의 윤리 기준 차이에 의하여 한 문화 안에서 시대마다 다르기도 하고, 동일한 문화와 시대 안에서도 다를 수 있다. 그러므로 올바른 윤리적 기준은 그것을 적용하는 사람에 따라 상대적이고 그러므로 윤리적 상대주의가 참이라는 논증이다. 따라서 이 논증의 반박은 '절대적 기준에 의한 보편적 윤리 판단은 존재한다.'가 되어야 한다. 그러나 ②는 '윤리적 판단이 항상 서로 다른 것은 아니다.'라는 내용이다. 제시문에서도 윤리적 판단이 '~ 다르기도 하다.', '다른 윤리적 판단을 하는 경우를 볼 수 있다.'라고 했지 '항상 다르다.'라고는 하지 않았다. 따라서 ②는 반박으로 적절하지 않다.

04

정답 ②

A는 경제 성장에 많은 전력이 필요하다는 것을 전제로, 경제 성장을 위해서 발전소를 증설해야 한다고 주장한다. 이러한 A의 주장을 반박하기 위해서는 근거로 제시하고 있는 전제를 부정하는 것이 효과적이므로 경제 성장에 많은 전력이 필요하지 않음을 입증하는 ②를 통해 반박하는 것이 효과적이다.

05

정답 ④

수출주도형 성장전략은 수요가 외부에 존재한다는 측면에서 공급중시 경제학적 관점을 띠고 있다. 따라서 수요가 외부에 존재한다 는 점과 공급을 중시하는 점에 대해 비판할 수 있다. ④에서 내부의 수요를 증대시키는 것은 비판의 입장이지만, 수요 증대를 위해 물품 생산의 공급을 강조하는 것은 반론하는 내용이 아니다.

대표기출유형 08 기출응용문제

01

정답 ④

마지막 문단의 레이저가 현대의 거의 모든 제품과 서비스에 막대한 영향을 끼치는 최첨단 기술로 자리 잡았다는 내용을 통해 추론할 수 있다.

오답분석

① 다른 방향으로 쉽게 퍼지는 보통의 빛과 달리 레이저광선은 다른 방향으로 쉽게 퍼지지 않는다.
② 단일한 파장과 방향성을 가진 광자로 이루어진 레이저광선과 달리 보통의 빛은 다양한 광자로 이루어져 있다.
③ 보통의 빛과 다른 특성을 지닌 레이저광선은 보통의 빛이 할 수 없는 일들을 하고 있으므로 보통의 빛으로는 CD의 음악을 재생할 수 없다.

02

'미국 사회에서 동양계 ~ 구성된다.'에서 '모범적 소수 인종'의 인종적 정체성은 백인의 특성이 장점이라고 생각하는 것과 동양인의 특성이 단점이라고 생각하는 것의 사이에서 구성된다. 따라서 '모범적 소수 인종'은 특유의 인종적 정체성을 내면화하고 있음을 추론할 수 있다.

오답분석

② 제시문의 논점은 '동양계 미국인 학생들(모범적 소수 인종)'이 성공적인 학교 생활을 통해 주류 사회에 동화되고 있는 것이 사실인지 여부이다. 그에 따라 사회적 삶에서 인종주의의 영향이 약화될 수 있는지에 대한 문제이다. 따라서 '모범적 소수 인종'의 성공이 일시적·허구적인지에 대한 논점은 확인할 수 없다.

③ 동양계 미국인 학생들은 인종적인 차별을 의식하고 있다고 말할 수 있지만 소수 인종 모두가 의식하고 있는지는 제시문을 통해서 추론할 수 없다.

④ 인종차별을 의식하는 것은 알 수 있지만 한정된 자원의 배분을 놓고 갈등하는지는 알 수 없다.

03

현존하는 가장 오래된 실록은 전주에 전주 사고에 보관되어 있던 것으로, 강화도 마니산에 봉안되었다가 1936년 병자호란에 의해 훼손된 것을 현종 때 보수하여 숙종 때 강화도 정족산에 다시 봉안했다가 현재 서울대에서 보관하고 있다. 따라서 추론한 내용으로 ④가 가장 적절하다.

오답분석

① 원본을 포함해 모두 5벌의 실록을 갖추게 되었으므로 재인쇄하였던 실록은 모두 4벌이다.

② 강원도 태백산에 보관하였던 실록은 서울대에 있다.

③ 현재 한반도에 남아 있는 실록은 강원도 태백산, 강화도 정족산, 장서각의 것으로 모두 3벌이다.

04

현재 보기의 의뢰인이 이용하고 있는 방식은 이벤트 동기화 방식 OTP이다. 따라서 비동기화 방식 OTP를 추천해야 하며, 비동기화 방식은 OTP 발생기와 인증 서버 사이에 동기화된 값이 없다.

오답분석

① 이벤트 동기화 방식에 대한 설명이다.

③·④ 현재 보기의 의뢰인이 사용하는 방식이 이벤트 동기화이기 때문에, 이벤트 동기화 방식을 추천하는 것은 적절하지 않다.

05

ㄱ과 ㄴ은 회전 반지름의 변화가 속도에 영향을 주었다.

오답분석

ㄷ. 회전체의 질량이 변한 것이 속도에 영향을 주었다.

ㄹ. 속도에 영향을 준 것은 회전체의 반지름이나 질량과는 상관없다.

02 | 수리능력

대표기출유형 01 | 기출응용문제

01

(열차가 이동한 거리)＝(열차의 길이)＋(터널의 길이)이다.

(거리)＝(속력)×(시간)이므로 열차의 길이와 속력을 각각 xm, ym/s라고 하면 다음과 같은 관계가 성립한다.

$x+50=10y \cdots \bigcirc$

$x+200=25y \cdots \bigcirc$

$\bigcirc$, $\bigcirc$을 연립하면

$-150=-15y$

$\longrightarrow y=10$

$\therefore x=50$

따라서 열차의 길이는 50m이다.

02

정환이의 속력을 $x$km/h, 민주의 속력을 $y$km/h라고 하면 다음과 같은 관계가 성립한다.

$\frac{3}{4}x+\frac{3}{4}y=12 \cdots \bigcirc$

$3x=12+3y \cdots \bigcirc$

$\bigcirc$, $\bigcirc$을 연립하면

$\therefore x=10$, $y=6$

따라서 정환이의 속력은 10km/h이다.

03

미주가 집에서 출발해서 동생을 만나기 전까지 이동한 시간을 x시간이라고 하자.

미주가 이동한 거리는 $8x$km이고, 동생은 미주가 출발한 후 12분 뒤에 지갑을 들고 이동했으므로 이동한 거리는 $20\left(x-\frac{1}{5}\right)$km이다.

$8x=20\left(x-\frac{1}{5}\right)$

$\longrightarrow 12x=4$

$\therefore x=\frac{1}{3}$

따라서 미주와 동생은 20분 후에 만나게 된다.

01

정답 ②

더 넣은 소금의 양을 xg라고 하면 다음과 같은 식이 성립한다.

$\frac{10}{100} \times 100 + x = \frac{25}{100} \times (100 + x)$

→ $1,000 + 100x = 2,500 + 25x$

→ $75x = 1,500$

∴ $x = 20$

따라서 더 넣은 소금의 양은 20g이다.

02

정답 ③

증발시킬 물의 양을 xg이라고 하자.

$\frac{9}{100} \times 800 = \frac{16}{100} \times (800 - x)$

→ $7,200 = 12,800 - 16x$

∴ $x = 350$

따라서 350g의 물을 증발시켜야 한다.

03

정답 ②

처음에 덜어내 버린 설탕물의 양을 xg이라고 하자.

$\frac{\frac{5}{100} \times (500 - x) + \frac{12}{100} \times 300}{(500 - x) + 300} \times 100 = 8$

→ $\frac{2,500 - 5x + 3,600}{800 - x} = 8$

→ $2,500 - 5x + 3,600 = 8 \times (800 - x)$

→ $6,100 - 5x = 6,400 - 8x$

→ $3x = 300$

∴ $x = 100$

따라서 처음에 덜어내 버린 설탕물의 양은 100g이다.

01

정답 ①

A기계는 100개/분이고, B기계는 150개/분일 때 100×(걸린 시간)+150×(걸린 시간)=15,000이다.
따라서 걸린 시간은 60분으로, 1시간임을 알 수 있다.

02

정답 ②

x분 후 A기계의 마스크 필터 생산량은 $(90+8x)$개, B기계의 마스크 필터 생산량은 $(10+4x)$개이다.

$90+8x=3(10+4x)$

$\rightarrow 4x=60$

$\therefore x=15$

따라서 15분 후 A기계의 마스크 필터 생산량은 B기계의 3배이다.

03

정답 ②

물통에 물을 가득 채웠을 때의 물의 양을 X, A호스와 B호스로 1분간 채울 수 있는 물의 양을 각각 x, y라고 하자.

$5(x+y)+3x=\text{X} \cdots \bigcirc$

$4(x+y)+6y=\text{X} \cdots \bigcirc$

$\bigcirc$, $\bigcirc$을 정리하면

$8x+5y=\text{X} \cdots \bigcirc'$

$4x+10y=\text{X} \cdots \bigcirc'$

$\bigcirc'$, $\bigcirc'$을 연립하면

$15y=\text{X} \rightarrow y=\dfrac{\text{X}}{15}$, $x=\text{X} \times \left(1-\dfrac{5}{15}\right) \times \dfrac{1}{8}=\dfrac{\text{X}}{12}$

따라서 A호스로만 물통을 가득 채우는 데 걸리는 시간은 12분이다.

대표기출유형 04 　기출응용문제

01

정답 ④

정가를 x원이라고 하면 다음과 같은 식이 성립한다.

$0.8x \times 6=8(x-400)$

$\rightarrow 4.8x=8x-3,200$

$\rightarrow 3.2x=3,200$

$\therefore x=1,000$

따라서 정가는 1,000원이다.

02

정답 ④

정가를 x원이라고 하면 판매가는 $x \times \left(1-\dfrac{1}{10}\right)=0.9x$원이고 원가는 $x \times \left(1-\dfrac{2}{10}\right)=0.8x$원이다.

이윤은 (판매가)$-$(원가)이므로 $0.9x-0.8x=0.1x$원이다. 따라서 M서점이 얻는 이윤은 $\dfrac{0.1x}{0.8x} \times 100=12.5\%$이다.

03

정답 ④

(정가)$\times 0.9=243,000$원이므로 정가는 $243,000 \div 0.9=270,000$원이다.

$1.2 \times$(인건비)$+1.1 \times$(재료비)$=270,000$원이며, 인건비 : 재료비$=4$: 5이므로 (재료비)$=\dfrac{5}{4} \times$(인건비)로 나타낼 수 있다.

$1.2 \times$(인건비)$+1.1 \times \left[\dfrac{5}{4} \times \text{(인건비)}\right]=270,000$원이므로, 소수점 첫째 자리에서 반올림하면 인건비는 104,854원이다.

01

A씨는 월요일부터 시작하여 2일 간격으로 산책하고, B씨는 다음 날인 화요일부터 3일마다 산책을 하므로 요일별 산책 여부를 표로 정리하면 다음과 같다.

월	화	수	목	금	토	일
A		A		A		A
	B			B		

따라서 A와 B가 처음으로 만나는 날은 같은 주 금요일이다.

02

$40=2^3 \times 5$, $12=2^2 \times 3$이므로 최소공배수는 $2^3 \times 3 \times 5=120$이다.
12명의 학생이 10일 동안 돌아가면서 정리하면 처음 같이 정리했던 부원과 함께 정리할 수 있다.
따라서 6월 7일에 정리한 학생들이 처음으로 다시 함께 정리하는 날은 $10+4=14$일 후인 6월 21일이다.

03

3명은 $2+2=4$, $3+3+4=10$, $7+3=10$의 최소공배수인 20분에 1번씩 출발 지점에서 동시에 출발한다.
20분 동안 3명이 걷는 시간을 '○', 쉬는 시간을 '×'로 정리한 표는 다음과 같다.

구분	1	2	3	4	5	6	7	8	9	10	11	12	13	14	15	16	17	18	19	20
세정	○	○	×	×	○	○	×	×	○	○	×	×	○	○	×	×	○	○	×	×
소희	○	○	○	○	○	○	×	×	×	○	○	○	○	○	○	×	×	×	×
지은	○	○	○	○	○	○	○	×	×	×	○	○	○	○	○	○	○	×	×	×

3명이 20분간 동시에 쉬는 시간은 8분, 19분, 20분이다. 1시간 30분은 90분이므로 80분 동안 3명이 동시에 쉬는 시간은 $3 \times 4=12$분이고 남은 10분 동안 1분을 더 함께 쉴 수 있다.
따라서 1시간 30분 동안 3명이 동시에 쉬는 시간은 $12+1=13$분이다.

01

ⅰ) 국류, 나물류를 하나씩 선택하는 경우 : $5 \times 4 = 20$가지
ⅱ) 국류, 볶음류를 하나씩 선택하는 경우 : $5 \times 3 = 15$가지
ⅲ) 나물류, 볶음류을 하나씩 선택하는 경우 : $4 \times 3 = 12$가지
따라서 서로 다른 메뉴를 2개 선택하여 각각 하나씩 고르는 경우의 수는 $20 + 15 + 12 = 47$가지이다.

02

8명이 경기를 하면 4개의 조를 정하는 것과 같다. 1 ~ 4위까지의 선수들을 만나지 않게 하려면 각 조에 1 ~ 4위 선수가 각각 1명씩 배치되어야 한다. 이 선수들을 먼저 배치하고 다른 선수들이 들어가는 경우의 수는 $4! = 24$가지이다.

만들어진 4개의 조를 2개로 나누는 경우의 수를 구하면 $_4C_2 \times _2C_2 \times \dfrac{1}{2!} = 3$가지이다.

따라서 가능한 대진표의 경우의 수는 $24 \times 3 = 72$가지이다.

03

G와 B의 자리를 먼저 고정하고, 양 끝에 앉을 수 없는 A의 위치를 토대로 경우의 수를 계산하면 다음과 같다.
• G가 가운데에 앉고, B가 G의 바로 왼쪽에 앉는 경우의 수

	A	B	G			

			B	G	A	

			B	G		A

∴ $3 \times 4! = 72$가지
• G가 가운데에 앉고, B가 G의 바로 오른쪽에 앉는 경우의 수

	A		G	B		

		A	G	B		

			G	B	A	

∴ $3 \times 4! = 72$가지
따라서 조건과 같이 앉을 때 가능한 경우의 수는 $72 + 72 = 144$가지이다.

01

- 첫 번째 문제를 맞힐 확률 : $\dfrac{1}{5}$

- 첫 번째 문제를 틀릴 확률 : $1-\dfrac{1}{5}=\dfrac{4}{5}$

- 두 번째 문제를 맞힐 확률 : $\dfrac{2}{5}\times\dfrac{1}{4}=\dfrac{1}{10}$

- 두 번째 문제를 틀릴 확률 : $1-\dfrac{1}{10}=\dfrac{9}{10}$

따라서 두 문제 중 하나만 맞힐 확률은 $\dfrac{1}{5}\times\dfrac{9}{10}+\dfrac{4}{5}\times\dfrac{1}{10}=\dfrac{13}{50}=26\%$이다.

02

10명을 일렬로 배열하는 방법의 수는 $10!$이고 각각에 대하여 서로 같은 경우가 5가지씩 있으므로 10명이 정오각형 모양의 탁자에 둘러앉는 방법의 수는 $\dfrac{10!}{5}$이다.

탁자의 각 변에 남자와 여자가 이웃하여 앉는 방법은 남자 5명을 테이블의 각 변에 1명씩 앉힌 후 여자 5명을 남은 자리에 앉히고, 각 변의 남녀가 서로 자리를 바꾸는 경우를 생각하면 되므로 그 경우의 수는 $4!\times5!\times2^5$이다.

따라서 구하는 확률은 $\dfrac{4!\times5!\times2^5}{\dfrac{10!}{5}}=\dfrac{8}{63}$이다.

03

빨간 구슬의 개수를 x개, 흰 구슬의 개수를 $(15-x)$개라고 하자.

이때 2개의 구슬을 꺼내는 모든 경우의 수는 15×14개이고, 2개의 구슬이 모두 빨간색일 경우의 수는 $x(x-1)$이다.

5회에 1번꼴로 모두 빨간 구슬이었다면 확률은 $\dfrac{1}{5}$이다.

$$\dfrac{x(x-1)}{15\times14}=\dfrac{1}{5}$$
$$\therefore\ x=7$$

따라서 구하는 확률은 $\dfrac{7}{15}$이다.

01

$500,000원\times\dfrac{1USD}{1,313.13원}=\dfrac{500,000}{1,313.13}USD ≒ 380.77USD$

02

정답 ④

$$1,250\text{AUD}\times\frac{881.53\text{원}}{1\text{AUD}}\times\frac{1\text{유로}}{1,444.44\text{원}}=\frac{1,250\times881.53}{1,444.44}\text{유로}≒762.86\text{유로}$$

03

정답 ①

여행 전 2,500,000원을 엔화로 환전하면 $\frac{2,500,000}{9.13}≒273,822.6$엔이다.

일본에서 150,000엔을 사용했으므로 $273,822.6-150,000=123,822.6$엔이 남는다.

귀국 후 엔화 환율이 10.4원/엔이므로 남은 엔화는 원화로 $123,822.6\times10.4≒1,287,755$원이다.

대표기출유형 09   기출응용문제

01

정답 ②

단리 계산 공식은 이자를 S라고 할 때 S=(원금)×(이율)×(기간)이다.

따라서 이자는 $5,000,000\times0.018\times\frac{6}{12}=45,000$원이고,

수령할 총금액은 $5,000,000+45,000=5,045,000$원이다.

02

정답 ③

매년 말에 천만 원씩 입금할 경우 원금에 대한 단리이자를 정리하면 다음과 같다.

(단위 : 만 원)

1년 말	2년 말	3년 말	4년 말	5년 말
1,000				$1,000\times0.08\times4=320$
	1,000			$1,000\times0.08\times3=240$
		1,000		$1,000\times0.08\times2=160$
			1,000	$1,000\times0.08\times1=80$
				1,000

5년 동안의 원금은 5,000만 원이며, 마지막 5년 말에 입금한 천만 원에는 이자가 없으므로 나머지 4년 동안 납입한 4,000만 원에 대한 총이자는 $320+240+160+80=800$만 원이다.

따라서 A씨가 가입 후 6년 초에 받는 금액은 $5,000+800=5,800$만 원이다.

03

정답 ②

매년 말에 일정 금액(x억 원)을 n년 동안 일정한 이자율(r)로 은행에 적립하였을 때 금액의 합(S)은 다음과 같다.

$$S=\frac{x\{(1+r)^{n+1}-1\}}{r}$$

연이율 r은 10%이고, 복리 합인 S는 1억 원이므로 다음과 같은 식이 성립한다.

$$1=\frac{x\{1.1^{20}-1\}}{0.1}$$

$$\therefore\ x=\frac{1\times0.1}{5.7}=\frac{1}{57}≒0.01754\text{억 원}$$

만의 자리 미만은 버린다고 하였으므로 매년 말에 적립해야 하는 금액은 175만 원이다.

04

정답 ④

예금가입 기간이 6개월이므로 기본이자율은 연 0.1%(6개월)가 적용되고, 최대우대금리인 0.3%p가 가산된다. 따라서 만기 시 적용되는 금리는 0.1+0.3=0.4%가 된다.

단, 단리식으로 적용된다고 하였으므로 만기 시 이자는 $10,000,000 \times \frac{0.4}{100} \times \frac{6}{12} = 20,000$원이다.

05

정답 ④

(보증료)=(보증금액)×(보증료율)×(보증기간에 해당하는 일수)÷365이다.
설명을 바탕으로 회사별 보증료를 구하면 다음과 같다.
- A사 : 1.5억 원×0.122%×365÷365=18.3만 원
- B사 : 3억 원×0.244%×730÷365=146.4만 원
- C사 : 3억 원×0.908%×1,095÷365=817.2만 원
- D사 : 5억 원×0.488%×1,460÷365=976만 원
따라서 D사가 가장 많은 보증료를 내야 한다.

대표기출유형 10 | 기출응용문제

01

정답 ②

2023년	2024년	2025년	확률
C등급	A등급	C등급	0.1×0.1=0.01
	B등급		0.22×0.33=0.0726
	C등급		0.68×0.68=0.4624

따라서 2023년 C등급이 2025년에도 C등급으로 유지될 가능성은 0.01+0.0726+0.4624=0.545이다.

02

정답 ②

K씨가 원화로 환전했다고 했으므로 현찰 팔 때의 환율로 계산해야 한다. 엔화 환율 차이로 얻은 수익은 다음과 같다.
$(1,004.02 - 998) \times 800,000 \times \frac{1}{100} = 6.02 \times 8,000 = 48,160$원

미국 USD 달러도 같은 수익이 났다고 했으므로, 2주 전 현찰 살 때의 환율을 x원이라고 하면 다음과 같은 식이 성립한다.
$(1,110.90 - x) \times 7,000 = 48,160$
→ $1,110.90 - x = 6.88$
→ $x = 1,104.02$
따라서 2주 전 미국 USD 환율은 1,104.02원/달러이다.

03

정답 ③

문제에서 할부수수료 총액을 물어보았기 때문에 가장 마지막 산출식을 이용하면 된다.
할부원금은 600,000원이고, 수수료율은 7개월 기준 연 15%이다.

따라서 갑순이의 할부수수료 총액은 $\left(600,000 \times 0.15 \times \frac{7+1}{2} \right) \div 12 = 30,000$원이다.

04

정답 ①

베타계수는 시장수익률의 변동에 개별주식의 수익률이 얼마나 민감하게 반응하는지를 나타낸 지표로, 시장수익률이 1% 증가하거나 감소할 때 개별주식의 수익률이 0.8% 증가하거나 감소한다면 개별주식의 베타계수는 0.8이다. 또한 베타계수가 낮을수록 개별주식의 위험이 낮다는 것을 의미하며, 무위험 자산의 베타계수는 0이다. 이러한 내용을 이해하고 주어진 자산들의 투자비중을 나열하면 A주식은 10%, B주식은 30%, C주식은 20%가 된다.

따라서 기대수익률을 구하면 $\{(0.12\times0.1)+(0.06\times0.3)+(0.10\times0.2)+(0.04\times0.4)\}\times100=6.6\%$이며, 기대수익은 1백만$\times0.066=$ 66,000원이 된다.

05

정답 ③

- 투자규모가 100만 달러 이상인 투자 금액 비율 : $19.4+69.4=88.8\%$
- 투자규모가 50만 달러 미만인 투자 건수 비율 : $28+20.9+26=74.9\%$

대표기출유형 11 | 기출응용문제

01

정답 ④

달러 환율이 가장 낮을 때는 1월이고, 가장 높을 때는 10월이다. 1월의 엔화 환율은 946원/100엔, 10월의 엔화 환율은 1,003원/100엔이다.

따라서 1월의 엔화 환율은 10월의 엔화 환율에 비해 $\dfrac{946-1,003}{1,003}\times100 ≒ -5.7\%$이므로 7% 미만으로 낮다.

오답분석

① 1월의 엔화 환율 946원/100엔은 2월의 엔화 환율 990원/100엔보다 $\dfrac{946-990}{990}\times100 ≒ -4.4\%$ 낮으므로 5% 미만 이득이다.

② 달러 환율은 6월과 8월에 전월 대비 감소하였다.

③ 전월 대비 7월 달러 환율 증가율은 $\dfrac{1,119-1,071}{1,071}\times100 ≒ 4.5\%$로, 전월 대비 10월 증가율 $\dfrac{1,133-1,119}{1,119}\times100 ≒ 1.3\%$의 4배인 5.2%보다 낮다.

02

정답 ④

2019년의 노령연금 대비 유족연금의 비율은 $\dfrac{485}{2,532}\times100 ≒ 19.2\%$이고, 2020년의 비율은 $\dfrac{571}{3,103}\times100 ≒ 18.4\%$이다.

따라서 2019년이 2020년보다 높다.

오답분석

① 매년 가장 낮은 것은 장애연금 지급액이다.

② 일시금 지급액은 2021년과 2022년에 감소했다.

③ 2019년 지급총액의 2배는 $3,586\times2=7,172$억 원이므로 2023년에 처음으로 2배를 넘어섰다.

03

L사의 가습기 B와 H의 경우 모두 표시지 정보와 시험 결과에서 아파트 적용 바닥면적이 주택 적용 바닥면적보다 넓다.

[오답분석]
① D가습기와 G가습기의 실제 가습능력은 표시지 정보보다 더 나음을 알 수 있다.
② W사의 G가습기 소음은 33.5dB(A)로, C사의 C가습기와 E가습기보다 소음이 더 크다.
③ W사의 D가습기는 표시지 정보보다 미생물 오염도가 덜함을 알 수 있다.

대표기출유형 12 　 기출응용문제

01

[오답분석]
① 둘째와 셋째의 수치가 바뀌었다.
② 정선군의 셋째와 다섯째의 수치가 자료보다 낮다.
③ 양양의 첫째 수치가 자료보다 낮다.

02

연도별 중국의 의료 빅데이터 예상 시장 규모의 전년 대비 성장률은 각각 다음과 같다.

구분	2016년	2017년	2018년	2019년	2020년	2021년	2022년	2023년	2024년	2025년
성장률(%)	–	약 56.3	90.0	약 60.7	약 93.2	약 64.9	약 45.0	약 35.0	약 30.0	약 30.0

따라서 ②가 옳다.

03 | 문제해결능력

대표기출유형 01 | 기출응용문제

01

정답 ③

'저녁에 일찍 잔다.'를 A, '상쾌하게 일어난다.'를 B, '자기 전 휴대폰을 본다.'를 C라고 하면, 전제1은 A → B, 결론은 C → ~A이다.
전제1의 대우가 ~B → ~A이므로 C → ~B → ~A가 성립하기 위해서는 전제2가 C → ~B나 B → ~C가 되어야 한다.
따라서 빈칸에 들어갈 내용으로 적절한 것은 '자기 전 휴대폰을 보면 상쾌하게 일어날 수 없다.'이다.

02

정답 ③

전제1의 대우는 '업무를 잘 못하는 어떤 사람은 자기관리를 잘하지 못한다.'이다.
전제1의 대우의 전건은 전제2의 후건 부분과 일치한다.
따라서 전제2의 전건과 전제1의 후건으로 구성된 '산만한 어떤 사람은 자기관리를 잘하지 못한다.'가 빈칸에 적절하다.

03

정답 ④

한나는 장미를 좋아하고, 장미를 좋아하면 사과를 좋아한다. 즉, 한나는 사과를 좋아한다. 두 번째 명제의 대우는 '사과를 좋아하면 노란색을 좋아하지 않는다.'이다. 따라서 '한나는 노란색을 좋아하지 않는다.'를 유추할 수 있다.

[오답분석]

① 세 번째 명제의 대우는 '사과를 좋아하지 않는 사람은 장미를 좋아하지 않는다.'이다.
② 두 번째 명제의 이 명제이다. 따라서 옳은지 판단할 수 없다.
③ 두 번째 명제와 세 번째 명제의 대우를 결합하면 '노란색을 좋아하는 사람은 장미를 좋아하지 않는다.'를 유추할 수 있다.

04

정답 ④

문제에서 주어진 명제를 정리하면 다음과 같다.
• p : 인디 음악을 좋아하는 사람
• q : 독립영화를 좋아하는 사람
• r : 클래식을 좋아하는 사람
• s : 재즈 밴드를 좋아하는 사람
주어진 명제를 순서대로 나열하면 $p \rightarrow q$, $r \rightarrow s$, $\sim q \rightarrow \sim s$이다.
$\sim q \rightarrow \sim s$의 대우는 $s \rightarrow q$이므로, $r \rightarrow s \rightarrow q$이다. 즉, $r \rightarrow q$이다.
따라서 '클래식을 좋아하는 사람은 독립영화를 좋아한다.'를 유추할 수 있다.

05

정답 ②

'회의장 세팅'을 p, '회의록 작성'을 q, '회의 자료 복사'를 r, '자료 준비'를 s라고 할 때, 이들을 나열하면 $p \rightarrow \sim q \rightarrow \sim s \rightarrow \sim r$이 성립한다. 따라서 항상 옳은 진술은 '회의록을 작성하지 않으면 회의 자료를 복사하지 않는다.'이다.

06

정답 ④

'치킨을 판매하는 푸드트럭이 선정된다.'를 A, '핫도그를 판매하는 푸드트럭이 선정된다.'를 B, '커피를 판매하는 푸드트럭이 선정된다.'를 C, '피자를 판매하는 푸드트럭이 선정된다.'를 D, '솜사탕을 판매하는 푸드트럭이 선정된다.'를 E, '떡볶이를 판매하는 푸드트럭이 선정된다.'를 F라고 할 때, 주어진 명제를 정리하면 다음과 같다.

- A → ~B
- ~C → D
- E → A
- D → ~F or F → ~D
- ~E → F

핫도그를 판매하는 푸드트럭이 선정되면 B → ~A → ~E → F → ~D → C가 성립한다.
따라서 사업에 선정되는 푸드트럭은 핫도그, 커피, 떡볶이를 판매한다.

대표기출유형 02 　기출응용문제

01

정답 ②

피아노 연주를 잘하는 사람의 경우 진실을 말할 수도 있고 거짓을 말할 수도 있다는 점에 유의한다.

- 갑이 진실을 말했을 경우, 병의 말과 모순된다.
- 을이 진실을 말했을 경우, 병과 갑이 모두 거짓을 말한 것이 된다. 따라서 을이 조각, 병이 피아노 연주(거짓을 말함), 갑이 테니스를 잘하는 사람이다.
- 병이 피아노 연주를 잘하면서 거짓을 말했을 경우는 을이 조각, 갑이 테니스를 잘한다. 반대의 경우는 병의 말 자체가 모순되어 성립되지 않는다.

따라서 갑이 테니스를 잘하는 것은 옳다.

02

정답 ②

먼저 A사원의 말이 거짓이라면 A사원과 D사원 2명이 3층에서 근무하게 되고, 반대로 D사원의 말이 거짓이라면 3층에는 아무도 근무하지 않게 되므로 조건에 어긋난다. 그러므로 A사원과 D사원은 진실을 말하고 있음을 알 수 있다.
또한 C사원의 말이 거짓이라면 아무도 홍보팀에 속하지 않으므로 C사원도 진실을 말하고 있음을 알 수 있다.
따라서 거짓말을 하고 있는 사람은 B사원이며, 이때 B사원은 총무팀 소속으로 6층에서 근무하고 있다.

03

정답 ①

을의 진술이 진실이면 무의 진술도 진실이고, 을의 진술이 거짓이면 무의 진술도 거짓이다.

- 을과 무가 모두 진실을 말하는 경우 : 무는 범인이고, 나머지 3명은 모두 거짓을 말해야 한다. 정의 진술이 거짓이므로 정은 범인인데, 병이 무와 정이 범인이라고 했으므로 병은 진실을 말하는 것이 되어 2명만 진실을 말한다는 조건에 위배된다. 따라서 을과 무는 거짓을 말한다.
- 을과 무가 모두 거짓을 말하는 경우 : 무는 범인이 아니고, 갑·병·정 중 1명만 거짓을 말하고 나머지 2명은 진실을 말한다. 만약 갑이 거짓을 말한다면 을과 병이 모두 범인이거나 모두 범인이 아니어야 한다. 그런데 갑의 말이 거짓이고 을과 병이 모두 범인이라면 병의 말 역시 거짓이 되어 조건에 위배된다. 따라서 갑의 말은 진실이고, 병이 지목한 범인 중에 을이나 병이 없으므로 병의 진술은 거짓, 정의 진술은 진실이다.

따라서 범인은 갑과 을 또는 갑과 병이다.

04

A와 B는 하나가 참이면 하나가 거짓인 명제이다. 문제에서 1명이 거짓말을 한다고 했으므로, A와 B 둘 중 1명이 거짓말을 했다.
ⅰ) A가 거짓말을 했을 경우

1층	2층	3층	4층	5층
C	D	B	A	E

ⅱ) B가 거짓말을 했을 경우

1층	2층	3층	4층	5층
B	D	C	A	E

따라서 두 경우를 고려했을 때, A는 항상 D보다 높은 층에서 내린다.

05

B의 발언이 참이라면 C가 범인이고 F도 참이 된다. F는 C 또는 E가 범인이라고 했으므로 C가 범인이라면 E는 범인이 아니고, E의 발언 역시 참이 되어야 한다. 하지만 E의 발언이 참이라면 F가 범인이어야 하므로 모순이다. 따라서 B의 발언이 거짓이며, C 또는 E가 범인이라는 F 역시 범인임을 알 수 있다.

06

일남이와 삼남이의 발언에 모순이 있으므로, 일남이와 삼남이 중 적어도 1명은 거짓을 말한다. 만약 일남이와 삼남이가 모두 거짓말을 하고 있다면 일남이는 경찰이고(시민, 마피아 ×), 자신이 경찰이라고 말한 이남이의 말이 거짓이 되면서 거짓말을 한 사람이 3명 이상이 되므로 조건에 부합하지 않는다. 따라서 일남이는 경찰이 아니며, 일남이나 삼남이 중에 1명만 거짓을 말한다.
• 일남이가 거짓, 삼남이가 진실을 말한 경우
  일남이는 마피아이고, 오남이가 마피아라고 말한 이남이의 말은 거짓이므로, 이남이는 거짓을 말하고 있고 이남이는 경찰이 아니다. 즉, 남은 사남이와 오남이는 모두 진실을 말해야 한다. 2명의 말을 종합하면 사남이는 경찰도 아니고 시민도 아니게 되므로 마피아여야 한다. 그러나 이미 일남이가 마피아이고 마피아는 1명이라고 했으므로 모순이다.
• 일남이가 진실, 삼남이가 거짓을 말한 경우
  일남이는 시민이고, 이남·사남·오남 중 1명은 거짓, 다른 2명은 진실을 말한다. 만약 오남이가 거짓을 말하고 이남이와 사남이가 진실을 말한다면 이남이는 경찰, 오남이는 마피아이고 사남이는 시민이어야 하는데, 오남이의 말이 거짓이 되려면 오남이가 경찰이 되므로 모순이다. 또한, 만약 사남이가 거짓을 말하고 이남이와 오남이가 진실을 말한다면 이남이와 사남이가 모두 경찰이므로 역시 모순된다. 즉, 이남이가 거짓, 사남이와 오남이가 진실을 말한다.
따라서 사남이는 경찰도 시민도 아니므로 마피아이고, 이남이와 오남이가 모두 경찰이 아니므로 삼남이가 경찰이다.

01

정답 ④

주어진 조건에 따라 질문을 배치해 보면 '가 – 나 – 라 – 바 – 다 – 마' 순으로 나열된다.
따라서 마지막으로 배치해야 할 질문은 마이다.

02

정답 ①

9시 5분에 도착한 사람이 각각 J사원, K대리, H과장인 경우를 정리하면 다음과 같다.

• J사원이 9시 5분에 도착한 경우 : 9시 5분에 도착한 J사원이 가장 빨리 도착한 것이 아니므로 조건에 맞지 않는다.

구분	J사원	K대리	H과장
실제 도착 시각	9시 5분	8시 45분	8시 55분
시계	8시 55분	8시 50분	8시 55분
실제 시각과 시계의 차이	+10분	−5분	0분

• H과장이 9시 5분에 도착한 경우 : 도착 시각 간격은 동일하지만, 이 경우 가장 빨리 도착한 사람이 8시 55분에 도착한 것이 되므로 조건에 맞지 않는다.

구분	J사원	K대리	H과장
실제 도착 시각	9시 15분	8시 55분	9시 5분
시계	8시 55분	8시 50분	8시 55분
실제 시각과 시계의 차이	+20분	+5분	+10분

• K대리가 9시 5분에 도착한 경우 : K대리가 9시 5분에 가장 빨리 도착하고, 이후 10분 간격으로 H과장과 J사원이 각각 도착했으므로 모든 조건이 성립한다.

구분	J사원	K대리	H과장
실제 도착 시각	9시 25분	9시 5분	9시 15분
시계	8시 55분	8시 50분	8시 55분
실제 시각과 시계의 차이	+30분	+15분	+20분

따라서 K대리 – H과장 – J사원 순서로 도착했다.

03

정답 ②

(가) 작업을 수행하면 A – B – C – D 순으로 접시 탑이 쌓인다.
(나) 작업을 수행하면 철수는 D접시를 사용한다.
(다) 작업을 수행하면 A – B – C – E – F 순으로 접시 탑이 쌓인다.
(라) 작업을 수행하면 철수는 C, E, F접시를 사용한다.
따라서 B접시가 접시 탑의 맨 위에 있게 된다.

04

정답 ②

세 번째 조건에 따라 파란색을 각각 왼쪽에서 두 번째, 세 번째, 네 번째에 칠할 때로 나눈다.

ⅰ) 파란색을 왼쪽에서 두 번째에 칠할 때
 • 노랑 – 파랑 – 초록 – 주황 – 빨강
ⅱ) 파란색을 왼쪽에서 세 번째에 칠할 때
 • 주황 – 초록 – 파랑 – 노랑 – 빨강
 • 초록 – 주황 – 파랑 – 노랑 – 빨강
ⅲ) 파란색을 왼쪽에서 네 번째에 칠할 때
 • 빨강 – 주황 – 초록 – 파랑 – 노랑

따라서 ⅱ)에 따라 ②는 항상 옳다.

05

정답 ④

B와 C는 반드시 같이 가야 하는데, 월요일에는 A가 자원봉사를 가야 하므로 B와 C는 수요일에 가게 된다. F는 G와 함께 가며 월요일은 A, 수요일은 B와 C, 목요일은 E가 가야 하므로 화요일 또는 금요일에 갈 수 있다. 그런데 G는 화요일에 중요한 회의가 있으므로 금요일에 F와 G가 함께 자원봉사를 가게 된다. 조건을 표로 정리하면 다음과 같고, H와 I와 J는 해당 조건들로는 어느 요일에 가는지 알 수 없다.

월요일	화요일	수요일	목요일	금요일
A		B	E	F
		C	D	G

따라서 금요일에 자원봉사를 가는 직원은 F와 G이다.

06

정답 ②

• A는 수험서를 구매한 다음 바로 에세이를 구매했는데, 만화와 소설보다 잡지를 먼저 구매했고 수험서는 가장 먼저 구매하지 않았다. 잡지가 가장 첫 번째로 구매한 것이 되므로 순서는 '잡지 – (만화, 소설) – 수험서 – 에세이 – (만화, 소설)'이다.
• 에세이나 소설은 마지막에 구매하지 않았으므로 만화를 마지막으로 구매한 것이 되고, 에세이와 만화를 연달아 구매하지 않았으므로 소설이 네 번째로 구매한 책이 된다.

제시된 조건을 정리하면 '잡지 – 수험서 – 에세이 – 소설 – 만화' 순으로 나열된다.

따라서 A가 세 번째로 구매한 책은 에세이이다.

01

F카드사는 전월 52만 원(∵ 50만 원 이상)을 사용했을 때 K통신사에 대한 할인금액이 15,000원으로 가장 많다.

오답분석
① S통신사 이용 시 가장 많은 통신비를 할인받을 수 있는 제휴카드사는 C카드사(22,000원)이다.
② 전월 33만 원을 사용했을 경우 L통신사에 대한 할인금액은 G카드사는 1만 원, D카드사는 9천 원임을 알 수 있다.
③ 전월 23만 원을 사용했을 경우 K통신사에 대해 통신비를 할인할 수 있는 제휴카드사는 없다.

02

A씨의 생활을 살펴보면 출퇴근길에 자가용을 사용하고 있으며, 주유비에 대해서 부담을 가지고 있다. 그리고 곧 겨울이 올 것을 대비해 차량 점검을 할 예정이다. 이러한 사항을 고려해 볼 때 A씨는 자동차와 관련된 혜택을 받을 수 있는 카드인 D카드를 선택하는 것이 가장 적절하다고 볼 수 있다.

03

ⓒ 화장품은 할인 혜택에 포함되지 않는다.
ⓒ 침구류는 가구가 아니므로 할인 혜택에 포함되지 않는다.

04

산재근로자의 장해등급 구분에 영향을 미치는 요인은 '산재근로자의 노동시장 참여(2)'에서 다룬다.

01

해결해야 할 전략 과제란 취약한 부분에 대해 보완해야 할 과제를 말한다. 따라서 이미 우수한 고객서비스 부문을 강화한다는 것은 전략 과제로 삼기에 적절하지 않다.

오답분석
① 해외 판매망이 취약하다고 분석되었으므로 중국시장의 판매유통망을 구축하는 전략 과제를 세우는 것은 적절하다.
② 중국시장에서 A제품의 구매 방식이 대부분 온라인으로 이루어지는 데 반해, 자사의 온라인 구매시스템은 미흡하기 때문에 온라인 구매시스템을 강화한다는 전략 과제는 적절하다.
④ A제품에 대해 중국기업들 간의 가격 경쟁이 치열하다는 것은 제품의 가격이 내려가고 있다는 의미인데, 자사는 생산원가가 높다는 약점이 있다. 그러므로 원가 절감을 통한 가격경쟁력 강화 전략은 적절하다.

02

ㄴ. 다수의 풍부한 경제자유구역 성공 사례를 활용하는 것은 강점에 해당되지만, 외국인 근로자를 국내주민과 문화적으로 동화시키려는 시도는 위협을 극복하는 것과는 거리가 멀다. 따라서 해당 전략은 ST전략으로 부적절하다.

ㄹ. 경제자유구역 인근 대도시와의 연계를 활성화하면 오히려 인근 기성 대도시의 산업이 확장된 교통망을 바탕으로 경제자유구역의 사업을 흡수할 위험이 커진다. 또한 인근 대도시와의 연계 확대는 경제자유구역 내 국내·외 기업 간의 구조 및 운영상 이질감을 해소하는 데 직접적인 도움이 된다고 보기 어렵다.

오답분석

ㄱ. 경제호황으로 인해 자국을 벗어나 타국으로 진출하려는 해외기업이 증가하는 기회상황에서, 성공적 경험에서 축적된 우리나라의 경제자유구역 조성 노하우로 이들을 유인하여 유치하는 전략은 SO전략으로 적절하다.

ㄷ. 기존에 국내에 입주한 해외기업의 동형화 사례를 활용하여 국내기업과 외국계 기업의 운영상 이질감을 해소하여 생산성을 증대시키는 전략은 WO전략에 해당한다.

03

보유한 글로벌 네트워크를 통해 해외 시장에 진출하는 것은 강점을 활용하여 기회를 포착하는 SO전략이다.

오답분석

① SO전략은 강점을 활용하여 외부환경의 기회를 포착하는 전략이므로 적절하다.

② WO전략은 약점을 보완하여 외부환경의 기회를 포착하는 전략이므로 적절하다.

④ ST전략은 강점을 활용하여 외부환경의 위협을 회피하는 전략이므로 적절하다.

04

ㄴ. 간편식 점심에 대한 회사원들의 수요가 증가함에 따라 계절 채소를 이용한 샐러드 런치 메뉴를 출시하는 것은 강점을 통해 기회를 포착하는 SO전략에 해당한다.

ㄹ. 경기 침체로 인한 외식 소비가 위축되고 있는 상황에서 주변 회사와의 제휴를 통해 할인 서비스를 제공하는 것은 약점을 보완하여 위협을 회피하는 WT전략에 해당한다.

오답분석

ㄱ. 다양한 연령층을 고려한 메뉴가 강점에 해당하기는 하나, 샐러드 도시락 가게에서 한식 도시락을 출시하는 것은 적절한 전략으로 볼 수 없다.

ㄷ. 홍보 및 마케팅 전략의 부재가 약점에 해당하므로 약점을 보완하기 위해서는 적극적인 홍보 활동을 펼쳐야 한다. 따라서 홍보 방안보다 먼저 품질 향상 방안을 마련하는 것은 적절한 전략으로 볼 수 없다.

05

(가) : 외부의 기회를 활용하면서 내부의 강점을 더욱 강화시키는 SO전략에 해당한다.

(나) : 외부의 기회를 활용하여 내부의 약점을 보완하는 WO전략에 해당한다.

(다) : 외부의 위협을 회피하며 내부의 강점을 적극 활용하는 ST전략에 해당한다.

(라) : 외부의 위협을 회피하고 내부의 약점을 보완하는 WT전략에 해당한다.

04 | 조직이해능력

대표기출유형 01 | 기출응용문제

01
정답 ③

제시문의 내용을 살펴보면, P전자는 성장성이 높은 LCD 사업 대신에 익숙한 PDP 사업에 더욱 몰입하였으나, 점차 LCD의 경쟁력이 높아짐으로써 PDP는 무용지물이 되었다는 것을 알 수 있다. 따라서 P전자는 LCD 시장으로의 사업전략을 수정할 수 있었지만 보다 익숙한 PDP 사업을 선택하고 그에 집중하여 시장에서 경쟁력을 잃는 결과를 얻게 되었다.

02
정답 ②

체크리스트 항목의 내용을 볼 때, 국제감각 수준을 점검할 수 있는 체크리스트임을 알 수 있다. 따라서 국제적인 법규를 이해하고 있는지를 확인하는 ②가 가장 적절하다. 추가적으로 다음과 같은 국제감각 수준 점검항목을 확인할 수 있다.

국제감각 수준 점검항목
- 다음 주에 혼자서 해외에 나가게 되더라도, 영어를 통해 의사소통을 잘할 수 있다.
- VISA가 무엇이고 왜 필요한지 잘 알고 있다.
- 각종 매체(신문, 잡지, 인터넷 등)를 활용하여 국제적인 동향을 파악하고 있다.
- 최근 미달러화(US$), 엔화(¥)와 비교한 원화 환율을 구체적으로 알고 있다.
- 영미권, 이슬람권, 중국, 일본사람들과 거래 시 주의해야 할 사항들을 숙지하고 있다.

03
정답 ②

구성원들이 보유하고 있는 능력, 스킬, 욕구, 태도 등은 구성원(Staff)에 해당된다. 조직구조(Structure)는 전략을 실행해가기 위한 틀로서 조직도라 할 수 있으며, 구성원들의 역할과 구성원 간 상호관계를 지배하는 공식 요소들(예 권한, 책임)을 포함한다. 제도, 절차(System)와 함께 구성원들의 행동을 특정 방향으로 유도하는 역할을 한다.

맥킨지 7S 모델(McKinsey 7S Model)
- 공유가치(Shared Value) : 모든 조직구성원들이 공유하는 기업의 핵심 이념이나 가치관, 목적 등을 말한다.
- 전략(Strategy) : 조직의 장기적 계획 및 목표를 달성하기 위한 수단이나 방법을 말한다.
- 제도, 절차(System) : 조직의 관리체계나 운영절차, 제도 등을 말한다.
- 조직구조(Structure) : 전략을 실행해 가기 위한 틀로서 조직도라 할 수 있다.
- 리더십 스타일(Style) : 조직을 이끌어나가는 관리자의 경영방식이나 리더십 스타일을 말한다.
- 관리기술(Skill) : 전략을 실행하는 데 필요한 구체적 요소를 말한다.
- 구성원(Staff) : 조직 내 인력 구성을 말한다. 구성원들의 단순한 인력 구성 현황을 의미하기보다는 구성원들이 보유하고 있는 능력, 스킬, 욕구, 태도 등을 포함한다.

04

㉠ 원가우위 : 원가절감을 통해 해당 산업에서 우위를 점하는 전략
㉡ 차별화 : 조직이 생산품이나 서비스를 차별화하여 고객에게 가치가 있고 독특하게 인식되도록 하는 전략
㉢ 집중화 : 한정된 시장을 원가우위나 차별화 전략을 사용하여 집중적으로 공략하는 전략

대표기출유형 02 │ 기출응용문제

01

이 기업의 조직도 형태는 기능적 조직구조이다. 환경이 안정적이거나 일상적인 기술과 조직의 내부 효율성을 중요시하며 기업의 규모가 작을 때에는 관련 있는 업무를 결합한 기능적 조직구조의 형태를 이룬다.
급변하는 환경변화에 효과적으로 대응하고, 제품, 지역, 고객별 차이에 신속하게 적응하기 위한 분권화된 의사결정이 가능한 구조는 사업별 조직구조 형태이다.

02

직업방송매체팀은 계획된 사업 중 직업방송 제작 사업을 담당하며, 해당 사업의 예산은 5,353백만 원으로 다른 부서에 비해 가장 적은 예산을 사용한다. 컨소시엄지원팀이 담당하는 컨소시엄훈련지원 사업의 예산은 108,256백만 원으로 두 번째로 많은 예산을 사용한다.

[오답분석]
① 보기의 분장업무에 따르면 능력개발총괄팀은 능력개발사업 장단기 발전계획 수립 업무를 담당한다.
② 사업주훈련지원팀은 사업주 직업능력개발훈련 참여 확대, 중소기업 훈련지원센터 관리, 체계적 현장 훈련 지원, 학습조직화 지원, 청년취업아카데미 운영 관리, 내일이룸학교 운영 지원의 총 6개 사업을 담당한다.
③ 컨소시엄지원팀은 컨소시엄훈련지원을, 직업방송매체팀은 직업방송 제작을 담당하므로 담당 사업의 수는 같다.

03

예산집행 조정, 통제 및 결산 총괄 등 예산과 관련된 업무는 ㉣ 자산팀이 아닌 ㉠ 예산팀이 담당하는 업무이다. 자산팀은 물품 구매와 장비・시설물 관리 등의 업무를 담당한다.

04

전문자격 시험의 출제정보를 관리하는 시스템의 구축・운영 업무는 정보화사업팀이 담당하는 업무로, 개인정보 보안과 관련된 업무를 담당하는 정보보안전담반의 업무로는 적절하지 않다.

01

가장 먼저 처리해야 할 일은 오늘 점심에 있을 중요한 미팅으로 인해 오후 미팅을 연기하는 것이다. 따라서 대화가 끝난 후 바로 오후 미팅 일정을 변경해야 한다.

02

차량에 운전기사가 따로 있으므로, 최상위자인 E부장은 뒷자리 가장 우측에 승차하는 것이 옳다. 따라서 E부장의 자리는 (나)이다.

03

홍보용 보도 자료 작성은 주로 홍보팀의 업무이며, 물품 구매는 주로 총무팀의 업무이다. 즉, 영업팀이 아닌 홍보팀이 홍보용 보도 자료를 작성해야 하며, 홍보용 사은품 역시 직접 구매하는 것이 아니라 홍보팀이 총무팀에 업무협조를 요청하여 총무팀이 구매하도록 해야 한다.

04

오전반차를 사용한 이후 14시부터 16시까지 미팅 업무가 있는 J대리는 택배 접수 마감 시간인 16시 이전에 행사 용품 오배송건 반품 업무를 진행할 수 없다.

[오답분석]
① K부장은 G과장에게 부서장 대리로서 회의에 참석해 달라고 했다.
② ○○프로젝트 보고서 초안 작성 업무는 해당 프로젝트 성과 분석 회의에 참석한 G과장이 담당하는 것이 적절하다.
④ 사내 교육 프로그램 참여 이후 17시 전까지 주요 업무가 없는 L사원과 O사원은 우체국 방문 및 등기 발송 업무나 사무용품 주문서 작성 업무를 담당할 수 있다.

05 | 대인관계능력

PART 1

대표기출유형 01 | 기출응용문제

01
정답 ④

내부에서 팀원 간의 갈등이 발생한 경우 다른 팀원이 제3자로서 개입하여 이를 중재하고, 내부에서 갈등을 해결해야 한다. 당사자에게 해결을 맡긴 채 회피하는 것은 옳지 않으며, 갈등 상황은 시간이 지남에 따라 더욱 악화되어 팀워크를 방해할 가능성이 커진다.

02
정답 ③

ㄱ. 역할과 책임을 명료화하는 것이 팀워크에 도움이 된다.
ㄷ. 자기중심적 성격의 이기주의는 팀워크를 저해한다.
ㄹ. 사고방식의 차이에 대한 무시는 팀워크를 저해한다.

[오답분석]
ㄴ. 개인의 무뚝뚝한 성격이 팀워크를 저해하지는 않는다.

> **팀워크를 저해하는 요소**
> • 조직에 대한 이해 부족
> • 자기중심적인 이기주의
> • 자아의식의 과잉
> • 질투나 시기로 인한 파벌주의
> • 사고방식의 차이에 대한 무시

03
정답 ④

팀원 사이의 갈등을 발견하게 되면 제3자로서 빠르게 개입하여 중재해야 한다. 갈등을 일으키고 있는 팀원과의 비공개적인 미팅을 갖고, 다음과 같은 질문을 통해 의견을 교환하면 팀원 간의 갈등 해결에 도움이 된다.
• 내가 보기에 상대방이 꼭 해야만 하는 행동
• 상대방이 보기에 내가 꼭 해야만 하는 행동
• 내가 보기에 내가 꼭 해야만 하는 행동
• 상대방이 보기에 스스로 꼭 해야만 하는 행동

04
정답 ②

즐거움 · 의미 · 성장을 일의 이유로 삼고, 스스로 알아서 일하는 모습을 통해, 동기부여가 성과와 목표의 실현에 얼마나 중요한지를 알 수 있다. 자신의 소신대로 일하고, 업무처리에 있어 자신에게 동기를 부여하면, 좋은 결과를 얻을 수 있다.

01

김팀장의 리더십은 파트너십 유형에 해당하므로 소규모 조직에 적합하며, 풍부한 경험과 재능을 지닌 개개인의 구성원에게 적합하다.

오답분석

ㄷ. 독재자 유형의 리더십에 대한 설명이다.

ㄹ. 민주주의적 리더십에 대한 설명이다.

02

이팀장의 리더십은 조직에 명확한 비전을 제시하고, 구성원이나 팀이 직무를 완벽히 수행했을 때 칭찬을 아끼지 않는 변혁적 유형에 해당한다.

ㄷ. 기계적 관료제에 적합한 것은 거래적 리더십이다.

ㄹ. 민주주의 유형의 리더십에 해당하는 내용이다.

03

ㄱ·ㄹ. 임파워먼트는 책임과 권한을 구성원에게 위임함으로써 구성원이 과업을 적극적으로 책임 있게 수행하려는 것이므로, 학습 혹은 성장의 기회가 되지 않는 단수 업무의 위임 및 분산, 지시는 임파워먼트에 해당하지 않는다.

오답분석

ㄴ. 업무에 관한 결정을 위임함으로써 조직 내 성과 향상을 끌어낼 수 있으므로 임파워먼트로 적절한 사례이다.

ㄷ. 실무자에게 권한을 위임함으로써 직접적이고 적실한 업무 추진이 가능하므로 바람직한 임파워먼트 사례에 해당한다.

04

순서대로 지시형, 코치형, 지원형, 위임형에 어울리는 설명이다.

> **팀 발달에 따른 리더의 역할**
> • 형성(Forming) : 독립적인 팀원들은 팀의 목표와 서로에 대한 이해가 부족하므로 리더가 독단적으로 의사를 결정하여 구체적인 목표와 역할을 설정할 수 있는 지시형 리더십이 필요하다.
> • 스토밍(Storming) : 팀 내부의 갈등이 높은 시기이므로 리더가 의사를 결정하고 그 이유를 사전에 설명하는 코치형 리더십이 필요하다. 리더는 팀원들이 조직의 목표에 몰입하고 관계를 개선할 수 있도록 노력해야 한다.
> • 표준화(Norming) : 리더는 지시적 행위를 자제하고 의사결정 과정에 팀원들을 참여시키는 등의 지원적 태도를 지향하는 지원형 리더십이 필요하다.
> • 수행(Performing) : 큰 갈등이 없는 안정적 시기이므로 리더가 아닌 팀에서 의사를 결정한다. 리더는 팀원들이 결정을 하도록 권한을 위임하고, 팀의 과업과 관계 유지 등의 균형을 추구한다.

05

정보 독점은 '지식이 권력의 힘'이라고 믿는 독재자 리더의 특징으로 볼 수 있다.

> **변혁적 리더의 특징**
> • 카리스마 : 변혁적 리더는 조직에 명확한 비전을 제시하고, 집단 구성원들에게 그 비전을 쉽게 전달할 수 있다.
> • 자기 확신 : 변혁적 리더는 뛰어난 사업수완 그리고 어떠한 의사결정이 조직에 긍정적으로 영향을 미치는지 예견할 수 있는 능력을 지니고 있다.
> • 존경심과 충성심 유도 : 변혁적 리더는 구성원 개개인에게 시간을 할애하여 그들 스스로가 중요한 존재임을 깨닫게 하고, 존경심과 충성심을 불어넣는다.
> • 풍부한 칭찬 : 변혁적 리더는 구성원이나 팀이 직무를 완벽히 수행했을 때 칭찬을 아끼지 않는다.
> • 감화(感化) : 변혁적 리더는 사범이 되어 구성원들이 도저히 해낼 수 없다고 생각하는 일들을 구성원들로 하여금 할 수 있도록 자극을 주고 도움을 주는 일을 수행한다.

대표기출유형 03 ┃ 기출응용문제

01

정답 ③

ㄴ. 해결하기 어려운 문제라도 피하지 말고, 해결을 위해 적극적으로 대응해야 한다.
ㄷ. 자신의 의사를 명확하게 전달하는 것이 갈등을 최소화하는 방안이다.

[오답분석]

ㄱ. 다른 사람의 입장을 이해하는 것은 갈등 파악의 첫 단계이므로 옳은 설명이다.
ㄹ. 생산적 의견 교환이 아닌 논쟁은 갈등을 심화시킬 수 있으므로 논쟁하고 싶은 유혹을 떨쳐내야 한다.

02

정답 ④

타인의 부탁을 거절해야 할 경우 도움을 요청한 타인의 입장을 고려하여 인간관계를 해치지 않도록 신중하게 거절하는 것이 중요하다. 먼저 도움이 필요한 상대방의 상황을 충분히 이해했음을 표명하고, 도움을 주지 못하는 자신의 상황이나 이유를 분명하게 설명해야 한다. 그 후 도움을 주지 못하는 아쉬움을 표현하도록 한다.

03

정답 ①

C팀장은 팀원 A와 B의 의견을 모두 듣고, 근본적인 문제를 해결하였음을 확인할 수 있다. 이는 윈 – 윈(Win – Win) 관리법에 해당한다. 이처럼 윈 – 윈(Win – Win) 관리법은 갈등과 관련된 모든 사람으로부터 의견을 받고자 노력해 문제의 본질적인 해결책을 찾는 방법으로 볼 수 있다. 즉, 윈 – 윈(Win – Win) 관리법은 일상에서 벌어지는 갈등을 피하거나 타협으로 예방하는 것이 아닌 문제를 근본적으로 해결하여 서로가 원하는 바를 모두 얻을 수 있는 방법이다.

04

정답 ①

격동기에는 의견 차이로 인한 경쟁심과 적대감이 나타나는 갈등이 발생한다. (가)는 격동기, (나)는 형성기, (다)는 성취기, (라)는 규범기에 해당한다.

> **Tuckman 팀 발달 모형**
> • 형성기 : 목표를 설정하고 이해하며, 관계를 형성하는 단계이다. 목적, 구조, 리더십 등의 불확실성이 높다. 지시형 리더가 명확한 역할 설정을 해야 한다.
> • 격동기 : 갈등 단계로, 역할 및 책임 등에 대해 갈등목표를 설정하거나 이해하는 단계이다. 의사소통에 어려움이 있을 수 있기 때문에 코칭형 리더가 관계개선에 노력해야 한다.
> • 규범기 : 정보를 공유하고 서로 다른 조건을 수용하는 단계로 규칙 등이 만들어 진다. 리더는 지시가 아닌 지원적 태도를 보여야 한다.
> • 성취기 : 팀이 기능화되는 단계로 목표를 위해 사람들이 자신의 역할을 알고 수행한다. 리더는 위임 등을 일과 관계유지의 균형을 추구해야 한다.

대표기출유형 04 | 기출응용문제

01

정답 ④

옆 가게 주인과 달리 B씨는 청년이 겉으로 원하는 것(콜라)만 확인하고, 실제로 원하는 것(갈증 해결)을 확인하지 못했다.

02

정답 ④

이익이나 인관관계에 관심이 없는 경우는 회피전략이 유용하다. 강압전략은 인간관계는 중요하지 않으나 자신의 이익을 극대화하는 경우에 유용하다.

[오답분석]
① 협력전략 : 협상 당사자들이 서로에 대한 정보를 많이 공유하고 있을 때, 협상 당사자 간에 신뢰가 쌓여 있는 경우, 우호적 인간관계의 유지가 중요한 경우
② 유화전략 : 결과보다는 상대방과의 인간관계 유지를 선호하는 경우, 상대방과의 충돌을 피하고자 하는 경우, 자신의 이익보다는 상대방의 이익을 고려해야 하는 경우, 단기적으로는 손해를 보더라도 장기적 관점에서 이익이 되는 경우
③ 회피전략 : 자신이 얻게 되는 결과나 인간관계 모두에 관심이 없는 경우, 협상의 가치가 매우 낮은 경우, 상대방에게 심리적 압박감을 주어 필요한 것을 얻어내려 하는 경우, 협상 이외의 방법으로 쟁점 해결이 가능한 경우

03

정답 ③

지식과 노력의 차원에서 볼 때, 협상은 우리가 필요한 것을 소유한 사람으로부터 원하는 것을 쟁탈하기 위한 과정이 아니라, 호의를 얻어내기 위한 방법에 대한 지식이며 노력이다.

04

정답 ②

최선의 대안에 대해서 합의하고 선택하는 것은 '해결 대안' 단계에 해당하는 내용이다.

01

정답 ④

ⓔ은 문제의 빠른 해결을 약속하는 '해결약속' 단계에 해당하는 내용이고, ④는 '피드백' 단계의 내용이다.

고객 불만 처리 프로세스

경청	고객의 항의에 선입관을 버리고 끝까지 경청한다.
감사와 공감표시	일부러 시간을 내서 해결의 기회를 준 것에 감사를 표시하며 고객의 항의에 공감을 표시한다.
사과	고객의 이야기를 듣고 문제점에 대해 인정하며 잘못된 부분에 대해 사과한다.
해결약속	고객이 불만을 느낀 상황에 대해 관심과 공감을 보이며, 문제의 빠른 해결을 약속한다.
정보파악	문제해결을 위해 꼭 필요한 질문만 하여 정보를 얻고 최선의 해결방법을 찾기 어려우면 고객에게 어떻게 해주면 만족스러운지를 묻는다.
신속처리	잘못된 부분을 신속하게 시정한다.
처리확인과 사과	불만처리 후 고객에게 처리 결과에 만족하는지를 물어보고 고객에게 불편을 끼친 점에 대해 사과한다.
피드백	고객 불만 사례를 회사 및 전 직원에게 알려 다시는 동일한 문제가 발생하지 않도록 한다.

[오답분석]
① 감사와 공감표시에 대한 설명이다.
② 사과에 대한 설명이다.
③ 정보파악에 대한 설명이다.

02

정답 ①

ⓒ은 문제해결을 위해 꼭 필요한 질문만 하여 정보를 얻고 최선의 해결방법을 찾기 어려우면 고객에게 어떻게 해주면 만족스러운지를 묻는 정보파악 단계이다.

[오답분석]
② 신속처리 단계 : 잘못된 부분을 신속하게 시정한다.
③ 처리확인과 사과 단계 : 불만처리 후 고객에게 처리 결과에 만족하는지 묻고, 고객에게 불편을 끼친 점에 대해 사과한다.
④ 피드백 단계 : 고객 불만 사례를 회사 및 전 직원에게 알려 같은 문제의 발생을 방지한다.

03

정답 ①

고객정보는 타인에게 유출되지 않도록 조심하고 소중하게 다루어야 한다. 따라서 고객과의 상담 중에 되도록 큰 소리로 말하지 않도록 주의하는 것이 좋다. 고객정보를 정확하게 수집하는 것도 중요하지만, 큰 소리로 대화하는 것과는 큰 관련이 없다.

04

빨리빨리형의 경우 성격이 급하고, 확신이 있는 말이 아니면 잘 믿지 않는 고객을 말한다. 빨리빨리형에게 애매한 화법을 사용하면 고객의 기분은 더욱 나빠질 수 있다. 빨리빨리형은 만사를 시원스럽게 처리하는 모습을 통해 응대하는 것이 적절하다.

불만족 고객 유형별 대처 시 주의사항
- 거만형
  - 정중하게 대하는 것이 좋다.
  - 자신의 과시욕이 채워지도록 그들의 언행을 제지하지 않고 인정해 준다.
  - 의외로 단순한 면이 있으므로 일단 그의 호감을 얻게 되면 여러 면으로 득이 될 경우가 많다.
- 의심형
  - 분명한 증거나 근거를 제시하여 스스로 확신을 갖도록 유도한다.
  - 때로는 책임자로 하여금 응대하는 것도 좋다.
- 트집형
  - 이야기를 경청하고, 맞장구치고, 추켜세우고, 설득해 가는 방법이 효과적이다.
    예 "손님의 말씀이 맞습니다. 역시 손님께서 정확하십니다."라고 고객의 지적이 옳음을 표시한 후 "저도 그렇게 생각하고 있습니다만…"하고 설득한다.
  - 잠자코 고객의 의견을 경청하고 사과를 하는 응대가 바람직하다.
- 빨리빨리형
  - "글쎄요?", "아마…", "저…" 식으로 애매한 화법을 사용하면 고객의 신경은 더욱 날카롭게 곤두서게 된다.
  - 만사를 시원스럽게 처리하는 모습을 보이면 응대하기 쉽다.

05

추후 고객에게 연락하여 고객이 약속 날짜 전에 옷을 받았는지 확인을 해야 하며, 확인 후 배송 착오에 대해 다시 사과를 해야 한다.

[오답분석]
① "화내시는 점 충분히 이해합니다."라고 답변하며 공감표시를 하였다.
③ "최대한 빠른 시일 내로 교환해드릴 수 있도록 최선을 다하겠습니다."라고 말하며 해결약속을 하였다.
④ 구매 내역과 재고 확인을 통해 정보를 파악하였다.

34 • MG새마을금고 지역본부

PART 2

최종점검 모의고사

최종점검 모의고사

01	02	03	04	05	06	07	08	09	10	11	12	13	14	15	16	17	18	19	20
③	④	④	②	④	③	④	④	①	②	②	①	③	③	③	④	②	④	②	②

21	22	23	24	25	26	27	28	29	30	31	32	33	34	35	36	37	38	39	40
①	③	②	④	③	②	③	②	②	③	①	②	④	②	③	④	①	④	③	④

01
정답 ③

'붙이다'는 '불이 옮아 타기 시작하다.'라는 의미를 지닌 '붙다'의 사동사로 어문 규범에 따라 바르게 사용되었다.

오답분석
① '가만히'가 올바른 표기이다.
② 의존명사 '만큼'으로 쓰였으므로 '먹을 만큼만'으로 띄어 써야 한다.
④ '바치다'는 '신이나 웃어른께 드리다.'의 의미로 문맥상 '받쳐'로 고쳐 써야 한다.

02
정답 ④

'책을 사다.'와 '책을 읽다.' 모두 문장이 성립하므로 '사다'와 '읽다' 모두 본용언으로 볼 수 있다.

오답분석
① '아침을 잘 먹다.'라는 문장이 성립하고, '아침을 잘 두다.'라는 문장은 성립하지 않으므로 '먹다'는 본용언으로, '두다'는 보조용언으로 볼 수 있다.
② '척하다'는 의존명사에 '하다'가 결합된 형태인 보조용언이다.
③ '집에 싶다.'는 문장이 성립하지 않으므로 '싶다'는 보조용언으로 볼 수 있다.

03
정답 ④

첫 번째 문단에서 1948년에 제정된 대한민국 헌법에 드러난 공화제적 원리는 1948년에 이르러 갑자기 등장한 것이 아니라 이미 19세기 후반부터 표명되고 있었다고 이야기하면서 구체적인 예를 들어 설명하고 있다.
1885년 『한성주보』에서 공화제적 원리가 언급되었고, 1898년 만민 공동회에서는 그 내용이 명확하게 드러났다고 했다. 또한 독립 협회의 「헌의 6조」에서 공화주의 원리를 찾아볼 수 있다고 설명한다. 따라서 글의 중심 내용으로 가장 적절한 것은 ④이다.

04
정답 ②

제시문은 5060세대에 대해 설명하는 글로, 기존에는 5060세대들이 사회로부터 배척당하였다면 최근에는 사회적인 면이나 경제적인 면에서 그 위상이 높아졌고, 이로 인해 마케팅 전략 또한 변화될 것이라고 보고 있다. 따라서 글의 제목으로는 ②가 가장 적절하다.

05

정답 ④

제시문은 현대 건축가 르 코르뷔지에의 업적에 대해 설명하고 있다. 따라서 (라) 현대 건축의 거장으로 불리는 르 코르뷔지에 – (가) 르 코르뷔지에가 만든 도미노 이론의 정의 – (다) 도미노 이론 설명 – (나) 도미노 이론의 연구와 적용되고 있는 다양한 건물에 대한 설명 순으로 나열하는 것이 적절하다.

06

정답 ③

제시문은 효율적 제품 생산을 위한 방법인 제품별 배치 방법의 장단점에 대한 글이다. 따라서 (다) 효율적 제품 생산을 위해 필요한 생산 설비의 효율적 배치 – (라) 효율적 배치의 방법인 제품별 배치 방식 – (가) 제품별 배치 방식의 장점 – (나) 제품별 배치 방식의 단점 순으로 나열하는 것이 적절하다.

07

정답 ④

키드, 피어슨 등은 인종이나 민족, 국가 등의 집단 단위로 '생존경쟁'과 '적자생존'을 적용하여 우월한 집단이 열등한 집단을 지배하는 것을 주장하였는데, 이는 사회 진화론의 개념을 집단 단위에 적용시킨 것이다.

오답분석

① 사회 진화론은 생물 진화론을 개인과 집단에 적용시킨 사회 이론이다.
② 사회 진화론의 중심 개념이 19세기에 등장한 것일 뿐, 그 자체가 19세기에 등장한 것인지는 알 수 없다.
③ '생존경쟁'과 '적자생존'의 개념이 민족과 같은 집단의 범위에 적용되면 민족주의와 결합한다.

08

정답 ④

어빙 피셔의 교환방정식 'MV=PT'에서 V는 화폐유통속도를 나타낸다. 따라서 사이먼 뉴컴의 교환방정식인 'MV=PQ'에서 사용하는 V(Velocity), 즉 화폐유통속도와 동일하며 대체되어 사용되지 않는다.

오답분석

① 사이먼 뉴컴의 교환방정식 'MV=PQ'에서 Q(Quantity)는 상품 및 서비스의 수량이다.
② 어빙 피셔의 화폐수량설은 최근 총거래 수 T(Trade)를 총생산량 Y로 대체하여 사용하고 있다.
③ 교환방정식 'MV=PT'는 화폐수량설의 기본 모형인 거래모형이며, 'MV=PY'는 소득모형으로 사용된다.

09

정답 ①

빈칸 앞뒤의 문장을 살펴보면, 빈칸의 앞에서 진리를 탐구해야 할 상아탑이 제 구실을 다하지 못할 것을 걱정하고, 빈칸 뒤에서는 학문이 제 구실을 못할 경우 자유를 잃고 왜곡될 염려가 있다고 보았다. 따라서 빈칸에는 학문이 제 구실을 옳게 다하지 못하는 경우, 즉 학문에 진리 탐구 이외의 다른 목적이 섣불리 앞장설 때인 ①이 들어가는 것이 가장 적절하다.

10

정답 ②

제78조 제1항과 제2항에 따르면 가입자는 지급받은 반환일시금에 이자를 더한 금액을 공단에 낼 수 있으며, 이때 분할하여 납부하려면 반환일시금에 대통령령으로 정하는 이자를 더해야 한다.

오답분석

① 제77조 제1항 제3호를 통해 확인할 수 있다.
③ 제77조 제1항 제2호를 통해 확인할 수 있다.
④ 제79조 제1호를 통해 확인할 수 있다.

11

대화 내용을 살펴보면 김대리는 금융 규제 프리존 제도의 도입으로 인하여 예상되는 기대 효과에 대해서 묻고 있고, 도과장은 이사원의 대답을 근거로 해당 제도의 장점을 언급했다. ②는 잠재적 사업자가 정식 인가 전에 사업 모델을 테스트해 볼 수 있고, 이와 동시에 감독 당국과의 교류로 적합한 정책 개발을 할 수 있다는 기대 효과에 대해서 언급했으므로 김대리의 질문을 충족하며, 이러한 기대효과로 도과장이 언급한 장점을 유추할 수 있다. 따라서 ②가 대화 흐름상 가장 적절하다.

12

신용카드 민원 건수를 제외한 자체민원의 전분기 민원 건수[71-(가)]를 x건이라고 할 때, 전분기와 비교하여 금분기 자체민원의 민원 건수 증감률은 다음과 같다.

$\dfrac{90-x}{x}\times 100=80$

$\to 9,000-100x=80x$

$\to 180x=9,000$

$\therefore x=50$

50=71-(가)이므로 (가)=21이다.

신용카드 민원 건수를 제외한 대외민원의 금분기 민원 건수[8-(나)]를 y건이라고 할 때, 전분기와 비교하여 금분기 대외민원의 민원 건수 증감률은 다음과 같다.

$\dfrac{y-10}{10}\times 100=-40$

$\to 100y-1,000=-400$

$\to 100y=600$

$\therefore y=6$

6=8-(나)이므로 (나)=2이다.

$\therefore$ (가)+(나)=21+2=23

따라서 수치의 합은 23이다.

13

2023년 3/4분기에도 감소하였다.

오답분석
① 조회 서비스 이용 실적은 817 → 849 → 886 → 1,081 → 1,106로 분기마다 계속 증가하였다.
② 2023년 2/4분기 조회 서비스 이용 실적은 849천 건이고, 전 분기의 이용 실적은 817천 건이므로 849-817=32, 즉 3만 2천 건 증가하였다.
④ 모바일 뱅킹 서비스 이용 실적의 전 분기 대비 증가율이 가장 높은 분기는 21.8%인 2023년 4/4분기이다.

14

2023년 1~4분기의 전년 동분기 대비 증가폭을 구하면 다음과 같다.
• 1분기 : 109,820-66,541=43,279건
• 2분기 : 117,808-75,737=42,071건
• 3분기 : 123,650-89,571=34,079건
• 4분기 : 131,741-101,086=30,655건
따라서 2023년 중 전년 동분기 대비 확정기여형을 도입한 사업장 수가 가장 많이 증가한 시기는 1분기이다.

오답분석
① 통계자료 중 '합계'를 통해 확인할 수 있다.
② 분기별 확정급여형과 확정기여형 취급실적을 비교하면 확정기여형이 항상 많은 것을 확인할 수 있다.
④ 자료를 통해 확인할 수 있다.

15

거래우수 고객으로 우대금리를 받으려면 이 적금 신규 가입 시에 예금주의 M금고 거래기간이 3년 이상이어야 하므로 거래우수 우대금리는 받을 수 없다.

16

A대리는 기본금리 연 1.8%에 가족회원, 거래우수 항목으로 우대금리를 연 1.2%p 적용받으므로 연 3.0%의 금리를 적용받는다. A대리가 가입하려고 하는 적금상품의 만기환급금액을 계산하면 다음과 같다.

• 세전 만기환급금액

$$: 200,000 \times \frac{(1+0.03)^{\frac{25}{12}} - (1+0.03)^{\frac{1}{12}}}{(1+0.03)^{\frac{1}{12}} - 1}$$

$$= 200,000 \times \frac{1.06 - 1.002}{1.002 - 1} = 200,000 \times 29 = 5,800,000원$$

• 적립원금 : $200,000 \times 24 = 4,800,000$원
• 세후 이자 소득 : $(5,800,000 - 4,800,000) \times (1-0.1) = 900,000$원

따라서 A대리가 받을 만기환급금액은 $4,800,000 + 900,000 = 5,700,000$원이다.

17

B대리는 기본금리 연 2.2%를 적용받으며, 청약보유 항목으로 우대금리를 연 0.6%p 적용받으므로 연 2.8%의 금리를 적용받는다. B대리가 가입하려고 하는 적금상품의 만기환급금액을 계산하면 다음과 같다.

• 적립원금 : $100,000 \times 30 = 3,000,000$원
• 세후 이자 : $100,000 \times \left(\frac{30 \times 31}{2} \right) \times \left(\frac{0.028}{12} \right) = 108,500$원

따라서 B대리가 받을 만기환급금액은 $3,000,000 + 108,500 = 3,108,500$원이다.

18

L씨의 생활부문별 월 지출 내역에서 카드별 혜택에 따라 L씨가 받는 할인혜택을 정리하면 다음과 같다.

청춘카드	• 대중교통요금 : 0.8만 원 • 통신요금 : 1.8만 원 • 도서 : 1.2만 원	총 3.8만 원
희망카드	• 통신요금 : 할인 적용 없음 • 공과금 : 2.4만 원 • 커피 : 1만 원	총 3.4만 원
열정카드	• 교통요금 : 1만 원 • 보험료 : 2.8만 원 • 커피 : 0.7만 원	총 4.5만 원

따라서 할인혜택이 큰 순으로 나열하면 '열정카드 – 청춘카드 – 희망카드'이다.

19

L씨의 달라진 지출에 따라 L씨가 받는 할인혜택을 정리하면 다음과 같다.

청춘카드	• 대중교통요금 : 0.8만 원 • 통신요금 : 적용 할인 없음 • 도서 : 2.4만 원	총 3.2만 원
희망카드	• 통신요금 : 1.6만 원 • 공과금 : 2.4만 원 • 커피 : 1만 원	총 5.0만 원
열정카드	• 교통요금 : 1만 원 • 보험료 : 2.8만 원 • 커피 : 0.4만 원	총 4.2만 원

따라서 할인혜택이 가장 큰 카드는 '희망카드'이며, 가장 적은 카드는 '청춘카드'이다.

20

제시된 그래프는 구성비에 해당하므로 2024년에 전체 수송량이 증가하였다면 2024년 구성비가 감소하였어도 수송량은 증가하였을 수도 있다.

21

행복예금, 차곡적금, 가득예금의 이자를 구하면 다음과 같다.
• 행복예금 이자 : $1,200,000(1+0.06)^1 - 1,200,000 = 72,000$원
• 차곡적금 이자

$$: 100,000 \times \frac{\left(1+\frac{0.06}{12}\right)\left\{\left(1+\frac{0.06}{12}\right)^{12}-1\right\}}{\frac{0.06}{12}} - 100,000 \times 12$$

$$= 100,000 \times 12.4 - 1,200,000 = 40,000원$$

• 가득예금 이자 : $1,200,000 \times 0.03 = 36,000$원

따라서 수익이 높은 순서대로 나열하면 행복예금 - 차곡적금 - 가득예금 순이다.

22

손발 저림 개선에 효능이 있는 코스는 케어코스와 종합코스가 있으며, 종합코스는 피부질환에도 효능이 있다.

[오답분석]
① 폼스티엔에이페리주 치료도 30% 할인이 적용된다.
② 식욕부진의 경우 웰빙코스가 적절하다.
④ 할인행사는 8월 한 달간 진행된다.

23

A과장이 2층 호실을 이용하며, F사원은 A과장과 같은 동의 숙소를 배정받으므로 F사원은 반드시 1층 호실을 사용한다. 또한 주임들은 같은 동에 숙소를 배정받고, D주임이 2동 2층 숙소를 이용하므로 E주임은 2동 1층 숙소를 이용한다. 남은 B대리와 C대리는 같은 동을 사용하게 되며, C대리가 1층 숙소를 배정받으므로 B대리는 2층 숙소를 배정받는다.
이를 표로 정리하면 다음과 같다.

i) A과장이 1동 2층 숙소를 이용하는 경우

구분	1동	2동	3동
2층	A	D	B
1층	F	E	C

ii) A과장이 3동 2층 숙소를 이용하는 경우

구분	1동	2동	3동
2층	B	D	A
1층	C	E	F

따라서 항상 참인 것은 ㄷ이다.

24

정답 ④

B대리는 3동 1층 호실을 사용하게 되었고, C대리는 2층 숙소를 배정받게 되었다. 숙소 배정조건에 B대리가 다리를 다친 상황을 반영하여 나타내면 다음과 같다.

구분	1동	2동	3동
2층	A	D	C
1층	F	E	B

따라서 1동 1층 호실을 배정받을 직원은 F사원이다.

25

정답 ③

임직원별로 항목 평균 점수를 구하여 내림차순으로 순위를 정리하면 다음과 같다.

(단위 : 점)

성명	조직기여	대외협력	기획	평균	순위
최은서	79	98	96	91	1
이진영	90	84	97	90.33	2
최재훈	80	94	92	88.67	3
장수원	78	95	85	86	4
김태균	97	76	72	81.67	5
양현종	84	72	86	80.67	6
강백호	77	83	66	75.33	7
오선진	55	91	75	73.67	8
유시진	58	68	83	69.67	9
류현진	69	78	54	67	10

따라서 상위 4명인 최은서, 이진영, 최재훈, 장수원이 해외연수 대상자로 선정된다.

26

정답 ②

25번 해설에 따라 오선진은 8위로 해외연수 대상자가 될 수 없다.

27

정답 ③

지점이동을 원하는 직원들 중 1차 희망지역에 서울을 신청한 직원은 C, E, I이고, 경기를 신청한 직원은 D, G, L이다. 하지만 조건에서 희망지역을 신청한 사람 중 2명만 이동할 수 있으며, 3명 이상이 지원하면 경력이 높은 사람이 우선된다고 했으므로 서울을 신청한 직원 중 경력이 6년인 E, I가 우선이며, 경기는 경력이 2년인 D, L이 우선이 된다. 따라서 서울지역으로 이동할 직원은 E, I이며, 경기지역으로 이동할 직원은 D, L이다.

28

정답 ②

지점이동을 원하는 직원들 중 첫 번째와 두 번째 조건에 따라 1차 희망지역으로 발령을 받는 직원을 정리하면 다음과 같다.

서울	경기	대구	대전
E, I	D, L	J, N	B
부산	광주	포항	울산
F, M	K		

1차 희망지역에 탈락한 직원은 A, C, G, H이며, 4명의 2차 희망지역에서 순위 선정 없이 바로 발령을 받는 직원은 울산을 지원한 A이다. G와 H는 광주를 지원했지만 광주에는 K가 이동하여 1명만 더 갈 수 있기 때문에 둘 중 보직 우선순위에 따라 차량관리를 하고 있는 G가 이동하게 된다. H는 3차 희망지역으로 울산을 지원하여 울산에 배정된 직원은 A 1명이므로 울산으로 이동한다. C의 경우 2·3차 희망지역인 경기, 대구 모두 2명의 정원이 배정되어 있으므로 이동하지 못한다. 따라서 지점이동을 하지 못하는 직원은 C이다.

29

정답 ②

강대리와 이사원의 진술이 서로 모순이므로, 둘 중 1명은 거짓을 말하고 있다.
ⅰ) 강대리의 말이 거짓일 경우
　　강대리의 말이 거짓이라면 워크숍 불참 인원이 2명이므로 조건이 성립하지 않는다.
ⅱ) 이사원의 말이 거짓일 경우
　　강대리의 말이 참이라면 박사원의 말도 참이 된다. 이때, 박사원의 말이 참이라면 유사원은 워크숍에 참석했다. 따라서 이사원의 말은 거짓이고, 누가 워크숍에 참석하지 않았는지 모른다는 진술에 의해 김대리의 말 역시 거짓이 된다. 강대리, 박사원, 이사원의 진술에 따라 워크숍에 참석한 사람은 강대리, 김대리, 유사원, 이사원이므로 워크숍에 참석하지 않은 사람은 박사원이 된다.
따라서 거짓말을 하는 사람은 이사원과 김대리이며, 워크숍에 참석하지 않은 사람은 박사원이다.

30

정답 ③

다섯 번째와 여섯 번째 규정에 의해 50만 원 이상 구매 목록은 매년 2번 이상 구매해야 하며, 두 계절 연속으로 같은 가격대의 구매 목록을 구매할 수 없다. 가을을 제외한 계절에 50만 원 이상인 에어컨을 구매했으므로 봄에는 50만 원 이상인 구매 목록을 구매할 수 없다.

31

정답 ①

제품의 질은 우수하나 브랜드의 저가 이미지 때문에 매출이 좋지 않은 것이므로 선입견을 제외하고 제품의 우수성을 증명할 수 있는 블라인드 테스트를 통해 인정을 받는다. 그리고 그 결과를 홍보의 수단으로 사용하는 것이 적절하다.

32

정답 ②

매트릭스 조직은 기존의 기능부서 상태를 유지하면서 특정한 프로젝트를 위해 서로 다른 부서의 인력이 함께 일하는 현대적인 조직설계방식이다.

① 네트워크 조직 : 네트워크를 이용하거나 네트워크 방식을 활용한 조직이다.
③ 관료제 조직 : 특정 목표를 달성하기 위해 구성원의 역할을 명확하게 구분하고, 공식적인 규칙과 규정에 따라 운영하는 규모 위계 조직이다.
④ 팀제 조직 : 조직 간의 수직적 장벽을 허물고 보다 자율적인 환경 속에서 경영자원의 효율성을 극대화하기 위해 내부운영에 유연성을 부여한 조직이다.

33

정답 ④

명령통일의 원리는 조직의 각 구성원은 누구나 한 사람의 직속상관에게만 보고하고, 또 그로부터 명령을 받아야 한다는 것을 의미한다.

오답분석

① 계층의 원리 : 조직의 목표를 달성하기 위한 업무를 수행함에 있어 권한과 책임의 정도에 따라 직위가 수직적으로 서열화되어 있는 것이다.
② 기능적 분업의 원리 : 조직의 업무를 직능 또는 성질별로 구분하여 한 사람에게 동일한 업무를 분담시키는 것이다.
③ 조정의 원리 : 조직 내에서 업무의 수행을 조절하고 조화로운 인간관계를 유지함으로써 협동의 효과를 최대한 거두려는 것이다.

34

정답 ②

7번 점검내용의 확인란에 체크가 되어 있지 않으므로 유아들의 안전 관리를 위한 성인의 존재는 확인이 필요하나, 6번 점검내용의 확인란에 체크가 되어 있음을 볼 때, 휴대전화 여부는 확인되었음을 알 수 있다.

오답분석

① 2번과 9번 점검내용의 확인란에 체크가 되어 있지 않음을 확인할 수 있다.
③ 4번과 13번 점검내용의 확인란에 체크가 되어 있음을 확인할 수 있다.
④ 1번과 11번 점검내용의 비고란을 통해 확인할 수 있다.

35

정답 ③

제시문은 총무부에서 주문서 메일을 보낼 때 꼼꼼히 확인하지 않아서 수정 전의 파일이 첨부되어 발송되었기 때문에 발생한 일이다. 따라서 메일 작성 시 첨부자료는 꼼꼼히 확인해야 한다.

36

정답 ④

사람 사이에서는 갈등이 없을 수 없다. 회피하는 것보다는 갈등 그대로를 마주하고 해결을 위해 노력해야 한다. 대부분의 갈등은 어느 정도의 시간이 지난 뒤 겉으로 드러나기 때문에 갈등이 인지되었다면 해결이 급한 상황일 가능성이 높다. 따라서 시간을 두고 지켜보는 것은 옳지 않다.

37

제시된 사례에서 협상 당사자들은 서로에 대한 정보를 많이 공유하고 있고, 서로에 대해 신뢰가 쌓여 있어 우호적 인간관계를 유지하고 있는 상황이므로 이에는 협력전략이 가장 적절하다. 협력전략은 '나도 이기고 너도 이기는 방법'인 Win –Win 전략이다.

오답분석

② 유화전략 : 결과보다는 상대방과의 인간관계 유지를 선호하는 경우로써 상대방과의 충돌을 피해 자신의 이익보다는 상대방의 이익을 고려하는 경우에 필요한 전략이다. 이는 단기적으로는 자신이 손해를 보지만, 장기적 관점에서는 이익이 되는 Lose – Win 전략이다.

③ 회피전략 : 자신이 얻게 되는 결과나 인간관계 모두에 관심이 없어 협상의 가치가 매우 낮은 경우에 필요한 전략으로, 상대방에게 심리적 압박감을 주어 필요한 것을 얻어내려 하는 경우나 협상 이외의 방법으로 쟁점이 해결될 경우 쓰인다.

④ 경쟁전략 : 인간관계를 중요하게 여기지 않고, 자신의 이익을 극대화하려는 경우 쓰이는 전략으로, 대개 상대방에 비해 자신의 힘이 강한 경우나 상대방과의 인간관계가 나쁘고 신뢰가 전혀 없는 경우에 쓰인다.

38

터크만(Tuckman)은 팀이 네 가지의 발달 단계를 거쳐 형성되고 발달된다고 했으며, 단계별로 필요한 리더십은 다음과 같다.

• 형성기 : 리더가 단독으로 의사결정을 하며 구성원들을 이끄는 지시형의 리더십이 필요하다.
• 혼란기 : 리더가 사전에 구성원들에게 충분한 설명을 제공한 후 의사결정을 하는 코치형의 리더십이 필요하다.
• 규범기 : 리더와 구성원들이 공동으로 참여하여 의사를 결정하는 참여형의 리더십이 필요하다.
• 성취기 : 권한을 위임받은 구성원들이 의사결정을 하는 위임형 리더십이 필요하다.

39

고객의 불만유형은 크게 4가지로 거만형, 의심형, 트집형, 빨리빨리형이 있다. 이 중 제시된 상황의 고객은 제품의 기능에 대해 믿지 못하고 있으므로, 의심형에 해당한다. 의심형 고객에게는 분명한 증거나 근거를 제시해 고객이 확신을 갖도록 유도하는 대처가 필요하다.

오답분석

①·② 트집을 잡는 유형의 고객에게 적합한 방법으로, 이 외에도 '손님의 말씀이 맞습니다. 역시 손님께서 정확하십니다.'하고 고객의 지적이 옳음을 표시한 후 '저도 그렇게 생각하고 있습니다만…'하며 설득하는 것도 좋다.

④ 거만한 유형의 고객에게 적합한 방법으로, 이들에게는 정중하게 대하는 것이 가장 좋은 방법이다.

40

협상전략 수립, 협상환경 분석 등은 협상 전 단계에서 이루어진다.

오답분석

① 협상 후 단계에서는 협의내용의 비준과 실행, 분석평가가 이루어진다.
② 정보교환, 설득, 협상전략 및 전술구사는 협상 진행 단계에서 이루어진다.
③ 합의문 작성 및 교환은 협상 종결과정으로, 협상 진행 단계에서 이루어진다.

01	02	03	04	05	06	07	08	09	10	11	12	13	14	15	16	17	18	19	20
①	③	④	①	①	①	③	②	④	①	④	③	②	②	③	③	②	④	②
21	22	23	24	25	26	27	28	29	30	31	32	33	34	35	36	37	38	39	40
④	④	②	③	①	①	④	④	③	①	④	②	①	④	③	④	③	②	④

01

정답 ①

등장수축은 전체 근육의 길이가 줄어드는 동심 등장수축과 전체 근육의 길이가 늘어나는 편심 등장수축으로 나뉜다.

02

정답 ③

개별존재로서 생명의 권리를 갖기 위해서는 개별존재로서 생존을 지속시키고자 하는 욕망을 가질 수 있어야 하며, 이를 위해서는 자신을 일정한 시기에 걸쳐 존재하는 개별존재로서 파악해야 한다. 따라서 '자신을 일정한 시기에 걸쳐 존재하는 개별존재로서 파악할 수 있는 존재만이 생명에 대한 권리를 가질 수 있다.'라는 빈칸 앞의 결론을 도출하기 위해서는 개별존재로서 생존을 지속시키고자 하는 욕망이 개별존재로서의 인식을 가능하게 한다는 내용이 있어야 하므로 빈칸에 들어갈 내용으로는 ③이 가장 적절하다.

03

정답 ④

첫 번째 문단에서 '사피어 – 워프 가설'을 간략하게 소개하고, 두 번째와 세 번째 문단을 통해 '사피어 – 워프 가설'을 적용할 수 있는 예를 들고 있다. 이후 마지막 문단까지 '사피어 – 워프 가설'을 언어 우위론적 입장에서 설명할 수 있는 가능성이 있으면서도, 언어 우위만으로 모든 설명이 되지는 않음을 밝히고 있다. 따라서 제시문은 '사피어 – 워프 가설'의 주장에 대한 설명(언어와 사고의 관계)과 함께 그것을 하나의 이론으로 증명하기 어려움을 말하고 있다.

04

정답 ①

글쓴이는 동물들이 사용하는 소리는 단지 생물학적인 조건에 대한 반응 또는 본능적인 감정 표현의 수단일 뿐, 사람의 말과 동물의 소리에 근본적인 차이가 존재한다고 말한다. 즉, 동물들이 나름대로 가지고 있는 본능적인 의사소통능력은 인간의 것과 다르다는 것이다. 따라서 글쓴이의 주장으로 소리를 내는 동물의 행위는 대화나 토론ㆍ회의 같이 서로 의미를 주고받는 인간의 언어활동으로 볼 수 없다는 ①이 가장 적절하다.

05

정답 ①

제시문은 음악을 쉽게 복제할 수 있는 환경을 비판하는 시각에 대하여 반박하며 미래에 대한 기대를 나타내는 내용을 담고 있다. 따라서 (다) 음악을 쉽게 변모시킬 수 있게 된 환경의 도래 – (가) 음악 복제에 대한 비판적인 시선의 등장 – (라) 이를 반박하는 복제품 음악의 의의 – (나) 복제품으로 새롭게 등장한 전통에 대한 기대의 순서대로 나열되어야 한다.

06

제시문의 화제는 '돈의 가치를 어떻게 가르쳐야 아이들이 돈에 대하여 올바른 개념을 갖게 되는가(부모들의 고민)'이다. 따라서 (가) 돈의 개념을 이해하는 가정의 자녀들이 성공할 확률이 높음 – (다) 아이들에게 돈의 개념을 가르치는 지름길은 용돈임 – (나) 만 7세부터 돈의 개념을 어렴풋이나마 짐작하게 되므로 이때부터 아이들에게 약간의 용돈을 주는 것으로 돈에 대한 교육을 시작하면 좋음 – (라) 하지만 돈에 대해서 부모가 절대 해서는 안 될 일들도 있으므로 부모는 아이들이 돈에 대하여 정확한 개념과 가치관을 세울 수 있도록 좋은 본보기가 되어야 할 것 순으로 나열하는 것이 적절하다.

07

(나)의 설립 목적은 신발을 신지 못한 채 살아가는 아이들을 돕기 위한 것이었고, 이러한 설립 목적은 가난으로 고통받는 제3세계의 아이들이라는 코즈(Cause)와 연계되어 소비자들은 제품 구매 시 만족감과 충족감을 얻을 수 있었다.

오답분석

① 코즈 마케팅은 기업이 추구하는 사익과 사회가 추구하는 공익을 동시에 얻는 것을 목표로 하므로 기업의 실익을 얻으면서 공익과의 접점을 찾는 마케팅 기법으로 볼 수 있다.
②·④ 코즈 마케팅은 기업의 노력에 대한 소비자의 호의적인 반응과 그로 인한 기업의 이미지가 제품 구매에 영향을 미친다. 즉, 기업과 소비자의 관계가 중요한 역할을 하므로 소비자의 공감을 얻어낼 수 있어야 성공적으로 적용할 수 있다.

08

제16조 제3항 제1호에서 공공기관의 장이 소속 임직원이나 파견 임직원에게 지급하거나 상급자가 위로·격려·포상 등의 목적으로 하급자에게 제공하는 금품 등은 수수를 금지하는 금품에 해당하지 않는다고 제시되어 있지만, 하급자가 상급자에게 제공하는 금품은 수수 금지 금품의 예외에 포함되지 않는다.

오답분석

① 제3조 제1항에 공사 소유의 재산과 예산사용으로 제공되는 항공마일리지 및 적립포인트는 정당한 사유 없이 사적인 용도로 사용할 수 없다고 제시되어 있다.
③ 제16조 제1항에 직무와 관련 여부 및 후원 등에 관계없이 1회에 100만 원 상당의 금품은 받으면 안 된다고 나와 있다.
④ 제16조 제3항에 보면 외부강의 등에 관한 사례금은 수수를 금지하는 금품에 해당하지 않음을 확인할 수 있다.

09

제16조 제3항 제6호에서 공식행사에서 주최자가 제공한 명품시계는 통상적인 범위에서 일률적으로 제공하는 교통, 숙박, 음식물 등의 금품 등에 해당하지 않으므로 수수가 금지됨을 확인할 수 있다.

오답분석

② 제16조 제3항 제5호에서 임직원과 관련된 동창회 등이 정하는 기준에 따라 구성원에게 제공하는 금품 등은 금품 수수 금지에서 제외한다고 제시되어 있다.
③ 제16조 제3항 제1호은 공공기관의 장이 포상 등의 목적으로 하급자에게 제공하는 금품 등은 금품 수수 금지에서 제외한다고 제시되어 있다.
④ 제16조 제3항 제2호에 부조의 목적으로 제공되는 경조사비 등은 금품 수수 금지에서 제외함을 알 수 있다.

10

국고금 취급기간 부분에 따르면 국고금 관리법에서는 국가회계 사무의 투명성을 확보하기 위하여 출납기관과 결정기관 간 겸직을 원칙적으로 금지하고 있으므로 적절하지 않은 설명이다.

오답분석

① 국고금의 범위 부분에 따르면, 공공기관이 부과하는 공과금은 국고금에 포함되지 않으므로 적절한 설명이다.
② 국고금의 종류 부분에 따르면 계획적 수입 및 지출을 위해 국고금을 수입금과 지출금, 자금관리용 국고금, 기타의 국고금으로 구분하여 관리하고 있으므로 적절한 설명이다.

③ 국고금의 종류 부분 중 자금관리용 국고금 부분에 따르면, 자금관리용 국고금에는 일시차입 등 수입금과 지출금 관리를 위한 부수적 자금관리 거래로 인한 자금이 포함된다.

11

정답 ①

판매된 A, B, C도시락의 수를 각각 a, b, c개라고 하자.
오전 중 판매된 세 도시락의 수는 총 28개이므로 $a+b+c=28$ … ㉠
B도시락은 A도시락보다 1개 더 많이 팔렸으므로 $b=a+1$ … ㉡
C도시락은 B도시락보다 2개 더 많이 팔렸으므로 $c=b+2 \rightarrow c=a+3$ … ㉢
㉠에 ㉡과 ㉢을 대입하면 다음과 같은 식이 성립한다.
$a+a+1+a+3=28$
$\rightarrow 3a=24$
$\therefore a=8$
따라서 A도시락은 8개 판매되었다.

12

정답 ④

50만 원을 먼저 지불하였으므로 남은 금액은 $250-50=200$만 원이다.
매월 a만 원을 갚을 때 남은 금액은 다음과 같다.
• 1개월 후 : $(200\times1.005-a)$원
• 2개월 후 : $(200\times1.005^2-a\times1.005-a)$원
• 3개월 후 : $(200\times1.005^3-a\times1.005^2-a\times1.005-a)$원
$\vdots$
• 12개월 후 : $(200\times1.005^{12}-a\times1.005^{11}-a\times1.005^{10}-\cdots-a)$원
12개월 후 갚아야 할 금액이 0원이므로 $200\times1.005^{12}-a\times1.005^{11}-a\times1.005^{10}-\cdots-a=0$이다.

$200\times1.005^{12}=a\times1.005^{11}+a\times1.005^{10}+\cdots+a=\dfrac{a(1.005^{12}-1)}{1.005-1}$ 이므로 다음과 같은 식이 성립한다.

$a=\dfrac{200\times0.005\times1.005^{12}}{1.005^{12}-1}=\dfrac{200\times0.005\times1.062}{1.062-1}≒17.13$

따라서 매월 내야 하는 금액은 171,300원이다.

13

정답 ③

누리와 다빈이의 속력을 각각 x, ym/min라고 하자.
$10\times(x-y)=2,000 \rightarrow x-y=200$ … ㉠
$5\times(x+y)=2,000 \rightarrow x+y=400$ … ㉡
㉠과 ㉡을 연립하면 다음과 같다.
$\therefore x=300$, $y=100$
따라서 누리가 달리는 속도는 300m/min이다.

14

정답 ②

증발된 물의 양을 xg이라고 하자. 증발되기 전과 후의 설탕의 양은 동일하다.
$\dfrac{4}{100}\times400=\dfrac{8}{100}\times(400-x)$
$\rightarrow 1,600=3,200-8x$
$\therefore x=200$
따라서 남아있는 물의 양은 200g이다.

15

국채의 경우 1년 단기채, 3년 중기채, 10년 장기채 모두 발행했으며, 2023년까지 상환기간이 길수록 평균 금리가 높았지만, 2024년 국채 10년 평균 금리(4.24%)는 국채 3년 평균 금리(4.41%)보다 낮다.

오답분석

① 장기채는 상환기간이 5년 초과인 채권으로 국채 10년, 강원지역개발채 6년, 한국전력채 10년이 해당한다. 세 채권의 2021 ~ 2024년 동안 평균 금리의 전년 대비 증감 방향은 모두 '증가 – 증가 – 감소 – 증가'로 동일하다.

③ 지방채는 인천, 경기, 강원지역개발채로 2021년 지방채의 평균 금리는 $\dfrac{3.52+5.02+4.31}{3} ≒ 4.28\%$로 2021년 지방채의 평균 금리인 $\dfrac{3.56+4.81+4.39}{3} ≒ 4.25\%$보다 높다.

④ 상환기간이 동일한 특수채와 금융채는 각각 가스공사채 5년, 산업금융채 5년이며, 평균 금리는 가스공사채가 금융채보다 매년 1.5배 이상이다.

구분	2020년	2021년	2022년	2023년	2024년
$\dfrac{\text{(가스공사채)}}{\text{(산업금융채)}}$	$\dfrac{4.8}{3.2}=1.5$	$\dfrac{6.3}{3.5}=1.8$	$\dfrac{5.7}{3.8}=1.5$	$\dfrac{7.2}{4.5}=1.6$	$\dfrac{6.6}{4.4}=1.5$

16

투자비중을 고려하여 각각의 투자금액과 투자수익을 구하면 다음과 같다.
• 상품별 투자금액
 – A(주식) : 2천만×0.4=800만 원
 – B(채권) : 2천만×0.3=600만 원
 – C(예금) : 2천만×0.3=600만 원
• 6개월 동안의 투자수익
 – A(주식) : $800 × \left\{ 1 + \left(0.10 × \dfrac{6}{12} \right) \right\} = 840$만 원
 – B(채권) : $600 × \left\{ 1 + \left(0.04 × \dfrac{6}{12} \right) \right\} = 612$만 원
 – C(예금) : $600 × \left\{ 1 + \left(0.02 × \dfrac{6}{12} \right) \right\} = 606$만 원
∴ 840+612+606=2,058만 원
따라서 6개월이 지난 후 A씨가 받을 수 있는 금액은 2,058만 원이다.

17

대치동의 증권자산은 23.0−17.7−3.1=2.2조 원이고, 서초동의 증권자산은 22.6−16.8−4.3=1.5조 원이므로 옳은 설명이다.

오답분석

① 압구정동의 가구 수는 $\dfrac{14.4}{12.8} ≒ 1.13$가구, 여의도동의 가구 수는 $\dfrac{24.9}{26.7} ≒ 0.93$가구이므로 옳지 않은 설명이다.

② 이촌동의 가구 수가 2만 가구 이상이라면, 총자산이 7.4×20,000억=14.8조 원 이상이어야 한다. 그러나 이촌동은 총자산이 14.4조 원인 압구정동보다 순위가 낮으므로 이촌동의 가구 수는 2만 가구 미만인 것을 추론할 수 있다.

④ 여의도동의 부동산자산은 12.3조 원 미만이다. 여의도동의 부동산자산을 12.2조 원이라고 가정하면, 여의도동의 증권자산은 최대 24.9−12.2−9.6=3.1조 원이므로 옳지 않은 설명이다.

18

국내 간 외화송금 시 인터넷뱅킹 수수료는 5,000원이고, 영업점의 수수료는 송금 금액에 따라 다른데 JPY 100=USD 0.92이므로 800,000엔을 달러로 변환하면 8,000×0.92=7,360달러이다. USD 10,000 이하이므로 수수료는 7,000원이다.
따라서 두 수수료의 차이는 2,000원이다.

19

해외로 송금할 경우 송금 금액과 각각의 수수료를 계산하면 다음과 같다.
• 송금 금액 : 4,000×1,132.90=4,531,600원
• 송금 수수료 : 15,000×0.7=10,500원(∵ USD 5,000 이하)
• 중계은행 수수료 : 18×1,132.90=20,392.2원
• 전신료 : 8,000원
따라서 4,531,600+10,500+20,392.2+8,000≒4,570,492원이 된다.

20

가장 구성비가 큰 항목은 국민연금으로 57%이며, 네 번째로 구성비가 큰 항목은 사적연금으로 8.5%이다.

따라서 가장 구성비가 큰 항목의 구성비 대비 네 번째로 구성비가 큰 항목의 구성비의 비율은 $\frac{8.5}{57}×100≒14.9$%이다.

21

조건으로부터 콩쥐는 빨간색 치마, 팥쥐는 검은색 고무신을 배정받고, 나머지 조건으로부터 4명의 물품을 배정하면 다음과 같다.
• 팥쥐 : 이미 검은색 고무신을 배정받았기 때문에 검은색 치마를 배정받을 수 없고, 콩쥐가 빨간색 치마를 배정받았기 때문에 노란색을 싫어하는 팥쥐는 파란색 치마를 배정받는다. 또한 노란색을 싫어하므로 빨간색 족두리를 배정받는다.
• 콩쥐 : 파란색 고무신을 싫어하고 검은색 고무신은 이미 팥쥐에게 배정되었으므로 빨간색과 노란색 고무신을 배정받을 수 있는데, 콩쥐는 이미 빨간색 치마를 배정받았으므로 노란색 고무신을 배정받는다.
• 향단 : 빨간색과 파란색 치마가 이미 팥쥐와 콩쥐에게 각각 배정되었으므로 검은색 치마를 싫어하는 향단이는 노란색 치마를 배정받고, 춘향이가 검은색 치마를 배정받는다. 춘향이가 빨간색을 싫어하므로 향단이는 빨간색 고무신을, 춘향이는 파란색 고무신을 배정받는다.
• 춘향 : 검은색 치마와 파란색 고무신을 배정받았으므로 빨간색을 싫어하는 춘향이는 노란색 족두리를 배정받는다. 따라서 콩쥐와 향단이는 각각 파란색 또는 검은색 족두리를 배정받게 된다.
주어진 조건을 표로 정리하면 다음과 같다.

구분	족두리	치마	고무신
콩쥐	파란색 / 검은색	빨간색	노란색
팥쥐	빨간색	파란색	검은색
향단	검은색 / 파란색	노란색	빨간색
춘향	노란색	검은색	파란색

따라서 춘향이는 항상 검은색 치마를 배정받아 착용한다.

[오답분석]
① 콩쥐와 향단이가 파란색과 검은색 족두리 중 어느 것을 배정받을지는 알 수 없다.
② 팥쥐는 빨간색 족두리를 착용한다.
③ 향단이는 빨간색 고무신을 착용한다.

22

정답 ④

1명이 거짓을 말하므로 서로 상반된 주장을 하고 있는 박과장과 이부장을 비교해본다.
ⅰ) 박과장이 거짓일 경우
　　김대리와 이부장이 참이므로 이부장은 가장 왼쪽에, 김대리는 가장 오른쪽에 위치하게 된다. 이 경우 김대리가 자신의 옆에 있다는 박과장의 주장이 참이 되므로 모순이 된다.
ⅱ) 이부장이 거짓일 경우
　　김대리와 박과장이 참이므로 이부장은 가장 왼쪽에 위치하고, 이부장이 거짓이므로 김대리는 가운데, 박과장은 가장 오른쪽에 위치하게 된다. 이 경우 이부장의 옆에 주차하지 않았으며 김대리 옆에 주차했다는 박과장의 주장과도 일치한다.
따라서 주차장에 주차된 차의 순서는 이부장 – 김대리 – 박과장이다.

23

정답 ②

M공사는 계속 증가하고 있는 재생에너지를 활용하여 수소를 생산하는 그린수소 사업을 통해 재생에너지 잉여전력 문제를 해결할 것으로 기대하고 있으며, 이러한 그린수소 사업에 필요한 기술을 개발하기 위해 노력하고 있다. 이를 M공사의 SWOT 분석 결과에 적용하면, M공사는 현재 재생에너지의 잉여전력이 증가하고 있는 위협적 상황을 해결하기 위해 장점인 적극적인 기술개발 의지를 활용하여 그린수소 사업을 추진한다. 따라서 M공사의 그린수소 사업은 위협을 피하기 위해 강점을 활용하는 방법인 'ST전략'에 해당한다.

24

정답 ③

'3. 성과상여금 지급방법'에 따르면, S등급은 상위 20%, A등급은 상위 20% 초과 ~ 60% 이내, B등급은 상위 60% 초과 ~ 90% 이내, C등급은 하위 10%이다. 즉, 부서 전체인원에서 각 등급의 비중은 S등급 20%, A등급 40%, B등급 30%, C등급 10%이다. 그리고 '3 – (4) 지급등급별 인원 결정'에 따라 총원 32명을 각 등급의 비중대로 구분하고 소수점 이하 값을 조정하면 다음과 같다.
- S등급 : $32 \times 0.2 = 6.4$명 → 6명
- A등급 : $32 \times 0.4 = 12.8$명 → 13명
- B등급 : $32 \times 0.3 = 9.6$명 → 10명
- C등급 : $32 \times 0.1 = 3.2$명 → 3명

25

정답 ①

5급 사원의 지급기준액은 2,500,000원이다.

개인별 실제 지급액은 (개인별 조정지급기준액)×(개인별 지급률)×$\frac{(편성예산)}{(소요예산)}$으로 구할 수 있다.

조정지급기준액은 (직급별 지급기준액)×120%÷(평균지급률)이므로, 사원별로 실제지급액을 구하면 다음과 같다.
- A사원 : $2,500,000 \times (1.2 \div 1.5) \times 2 \times \frac{7천만}{8천만} = 3,500,000$원
- B사원 : $2,500,000 \times (1.2 \div 1.5) \times 1.4 \times \frac{7천만}{8천만} = 2,450,000$원
- C사원 : $2,500,000 \times (1.2 \div 1.5) \times 0.8 \times \frac{7천만}{8천만} = 1,400,000$원

따라서 3명의 사원에게 지급된 성과상여금은 총 7,350,000원이다.

26

정답 ①

선호투표에 참여한 직원 수는 1,100명이므로 요가교실 득표수는 $1,100 - 280 - 260 - 220 = 340$명이다.
심사점수에서 자수교실의 경우 C심사위원의 점수가 70점 미만인 경우 심사점수는 $70 + 75 = 145$점이며, 75점을 초과할 경우 70점인 A심사위원의 점수를 제외하고 최대 $75 + 100 = 175$점까지 가능하다.

독서토론의 경우, B심사위원의 점수가 80점 미만인 경우 심사점수가 80+85=165점이며, 85점을 초과할 경우 최대 100+85=185점까지 가능하다.

또한 선호점수는 (득표수의 가중치)×0.2를 하여 각 프로그램의 선정점수를 나타내면 다음과 같다.

(단위 : 점)

구분	자전거트래킹	자수교실	독서토론	요가교실
심사점수	90+80=170	145 ~ 175	165 ~ 185	70+90=160
선호점수	280×0.2=56	260×0.2=52	220×0.2=44	340×0.2=68
선정점수	226	197 ~ 227	209 ~ 229	228

ㄱ. 위 표에 따르면 선정될 프로그램은 단 1개인데, 자전거트래킹은 이미 요가교실보다 선정점수가 낮으므로 선정될 수 없다.

ㄴ. 자전거트래킹은 ㄱ의 설명에 따라 선정될 가능성이 없고, 자수교실은 최대점수가 227점으로 요가교실보다 낮으므로 선정될 수 없다. 반면, 독서토론의 경우 B심사위원으로부터 100점을 받는다면 요가교실보다 높은 선정점수인 229점을 얻어 선정될 수 있지만 B심사위원으로부터 100점 미만인 점수를 받는다면 요가교실이 선정된다. 따라서 선정될 가능성이 있는 프로그램은 독서토론, 요가교실 2개뿐이다.

오답분석

ㄷ. 자수교실은 C심사위원한테 최대점수 100점을 받더라도 선정점수가 요가교실보다 낮으므로 선정될 수 없다.

ㄹ. 독서토론이 선정되려면 B심사위원으로부터 100점을 받아야 하므로 옳지 않다.

27

정답 ④

변경된 조건에 따라 심사점수를 산정할 때, 자수교실의 경우 C심사위원의 점수에 따라 최소 145점(C심사위원이 0점을 주었을 때)에서 최대 245점(C심사위원이 100점을 주었을 때)을 받을 수 있으며, 독서토론은 B심사위원의 점수에 따라 최소 165점에서 최대 265점의 심사점수를 받을 수 있다.

이를 고려하여 각 프로그램의 선정점수를 표로 정리하면 다음과 같다.

(단위 : 점)

구분	자전거트래킹	자수교실	독서토론	요가교실
심사점수	90+75+80=245	145 ~ 245	165 ~ 265	70+65+90=225
선호점수	280×0.3=84	260×0.3=78	220×0.3=66	340×0.3=102
선정점수	329	223 ~ 323	231 ~ 331	327

자수교실의 경우 C심사위원으로부터 100점을 받더라도 최고점수가 323점으로 요가교실 및 자전거트래킹보다 낮아 최고 3등이므로 어느 경우에도 선정될 수 없다.

이에 따르면 가능한 경우는 2가지뿐이다.

1) 독서토론이 B심사위원으로부터 100점을 받는 경우
   독서토론의 선정점수가 331점으로 1등으로 선정되며, 자전거트래킹이 2등으로 선정된다.

2) 독서토론이 B심사위원으로부터 100점을 받지 못하는 경우
   B심사위원이 95점 이하로 주어 독서토론 최대 선정점수는 326점이며, 2등 안에 들지 못한다. 그러므로 자전거트래킹이 1등, 요가교실이 2등으로 선정된다.

위 설명에 따르면 가능한 경우는 자전거트래킹과 요가교실, 독서토론과 자전거트래킹뿐이다. 자전거트래킹은 요가교실의 점수보다 높고, 자수교실의 최고점수보다 높으므로 독서토론의 점수와 상관없이 어떠한 경우에도 선정된다. 따라서 독서토론과 요가교실이 함께 선정되는 경우는 불가능하다.

오답분석

① 1)의 경우에 따라 만일 독서토론이 1등으로 선정된다면 자전거트래킹이 2등으로 선정된다.

② 자수교실은 최대점수를 받더라도 최고 3등에 불과하므로 어떠한 경우에도 선정되지 못한다.

③ 2)의 경우에 따라 자전거트래킹이 1등으로 선정된다면 요가교실이 2등으로 선정된다.

28

- 10% 할인
  - K회사 : $700 \times 50 \times (1-0.1) = 31.5$천만 원
  - L회사 : $500 \times 50 \times (1-0.1) = 22.5$천만 원
  - ∴ (매출액 차이)$= 31.5 - 22.5 = 9$천만 원
- 20% 할인
  - K회사 : $900 \times 50 \times (1-0.2) = 36$천만 원
  - L회사 : $700 \times 50 \times (1-0.2) = 28$천만 원
  - ∴ (매출액 차이)$= 36 - 28 = 8$천만 원
- 30% 할인
  - K회사 : $1,000 \times 50 \times (1-0.3) = 35$천만 원
  - L회사 : $800 \times 50 \times (1-0.3) = 28$천만 원
  - ∴ (매출액 차이)$= 35 - 28 = 7$천만 원

따라서 두 회사가 동일한 가격할인 정책을 실시할 때, 30%를 할인할 경우 7천만 원으로 월 매출액 차이가 가장 적다.

29

L회사에서 20% 가격할인을 진행할 경우, K회사에서의 대응(가격할인)에 따라 L회사의 판매량은 달라지지만 K회사의 대응은 각 할인율에 대해 문제에서 확률이 제시되어 있으므로, 이를 활용하여 다음과 같이 L회사의 기대매출액을 산출할 수 있다.

K회사 할인율	0%	10%	20%	30%
확률	20%	40%	30%	10%
L회사 판매량(a)	1,000개	800개	700개	600개
L회사 상품 가격(b)	$500,000$원$\times(1-20\%) = 400,000$원			
매출액(a×b)	40천만 원	32천만 원	28천만 원	24천만 원
L회사 기대매출액	$40 \times 0.2 + 32 \times 0.4 + 28 \times 0.3 + 24 \times 0.1 = 31.6$천만 원			

30

K회사가 10% 가격할인을 할 경우의 L회사의 월 매출현황은 다음과 같다.
- L회사가 가격을 유지할 경우
  - 매출액 : $50 \times 300 = 15$천만 원
  - 비용 : 5천$+20 \times 300 = 11$천만 원
  - 순수익 : 15천-11천$= 4$천만 원
- L회사가 10% 가격할인을 할 경우
  - 매출액 : $50 \times (1-0.1) \times 500 = 22.5$천만 원
  - 비용 : 5천$+20 \times 500 = 15$천만 원
  - 순수익 : 22.5천-15천$= 7.5$천만 원
- L회사가 20% 가격할인을 할 경우
  - 매출액 : $50 \times (1-0.2) \times 800 = 32$천만 원
  - 비용 : 5천$+20 \times 800 = 21$천만 원
  - 순수익 : 32천-21천$= 11$천만 원
- L회사가 30% 가격할인을 할 경우
  - 매출액 : $50 \times (1-0.3) \times 1,000 = 35$천만 원
  - 비용 : 5천$+20 \times 1,000 = 25$천만 원
  - 순수익 : 35천-25천$= 10$천만 원

따라서 L회사가 20%를 할인했을 때 11천만 원으로 순수익이 가장 높다.

31

정답 ①

일반적으로 기획부의 업무는 제시된 표처럼 사업계획이나 경영점검 등 경영활동 전반에 걸친 기획 업무가 주를 이루며, 사옥 이전 관련 발생 비용 산출은 회계부, 대내외 홍보는 총무부에서 담당한다.

32

정답 ④

㉠ 직렬 : 직무의 종류는 유사하나, 그 곤란성·책임성의 정도가 상이한 직위의 군(群)을 말한다. 즉 직무는 같은 종류에 해당되지만 의무와 책임의 수준이나 곤란성이 서로 다른 직급들을 모아놓은 것을 직렬이라 한다.

㉡ 직무 : 과업 및 작업의 종류와 수준이 비슷한 업무들의 집합으로써 특히 직책이나 직업상 책임을 갖고 담당하여 맡은 일을 의미한다. 즉 어느 정도 비슷한 업무 내용을 가진 직위들을 하나의 관리 단위로 설정한 것이 직무이다.

㉢ 과업 : 성과를 올리기 위해 인간적인 노력이 제공될 경우 신체적 노력이거나 정신적 노력을 불문하고 직무를 분석할 때 최소의 설명개념으로 작업연구에서 가장 낮은 수준의 분석단위이다.

33

정답 ②

각종 위원회 위원 위촉에 관한 전결규정은 없다. 따라서 정답은 ②가 된다. 단, 대표이사의 부재중에 부득이하게 위촉을 해야 하는 경우가 발생했다면 차하위자(전무)가 대결을 할 수는 있다.

34

정답 ①

사내 봉사 동아리이기 때문에 공식이 아닌 비공식조직에 해당한다. 비공식조직의 특징으로는 인간관계에 따라 형성된 자발적인 조직, 내면적·비가시적, 비제도적, 감정적, 사적 목적 추구, 부분적 질서를 위한 활동 등이 있다.

35

정답 ④

조직목표의 기능
• 조직이 존재하는 정당성과 합법성 제공
• 조직이 나아갈 방향 제시
• 조직 구성원의 의사결정의 기준
• 조직구성원 행동수행의 동기 유발
• 수행평가 기준
• 조직설계의 기준

36

정답 ③

일반적으로 리더십 유형은 크게 독재자 유형, 민주주의에 근접한 유형, 파트너십 유형, 변혁적 유형 등 크게 4가지로 구분할 수 있다.
• 독재자 유형 : 질문 금지, 모든 정보는 자신의 것, 실수를 용납하지 않음
• 민주주의에 근접한 유형 : 참여, 토론의 장려, 거부권
• 파트너십 유형 : 평등, 집단의 비전, 책임 공유
• 변혁적 유형 : 카리스마, 자기 확신, 존경심과 충성심, 풍부한 칭찬, 감화

37

정답 ④

뚜껑의 법칙에서 뚜껑은 리더를 의미하며, 뚜껑의 크기로 표현되는 리더의 역량이 조직의 성과를 이끈다는 것을 의미한다. 리더의 역량이 작다면 부하직원이 아무리 뛰어나도 병목 현상의 문제점이 발생할 수 있는 것이다.

38

여섯 번째 단계에 따라 해결 방안을 확인한 후에는 혼자서 해결하는 것이 아니라 책임을 분할함으로써 다 같이 협동하여 실행해야
한다.

오답분석

① 두 번째 단계에 해당되는 내용이다.
② 네 번째 단계에 해당되는 내용이다.
④ 첫 번째 단계에 해당되는 내용이다.

39

협상이란 갈등상태에 있는 이해당사자들이 대화와 논쟁을 통해서 서로를 설득하여 문제를 해결하려는 정보전달의 과정이자 의사결
정의 과정을 의미하므로, 대화와 논쟁이 통하지 않는 유아를 재우기 위하여 다양한 방법을 써 보는 엄마의 행위는 협상이라고
볼 수 없다.

40

인사, 정보교환, 설득, 양보 등 협상전략과 전술구사는 협상진행 단계의 내용이다.

협상과정의 3단계		
협상 전 단계	협상기획	협상과정(준비, 집행, 평가 등)을 계획
	협상준비	목표설정, 협상 환경 분석, 협상형태파악, 협상 팀 선택과 정보 수집, 자기 분석, 상대방 분석, 협상전략과 전술 수립
협상진행 단계	협상진행	인사, 정보교환, 설득, 양보 등 협상전략과 전술 구사
	협상종료	합의 및 합의문 작성 교환
협상 후 단계	비준·집행	비준 및 실행
	협상평가	평가 및 피드백

MG새마을금고 지역본부 필기전형 OMR 답안카드

성 명	

지원분야	

문제지 형별기재란	(형)	Ⓐ	Ⓑ

수험번호

각 칸: ⓪ ① ② ③ ④ ⑤ ⑥ ⑦ ⑧ ⑨

감독위원 확인

(인)

번호	1	2	3	4	번호	1	2	3	4
1	①	②	③	④	21	①	②	③	④
2	①	②	③	④	22	①	②	③	④
3	①	②	③	④	23	①	②	③	④
4	①	②	③	④	24	①	②	③	④
5	①	②	③	④	25	①	②	③	④
6	①	②	③	④	26	①	②	③	④
7	①	②	③	④	27	①	②	③	④
8	①	②	③	④	28	①	②	③	④
9	①	②	③	④	29	①	②	③	④
10	①	②	③	④	30	①	②	③	④
11	①	②	③	④	31	①	②	③	④
12	①	②	③	④	32	①	②	③	④
13	①	②	③	④	33	①	②	③	④
14	①	②	③	④	34	①	②	③	④
15	①	②	③	④	35	①	②	③	④
16	①	②	③	④	36	①	②	③	④
17	①	②	③	④	37	①	②	③	④
18	①	②	③	④	38	①	②	③	④
19	①	②	③	④	39	①	②	③	④
20	①	②	③	④	40	①	②	③	④

〈절취선〉

※ 본 답안카드는 마킹연습용 모의 답안지입니다.

MG새마을금고 지역본부 필기전형 OMR 답안카드

1	①	②	③	④	21	①	②	③	④
2	①	②	③	④	22	①	②	③	④
3	①	②	③	④	23	①	②	③	④
4	①	②	③	④	24	①	②	③	④
5	①	②	③	④	25	①	②	③	④
6	①	②	③	④	26	①	②	③	④
7	①	②	③	④	27	①	②	③	④
8	①	②	③	④	28	①	②	③	④
9	①	②	③	④	29	①	②	③	④
10	①	②	③	④	30	①	②	③	④
11	①	②	③	④	31	①	②	③	④
12	①	②	③	④	32	①	②	③	④
13	①	②	③	④	33	①	②	③	④
14	①	②	③	④	34	①	②	③	④
15	①	②	③	④	35	①	②	③	④
16	①	②	③	④	36	①	②	③	④
17	①	②	③	④	37	①	②	③	④
18	①	②	③	④	38	①	②	③	④
19	①	②	③	④	39	①	②	③	④
20	①	②	③	④	40	①	②	③	④

※ 본 답안카드는 마킹연습용 모의 답안카드입니다.

성 명

지원 분야

문제지 형별기재란   Ⓐ
                    Ⓑ
( )형

수 험 번 호

⓪ ① ② ③ ④ ⑤ ⑥ ⑦ ⑧ ⑨
⓪ ① ② ③ ④ ⑤ ⑥ ⑦ ⑧ ⑨
⓪ ① ② ③ ④ ⑤ ⑥ ⑦ ⑧ ⑨
⓪ ① ② ③ ④ ⑤ ⑥ ⑦ ⑧ ⑨
⓪ ① ② ③ ④ ⑤ ⑥ ⑦ ⑧ ⑨
⓪ ① ② ③ ④ ⑤ ⑥ ⑦ ⑧ ⑨
⓪ ① ② ③ ④ ⑤ ⑥ ⑦ ⑧ ⑨

감독위원 확인

(인)

MG새마을금고 지역본부 필기전형 OMR 답안카드

성 명

지원분야

문제지 형별기재란

( )형 Ⓐ Ⓑ

수험번호

	⓪	①	②	③	④	⑤	⑥	⑦	⑧	⑨
	⓪	①	②	③	④	⑤	⑥	⑦	⑧	⑨
	⓪	①	②	③	④	⑤	⑥	⑦	⑧	⑨
	⓪	①	②	③	④	⑤	⑥	⑦	⑧	⑨
	⓪	①	②	③	④	⑤	⑥	⑦	⑧	⑨
	⓪	①	②	③	④	⑤	⑥	⑦	⑧	⑨
	⓪	①	②	③	④	⑤	⑥	⑦	⑧	⑨

감독위원 확인

(인)

1	① ② ③ ④	21	① ② ③ ④
2	① ② ③ ④	22	① ② ③ ④
3	① ② ③ ④	23	① ② ③ ④
4	① ② ③ ④	24	① ② ③ ④
5	① ② ③ ④	25	① ② ③ ④
6	① ② ③ ④	26	① ② ③ ④
7	① ② ③ ④	27	① ② ③ ④
8	① ② ③ ④	28	① ② ③ ④
9	① ② ③ ④	29	① ② ③ ④
10	① ② ③ ④	30	① ② ③ ④
11	① ② ③ ④	31	① ② ③ ④
12	① ② ③ ④	32	① ② ③ ④
13	① ② ③ ④	33	① ② ③ ④
14	① ② ③ ④	34	① ② ③ ④
15	① ② ③ ④	35	① ② ③ ④
16	① ② ③ ④	36	① ② ③ ④
17	① ② ③ ④	37	① ② ③ ④
18	① ② ③ ④	38	① ② ③ ④
19	① ② ③ ④	39	① ② ③ ④
20	① ② ③ ④	40	① ② ③ ④

※ 본 답안카드는 마킹연습용 모의 답안지입니다.

MG새마을금고 지역본부 필기전형 OMR 답안카드

※ 본 답안카드는 연습용 모의 답안카드입니다.

1	①	②	③	④		21	①	②	③	④				
2	①	②	③	④		22	①	②	③	④				
3	①	②	③	④		23	①	②	③	④				
4	①	②	③	④		24	①	②	③	④				
5	①	②	③	④		25	①	②	③	④				
6	①	②	③	④		26	①	②	③	④				
7	①	②	③	④		27	①	②	③	④				
8	①	②	③	④		28	①	②	③	④				
9	①	②	③	④		29	①	②	③	④				
10	①	②	③	④		30	①	②	③	④				
11	①	②	③	④		31	①	②	③	④				
12	①	②	③	④		32	①	②	③	④				
13	①	②	③	④		33	①	②	③	④				
14	①	②	③	④		34	①	②	③	④				
15	①	②	③	④		35	①	②	③	④				
16	①	②	③	④		36	①	②	③	④				
17	①	②	③	④		37	①	②	③	④				
18	①	②	③	④		38	①	②	③	④				
19	①	②	③	④		39	①	②	③	④				
20	①	②	③	④		40	①	②	③	④				

성 명

지원 분야

문제지 형별기재란
Ⓐ
Ⓑ
( )형

수 험 번 호

⓪	①	②	③	④	⑤	⑥	⑦	⑧	⑨
⓪	①	②	③	④	⑤	⑥	⑦	⑧	⑨
⓪	①	②	③	④	⑤	⑥	⑦	⑧	⑨
⓪	①	②	③	④	⑤	⑥	⑦	⑧	⑨
⓪	①	②	③	④	⑤	⑥	⑦	⑧	⑨
⓪	①	②	③	④	⑤	⑥	⑦	⑧	⑨
⓪	①	②	③	④	⑤	⑥	⑦	⑧	⑨

감독위원 확인
(인)

2025 최신판 시대에듀 All-New MG새마을금고 지역본부
필기전형 최신기출유형 + 모의고사 5회 + 무료NCS특강

개정29판1쇄 발행	2025년 03월 20일 (인쇄 2025년 02월 19일)
초 판 발 행	2011년 11월 10일 (인쇄 2011년 10월 11일)
발 행 인	박영일
책 임 편 집	이해욱
편 저	SDC(Sidae Data Center)
편 집 진 행	안희선 · 정수현
표지디자인	김지수
편집디자인	양혜련 · 장성복
발 행 처	(주)시대고시기획
출 판 등 록	제10-1521호
주 소	서울시 마포구 큰우물로 75 [도화동 538 성지 B/D] 9F
전 화	1600-3600
팩 스	02-701-8823
홈 페 이 지	www.sdedu.co.kr
I S B N	979-11-383-8835-1 (13320)
정 가	24,000원

MG새마을금고 지역본부

정답 및 해설

금융권 필기시험 "기본서" 시리즈

최신 기출유형을 반영한 NCS와 직무상식을 한 권에! 합격을 위한
Only Way!

금융권 필기시험 "봉투모의고사" 시리즈

실제 시험과 동일하게 구성된 모의고사로 마무리! 합격으로 가는
Last Spurt!

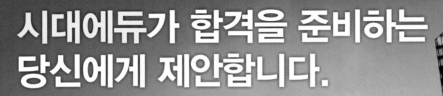

시대에듀가 합격을 준비하는
당신에게 제안합니다.

결심하셨다면 지금 당장 실행하십시오.
시대에듀와 함께라면 문제없습니다.

성공의 기회!
시대에듀를 잡으십시오.

NEXT STEP!

– 마크 트웨인 –

기회란 포착되어 활용되기 전에는 기회인지조차 알 수 없는 것이다.

언택트 시대의 새로운 합격전략!
온라인 모의고사
맞춤형 온라인 테스트, 합격시대

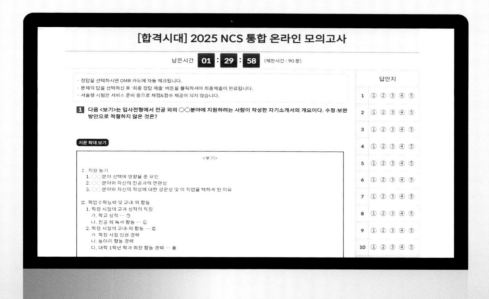

쿠폰번호를 등록하면 온라인 모의고사를 응시할 수 있습니다!

| 01 | 합격시대
홈페이지 접속
(sdedu.co.kr/pass_sidae_new) | 02 | 홈페이지 우측 상단
「쿠폰 입력하고 모의고사 받자」
클릭 | 03 | 도서 앞표지
안쪽에 위치한
쿠폰번호 확인 후 등록 | 04 | 내강의실 →
모의고사 → 합격시대 모의고사
클릭 후 응시 |

MG새마을금고 지역본부

합격의 모든 것!

시대에듀

정가 **24,000원**

발행일 2025년 3월 20일 | **발행인** 박영일 | **책임편집** 이해욱
편저 SDC(Sidae Data Center) | **발행처** (주)시대고시기획
등록번호 제10-1521호 | **대표전화** 1600-3600 | **팩스** (02)701-8823
주소 서울시 마포구 큰우물로 75 [도화동 538 성지B/D] 9F
학습문의 www.sdedu.co.kr

13320

9 791138 388351

ISBN 979-11-383-8835-1